日本帝国海军战史

1941~1945

[美] 保罗·达尔——著　　谢思远——译

吉林文史出版社
JILINWENSHICHUBANSHE

图书在版编目（CIP）数据

日本帝国海军战史：1941-1945 / (美) 保罗 · 达尔著；谢思远译. -- 长春：吉林文史出版社, 2019.1
ISBN 978-7-5472-5904-7

Ⅰ. ①日… Ⅱ. ①保… ②谢… Ⅲ. ①海军 - 海战 - 研究 - 日本 - 1941-1945 Ⅳ. ①E313.53

中国版本图书馆CIP数据核字(2019)第025988号

RIBEN DIGUO HAIJUN ZHANSHI 1941-1945

日本帝国海军战史 1941—1945

著 / [美] 保罗 · 达尔　　译 / 谢思远
责任编辑 / 吴枫　特约编辑 / 张雪
装帧设计 / 杨静思
策划制作 / 指文图书　出版发行 / 吉林文史出版社
地址 / 长春市人民大街 4646 号　邮编 / 130021
电话 / 0431-86037503　传真 / 0431-86037589
印刷 / 重庆共创印务有限公司
版次 / 2019 年 2 月第 1 版　2019 年 2 月第 1 次印刷
开本 / 787mm × 1092mm　1/16
印张 / 26　字数 / 400 千
书号 / ISBN 978-7-5472-5904-7
定价 / 119.80 元

目录

前言 001

序 003

第一篇 日本开战 1

第一章 奇袭珍珠港 3

第二章 对美国的进一步进攻 19

第三章 对英国和荷兰的进攻 33

第二篇 防卫圈的初步建立 45

第四章 孤立爪哇 47

第五章 从爪哇陷落到入侵缅甸 69

第六章 从吉尔伯特到新几内亚 93

第七章 印度洋上的突袭 103

第三篇 珊瑚海、中途岛以及阿留申群岛 113

第八章 珊瑚海海战 115

第九章 中途岛和阿留申群岛——序幕 133

第十章 山本的决战 145

第十一章 折戟中途岛，兵败阿留申 159

第四篇 防卫圈的过度扩张 173

第十二章 巴布亚半岛和瓜达尔卡纳尔岛 175

第十三章 第一次所罗门海战 189

第十四章 第二次所罗门海战 199

第十五章 瓜达尔卡纳尔——痛苦加深 211

第十六章 瓜达尔卡纳尔——战役扩大 223

第十七章 第三次所罗门海战 237

第五篇　日本帝国海军的战败 251
第十八章　在瓜岛和阿留申群岛的溃败 253
第十九章　从新几内亚和所罗门群岛撤退 267
第二十章　外防卫圈的崩溃 281
第二十一章　日军大势已去 297
第二十二章　残阳末日 315
第二十三章　战争回顾 341

注释 345
附录 A 367
附录 B 382
附录 C 383
附录 D 390
参考书目说明 392

前言

当保罗·达尔（Paul Dull）在1973年联系美国海军历史部，准备使用我们收集的日本海军档案缩微胶卷时，我们非常乐于向他提供帮助。这些档案是在1953年被田中夫人（Lily Y.Tanaka）遴选出来准备做成缩微文件的，而田中夫人正是协助塞缪尔E. 莫里森[①]（Samuel E. Morison）撰写他那本经典的《第二次世界大战美国海军作战史》的助手之一。当这些原始档案在1958年物归原主后，田中夫人的努力成果——200多个缩微文件胶卷便成为美国仅存的有关日本帝国海军的大型文件集。然而，尽管研究二战海军史的学者众多，但由于涉及使用日语文献这样棘手的问题，这些文件集多年来几乎没有得到过利用。

达尔教授处在一个理想的状态，可以几乎完全基于日语史料来写战史。他已经从俄勒冈大学历史系退休，因而可以集中精力进行长期的研究项目。而且，他对日本历史的兴趣由来已久，可以追溯到二战期间，他当时以日语专家和情报官员的身份在美国海军陆战队服役，并在战后有过多年作为亚洲历史专家的经历。

除了利用当代的日语档案文件外，达尔教授还参考了目前正由日本防卫厅防卫研修所战史室编纂的日本官修战史[②]。这本皇皇巨著已经编到90多卷，目前看来是不可能有英译版了。和原始档案一样，这部官修战史也有助于把很少得到利用的日文第一手资料引进西方的著作。

达尔教授经过选择把笔墨集中在太平洋战争中主要的水面战斗和航母大战

① 译注：塞缪尔E. 莫里森是美国历史学家、教育家，1912年在哈佛大学获哲学博士学位，并在哈佛大学历史系任教。从1942年至1951任"美国第二次世界大战海军作战部"的历史顾问，退伍时是海军少将。1950年被选为美国历史协会主席。著名的《第二次世界大战美国海军作战史》就是由他编纂完成的。

② 译注：即著名的《战史丛书》，该书是日本防卫省防卫研究所战史部的前身——防卫厅防卫研修所战史室在1966年至1980年期间编纂，最后由朝云新闻社出版的第二次世界大战日本官方战史。全书共102卷，分陆军69卷、海军32卷、共通年表1卷，另附录图、表类。本书原作者达尔教授在利用《战史丛书》撰写本书时，《战史丛书》尚未完全成书。

上，从偷袭珍珠港写到大约四年后超级战列舰“大和”号的灾难性出击。他也向西方读者介绍了日军指挥官对这些战斗的评价。作者在这两方面都对过去一些历史著作的叙述进行了深化，有时还纠正了一些错误。

保罗·达尔的作品证明了他对太平洋战争有着浓厚的兴趣，也证明仍然有新材料等待历史学家们的充分发掘和利用。所有对海军在二战中所发挥的作用感兴趣的读者都会乐见他在打造这部重要作品时表现出的执着，也会欢迎美国海军学会为美国读者出版该书的决定。

迪恩 C. 阿拉德
美国海军历史部

序

本书写的是二战日本帝国海军的战史。据我所知，这是第一本不是用日语写成，却主要依靠相关的日本官方记录来讲述日本帝国海军故事的书。因而，我的目标便是像日本人看到和记录这个故事那样讲述它。由于主题宏大，本书的记述范围有意局限在第二次世界大战的水面海军作战上，这意味着有些重要的主题可能会被一笔带过，如日本的海军条令、潜艇战、反潜策略、两栖登陆、水雷战以及岸基航空兵。

日文的原始资料主要分为两部分：缩微胶卷文献和日本防卫厅战史室（简称 BKS）正在编修的不朽历史巨著①。BKS 的这部著作目前已经出了大约 90 卷。260 个缩微胶卷则包含逐日的历史和各舰只、各部门、各飞行中队、各舰队的作战资料；也有一些特殊胶卷是关于重大战役的，如中途岛海战。只有一个胶卷（JTI）是英文的，其他都是手写体的日文（字迹通常都很糟糕）。缩微胶卷存在一些因遗失和记录错误导致的缺漏，但缩微胶卷上找不到的信息通常都能在 BKS 编写的战史上找到。所有航路图和线条画都引自防卫厅战史或缩微胶卷文献，有时候会连同西方的原始资料一起使用。在挑选照片作文本的配图时，我试着尽可能用日本的照片——有些照片是通过日本防卫厅战史室获得，有些是通过美国国家档案馆和海军历史中心得到，还有一些是来自罗杰・皮诺（Roger Pineau）上校的私人收藏。

描述的战役中涉及的美国海军和其他盟国海军的资料都取自权威的国家海军原始资料。这些文献对战史的叙述极少使用日方的原始记录，因而有时会与日本的官修战史不一致。当我在本书的正文或者脚注上指出这样的不一致或错误时，我是本着一种老前辈、美国海军历史学家塞缪尔 E. 莫里森在他的《第二次世界大战美国海军作战史》（波士顿：Little, Brown and Con. 出版社，1951 年，

---

① 译注：即《战史丛书》。

第4—5页）第四卷的序言中所表达的精神：

我只是敢为人先，在我的知识和能力范围内把故事的原委讲好。我不敢说无所不知。当新的资料出现时，之前的错误会被发现，后来的作家将做出新的解释。被后人取而代之是所有历史学家——尤其是那些在历史事件发生不久就冒险写史的历史学家——的宿命。而写久远时代的历史，风险要小得多，毕竟里面的所有当事人都已死去！但我与美国海军的亲密联系使我有机会能亲自见证那些历史事件，能趁当事人记忆仍然清晰的时候获得口述的信息，能纠正文字记录的错误。我希望海军军官和其他人能够像过去一样毫不犹豫、毫不吝啬地指出错误，并对结论提出不同意见。

我真切地期望未来写这个主题的作家能够同样毫不吝啬地对现在这部作品提出指正。

从某种程度上来说，写这本书的想法源自于我的个人经历。我曾是美国海军陆战队的预备役上尉，1941年12月7日的时候就在珍珠港。之后我在舰队情报局服过役，然后和海军陆战队的约翰·美林（John Merrill）上尉一起成立了日语学校，旨在向应征入伍的海军陆战队员教授日本的前线作战用语。1944年，我又在科罗拉多州的博尔德对美国海军语言学校的陆战队毕业生进行了为期一个月的指导。1944年11月，我因健康原因退伍，随后受雇于战时情报局心理战部门下属的日本处，除了主管日本国情和军情的日常评估外，还负责编辑从塞班岛用无线电发往日本的材料。

站在日本人角度叙述历史，并用文字记录太平洋海战的日美双方是我的一大夙愿，本书正是这一夙愿的产物。我也期望这样做能够让人们从新的视角看待这场战争，或许能够加强西方世界和日本之间的联系。

日本的军事和政治思想深受日语的影响。语言并非只是人类交流的工具，语言本身就是分析和观察客观世界的手段。甚至在西方语言内部，各民族语言也用不同的概念表达现实，但它们都在很大程度上受到希伯来、基督教文化以及亚里士多德逻辑的影响。而日语的许多特征则要归因于神道教、武士道和佛教的文化和价值观。其书面语使用象形表意符号也极大地影响了日本人思维方式和思想内容。

我已经试着列出了日本海军的部队组织架构表，这些表格附于一些章节的末尾，以便读者能理解在作战单位名称上没能真正体现的互相隶属关系。日本人虽然有很强的等级观念，却没有指出不同作战单位间的互相隶属关系。这是因为日语有着西方人通常难以理解独一无二的特点。一个作战单位几乎总是被命名为“tai”和“butai”，我通常把他们都翻译成“部队”。日本人没有与美国海军作战体系相对应的“特混部队”“特混大队”“特混小队”。所以，虽然我以自己的方式整理了各种作战单位之间的关系，但我的日军部队组织架构表并没有对他们的行政管理体系和战术指挥系统进行说明。在大多数情况下，当“tai”和“butai”被反复使用，来命名任何指挥层级时，要找出清晰的上下隶属关系是根本不可能的。（例如，偷袭珍珠港的部队被称为“夏威夷作战部队”“机动部队”“先遣部队[①]”。）

有如此多的人抽出时间，贡献知识，给予我各种解答和帮助，以至于要把他们一一列出几乎是不可能的。在这里要特别感谢位于华盛顿海军船坞的海军部海军历史中心作战档案部主管阿拉德博士（Dr.D.C.Allard,Head），他在本书的写作上给予了我宝贵的建议和鼓励，并帮助我找到了我需要的缩微胶卷。也非常感谢日本防卫厅战史室前特别顾问富永研吾博士以及防卫大学校长大西诚一郎，他们慷慨地允许我使用《战史丛书》的某些部分，并向我提供了照片，给予我鼓励。

还应该感谢俄勒冈大学图书馆东方史料收藏中心的富山凉子小姐，俄勒冈大学大日本史教授拉尔夫·法尔科内里（Ralph Falconeri），他们非常专业地为我编辑了本书的初稿；感谢美国海军纪念博物馆（位于华盛顿海军船坞）负责人、美国海军后备部队（USNR）罗杰·皮诺上校给予我宝贵的指导和鼓励；感谢俄勒冈大学地理系制图师、航路图制作人唐纳德·赫格堡先生（Mr.Donald Hoegsburg），他把艰巨的任务完成得如此出色；感谢退役空军中校奥蒂斯 W. 鲍斯克（Otis W. Bauske）给予我宝贵的技术方面的建议；感谢凯茜·阿尔塞诺小

---

① 译注：如无特殊说明，本书中的日军“部队”和“舰队”皆可通用，日本海军中的“部队”就是指的舰队。

姐（Ms.Kasey Arceneaux，我女儿），埃尔马·罗宾斯（Erma Robbins）小姐以及我的妻子露丝（Ruth）帮我打印手稿，并做了校对。没有露丝耐心的鼓励和帮助，这本书就写不出来。

关于本书使用时区说明：日本帝国海军一直保存的是舰船上的东京时间航行表，但我采用的是由美国海军部下属的水文局绘制的世界标准时区图。唯一的例外是《偷袭珍珠港》这一章，我给出的是夏威夷时间。

最后，日本人的姓名是按英语的词序翻译的。①

① 译注：即原文的日本人姓名顺序是按照英语的习惯名在前，姓在后。但译者在翻译本书的人名时，为了方便读者的阅读，还是按照我国习惯顺序处理为姓在前，名在后。如 Chuichi Nagumo（忠一 南云），翻译成南云忠一。

第一篇

日本开战

第一章
奇袭珍珠港

第二章
对美国的进一步进攻

第三章
对英国和荷兰的进攻

第一章
奇袭珍珠港

1941 年 12 月 7 日早晨，随着南云忠一中将的舰载机对珍珠港内的美国太平洋舰队实施出其不意的毁灭性打击，日本向美国开战了。此次作战只是日本发动的二十多次作战行动（几乎是海陆并进）中的冰山一角，在这场对辽阔太平洋战区各地英美军事力量的协同进攻中，它也是重要一环。西方的海军历史学家称日本滑向战争是“疯狂”、“愚蠢”和“极具毁灭性”的行径。但要理解日本走向战争的原因，就必须虑及西方和日本在文化上的深刻差异。

虽然日本在当时已是一个现代化的工业国家，但它的人民却深受原始神道教神话的鼓动。他们相信自己是受一位半人半神的天皇统治，后者是神武天皇的直系后嗣。据说，神武天皇在公元前 660 年从高天原下凡来统治日本人民（他们自己则是一些小神的后裔）。在 19 到 20 世纪这段时间里，日本逐渐从一批原始封建庄园发展成为一个真正的封建国家（尽管有着日本特色）。在此期间，军国主义受到高度推崇，行动比言辞更受青睐。这种强烈的军国主义观念与潜藏在日本民族国家（建立于 1868 年）下的信仰非常契合。正是在这种政体下，日本人认为他们连死也不足以报答天皇的恩情。

日本人当时认为他们的国家是独一无二的，这是由他们国家的起源和政治组织所致。他们从未打过一次败仗，甚至蒙古人于 13 世纪在九州建立滩头阵地时，一场台风就摧毁了蒙古舰队，侥幸未死的也都仓皇撤退了。那场台风被称为“神风”。相信任何敌人都能战胜的“日本精神”就源于这些故事。这种信念在军人当中最具影响力，尤其是下级军官，他们接受的有限军事教育没有让他们接触到更为广阔的世界。不过话又说回来，几乎所有日本人的行为方式都受到过这种信念的影响。

尽管到1941年日本作为一个现代国家已经取得了很大的进步，但他的领导人觉得日本仍然没有被西方世界接纳为国际社会平等的一员。日本和他的太平洋友邻——美国的关系自1907以来就一直在恶化。即便是在20世纪20年代日本温和派掌权的时候，美国国会也通过了《1924年移民法案》，禁止东方人移民美国——这是一种无端的羞辱，因为早在1907年与西奥多·罗斯福总统签订的绅士协定中，日本人就已经对自己颁布过这样的禁令。

一战以后，为了制止军备竞赛，美国、英国、日本、法国和意大利在1922年签订了《五国海军条约》。该条约规定了五国的主力舰吨位比例为5（美国）：5（英国）：3（日本）：1.67（法国）：1.67（意大利）。尽管在5：5：3的比例下，日本帝国海军的实力已经足以守卫帝国海域，但该条约还是激起了日本对所谓的西方优越地位的反感。1930年的伦敦海军会议依然维持了这一比例，但日本温和派政治家掌权的日子已结束，当更好战的日本人掌权时，他们便计划退出条约。

在20世纪30年代，世界上又一个军国主义时代显然正在临近。日本的外交政策给美国敲响了警钟，后者开始扩充它的海军（自1922年以来，美国就任由其海军军备废弛）。1934年，国会向海军拨款使其扩充至条约规定的限额。1936年，日本正式退出了《伦敦海军条约》。而在1937年，两个事件使日美两国之间的恐惧和敌意进一步加剧：美国总统富兰克林·罗斯福批准建造两艘强大的战列舰——“华盛顿”号和“北卡罗来纳”号；日本入侵中国华北——美国又是抨击日本侵略最激烈的国家。

当二战于1939年在欧洲爆发时，美国马上开始加强其海军力量。1940年，美国政府批准建造6艘艾奥瓦级战列舰（Iowa-Class，排水量45000吨）；5艘蒙大拿级战列舰（Montana-Class，排水量58000吨，这些从未建成）；6艘阿拉斯加级大型巡洋舰（Alaska-Class，排水量27000吨，只有两艘完工）；11艘埃塞克斯级航空母舰（Essex-Class，27000吨）；40艘巡洋舰；115艘驱逐舰；67艘潜艇。这项巨大的造舰工程迫使日本不得不重新评估他的军事态势，因为他既无造舰能力，亦无石油储备去与这样的海军力量竞争。据推测，他的石油储备在与美国交战时只够维持两年。于是日本开始制订计划通过征服建立“大东亚共荣圈”，这是日本右翼分子和政治宣传册作家长期以来鼓吹的战略。由此获得的领土可以提供日本所需的石油和其他原材料以便继续深入中国作战。但这样的侵略很可能意味着与美国、英国（连同澳大利亚和新西兰）以及荷兰[1]开战。尽管如此，由于极端分子对军队有很强的影响力，日本还是在1941年7月出兵占领了法属中南半岛。于是美国、英国和荷兰立即对日本实施了石油禁运。

日本人此时面临着一场真正的危机。多数明智的日本人都想通过外交途径解决禁运问题；但许多军方人士却认为战争是唯一的解决方案。大本营联络会议在9月3日一致认为，如果在10月上旬禁运还不解除，日本将诉诸战争来获得他急需的南洋领土。这一决策将日本政府锁死在了非此即彼的政策困境中，因为罗斯福总统只有在日军撤出法属中南半岛和中国的情况下才会同意对日本解除禁运。东条英机就任首相后，这一僵局就更为加剧了，因为东条绝不会同意美国提出的撤军要求。因此，虽然外交谈判仍在继续，且仍有少许成功的希望，但日本政府还是做出了准备战争的决策。

要深入理解这一决策，就必须考虑到日本政府和军队的奇特组织架构。陆军省和海军省都能独立于政府的议会运转，即便它们从表面上看是政府的一部分。而且在20世纪30年代，日本陆海军中逐渐形成了一种奇特的体制——下级军官和参谋人员可以推翻陆海军高级将领的建议。真正做决策的通常都是下级军官，如果一个高级军官不同意，他可能就会遭到暗杀。包括山本五十六大将在内的许多海军高级将领都极力反对与美国开战，却发现自己已经被好战的下属架空无视了。

由于美国不肯让步，日军大本营（由陆军参谋本部的总参谋长和海军军令部的军令部总长，陆、海军大臣及经过挑选的高级军官组成）就此进行了漫长而烦琐的争论。他们初步定下的南进之策虽然意味着战争，最终还是得到了海军军令部总长永野修身海军大将的首肯。从中国撤军来避免战争的可能性则不予考虑，因为这意味着“丢脸”。

永野海军大将也认为日本非控制南洋地区不可，而为了达成这一目标，日本应该毫不犹豫地向英美开战。他进一步阐述称他的决策并非基于日本必胜的假设。正如永野向天皇解释的那样："政府已经得出结论，如果不开战，国家的命运就无法改变；而即便开战，国家也可能会被毁灭。但在这样的困境中还不放手一搏的国家已经萎靡不振而注定灭亡。"[2]

导致日本决定开战的正是日本的思维方式、他过去的历史、他的自尊心以及他政治程序的特质。这一决策不是任何个人做出的，或者是任何单一事件引起的。接下来由武装部队接手继续制订能增加胜率的计划。如果德国在欧洲取胜，日本唯一的敌人就是美国了。美国舆论则对是否卷入对外战争有很大的分歧。因此日本人认为如果能尽早果断地摧毁美国太平洋舰队，就可以迅速结束对美战争，并按照日本的条件尽早恢复和平，"大东亚共荣圈"也将因此实现。

日军大本营把护卫陆军向南洋进军的任务交给了海军，并且没有考虑替代方案。因此，如果南云舰队遭了大难，那么大本营就将面临一段制订替代方案的混乱时期。为了其他所有已经启动的作战行动，袭击珍珠港都是一场不得不赢的豪赌。日军将以优势兵力迅速夺取关岛，并进攻威克岛（Wake Island）。为了压制美军的航空力量，日军的岸基飞机和舰载机将轰炸菲律宾群岛，战舰也将对其进行炮击。日本陆军将在海军的近接支援下登陆马来亚（Malaya），海军还将提供掩护对抗以新加坡为基地的英国东方舰队 Z 舰队和部署在马来亚各处的皇家空军。在香港和上海的敌舰也将立即遭到攻击。

这项复杂的海军协同打击和支援战略都由日本帝国海军司令长官山本海军大将指挥。此人在私生活里十分好赌，但直到胜券在握时才肯放手一搏。山本是一个尊崇天皇和国家的爱国者，一门心思投身于海军事业。他非常了解英美，从不低估美国的工业能力。在珍珠港事件前的几年里，他冒着被暗杀的危险坚决反对向美开战，担心日本无法获胜。然而，当国家决定发动这样一场战争时，他的责任感驱使他谋划如何尽可能给予美国毁灭性打击。他急切寻求与美国太平洋舰队的决战，希望借此击败和消灭尽可能多的美国海军力量。

然而，山本大将并不能完全把控日本的军事计划。他的战略必须迁就日本陆军（与他常有分歧）的作战目标和那些海军高层的反对意见。虽然他是联合舰队的最高指挥官，但也从属于海军省和大本营，后者在重大战略的制订上一般都处于主导地位。

美国战时针对日本的海军战略大纲——“橙色计划”（Orange），接着是“彩虹五号计划”（Rainbow Five）——部分内容已被日军大本营知晓。该计划规定，美军将穿过中太平洋岛屿（马绍尔群岛、加罗林群岛、马里亚纳群岛），最终在日本本土附近海域[3]击败日本海军。美国的进军速度不会很快，但在美军舰队挺进的时候，美国的工业能力能轻易在军事硬件的生产上超过日本，尤其是军舰。

到1941年12月7日，日本确定了大东亚战争第一阶段作战战略：首先日本要获取得到扩张后的帝国的资源，以使其能够继续加强军事力量并获得充足的补给，然后建立一个防卫圈以保护帝国，应对美军的反击。对山本五十六来说，在战争伊始就摧毁美国太平洋舰队以便海军能够畅通无阻地掩护陆军南进是至关重要的。他坚定地认为短期战争是日本唯一有希望赢的战争——在初期打一场漂亮的胜仗，将使同时面临两洋战争且有意见分歧、气势受挫的美国与日本达成保留日本新获领土的和平协定。正是从这一前提出发，山本构思了对珍珠港的奇袭（不过，正如他所理解的那样，攻击将发生在正式宣战后的半小时到一小时之内）。如果日本要赢得战争，海军必须使偷袭珍珠港成为摧毁美国在太平洋海权的决战。这是一个赌徒的决策，但赌徒希望以大胆的计划和新的海军作战理念来提高胜算。

与美国开战的可能性长期以来都是日本海军军令部的关注对象。摆在他们面前两个最显而易见的选项是要么协助陆军南进，等待美军的反攻（有可能在英国的帮助下），最好是在领海内；要么是在战争伊始就谋划一次针对美国太平洋舰队的奇袭。第一项措施的支持者援引的是日俄战争期间日军在对马海峡战役里获胜的例子。然而，从日军所掌握的“彩虹五号计划”的信息来看，美国显然有可能首先寻求攻占马绍尔群岛，并在那里建立前进基地，然后将跳过加罗林群岛和马里亚纳群岛。如果美军这样进军，那么在日本领海内的早期决战将不会出现；相反，战争将长期化，美国的工业实力将胜出。由于日本海军最害怕长期战争，他们逐渐赞成用奇袭来决战的想法（如果能构想出有效的作战行动的话）。

山本五十六必须谋划一次能以最小风险确保成功的作战行动。当时标准的海军军事学说认为一支舰队无法在远离其基地2000英里[①]外成功作战（马绍尔群岛在此距离之外，且没有大的海军基地）。然而，这些都是产生自第一次世界大战的战列舰军事学说，但山本策划的攻击不是由战列舰来实施，靠的是舰载机，用鱼雷和重磅炸弹，在战斗机的掩护下进行。他的特混舰队将带着加油船，以便能在海上加油。

1940年四、五月份的日本海军图上演习测试了舰载鱼雷攻击机攻击泊于港口的舰船的效果。和大多数图上演习一样，有部分人对裁判的武断裁决持有异议。但日本海军航空部队高级军官、山本的参谋长福留繁海军少将得出结论，图上演习已经证明了这样交战能取得决定性的胜利，因为水面舰只无法躲避鱼雷机。山本大将也断定，如果能达成突然袭击，大规模的鱼雷机攻击就能取得成功。英国海军于1940年11月12日在空袭塔兰托（Taranto）时真正实施了类似打击，结果证实了日本兵棋推演的正确性，英国21架飞机击沉了3艘意大利舰船，自己只损失2架飞机。山本命令驻伦敦和罗马的日本海军武官对塔兰托袭击进行详细的研究。收到这些分析后，山本命令福留繁开始研究用搭载特制浅水鱼雷（能够近距离发射）的飞机来实施这样的攻击。大西泷治郎海军少将和源田实中佐（日本的顶尖飞行员之一）也受命参与研究。到1941年1月，山本收到了他们完成的研究报告，他决定，如果战争爆发，这将是海军实施的首轮打击。经过激烈的争论，山本顶住了永野军令部总长的反对意见。

因为美国太平洋舰队的大部分舰只经常泊于珍珠港，所以偷袭计划可以马上开始制订。日本驻火奴鲁鲁领事馆的工作人员开始对珍珠港中的太平洋舰队进行近距离观察，每周都向东京的海军情报中心发送关于在港、出海舰船及其行程的报告。9月，鹿儿岛被选为演练偷袭珍珠港的秘密基地，开始相应的实战训练。装有木鳍的鱼雷（为能够在珍珠港的浅水水域航行而设计）也开始进行生产。

到11月3日，山本已经排除了海军内部的所有反对意见，如果政治家和外

---

① 译注：本书保留了原书使用的英制单位。1海里≈1.85千米，1英里≈1.6千米，1码≈0.91米，1英尺≈0.3米，1英寸≈2.54厘米，1磅≈0.45千克。

交官无法与美国达成和平协议，那么接下来将会有一次对珍珠港的奇袭。1 号作战指令于 11 月 5 日被秘密下发给高级军官，上面这样写道："向东歼灭美军舰队。切断美军的远东战线和补给线。拦截敌军并消灭之。充分利用胜利来粉碎敌军的作战意志。" 11 月 11 日，第一航空舰队司令南云海军中将在他的旗舰——重型航母"赤城"号上收到了详细的关于袭击珍珠港的具体命令。然后在 11 月 25 日，他接到了次日出航的命令。无论是原始命令还是零散的 9 号命令都没有发送给南云攻击舰队的每个作战单位，甚至都未提到对珍珠港的储油罐和船坞进行攻击[4]——此事后来被证明非同小可。

南云中将（在军内被公认为是性格粗暴、寡言少语的军官）是日本航母部队的最高指挥官。他并不相信偷袭珍珠港能取得成功，并向山本（与南云的私人关系并不好）强调航母容易受到攻击——虽然航母的飞机能给敌人造成损害，但敌人的飞机也能用一两枚瞄得准的炸弹或鱼雷击沉航母。南云更愿意为南进提供掩护，但在 1941 年夏末，他勉强接受了袭击珍珠港的想法。

11 月 22 日，特混舰队开始在千岛群岛（位于北海道以北）的单冠湾集结。日军将于 12 月 7 日 8 点 30 分袭击珍珠港。日本人在极端保密的情况下做了大量的准备工作，为了隐蔽"攻击部队"的集结，濑户内海的战舰一直在释放假的无线电通信，以使美国的情报机关相信日军航母仍停留在日本领海内。事实上，美国的情报机构在丢失了日军航母的踪迹后，推断出它们处在移动中，但从未认真考虑过珍珠港是它们的目标。

11 月 25 号，山本大将向攻击部队下达了出航命令：次日早晨出发，12 月 3 日在预定地点海上加油，如果未被召回，就按预定计划对珍珠港发动攻击，然后向西撤退以避免美军的反击，最后返回日本。南云机动部队在浓雾天中从单冠湾出发，航母于 11 月 26 日 9 时离开。他们取道北太平洋的荒凉之地、大北圈（Great Northern Circle）南部以及夏威夷群岛与日本之间的等角航线①的北段。

---

① 译注：航海学、天文学专有名词，是指地球上两点之间与经线处处保持角度相等的曲线。它虽不是航程最短的航线，但却是操作极为方便的单一航向航行的航线。

珍珠港攻击部队编制表

第一航空舰队

重型航空母舰："赤城"号、"加贺"号、"苍龙"号、"飞龙"号、"翔鹤"号、"瑞鹤"号

轻巡洋舰："阿武隈"号[5]

驱逐舰："矶风"号、"浦风"号、"谷风"号、"浜风"号、"霰"号、"霞"号、"阳炎"号、"不知火"号、"秋云"号

支援部队

战列舰："比叡"号、"雾岛"号

重巡洋舰："利根"号、"筑摩"号

巡逻部队

潜艇：伊 -9、伊 -21 和伊 -23

中途岛破袭部队

驱逐舰："潮"号、"涟波"号

补给部队

共 8 艘油船和补给舰[6]①

机动部队得到的命令是：如果被美军发现，就返回基地。但是天气很坏，海面上大雾弥漫，偶尔还伴有冬季的狂风——对按计划列队航行来说确实是坏天气，但对躲避侦察而言却是好天气。担任前卫的是驱逐舰和轻型航空母舰，后面紧跟着重巡洋舰，与 6 艘重型航空母舰并排疾行，航母每三艘组成一队并行前进，

① 译注：经查阅资料它们是"极地丸"号、"极东丸"号、"健洋丸"号、"国洋丸"号、"神国丸"号、"东邦丸"号、"东荣丸"号和"日本丸"号。

最后面跟的是两艘战列舰[7]。

开战的决定是在 12 月 1 日做出的，代号为“攀登新高山”的密电则在 12 月 2 日被送到南云手上。此时，只有及早发现南云舰队才能阻止其突袭。12 月 3 日，风力减弱，日军的海上加油能够顺利进行。在微浪中，为节省燃料而一直以 13 节航速航行的南云机动部队加速至 26 节，以便按预定时间到达出击位置。不过大雾依旧没有散去。

在“赤城”号甲板上，南云中将担心美军在日军攻击发起前的侦察，以及在日军攻击时美国太平洋舰队停在港内的舰船数量。火奴鲁鲁的日本领事馆不停地对珍珠港进行侦察，让东京和南云一直了解美军舰船的部署情况。南云希望航母和太平洋舰队的其他舰只都停泊在港内，他从单冠湾出航的时候，原以为珍珠港内有 6 艘航空母舰。后来，他得知重型航母“萨拉托加”号在圣・迭戈。日本的情报机关也还没有发现“大黄蜂”号和“约克城”号都驻扎在大西洋。

到 12 月 6 日晚间，南云知道了最坏的消息：根据东京发来的最新电报，珍珠港内没有航母。对于一个根据航母优于战列舰的假设来实施空袭的指挥官来说，这是令人沮丧的消息。这不会影响到即将发动攻击的决定，但确实影响到了这次攻击对于日本的战略价值。另一方面，对美军空中巡逻的不间断监视显示他们的例行空中巡逻转向了西南方向，没有去侦察南云的舰载机出击点。当他靠近瓦胡岛的时候，商业无线电电台正在播放正常的节目，没有任何警觉的迹象。南云仍然没有被发现。

在 12 月 6 日下午到傍晚的这段时间里，天气变得越来越坏，日本人开始担心舰载机无法在预定位置出击。21 点，当机动部队距离瓦胡岛以北仍有 400 英里左右时，南云中将把全体舰员叫到甲板上训话，向他们宣读了山本大将的作战命令：“皇国兴废，在此一举；全军将士各尽其职。”这是仿效东乡大将在对马海战前像纳尔逊①那样下达作战命令。在这激动人心的场面里，36 年前东乡

---

① 译注：纳尔逊是英国 18 世纪末至 19 世纪初的著名海军将领及军事家，于 1805 年的特拉法尔加战役击溃法国及西班牙组成的联合舰队，迫使拿破仑不得不彻底放弃从海上进攻英国本土的计划。纳尔逊在战役中升起的 z 字旗也被东乡平八郎在对马海战中效仿，期望能给自己带来好运。

大将在他的旗舰“三笠”号上升起过的旗帜，如今在“赤城”号上升起了。随后机动部队以 26 节航速转向南航行。出击位置位于北纬 26 度，西经 158 度，珍珠港距此 275 英里，位于正南方向。

南云的攻击部队绝非珍珠港作战计划中唯一的要素。由 27 艘潜艇组成的先遣队（大部分为伊型潜艇）于 11 月 10 日出发，离开了横须贺和吴市的海军基地。11 艘伊型潜艇携带有小型的水上巡逻飞机。11 月 18 日，又有 5 艘潜艇离港，它们分别是伊 –16、伊 –18、伊 –20、伊 –22 和伊 –24，每一艘都携带一件秘密武器：由两人驾驶的袖珍潜艇。它们被指派为特攻部队，可以从出击区附近的母舰上出击。27 艘潜艇中，伊 –26 前往阿留申群岛，伊 –10 前往萨摩亚和斐济，剩下的 25 艘则开往马绍尔群岛的夸贾林环礁，于 11 月 18—20 日在那里加油，然后起航各就各位。它们被部署在瓦胡岛周围，提供敌方方位、编号、舰只种类等具体的侦察信息，并击沉任何从攻击部队的攻击中逃脱的舰船，干扰美国

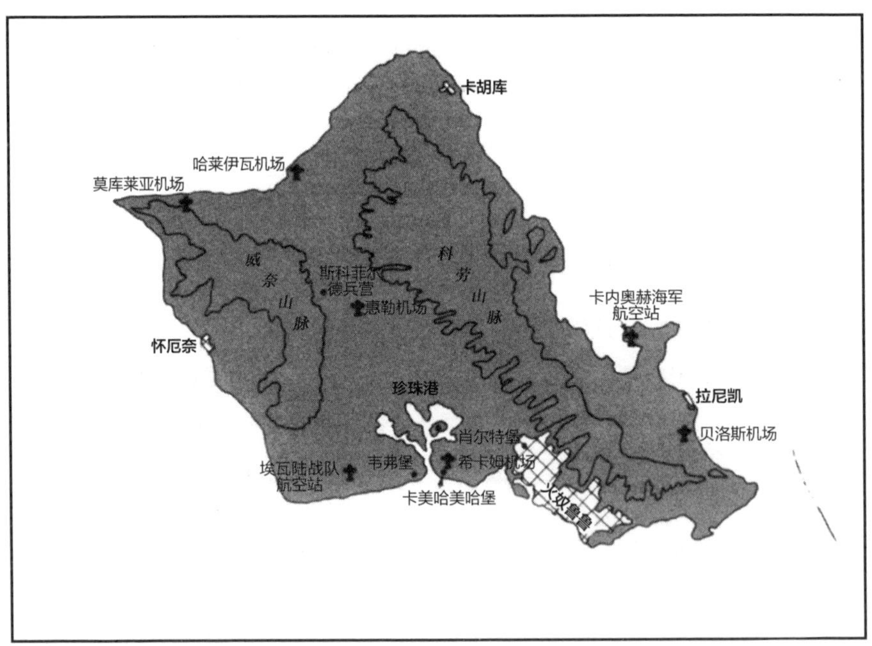

^ 瓦胡岛手绘示意图

本土与夏威夷群岛之间的船运[8]。5艘袖珍潜艇于12月7日10点出击；回收潜艇的会和点被定在了拉奈岛（Lanai）附近，但这5艘潜艇从未到达过这个会和点。

12月6日，伊型潜艇对拉海纳锚地（Lahaina Roads，美国舰队不在珍珠港的时候把此地用作备用的锚地）进行了侦察。它通过东京发电报告诉南云：美国舰队不在那里。于是，南云便知晓太平洋舰队的大部分舰只都停泊在珍珠港的浅水水域，并在最后一份报告中还得知它们没有鱼雷网的防护。然而还有几个问题依然困扰着他：航母会不会在晚上和主力舰队会和，如果不会和，它们又会在哪里呢？他此时确切知道的是重型航母“企业”号和“列克星敦”号出海了。

在攻击部队向南行进时，由于海况恶劣，日本人仍然不知道舰载机是否能够按计划起飞。5点时，“利根”号和“筑摩”号巡洋舰弹射了侦察机去测定天气状况是否仍有利于突袭。（事实上，它们正好在攻击前发回了报告，对舰船目标做了标记。）一小时后，日本人决定立即发动第一轮打击，因为他们担心倾斜的航母甲板会使起飞作业耗费比预定计划更长的时间。山本相信正式的宣战通告会在夏威夷时间早上8点，由野村吉三郎大使和来栖三郎特使送达美国国务卿科德尔·赫尔（Cordell Hull）。他严令攻击行动必须在宣战之后才能开始——最好是在宣战30分钟后，这是起码的间隔。山本不能等太久，因为那样的话会危及空袭的保密性。如果南云在5点30分而不是6点钟发动攻击，且舰载机耗费的时间在正常范围内，那么攻击将在宣战时开始。（结果我们都知道，华盛顿日本领事馆令人难以置信的低效延误了宣战，直到夏威夷时间8点30分过后，宣战通告才发出。）

六艘航母转向北迎风航行，虽然海浪汹涌，舰载机起飞却进行得很顺利。到夏威夷时间6点15分，第一攻击波的183架飞机在空袭指挥官渊田美津雄（一位有着25年飞行经验的海军航空老兵）的率领下向珍珠港飞去。6艘航空母舰起飞了49架高空水平轰炸机，每一架携带一枚1600磅重的由舰炮炮弹改装而成的穿甲炸弹，40多架飞机携带经过特殊设计的浅水鱼雷，51架携带500磅炸弹的俯冲轰炸机。提供空中掩护的是43架零式战斗机[9]。

这个混编机群的作战任务分成两部分，所有攻击目标都已分配妥当。俯冲轰炸机群将突入战区以便在五分钟以内瘫痪陆军、海军以及海军陆战队的机场；

余下飞机的任务就是攻击美国舰队。如果日军在珍珠港完全达成了奇袭，渊田指挥官会发信号示意奇袭成功。接下来日机将会按照以下顺序摧毁美舰：首先，鱼雷机将会以战列舰和航母为首要目标，然后高空水平轰炸机和俯冲轰炸机将伺机攻击舰队里的其他临时目标。如果没有达成奇袭，渊田将发出不同的信号，攻击将会按照相反的顺序进行：日本人将派轰炸机打头阵，希望在攻击引起的混乱中使美军防空炮炮手的注意力被轰炸机吸引，这样鱼雷机就能在不被觉察的情况下溜到水面实施鱼雷攻击。7 点 55 分，希卡姆机场（Hickam）、惠勒机场（Wheeler）、卡内奥赫机场（Kaneohe）、伊瓦机场（Ewa）遭到轰炸。8 点，零式战机对这些机场进行扫射，以摧毁地上剩下的那些未受损的飞机，或击落任何成功起飞的飞机。

对那些受命直接攻击珍珠港美军战舰的飞行员来说，虽然战前在实物模型桌上和鹿儿岛湾进行过演习，但他们眼睛看到的景象仍然令他们惊叹。日本人看到大约 90 艘美国太平洋舰队的军舰在他们面前排开。这些军舰沐浴在清晨的阳光下，在各处由早先微雨形成的碎云中若隐若现。七艘战列舰一艘挨着一艘地停泊在“战列舰大街”上。“宾夕法尼亚”号战列舰停在 1 号船坞。其他战舰——2 艘重巡洋舰、29 艘驱逐舰、3 艘水上飞机母舰和各类辅助船只，则分散在各自的泊位。但就在攻击发起前那一瞬间，日本人发现港内的确没有航空母舰。飞行员虽然很失望，但他们还不知道这种事态的变化将会给日本发动的这场战争带来多么重大的影响。

事先规定好的攻击顺序发生混乱，在战斗的高潮中时有发生，这次也不例外。渊田发出的“完全达成奇袭”的信号实际上被飞行员们忽视了。7 点 55 分，鱼雷机、高空水平轰炸机和俯冲轰炸机都一窝蜂冲上去，互相都没有等待对方。由于完全达成了奇袭，他们起初没有遭遇任何防空火力的抵抗；防空炮火随后只是作了一些微不足道的回击。在最初的 15 分钟里，珍珠港俨然成了低空掠海的鱼雷机、俯冲轰炸机以及空中的小斑点——高空水平轰炸机的竞技场。他们都卸下了致命的“货物”。8 点 10 分，“亚利桑那”号发生了一次大爆炸，向天空升起一段内红外黑的烟柱。它中弹 8 次，其中一枚 1600 磅的炸弹穿透了它的前端火药库。它被炸出了水面，断成两截，又掉回水里——就在一瞬间，“亚

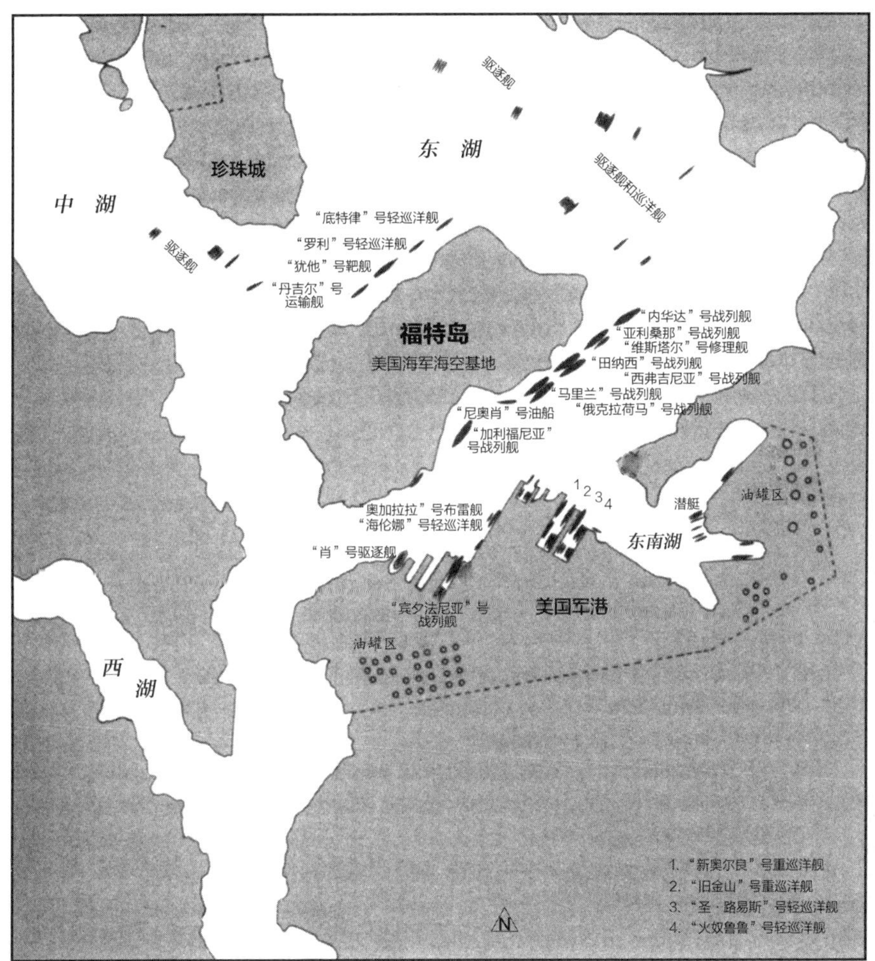

^ 珍珠港手绘示意图，1941 年 12 月 7 日

利桑那"号完全变成一堆废铁。其他舰船也正在下沉、倾覆和燃烧。日军对机场的袭击同样取得了成功，使得美军的空中力量①在几分钟里几乎被完全压制。

---

① 译注：日美两国在二战期间都没有独立的空军建制，空中力量都依附于已有的陆、海军，设立陆军航空队和海军航空队等。故翻译时竭力避免使用"空军"一词。

美军反击的炮火起初乱打一气，但渐渐地开始取得战果。但日机的第一波攻击继续肆虐，它们开始伺机寻找新的目标或轰炸已经严重受损的舰船。8点30分，空袭出现停顿，但渊田又重新集结了他的飞机，于是攻击又恢复了强度，直到飞机的弹药和油料开始告罄。随后第一攻击波开始返回母舰（尽管已经乱了队形）。

日军航母已经在7点15分放出了第二攻击波167架飞机，飞机类型和战术任务都和之前别无二致。这波飞机于9点15分开始攻击珍珠港。它们遭到了更多敌军炮火的反击，虽然以同样强度的火力对太平洋舰队的舰船发动猛烈攻击，但没有造成更大的破坏。日军对希卡姆、福特岛机场和卡内奥赫空军基地再度发动了空袭，但战果寥寥。到10点的时候，第二攻击波返航。至此攻击结束，虽然双方都没有意识到这一点。

太平洋舰队官方公布的损失如下：

战列舰

“亚利桑那”号爆炸，阵亡官兵1000多人。

“俄克拉荷马”号倾覆，只有一小部分舰体露出水面。

“加利福尼亚”号逐渐下沉了大约三到四天，最后结结实实地扎入泥底，只有它的主桅和主炮组还浮在水面上。后甲板沉入水下大约12英尺深。

“内华达”号在空袭时已经开动，最后在医疗点对面的狭窄水道里搁浅失事。

“西弗吉尼亚”号在它的泊位里沉没。

“马里兰”号受轻伤，但不需要入干船坞。

“田纳西”号船尾的军官住宿区被大火烧得严重受损，除此之外受损轻微。

在干船坞的“宾夕法尼亚”号多处受损，但并没有受致命伤。

“犹他”号在当时被用作靶舰，在“萨拉托加”号的泊位倾覆。

轻巡洋舰

“罗利”号、“海伦娜”号和“火奴鲁鲁”号轻微受损。

驱逐舰

“卡森”号、“唐斯”号在1号干船坞受损严重。

“肖”号在浮船坞船头被炸飞，严重受损。

其他舰船

在空袭开始的时候，修理舰“维斯塔尔”号正泊在“亚利桑那”号旁边，最后搁浅在艾伊阿湾，阻止了舰体的进一步下沉。

水上飞机母舰“柯蒂斯”号被一架坠毁的飞机撞击，并被500磅炸弹击中，受损严重。

布雷舰“奥加拉拉”号倾覆[10]。

说来也奇怪，三个颇具诱惑力的战略性目标在空袭中安然无恙。这当中首先得说的就是机械工厂，主要是IO-IO船坞周围的工厂。第二个是分布在海军船坞周围的油罐区（储有450万桶油）。由于前者幸免于难，修理工作可以马上着手进行；而如果后者没能逃过这一劫，大量燃油的损失可能会使海军船坞无法再继续发挥重要海军基地的功能。第三个被忽视的目标是潜艇基地的一队潜艇（9艘），这些潜艇都不在潜艇掩体内。不算航母的话，美国太平洋舰队已经遭到了毁灭性打击，但作为海军基地的珍珠港却没有。

美国的军用飞机损失量同样惊人：188架飞机被毁（陆海军平分），159架飞机受损严重。空袭过后，只有43架飞机仍可使用。美军的伤亡是2403人阵亡，1178人受伤。

与给美军造成的损失相比，日军自身的损失极小。共有29架飞机没有归队：分别是15架俯冲轰炸机/高空水平轰炸机、5架鱼雷机以及9架护航的战斗机。袖珍潜艇没有给美军造成任何损失，也没有一艘回到母舰，其中4艘沉没，一艘撞上暗礁失事，艇长被俘。还有一艘伊型潜艇被击沉。

虽然日军航母上一片喜气，但大家对要不要进行第三次打击马上产生了分歧。飞机已经经过添油加弹，可用于对珍珠港的进一步打击，但南云最后还是决定不冒这个险。南云已经和他的参谋长草鹿龙之介海军少将讨论了这个问题，后者根据截获的美军无线电通讯推断美军仍有相当多的陆基轰炸机可以使用（他估计有55架），因此攻击部队应该马上驶离他们的攻击范围。日军的侦察机只能够覆盖250英里的防护弧，在此之外就是盲区了。伊型潜艇也没有发来相关的情报，它本应该向攻击部队提供更具体的情报。返航的飞行员报告说珍珠港上空烟雾浓重，给飞行员甄别目标带来了困难。然而最具说服力的论点还是美军航母不在珍珠港内，没有被消灭，而且日军对它们的行踪仍然一无所知。于是南云在 13 点 35 分发信号下令全速撤往马绍尔群岛[11]。

到第二天，攻击部队已经脱离了美军轰炸机的攻击范围，舰队把航速降到 15 节，置身于中途岛巡逻机的侦察范围之外。“苍龙”号和“飞龙”号以及重巡洋舰“利根”号和“筑摩”号被拆分出去支援威克岛入侵部队，而攻击部队的剩余舰只则径直驶回内海。

日本人奇袭珍珠港取得了什么战果呢？考虑到日本要与美国、英国和荷兰开战，日本海军必须得让美国太平洋舰队在很长一段时间里动弹不得，必须切断威克岛、关岛和菲律宾之间的交通线。对珍珠港的袭击确实瘫痪了美国太平洋舰队，但航母不在港内缩短了瘫痪的时间。美军航母舰载机对日本军舰的袭击仍然令日本人感到担忧。

回顾起来，日本人对目标的选择反映了他们在战斗当中有着不合逻辑的兴奋点。令他们感到兴奋的是采用新战术去对付一直以来被他们羡慕嫉妒的“一流对手”。摧毁舰船成了兴奋的飞行员压倒一切的强烈愿望；相比之下，摧毁储油罐、机械工厂以及潜艇则很可能显得平淡乏味了。不过南云中将可以更合理地为没有发动第三波攻击辩护。虽然第三波攻击本能够集中力量摧毁机械工厂和储油罐，但美军当时仍有差不多 55 架可以飞行的岸基飞机，浓烟也使得目标变得模糊不清，更别提美国防空炮火已经严阵以待，而日本人对美国航母的方位还一无所知，所有这一切都将南云宝贵的舰队置于实实在在的险境当中。日本舰队遭受的任何严重损害都会削弱乃至抵消他们的辉煌胜利。无论如何，奇袭珍珠港已经引发了日本和美国之间的生死搏斗，它让美国人格外愤怒，因为它是在正式宣战前发动的（虽然日本人并非有意如此）。

第二章

对美国的进一步进攻

1941 年

12 月 7 日　两艘日本驱逐舰炮击中途岛

12 月 8 日　日本飞机袭击菲律宾的军用机场：消灭远东地区美国陆军航空队

12 月 8 日　日本舰载机袭击达沃，菲律宾群岛

12 月 10 日　日本攻占关岛

12 月 10 日　日本陆军在菲律宾群岛的阿帕里登陆

12 月 11 日　日本人首次尝试占领威克岛

12 月 12 日　日本陆军在菲律宾群岛的黎牙实比登陆

12 月 20 日　日本陆军在达沃登陆

12 月 22 日　日本陆军在林加延登陆（为攻占马尼拉而采取的主要登陆作战）

12 月 23 日　日本人攻占威克岛

12 月 24 日　日本陆军在菲律宾群岛的拉蒙湾登陆

12 月 25 日　日本陆军在菲律宾群岛的霍洛岛登陆

中途岛

“中途岛破袭部队”主要由“潮”号、“涟波”号两艘驱逐舰组成，它在12 月 7 日向中途岛发动了一次骚扰性袭击。21 点 31 分，日军开火，“潮”号驱逐舰从主炮发射了 108 发炮弹，“涟波”号发射了 193 发。两艘驱逐舰在炮击了 54 分钟后撤退，日军记录显示是击中了储油罐和其他设备[1]。但美国海军

陆战队司令部则报告只有零星的炮击，且没有造成任何损害。

关岛

关岛对日本人来说是一个潜在的麻烦，因为它位于马里亚纳群岛，距离塞班岛（当时由日本托管）100 英里。事实上，关岛几乎一无所有，因为岛上的要塞化建设已经被 1922 年的《五国海军条约》禁止，即便是在 1936 年条约过期的时候，美国也没有采取任何措施去加强岛上的防御。战争爆发时，岛上只有不到 500 人的守备部队以及 246 人的土著部队。岛上最重型的武器是点 30 口径的机枪和点 45 口径的自动武器。

被选派来夺岛的参战日军数量庞大：有 5000 人的登陆部队，包括精锐的“海军登陆特种部队”。为登陆提供护航并承担炮击任务的是重巡洋舰“加古”号、“古鹰”号、“青叶”号、“衣笠”号以及敷设舰“津轻”号[2]。这些军舰在行政管理上原本归第一舰队掌控，现已经被转移到第四舰队，并受司令部设在特鲁克（Truk）的井上成美海军中将的战术指挥。驱逐舰“菊月”号、“夕月”号、“卯月”号、“胧”号的战术指挥权也被让渡给了井上，它们在行政管理上分属第一航空舰队。这支编队在 12 月 4 日从母岛（Hahajima）出发直接开赴关岛。然而削弱岛屿防御的任务被指派给了驻扎在塞班岛的轰炸机。12 月 8 日 9 点 27 分，日军对关岛发动了第一轮空袭，空袭持续了两天。12 月 10 日 6 点 25 分，载着入侵部队的登陆艇靠岸。6 点 45 分，美国守军投降，这使得第四舰队的炮击变得毫无必要。日军损失 10 人，岛上守军损失 17 人。日本没遭遇什么强大抵抗就首次切入了从夏威夷到菲律宾的美国补给线[3]。

威克岛

所谓的威克岛实际上是由三个岛屿组成的群岛，它们分别是皮尔岛（Peale）、威尔克斯岛 (Wilkes) 以及威克岛 (Wake)。这三者中的最后一个岛是由火山喷发形成的低地环礁，除了山顶外几乎完全被水淹没。威克岛（这里指三个岛屿组成的群岛）的周长不足 3 英里。日本想攻占威克岛，让后者无法充当美军空袭日据马绍尔群岛的基地。占领威克岛和关岛可以阻断到菲律宾的美国中太平洋补给线。占据威克岛还可以给日本的太平洋防卫圈再增加一环，并为空中侦察提供基地，为入侵中途岛提供合适的跳板。

威克岛在 12 月 8 日的驻军是第一守备营和海军陆战队航空兵的 447 名海军陆战队员、68 名水手、5 名陆军邮递员、70 名泛美航空公司雇员以及 1146 名来自太平洋海军航空基地承包商的徒手平民（他们从事环礁航空和潜艇基地的建设工作）。这些人的武装包括 6 门 5 英寸岸防炮、12 门 3 英寸防空炮（有些没有火控装备）、24 门点 50 口径的机枪和较少的点 30 口径机枪。岛上的空中防御力量包括一个战斗机中队，由 12 架格鲁曼“野猫”式战斗机组成。

12 月 8 日中午，日军第 24 航空战队起飞 36 架双引擎轰炸机对威克岛实施了攻击，摧毁 7 架飞机，重创 1 架，还破坏了泛美航空公司的设施，并在跑道上炸出了弹坑。日机一架未损。轰炸一直持续到 12 月 10 日，炸毁了美军备好的弹药，破坏了一些 5 英寸炮。

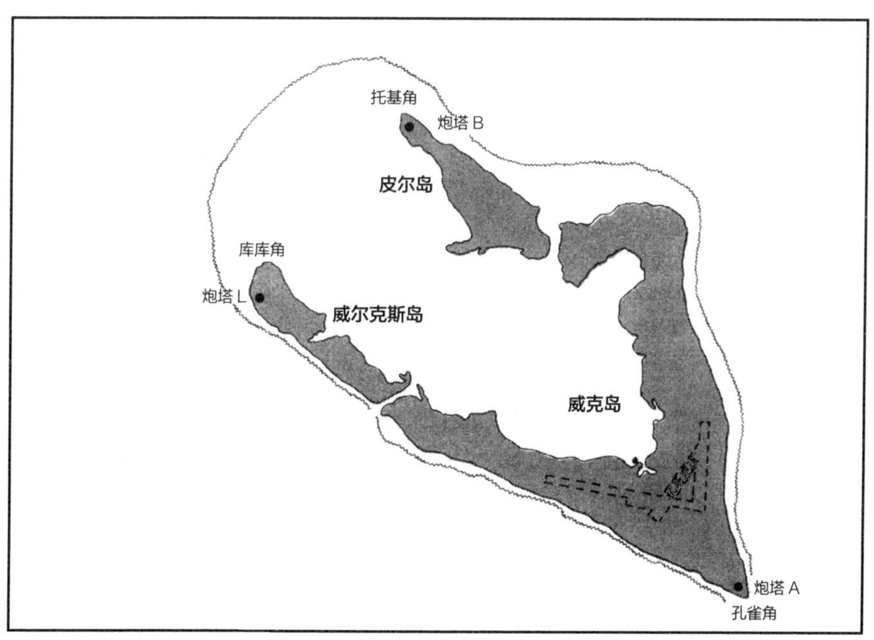

^ 威克岛手绘示意图

日军入侵关岛的部队规模庞大，打的是已知抵抗微弱的敌人；而威克岛入侵部队的实力极其微弱，却要对付已知实力可能十分强大的一支部队。特鲁克的第四舰队指派以下舰船参与入侵威克岛：梶冈定道（Sadamichi Kajioka）海军少将的旗舰“夕张”号轻巡洋舰，驱逐舰“睦月”号、“如月”号、“弥生”号、“望月”号、“追风”号和“疾风”号。这些军舰护送载有450名海军登陆特种部队的两艘运输船（由驱逐舰改装而成）和两艘装载驻军的“丸”字运输舰（“丸”是属于日本商船的一种专门用语，如“XX丸”，这个称呼在商船被海军征用后仍然被保留）。1919年服役的轻巡洋舰“天龙”号和“龙田”号将充当支援编队。这绝不是日军的首发阵容，事态的进展很快就会证明这一点。

12月8日，威克岛入侵部队从马绍尔群岛夸贾林环礁的鲁欧塔锚地（Ruotta Roads）出发，两天后到达威克岛附近海域。巡洋舰的《作战报告》和入侵部队所采取的战术显示日军预计在威克岛只会遇到零星的抵抗。显然，日本人认为两天的轰炸已经削弱了威克岛的防御力量。日舰在12月11日5点前不久逼近威克岛。在一支典型的水雷战队里，“夕张”号轻巡洋舰本应该处在它的6艘驱逐舰的最前面。但这一次日军调整了阵形，在单列纵队里把轻巡洋舰“天龙”号和“龙田”号放在了“夕张”号和驱逐舰之间。在纵队的右边是两艘改装过的驱逐舰，在纵队的左边则是两艘“丸”字运输船。当时海浪很高，这使突击艇的投放变得更慢也更为困难。

威克岛的守军已经在正午后不久看到了南面一闪一闪的灯光，于是准备好了所有可以动用的防御力量。当美军发现日本舰队逼近时，4架残存的格鲁曼“野猫”式战斗机腾空而起，海军陆战队员则坚守在他们的三门5英寸大炮炮台处，这样的大炮三个岛屿各配备了一门。

为了进行移动射击，日舰的单列纵队左转舵，在距离岸边6000码处与威克岛南环礁平行，之后在5点22分开火。海军陆战队没有开炮，“天龙”号的作战记录显示日军的炮击目标是“威克岛的居住区域”和“西区的房屋”。不管怎么说，他们的目标肯定都不是防御炮台。不过威克岛西南端的油库被击中起火。随着日本舰队向西推进，运输船开始准备卸下登陆部队。20分钟后，已经到达威尔克斯岛西端的“夕张”号把距离缩短至4500码，然后掉转船头又进行一次移动射击。而美国海军陆战队员依然没有开火。6 点，“夕张”号再度转向，又一次缩短距离进行第三次移动射击。6 点 10 分，岛上的炮台终于开火了。位于威克岛东南端的 A 炮台宣称在第二轮齐射时击中了“夕张”号，虽然“夕张”号的《作战报告》中未提到任何损害。在同一时间，其中一艘装载了半数海军登陆特种部队的改装驱逐舰遭到 A 炮台致命一击，最后飘向威克岛岸边。

梶冈少将立即让他的指挥舰向西南方向撤退，护送剩余的改装驱逐舰。运输船遭到了威尔克斯岛上 L 炮台的攻击，其中一艘“丸”字运输船被击中。驱逐舰“疾风”号、“追风”号、“望月”号为了掩护运输船并向炮台开火反击，直接向 L 炮台冲去，于是再度证明了一条古老海军箴言的正确性：攻击舰通常都射不过固定的岸防炮。领头的“疾风”号被三轮齐射直接命中，发生爆炸，舰上 168 人无一生还；“追风”号被击中，舰上 19 人受伤，它和“望月”号一起转向威尔克斯岛的西南偏南方向。

与此同时，日军重整队形，由“弥生”“望月”“如月”组成单列纵队，在“龙田”和“天龙”的支援下与皮尔岛的 B 炮台展开了一场炮战。“弥生”号被击中（1 人阵亡、17 人受伤），但也进行了回击，给 B 炮台造成了相当程度的破坏。

随着格鲁曼“野猫”式战斗机展开攻击，这场战斗又增加了新的元素。7 点 24 分，它们低空扫射了“天龙”号的右舷船头，尔后脱离。这艘巡洋舰的前端 1 号鱼雷发射管附近遭到扫射，有 5 人受伤，三条鱼雷被破坏，船体被子弹射穿，留下弹孔。接着，剩下的舰船施放烟雾，向西南方向撤退。但“野猫”的攻击并未结束，“如月”号在威克岛西南 30 英里处遭到“野猫”的攻击，飞机的子弹击中了深水炸弹，从而引发了一场大爆炸。“如月”号于 7 点 31 分在顷刻之间沉没，全体船员也随舰沉入海中（它的正常编制人数是 150 人）。

“夕张”号的《作战报告》简洁地概括了这场战斗：“虽然第 24 航空战队的中型轰炸机通过多次空袭给敌军造成了惨重损失，他们仍然保存了若干完好无损的战斗机和地面炮台等武器，他们对我们进行了猛烈反击，我们被迫暂时撤退。”日军总共有 340 人战死，65 人受伤，2 人失踪。威克岛入侵部队现如今损失了 2 艘驱逐舰和一艘驱逐舰改装的运输船，不得不返回鲁欧塔锚地，在新的作战开始前必须进行整修并等待增援。而在威克岛，防御炮台在大体上仍然完好，但飞机只剩两架了。令人惊讶的是，只有一名海军陆战队员阵亡。这场战斗明白无疑地表明战舰不应该冲进固定式 5 英寸炮的近距离平射射程范围内。

在第一次入侵作战和第二次入侵作战的间歇，美军曾想增援威克岛守军。但珍珠港的惨败引发了指挥机构的混乱，当时又缺乏关于日本联合舰队行踪和日本马绍尔群岛海军设施的确切情报，这就导致美军既没能增援威克岛，又没有与新的敌入侵部队进行交战。虽然美国海军当时有三艘得到巡洋舰和驱逐舰掩护的航母可用，他们仍然担心威克岛是日本人在圈套中设下的诱饵。在珍珠港刚刚损失了不少战列舰的情况下，折损三艘舰队航母的风险显得太高。

日军继续派第 24 航空战队每天轰炸威克岛。“苍龙”号、“飞龙”号重型航母以及“千岁”号水上飞机母舰都派出了飞机增援第 24 航空战队。虽然日军知道威克岛在 12 月 11 日到 23 日之间得到了增援，但他们没有在那段时间设伏。日军的入侵部队在各方面都不如美军集结的防御力量。可见，美军胆小谨慎，而日本人却表现得近乎鲁莽，对一场或许举足轻重的战斗缺乏审慎和准备。日本海军只派出了象征性的掩护部队，这点兵力很容易被积极主动的美国舰队击败。

第二波威克岛入侵部队在鲁欧塔锚地集结，它包括被快速修复的一些首发舰船：轻巡洋舰“夕张”号、“龙田”号和“天龙”号；驱逐舰“睦月”号、“弥生”号、“追风”号和“望月”号；两艘“丸”字运输船和一艘由驱逐舰改装的运输船。梶冈少将仍然担任总指挥。这支部队还得到了两艘驱逐舰“朝凪[①]”号、“夕凪”号，一艘驱逐舰改装的运输船和另一艘“丸”字号运输船，一艘布雷舰和运送部队的水上飞机母舰。两艘驱逐舰曾协助攻占马金岛（Makin Island），并一直袭击吉尔伯特群岛的其他地方。原先的海军登陆特种部队得到了一些攻占过关岛的部队的增援。当时在鲁欧塔锚地的海军登陆特种部队的兵力有将近 2000 人。12 月 13 日，关岛入侵部队的重巡洋舰“衣笠”号、“青叶”号、“加古”号、“古

① 译注：日本汉字，念 zhǐ，意为风平浪静。

鹰”号被划入马绍尔方面作战支援部队以支援对威克岛的第二次进攻。第24航空战队又得到了水上飞机母舰“千岁”号的28架水上飞机的加强。此外，载有108架飞机的“飞龙”号和“苍龙”号，重巡洋舰“利根”号和“筑摩”号，驱逐舰“浦风”号和“谷风”号也都从撤退的珍珠港攻击部队中被分离出来，前去支援对威克岛的第二次入侵，划归第四舰队指挥。

第二波威克岛入侵部队于12月21日5点45分离开鲁欧塔。“飞龙”和“苍龙”已经位于威克岛西北偏北约200英里处，其舰载机在21日也加入第24航空战队对威克岛的持续空袭。梶冈少将的部队没有像12月11日那样强行突入威克岛，进攻前也没有持续地炮击。相反，海军登陆特种部队于12月23日凌晨2点20分被秘密地部署在突击艇中，距离他们的目标大约2英里。虽然遭到了激烈的抵抗，日军还是很快就拿下了滩头阵地。6点，航母舰载机参战，到6点30分，被彻底击败的守军投降。海军登陆特种部队和陆军登陆部队共损失140人；参战舰船损失4人；日机损失10架。威克岛的三个小岛都成了日本帝国的一部分以及日本海军防卫圈的重要一环，菲律宾的生命线因此被切断，日军没有一艘海军舰船受损，还在两栖作战的战术上学到了一点经验[4]。

菲律宾群岛

日本帝国陆军入侵菲律宾的战术计划要求攻占某些关键区域以提供飞机跑道，这样陆军就能一直处于空中掩护之下。为此，日本人将于12月8日入侵吕宋岛以北125英里的一个小岛——巴丹岛（Batan Island），为的是从那里起飞的飞机能掩护预定于12月10日在阿帕里（Aparri）实施的登陆行动。这个作战计划还要求在同一天入侵距离吕宋岛北面大约30英里的甘米银岛（Camiguin），以便能立即把它用作掩护阿帕里登陆行动的水上飞机的一个基地。阿帕里本身的重要性只是针对建立航空基地而言。林加延湾（Lingayen Gulf）是登陆的主要地点，这里的登陆行动将从北面包围马尼拉。日军计划于12月11日攻占维甘（Vigan），也是为了给之后入侵林加延提供空中掩护。

但美国海军在南面的实力不容小觑。达沃有一个必须瘫痪的海军基地，南面的美军空中力量也必须消灭，因此，日军计划在12月8日动用航母舰载机进

甘米银岛
恩加尼奥角
阿帕里
土格加劳机场
维甘
南 海
林加延湾
吕宋岛
菲 律 宾 海
伊巴机场
甲万那端
伊巴
圣费尔南多
克拉克机场
马尼拉
拉蒙湾
卡维特海军造船厂
尼尔森机场
尼克尔斯机场
马尼拉湾
黎牙实比
民都洛岛
圣贝纳迪诺海峡
马斯巴特岛
萨马岛
班乃岛
塔克洛班
莱特岛
伊洛伊洛
苏里高海峡
宿务岛
巴拉望水道
巴拉望
内格罗斯岛
薄荷岛
苏 禄 海
棉兰老岛
达沃
婆罗洲
霍洛群岛
西里伯斯海

^ 菲律宾群岛手绘图

行空袭，接着于数日后，在黎牙实比实施登陆。为了能从南面包夹马尼拉，日军计划于 12 月 23 日在拉蒙湾（Lamon Bay）登陆。日军部队将在田中赖三少将指挥的南遣舰队之达沃攻击部队掩护下从帕劳出发，于 12 月 20 日攻占达沃。达沃攻击部队将占领正好位于婆罗洲东北部的霍洛岛（Jolo）。如此一来，菲律宾群岛将被孤立，达沃和霍洛也将为进攻婆罗洲的计划提供基地和空中掩护。

日本帝国海军在入侵菲律宾行动当中的任务可以归纳为三部分：瘫痪、消灭或者驱散美军的海空力量，掩护、支援日本陆军的登陆行动，一俟夺取入侵目标，就去保护陆军的补给增援线。占领菲律宾是日军侵入南洋寻找原料的重要一步，为此，日军必须肃清美国在菲律宾的军事力量。但菲律宾本身并没有任何日本战时急需的大量战略资源（可能橡胶除外）。

山本大将认为虽然美国的海空力量相对弱于日军，但会被最大限度地利用起来。1941 年月 12 月 8 日，美国海军在菲律宾海域驻有 1 艘重巡洋舰、1 艘轻巡洋舰、4 艘驱逐舰、29 艘潜艇、6 艘炮艇、2 艘水上飞机母舰和各类辅助舰船。飞机方面，海军有 32 架“卡特琳娜”水上飞机、4 架格鲁曼“鸭子”水陆两用运输机、“翠鸟”式水上侦察机（一种舰载水上侦察机）。美国的海军力量还包括 1 艘轻巡洋舰和 9 艘驱逐舰，它们停泊在婆罗洲的打拉根和巴厘巴板附近。驻扎在菲律宾的远东美国陆军航空队在 12 月 8 日有大约 34 架 B–17 轰炸机（波音的“空中堡垒”）和 70 架 P–40(寇蒂斯“战鹰”)。

珍珠港遭袭的消息在事件发生半小时后——菲律宾当地时间凌晨 3 点传到马尼拉，美国陆海军部队在一小时之内都处于警戒状态。与此同时，在台湾陆海军航空基地的日本人正感到焦虑不安。他们最初的计划要求在破晓时分对吕宋的美国航空基地发动一次突袭，但由于天空四通八达，台湾的机场和菲律宾的一样容易受到攻击。大雾天迫使日本海军的第 11 航空舰队推迟了攻击机的起飞。不过，32 架陆军轰炸机却仍按预定时间起飞，于 9 点 30 分袭击了菲律宾碧瑶（Baguio）机场的军事基地，不久之后又袭击了吕宋北部的土格加劳（Tuguegarao）机场。9 点 15 分，由 192 架海军飞机组成的大机群终于从台中、台南和高雄起飞，它的目标是马尼拉附近的 3 个主要的航空基地。90 架飞机袭击了克拉克机场，其余的飞机则对伊巴（Iba）和尼科尔斯（Nichols）进行了空袭[5]。虽然美国的空中力量进入戒备状态已经有一段时间，日军在 11 点 35 分的空袭仍然打了远东美国陆军航空队一个措手不及，后者的大部分飞机此时还在地面上，在几分钟之内，它的半数轰炸机和三分之一的战斗机就被摧毁了。此后，美国就无法对空袭和日军的入侵做出有效的抵抗了，也不再对台湾的机场构成威胁。

两天后，日本飞机继续对菲律宾实施空袭。52 架护航的零式战斗机压制了美军战斗机的微弱抵抗。当天的目标是马尼拉湾的甲米地海军船坞、尼尔森（Nielson）和尼科尔斯（Nichols）机场。前者被如入无人之境的 80 多架轰炸机彻底摧毁，两个机场则遭到了大范围的破坏。到晚上，远东美国陆军航空队只剩下 33 架可以作战的战斗机。美国海军发现，由于丢失了制空权，菲律宾周围海域的制海权也丧失了。因此，美国海军不再按照最初计划的那样派遣其他舰船北上驰援，而是命令大部分还能作战的舰只撤往南方。

菲律宾最南面的一个大岛——棉兰老岛的达沃让日军忧心忡忡，因为它是美国的海军基地，距离帕劳的日本海军基地只有 500 英里左右。因此，日军想在开战的第一天就瘫痪它。然而，美国海军 12 月 8 日在达沃港主要的舰船只有水上飞机母舰“威廉·普勒斯顿”号，以及 3 架可用的 PBY“卡特琳娜”水上飞机。

参与黎牙实比作战的第四奇袭部队在 12 月 6 日 13 点 30 分到 16 点之间在久保九次的指挥下从帕劳出发，一路上对美国潜艇严加戒备（日军认为该区域有美军潜艇活动）。在圣阿古斯丁角（Cape San Agustin）以东 50 英里、达沃以东 100 英里的某处海域，“龙骧”号放出了 13 架俯冲轰炸机和 9 架战斗机作掩护。（不过原为一大佐在回忆录中写的数字与日本的官方记录有出入，他称只有 20 架飞机参加了攻击[6]。）驱逐舰“早潮”“黑潮”“夏潮”“亲潮”从编队中脱离出来高速冲向达沃，以便追歼从“龙骧”号舰载机攻击下逃脱的美国舰船。剩下的驱逐舰则以“龙骧”号为中心排成一字纵队。这次突击是对想象中的美军威胁的过度反应，结果证明是彻底的失败。“龙骧”号的舰载机没有认出水上飞机母舰——“威廉·普勒斯顿”号，于是后者免于被日机重创，随后向南驶去。两架 PBY“卡特琳娜”水上飞机则被击毁在水上。（第三架还在巡逻。）美军舰队没有进行任何防空作战。“龙骧”号的一架舰载机由于发动机故障不得不在海上迫降，不过“黑潮”号驱逐舰救起了飞行员。攻击结束后，达沃已经无法再充当美国的海军基地。12 月 12 日，美军的空中力量惨遭进一步的削弱：驻扎在奥隆阿波（Olongapo）的第十巡逻机飞行队的 7 架 PBY“卡特琳娜”水上飞机被零式战斗机的扫射击毁在海上。

日本海军并没有把它入侵菲律宾的战略建立在如此轻易就掌握了制空权和周边海域制海权的基础之上。相反，最初的计划规定要采取循序渐进、谨小慎微的方略，日军计划先在靠近菲律宾的地方修建航空基地。12 月 8 日拂晓，广濑末人少将的第三奇袭部队以驱逐舰“山云”号为首，掩护两艘“丸”字运输船的 490 名士兵在巴丹岛登陆。日军未遭遇任何抵抗就占领了该岛，但机场却自始至终没有在岛上建起来。12 月 10 日，第三奇袭部队的部分士兵占领了甘米银岛。

12 月 10 日拂晓，日本陆军开始在阿帕里登陆。第一奇袭部队由原健三郎少将指挥，包括：旗舰轻巡洋舰“名取”号，驱逐舰“文月”号、“长月”号、“五月”号、“水无月”号、“春风”号、“旗风”号，3 艘扫雷舰，9 艘潜艇以及 6 艘“丸”字运输船。不过对登陆作战造成阻碍的并非美军有力的抵抗，而是波涛汹涌的海面和设计糟糕的登陆艇，最终滩头阵地被转移到了东面。美军飞机的反击较为微弱，但很顽强——日军一艘扫雷舰被美机炸沉，“春风”号被一颗炸弹命中受轻伤，“名取”号被近失弹擦伤。日军对空中威胁的担忧降低了登陆行动的效率[7]。由于遭到空袭，原少将的部队提前撤出了战斗，所以他们被迫往船外丢弃了一些补给品，让后者自己漂到岸边。日本海军这次表现出对空中力量的反舰能力抱有一种理智谨慎的态度（即便此时的空中力量还极为弱小）。美军步兵对阿帕里登陆行动的抵抗是如此微弱，以至于日军的登陆部队还能作为进攻部队，往南攻入吕宋，本来这支部队的任务只是攻占建造机场的区域。

日军又计划派第二支入侵部队在 12 月 10 日进攻维甘岛。这支舰艇编队被称为“第二奇袭部队”，由在“那珂”号坐镇的西村祥治少将指挥，下辖驱逐舰“村雨”号、“夕立”号、“春雨”号、“五月雨”号、“朝云”号、“峰云”号、“夏云”号，6 艘扫雷舰，9 艘反潜舰船和 6 艘载有 4400 名士兵的“丸”字运输船。第二奇袭部队在第一天就遇到了困难；天气不良和远东美国陆军航空队的空袭使日军延误了 24 小时，并迫使其改变登陆地点，把它往南推移了若干英里。登陆于12月11日开始。“那珂”号数次遭到美机扫射，船体表面出现14处破损，有3人阵亡，一人受伤。一艘扫雷舰被击沉，两艘运输船受创搁浅。“夏威夷丸”有30人受伤。但维甘登陆行动还是在12月11日顺利完成[8]。

第三支入侵部队——第二舰队（在战术上归第三舰队指挥）被定名为“第四奇袭部队”，由久保九次少将指挥。该部将在吕宋东南的黎牙实比登陆，为入侵林加延湾殿后，抵御来自南面的空袭。它由“长良”号（旗舰）、“山风”号、“凉风”号、“江风”号、“海风”号、“雪风”号、“时津风”号，水上飞机母舰“千岁”号、“瑞穗”号，两艘扫雷舰，两艘巡逻舰，7艘运输船组成。达沃和黎牙实比的掩护部队提供支援，它们包括重巡洋舰“羽黑”号、“妙高”号、“那智”号，附带着“潮风”号驱逐舰的轻型航空母舰“龙骧”号以及第二水雷战队的一部——轻巡洋舰“神通”号和驱逐舰“天津风”号、“早潮”号、“黑潮”号、“初风”号、“夏潮”号、“亲潮”号。为了更好地掩护12月12日进行的对黎牙实比的进攻，“神通”号已经随同两艘驱逐舰一起于前一天在苏里高和圣贝纳迪诺海峡敷设了水雷[9]。入侵黎牙实比只遇到了象征性的抵抗，日军一个联队被送上岸。

日军的入侵只遇到了零星的抵抗。在阿帕里登陆行动中，美军的飞机迫使日军不得不加快他们的卸货作业，并炸毁了日军的一艘扫雷舰。12月10日，科林·凯利上尉驾驶的B-17轰炸机攻击了“北方掩护部队”的重巡洋舰“足柄”号。科林·凯利上尉在任务中不幸牺牲，他在飞机坠毁前用无线电报告称击中了一艘金刚级战列舰，使它中弹起火（后来远东美国陆军航空队称他击中的是“榛名”号），但“足柄”号没有中弹。维甘港的日军也只受到轻微损伤。12月14日，在阿帕里，美国潜艇“海狼”号向由商船改装而来的水上飞机母舰“三洋丸”号发射了4枚鱼雷，其中一枚击中目标后没有爆炸。12月14日，美国陆军航空队远东分队起飞了5架B-17轰炸机对入侵黎牙实比的日军部队进行了攻击。虽然其他进攻作战中的日本海军部队都对空袭严加防范，进攻黎牙实比的部队还是在拥挤的黎牙实比的港口被美军飞机逮个正着。不过唯一的损伤只是一艘扫雷舰被扫射。

现在日军已经为主力进攻做好了准备：一支进攻部队为了及早攻占马尼拉将在林加延湾登陆。日本海军必须护送运输船从台湾和澎湖列岛的三个部队集结地出发，掩护部队不受敌军舰队的反击。高桥中将的北方掩护部队和近藤信竹中将的远程掩护部队（此时已经可以从马来进攻作战中抽身出来）可以提供更多的保护，抵御敌军的反击。

林加延部队被分成三个部分。它运载的是日本陆军第48师团和各种特殊部队，他们分乘73艘运输船。入侵部队于12月22日0点10分开始在林加延靠岸。那里的海防力量从12月18日开始就遭到轰炸机和战斗机的攻击。全权负责菲律宾防务的美国陆军上将道格拉斯·麦克阿瑟已经猜到日军会入侵滩头阵地，但他没预想到日军主力的进攻会来得如此之快。因此，美军没有将潜艇部署在防御阵地。这是林加延部队的幸事，因为天气糟糕，两栖登陆又混乱不堪，12月22日破晓时分，舰队和运输船乱作一团，绵延达20英里。不过，由于海岸防御力量被削弱，海军的炮火掩护又比较强大，日军的登陆部队当天就在岸上站稳了脚跟。

日本海军的损失微乎其微。驱逐舰“长月”号遭到美机扫射，1人阵亡，5人受伤[10]。12月22日早晨，美国潜艇S–38击沉了一艘小型运输船。翌日，美国潜艇“海豹”号击沉了另一艘小型运输船。商船改装的水上飞机母舰“赞岐”号也被岸防炮击中，但伤情并不严重。一些在日军入侵前进行炮火准备的军舰，也在清晨遭到少量仍然留在登陆场上空的美国飞机的扫射，不过没有受到明显的损伤。

12月24日，马尼拉东南部的拉蒙湾遭到日军入侵。“拉蒙湾攻击部队”在“黎牙实比支援部队”早先那批舰船的保护下登陆了，没有遭到任何的抵抗。这支部队作为日军钳形攻势的南钳臂从南面包夹马尼拉。

12月20日，田中赖三少将指挥达沃攻击部队入侵达沃。由重巡洋舰“那智”号、“羽黑”号、“妙高”号，轻型航母“龙骧”号和向马绍尔群岛运送飞机后返回的水上飞机母舰“千岁”号提供支援，而轻巡洋舰“神通”号和驱逐舰“天津风”号、“初风”号、“黑潮”号、“亲潮”号、“早潮”号、“夏潮”号则护送5艘运输舰从帕劳前往达沃。日军没有遇到有组织的抵抗，部分登陆部队顺利上岸。然而，在12月23日这天，几架B–17轰炸机的空袭给“黑潮”号造成了损伤，并使4人受伤[11]。剩余的部队则在“龙骧”“千岁”以及4艘驱逐舰的掩护和护送下于 12 月 25 日在霍洛岛上岸。

就这样，日军仅仅在三个星期里就获取了能让他们提早攻占菲律宾的途径。而且在棉兰老岛和霍洛岛修建机场时，日本人也向为入侵婆罗洲提供空中掩护迈出了第一步。日本海军高效地履行了为菲律宾入侵行动提供火力掩护和运输船护航的职责。当然，护航行动仍将继续，在所有岛屿被攻占前，有些地方还需要日本海军提供额外的火力掩护。但主要任务已经完成，日军已经取得了辉煌的胜利，而且比山本和他的参谋人员预想的快得多。鉴于攻占菲律宾群岛速度如此之快，日本人确信他们能在这场“大角逐”中获胜。现在日军已经为攻占荷属东印度的外围岛屿，并最终入侵他们最垂涎的爪哇岛做好了准备。

第三章

对英国和荷兰的进攻

1941 年

12 月 8 日　日本陆军在马来亚的哥打巴鲁登陆（攻击在偷袭珍珠港一小时前开始）

12 月 8 日　日本陆军在泰国的宋卡和北大年登陆

12 月 8 日　日本海军在香港和上海击沉或俘获英国和美国的军舰

12 月 9 日　泰国投降

12 月 10 日　日本陆基飞机击沉英国军舰“威尔士亲王”号和“反击”号

1942 年

1 月 10 日　美英澳荷盟军司令部建立

1 月 19 日　英属婆罗洲投降

1 月 27 日　马来亚的兴楼附近爆发海战

香港

由于对香港的进攻主要经由陆路，日本海军在攻略该城的作战中作用较小。“第二中国派遣舰队”的轻巡洋舰“五十铃”号和两艘驱逐舰“雷”号和“电”号在进攻英国殖民地的初始阶段击沉了英国皇家海军炮艇“蝉”号和“知更鸟”号，以及许多英国注册的帆船，在港口俘获了敌军的商船。但他们没有为陆军提供任何显著的帮助。

马来亚

在东亚战争打响的第一天，日本海军就冒了三大风险，这些作战行动当中的任何一次不幸都会迫使日本立即改变战略，在最坏的情况下甚至会引发严重的惨败。首先，在攻击珍珠港的作战中，他们就冒了被提早发觉和美军航母可能在目标附近出现的风险，这本可以对南云中将的攻击舰队造成重大损失。当台湾的日本海军攻击机群因为大雾而推迟攻击时，他们又冒了第二次险，因为美国远东的陆军航空队本来可以先发制人，可能对日军这些停在地上的飞机造成毁灭性打击。如果真出现这种情况，那么日军的菲律宾登陆作战就会缺乏空中掩护，并且会遭遇完好无损的美军机群，那么美军停泊在菲律宾和婆罗洲的舰船就能继续留在菲律宾群岛附近海域。日本海军冒的第三个风险就是日本陆军在马来亚（以及泰国）登陆的时候，提供掩护的日本海军部队在主力舰火力上是不如英国的“威尔士亲王”号和“反击”号的。但日本人又依靠海军航空兵（这一次是陆基飞机）对英国的海军力量实施反击，并将其摧毁。他们是第三次丢骰子了[1]！

虽然英国在欧洲和北非面临纳粹德国的重压，它仍然在新加坡集结军舰组成了Z舰队。英国最新式、最强大的战列舰之一——“威尔士亲王”号刚参加完对德国战列舰“俾斯麦”号的成功猎杀，就被派到远东和“反击”号会合。Z舰队余下的军舰还包括驱逐舰“伊莱克特拉”号、“快车”号、“吸血鬼”号和“特内多斯”号。Z舰队无法依靠英国皇家空军的支援，因为后者在马来亚地区实力弱得可怜，在开战的最初几天里就被调去防守马来亚的滩头阵地。Z舰队本应该得到一艘一等航空母舰“不屈”号的支援，但这艘航母于11月3日不幸在牙买加的金斯敦（Kingston）触礁，还未得到修复。

日本海军也无法依靠南云攻击舰队的舰载机对Z舰队发动攻击。而由于山本坚持用飞机击毁军舰，他只能动用海军的陆基飞机去攻击Z舰队。日本海军已经于1941年11月在法属中南半岛建造了三个机场，并在那里部署了一支令人生畏的航空队[2]，这支航空队由6架侦察机、39架战斗机、99架轰炸机和鱼雷机组成。与此同时，一支作为后备力量的日本舰队正向南驶去，在必要时迎战Z舰队。

日本陆军为攻占马来半岛和新加坡做了大量的准备工作。初次登陆的主力是第 15 军和第 25 军。这些部队在萨玛湾（Samah Bay）和海南集结，于 12 月 4 日登船，由 19 艘运输船运送。由于此时还未宣战，美国人、英国人和荷兰人对这支远征军的最终目的地一无所知。他们希望日军的入侵目标是泰国，而这也正是日军想要他们相信的。12 月 6 日，日军护航舰队绕卡茂角（Cape Camao）一圈，

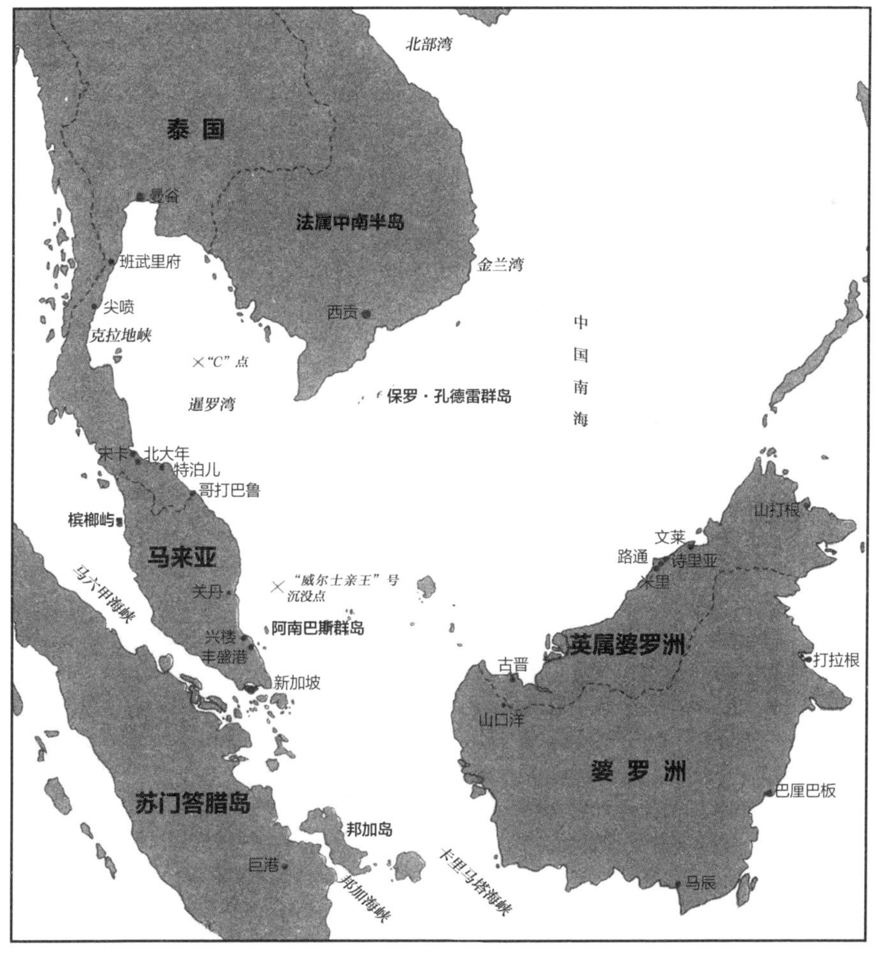

^ 马来亚战役手绘示意图

尔后改变航向，朝曼谷驶去，向暹罗湾的“C”点进发。12月7日8点30分，护航舰队再度改变航向前往宋卡和北大年。

然而，日军最初的入侵定在哥打巴鲁和马来亚，比12月8日的珍珠港偷袭提前一小时。这些登陆行动和之前一样也是出师不利：海况恶劣，登陆艇倾覆，遭到英国陆军的防御炮台炮击，还有英国空军的零星空袭。日本人伤亡不多。为登陆提供掩护的是“川内”号（轻巡洋舰），以及它下属的驱逐舰“矶波”号、“浦波”号、“敷波”号和“绫波”号。它们从距离岸边两英里处提供掩护火力，压制敌军炮火[3]。另一方面，在宋卡，从11艘运输船上岸的日军部队没有遇到任何抵抗。负责掩护该处登陆作战的是“朝雾”“天雾”“狭雾”和“夕雾”（其中“狭雾”充当了所有登陆点的总指挥部）。到午夜时，11艘运兵船全部向北行驶，从而让驱逐舰编队去增援哥打巴鲁的军舰。泰国的第二处滩头阵地位于宋卡以南65英里处的北大年，5艘运输船的登陆部队于12月8日开始登陆，同样如入无人之境。负责为这次登陆作战提供掩护的是驱逐舰“东云”号、“白云”号，它们当时也全速向南，朝哥打巴鲁驶去。已经从距离北大年以南9英里的特泊儿（Tepoh）出发的“丛云”号轻巡洋舰，也和其他日舰一起集结在旗舰“川内”号周围。12月8日还有4次登陆行动也都没有遭到任何抵抗，地点是在泰国克拉地峡更北面的地方：1艘运输船的部队在班武里府登陆，2艘运输船在尖喷(Jumbhorn)登陆，1艘运输船在班敦(Bandon)登陆，3艘运输船在那空(Nakhorn)附近登陆（这些登陆行动都不需要驱逐舰的支援）。当哥打巴鲁的英军抵抗在12月9日崩溃时，“川内”号便能带着11艘驱逐舰加入“南方部队”，和它一起向南，大概是去迎击Z舰队。因为相当多数量的日本陆军在泰国和马来亚上岸，他们的补给线必定暴露，所以消灭Z舰队成了当务之急。

日军的入侵并没有完全出乎英国人的意料之外，事实上，他们并不指望马来亚能免于战火。但日军登陆的地点确实让他们大吃一惊，因为他们本来预计日军会在更北面的地方——狭窄的克拉地峡实施入侵。然而，日军三个主要的滩头阵地大约位于克拉地峡和新加坡之间的中点。12月9日，泰国放弃抵抗。从入侵伊始，在马来亚弱小的英国皇家空军的注意力就完全被日本的空袭吸引住了。

Z 舰队的指挥官托马斯·菲利普斯（Thomas Phillips）海军上将面临一个困境，“不屈”号重型航母上的飞机无法投入作战，而正承受着巨大压力的皇家空军却无法保证给予他空中掩护。但与此同时，如果英国舰队留在新加坡港内，敌人的登陆行动又在它的攻击范围之内进行，那么这就破坏了英国海军“见敌必战”的传统。而且他始终有机会可以在某个滩头阵地捕捉到满载的运输船和正在卸货的运输船。最后，菲利普斯别无选择，因为尽管 Z 舰队在 12 月 8 日 17 点 05 分从新加坡出发，但日本人的入侵行动实施得太快太有效率了——宋卡和北大年被占，运兵船顺利撤退，等到 Z 舰队能够抵达哥打巴鲁时，日本人的运输船早就离开了。

由于缺乏充分的空中侦察和其他可靠的情报，菲利普斯上将并不知道这些事情。他只知道日本正在向北进犯，所以他也向北航行，正处在大陆和阿南巴斯群岛（Anambas Islands）之间。到 12 月 9 日，5 点 59 分，他知道 Z 舰队已经被日本人发现，因为驱逐舰“吸血鬼”号已经看到了一架日本侦察机。菲利普斯能够预计到日军的空袭即将来临，他也很清楚自己只有少量或者说根本没有空中掩护。但他仍然希望能在宋卡抓到日军的运输船，于是指挥舰队向北，到达距离法属中南半岛以南 150 英里、马来半岛以东 250 英里的某个地点。他的处境从那里开始迅速恶化。在 18 点的时候，英国人又看到了日本飞机。菲利普斯随后转向南，朝宋卡进发。但在 23 时 30 分，他收到了日军在关丹（位于哥打巴鲁和新加坡之间）登陆的错误情报，便下令 Z 舰队全速开往那里。黎明时分，在距离关丹 60 英里处，Z 舰队又被一架日本侦察机发现。在菲利普斯自己的侦察机报告说关丹没有日本人登陆后，他便先向北，后向东，坚持不懈地搜寻日本舰船。然而，他的运气最后还是用光了。12 月 10 日 10 点，Z 舰队遭到了日本海军航空兵的集中空袭。

日本海军对 Z 舰队向北进击所带来的潜在威胁抱有合理的敬畏之心。12 月 6 日，从小泽将军（Ozawa）的第三舰队起飞的舰载机已经发现了一架皇家空军的“刺探者”侦察机，所以日本人知道他们的大规模南下已经被英国人发现了。虽然还未宣战，并且南云中将的成功也取决于对珍珠港出其不意的奇袭，小泽治三郎中将仍轻率地下令让他的舰载机飞行员击落任何英国的侦察机[4]。

对付Z舰队，日本人有近藤信竹的“马来部队”。当伊-65（I-65）潜艇在12月9日13时15分发现位于保罗·孔德雷岛(Poulo Condore Island)南面，正在向北行进的Z舰队时，近藤中将下令所有运输船都撤到暹罗湾，并命令在法属中南半岛的航空队开始尾随英国舰队（伊-58号潜艇也对Z舰队进行了跟踪[5]）。近藤命令他自己的军舰靠近英国舰队，向其发起挑战。如果发现Z舰队，首先他的重巡洋舰“最上”号、“三隈”号、“铃谷”号、“熊野”号将在驱逐舰“吹雪”号、“初雪”号、“白雪”号和轻巡洋舰“川内”号及其下属的驱逐舰的掩护下发起夜袭[6]。与此同时，近藤将把“榛名”号和“金刚”号，重巡洋舰“爱宕”号、“高雄”号、“鸟海”号调到前线，接着所有军舰将在白天对Z舰队发起攻击。近藤中将一直从“熊野”号的水上飞机和潜艇发来的报告中获知Z舰队的方位。海面上的交战始终没有发生，但装备着更强大火炮的Z舰队肯定要在历史上给自己留下值得尊敬的记录。

日军在中南半岛的基地也一直收到关于Z舰队各种航向的情报。12月9日，日军基地航空队分别派出了侦察部队和攻击部队，但都一无所获。然而在夜间，日军判断在12月10日清晨对Z舰队发动夜袭是可行的，于是5架日本飞机在2点20分从金兰湾出发，在保罗·孔德雷岛加油，并于4点30分再度起飞。5点25分，9架飞机组成的飞行编队从西贡出发，进行40度（相当于600英里）弧形搜索。6点14分到7点30分，从西贡机场起飞了34架轰炸机和40架鱼雷机。当Z舰队在11点20分被日军发现时，其方位被传达到日军所有已经起飞的作战飞机。

虽然日军攻击机群即将耗尽燃油，但还是在11时48分发起了进攻，共有84架飞机参与了攻击。虽然Z舰队的5艘舰船（驱逐舰“特内多斯”号已在12月9号奉命返回新加坡）以猛烈的防空炮火还击，但“反击”号的左舷还是中了10条鱼雷，中雷处从船头到船尾均匀分布，4枚命中右舷前端，船中部还挨了一颗550磅的炸弹。“反击”号无法承受这样的重击，最终在12时03分沉没。“威尔士亲王”号舰体前端被1枚鱼雷击中，舰体后部左舷也中了1枚鱼雷，右舷中了5枚鱼雷，中雷部位同样是均匀排布。舰体后端吃了两颗1100磅的炸弹，船尾右舷方向则被近失弹擦伤，最终于12点50分沉没[7]。英国驱逐舰一艘未沉，但“特内多斯”号在12月10日遭受了30分钟的空袭。日军总共有3架飞机被击落，返航的飞机有 28 架受伤。

Z 舰队已经被击溃，英国守卫马来亚的海军力量在没有近藤中将水面舰只介入的情况下就被摧毁了。残存的英国海军舰船要么向南逃到荷属东印度群岛，要么撤往他们在印度洋的海军基地。英国军舰和飞机在马来亚附近海域的绝迹给了日本行动自由，日本陆军遂能使用驳船运兵，绕过陆上英国重兵把守的地方，于 12 月 19 日经由陆路夺取了西海岸的槟榔屿[8]。这样一来，日军马来亚部队便在同一时间被抽调出来成功地侵入了婆罗洲。

皇家海军在兴楼（Endau，马来半岛东部的一个小城镇）为阻止日军向新加坡快速推进做出了最后的努力。如果日军能在丰盛港（Mersing，位于兴楼以南几英里处）将足够的兵力送上岸的话，那么英国陆军相当一部分兵力和新加坡（位于南面 100 英里处）之间的联系将被日军切断。日军认为丰盛港的防御力量不好对付，于是绕过它向兴楼进军，在 1 月 21 日入侵并攻占了该地，但仍缺乏足够的兵力突破英军在双溪（Sungei）—丰盛港一线的屏障。英军在新加坡的司令部充分预计到日军在兴楼的作战不久将得到一支规模庞大的护航舰队的加强。他们的这种担忧终于在 1 月 26 日成为现实：当日 7 时 15 分，英军一架飞机在兴楼以北 20 英里处发现一支庞大的舰队。这支舰队的一部分兵力攻向阿南巴斯群岛，其他的舰只则是为两个作战提供掩护[9]。皇家空军从苏门答腊岛和新加坡起飞，将许多作战飞机投入反击（有些飞机还散落在新加坡的码头上用板条箱装着）。空袭开始的时候，日军的滩头阵地已经扩大。虽然日军防空炮火和护航战斗机进行了猛烈还击，但他们的运输船、燃料仓和登陆部队还是遭到了轰炸。空袭一直持续到夜里，英军损失了半数的攻击机。

皇家海军随后承担起了破坏日军兴楼登陆的任务，从新加坡向北派出了两艘建于一战期间的老式驱逐舰——“吸血鬼”号和“萨尼特”号。“吸血鬼”号只挂载了 6 枚鱼雷，而“萨尼特”号有 4 枚。日军高估了英国海军的真正实力，日本海军的情报把两艘驱逐舰离港说成是两艘巡洋舰离港，还报告说英国的潜艇也在海里活动。因此，日军派出轻巡洋舰“川内”号和驱逐舰“吹雪”号、“初雪”号、“白雪”号、“夕雾”号和“天雾”号组成了一支比较庞大的攻击部队前去截击英国军舰。

接下来在 1 月 27 日清晨的黑暗当中，兴楼爆发了一场实力不对等，却十分激烈的小规模海战。在火炮和鱼雷的交火中，“萨尼特”号数次中弹，随后被“白雪”号的探照灯照亮，“天雾”号和“初雪”号在 3 时 48 分将其击沉。有 57 名水手获救，成为战俘。“吸血鬼”号则在烟雾中撤回新加坡[10]。

此时马来战役接近尾声，包括重要官员在内数以千计的人开始使用任何能漂浮的东西通过马六甲海峡和邦加海峡，从新加坡逃往苏门答腊、爪哇甚至是澳大利亚。然而，能够找到庇护的船只寥寥无几。小泽将军的机动部队在三天里用炮火和炸弹击沉了 40 多艘舰船。

当新加坡陷落时，苏门答腊省、婆罗洲和西里伯斯岛（Celebes）也都相继落入日本人之手（将在第四章论述），这样一来，荷属东印度的马来亚边界线便被打破。在和几个大国开战以来的两个多月时间里，日军出人意料地迅速攻占了马来半岛，这使得日军患上了某种程度的“胜利病”。

在马来战役中，日本海军的损失微乎其微。1 架澳大利亚的轰炸机在暹罗湾击沉了一艘日本的运输船。12 月 11 日，1 艘荷兰潜艇在北大年附近海域对 4 艘满载的运输船进行了攻击，但一艘都没有击沉，自己反而撞上了英国的水雷沉没。12 月 16 日，另一艘荷兰潜艇击沉了一艘满载的运输船，美国潜艇“剑鱼”号则在海南附近击沉了一艘 8600 吨的日本商船。

英属婆罗洲

日军南下攻占马来亚全境，并消灭那里所有的英国军事力量，是为了在主攻南洋时对其右翼进行掩护。东面是婆罗洲、西里伯斯以及荷属东印度的其余部分。考虑到英国人要防守的区域辽阔广大，能够用来保护英国和荷兰领土的兵力严重不足，所以日本可以任意选择下一次进攻的时间和地点，这是日军的一个巨大优势。

婆罗洲是世界第三大岛，面积 26 万平方英里，但只有 300 万人口，十二个城镇，盛产石油和其他重要的原材料。婆罗洲的地理位置使其能够威胁通往日据马来亚的航路，形成阻挡日军从东面向西进军的屏障。该岛当时被荷兰占据，只有北面的一小部分为英国所有。

鉴于马来亚从一开始就面临巨大的军事压力，新加坡的英军司令部自始至终都无法分兵去保卫婆罗洲。日军马上利用这个弱点，将攻占婆罗洲作为马来战役的一个重要组成部分。沙捞越的米里油田和文莱的诗里亚是日本人的首要目标。12 月 13 日 5 点 30 分，一支搭载着用于攻占米里和诗里亚的进攻部队的护航舰队离开金兰湾。这支部队由驱逐舰“东云”号、“白云”号以及“丛云”号，猎潜舰艇和 10 艘运输船组成，驱逐舰对运输船实施紧密护航。为了提供进一步的支援，轻型巡洋舰“由良”号、水上飞机母舰“神川丸”也加入其中，到了 9 点又得到了重巡洋舰“熊野”号和“铃谷”号、驱逐舰“吹雪”号和“狭雾”号的支援。登陆行动于 12 月 16 日实施，只遭遇零星抵抗。然而日军最迫切需要的战利品却已经被撤退的英国人破坏——12 月 8 日，鲁东（Lutong）炼油厂被炸毁，米里、诗里亚油田被破坏[11]。

日军船队直到 12 月 22 日才靠岸，这时英国人和荷兰人搜罗到的为数不多可以飞行的飞机从山口洋（位于沙捞越边境）和新加坡对其进行了零星空袭。日军运输船毫发无伤，但在 12 月 18 日 6 时 50 分，在鲁东附近海域（位于米里以北大约 9 英里）巡逻的“东云”号因为一次神秘的爆炸而沉没，228 名船员全部阵亡。荷兰空军声称为此事负责[12]。而在陆上，日军几乎没有遇到任何抵抗就征服了英属婆罗洲。12 月 24 日，英国人在沙捞越的古晋仓促建起来的机场陷落。于是英军在圣诞节撤往荷属婆罗洲。

自 12 月 15 日以来，日军部队就一直遭到零星的空袭和潜艇攻击。12 月 24 日，驱逐舰“狭雾”号两次被荷兰潜艇 K–16 号（K–XVI）射出的鱼雷击中沉没，有 121 人战死。在古晋，一艘运输船被飞机炸沉，一艘运输船被 K–16 号潜艇击沉，还有 3 艘运输船被 K–16 号击伤[13]。

1 月 19 日，英属婆罗洲在山打根正式向日本陆军投降。荷属东印度资源丰富的岛屿被列为征服者的下一个目标。荷兰政府从 1940 年开始就参加与英国和美国的初步会谈，商讨假如日本向互为盟友的三国开战，东南亚的防务问题该如何处理。因此，荷兰对日宣战和英美是同一天（日本是在 1942 年 1 月 11 日向荷兰宣战）。阿奇博尔德·韦维尔（Archibald Wavell）上将 1 月 10 日的时候在巴达维亚（即今天的雅加达），美国—英国—荷兰—澳大利亚司令部（ABDA

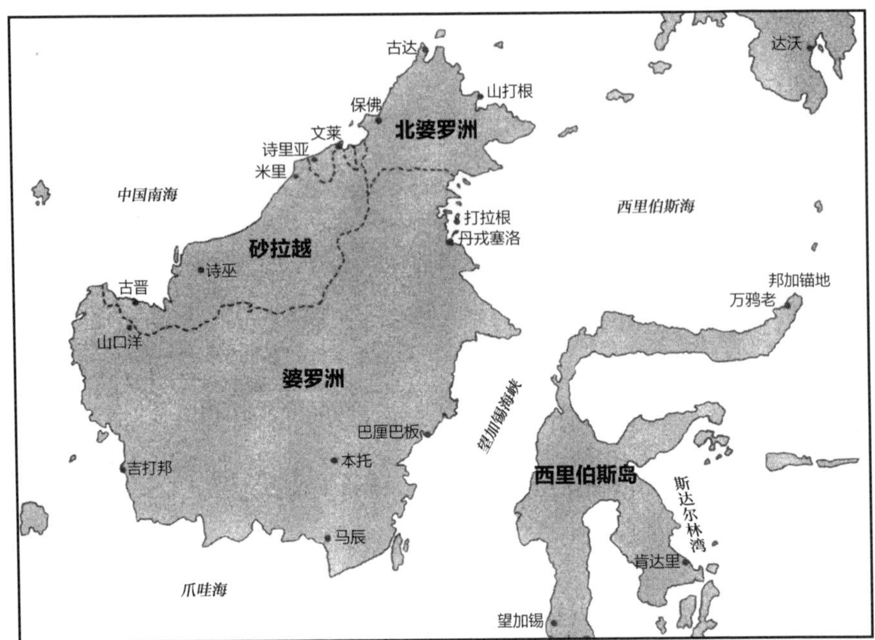

^ 婆罗洲和西里伯斯岛手绘图

Command，以下简称“美英荷澳司令部”）也在这个时候成立，韦维尔任最高指挥官。

美英荷澳司令部运作的时间太晚，这时候盟军船少人少飞机少，组织也极度混乱。韦维尔很快发现光是马来亚就有太多的问题要处理，于是委派荷兰的康拉德·赫尔弗里赫（Conrad Helfrich）司令管理美英荷澳司令部。然而，他把作战指挥权留给了组织中包含的本国海军、陆军和空军军官。由于赫尔弗里赫还是荷兰皇家海军的最高指挥官，所以他的司令部设在巴达维亚，而美英荷澳司令部的陆军、海军和空军指挥部先是设在伦邦（Lembang），尔后又设在万隆。（见第 48 页的荷属东印度手绘图）。这三个指挥机构之间的合作很不顺畅，它们和赫尔弗里赫的合作也并不顺利。事实上，赫尔弗里赫对美英荷澳司令部的作战计划仅有的了解还是通过在那里工作的一位空军参谋获得的。当荷兰陆基飞机由皇家空军指挥，所有海军飞机归属美英荷联合海军指挥时，混乱进一步加剧。

这意味着在海战中盟军舰船将无法指挥美英澳荷联合空军提供掩护，也就缺乏侦察和战机空中巡逻的保护。

荷兰人觉得，考虑到几乎所有受日本侵略威胁的地区都是在荷兰治下，他们被看轻了，几乎被美英荷澳盟军司令部忽视。谁能比荷兰人更了解荷属东印度的广大区域呢？赫尔弗里赫不久就发现他的军队和舰船正在被消耗殆尽，因为韦维尔不顾一切地让它们保卫新加坡。最终在 2 月 3 日，盟军组建了一支由荷兰海军少将卡雷尔・多尔曼（Karel Doorman）指挥的巡洋舰队，但它仍然缺乏与岸上美英荷澳司令部的充分合作。尽管荷属东印度是不可能守住了，荷兰人仍顽强地决心拯救爪哇，并在遇见日本海军的任何时间和地点与之交锋[14]。

马来半岛攻略作战部队编制表

第二舰队、南方部队、马来部队

战列舰：“榛名”号、“金刚”号

重巡洋舰：“爱宕”号、“高雄”号、“鸟海”号、“最上”号、“三隈”号、“熊野”号、“铃谷”号

轻巡洋舰：“川内”号

驱逐舰：“吹雪”号、“初雪”号、“白雪”号、“丛云”号、“东云”号、“白云”号、“矶波”号、“浦波”号、“敷波”号、“绫波”号、“天雾”号、“朝雾”号、“夕雾”号、“狭雾”号

南遣舰队（为陆军运兵船护航）

轻巡洋舰：“香椎”号

驱逐舰：来自上面的第二舰队[15]

第二篇

防卫圈的初步建立

第四章
孤立爪哇

第五章
从爪哇陷落到入侵缅甸

第六章
从吉尔伯特到新几内亚

第七章
印度洋上的突袭

第四章
孤立爪哇

1942 年

1 月 4 日	美国陆军航空队突袭停泊在达沃马拉拉格湾的日军舰船
1 月 11 日	日军向荷属东印度宣战
1 月 11 日	日军占领万鸦老、克马（Kema）、邦加锚地（位于西里伯斯）
1 月 12 日	日军占领打拉根港、荷属婆罗洲
1 月 23 日—24 日	日军占领巴厘巴板、荷属婆罗洲
1 月 24 日	美国驱逐舰在巴厘巴板袭击高桥中将的“中央部队”
1 月 31 日	日军在安汶岛登陆
2 月 2 日	海上 ABDA 攻击部队成立
2 月 4 日	望加锡海峡战役
2 月 14—17 日	邦加海峡的混战
2 月 15 日	新加坡投降
2 月 15 日	日本占领邦加岛和巨港、苏门答腊
2 月 16 日	日本占领马辰、荷属婆罗洲
2 月 18—19 日	日本占领巴厘龙目岛
2 月 19—20 日	巴塘海峡海战
2 月 19 日	南云的航母攻击部队袭击澳大利亚的达尔文港
2 月 20 日	日本占领帝汶岛

日本人计划攻占荷属东印度的外围岛屿，以此作为他们最终进击爪哇的序曲。他们挑选了原料丰富，并能提供机场为今后的进军提供空中掩护的地方作为入侵目标。陆军需要强大的舰队将他们护送至滩头，并提供所需的火力掩护，帮助他们应对美英澳荷四国联合舰队的攻势行动。与此同时，这些舰队本身就对美英澳荷四国的部队构成了威胁。

攻占爪哇要实施的作战是一次双重的包围行动。日军在东翼成立了两支入侵部队，由高桥伊望中将在达沃的重巡洋舰“足柄”号上指挥。两支入侵部队被分别称作 “东部入侵部队”和“中央入侵部队”，日军是按需要时能相互支援的原则对它们进行部署的。在 2 月 16 日马辰陷落前，它们的进攻几乎都是同时进行。东部入侵部队将在东面封锁爪哇，占据邦加锚地（位于西里伯斯岛，不要与苏门答腊岛的邦加岛混淆）、克马、万鸦老、肯达里、安汶岛、望加锡岛、巴厘龙目岛、荷属和葡属帝汶岛。为了支援东部入侵部队，南云司令用他的航

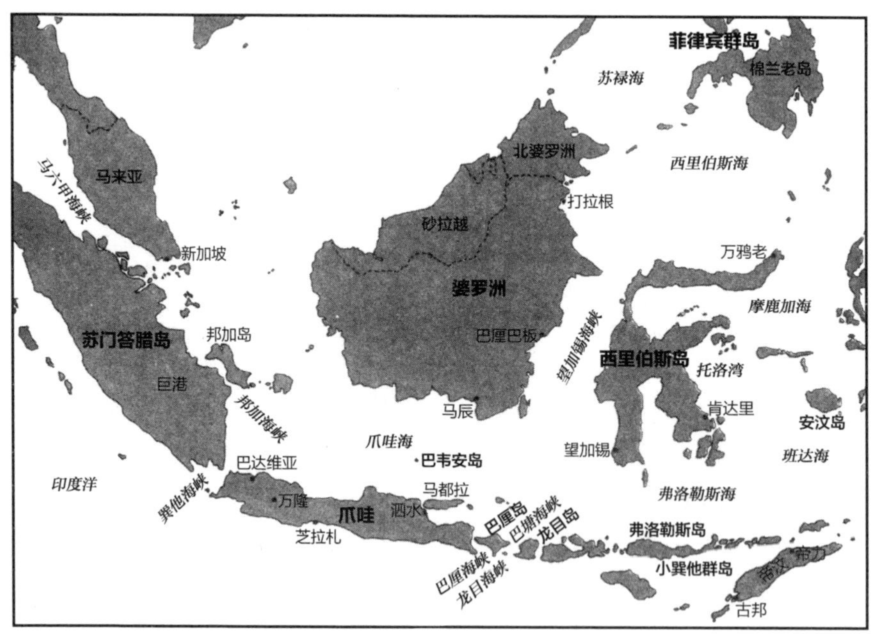

︿ 东印度群岛手绘示意图

母舰队（通常驻扎在爪哇以南）破坏了作为军事前进基地的澳大利亚达尔文港，并经常威胁美英澳荷四国舰队。中央入侵部队将攻占打拉根、巴厘巴板、马辰（三地均位于荷属婆罗洲），新加坡陷落之后，它将对爪哇西部发起进攻。

在西翼，集结于法属中南半岛的金兰湾的是近藤信竹将军的远程掩护部队和小泽治三郎中将指挥的南遣舰队，它们将攻占阿南巴斯群岛，并支援陆军攻占马来亚和新加坡。新加坡被攻陷后，这支舰队便转而协助陆军占领邦加和巨港以及苏门答腊东南部的其他岛屿。然后，它将从西面入侵爪哇岛。东面，高桥伊望有一支支援部队提供密接掩护，由高木武雄少将指挥。

随着日军各路入侵部队在中南半岛和菲律宾群岛集结，日本海军遭受了首次严重损失。东部入侵部队的主力都挤在一起停泊于达沃的马拉拉格湾（Malalag Bay）。1 月 4 日 11 点，远东美国陆军航空队的 10 架 B–17 轰炸机在 3 万英尺高空突然对挤在一起、动弹不得的日军舰队发起了攻击。没有任何空袭预警。重巡洋舰“妙高”号的 2 号炮塔被一颗 250 磅的炸弹命中，35 人被炸死，29 人受伤。炸弹碎片还殃及了多种其他舰只，破坏了 545 码外的水上飞机母舰“千岁”号甲板上的 4 架水上飞机。重巡洋舰“那智”号也被炸弹的碎片溅伤。“妙高”号不得不到佐世保修理，直到 1 月 26 日才返回战斗[1]。没有一架日本飞机拦截到 B–17，防空炮火也微弱无力，以至于 B–17 轰炸机完好无损地回到了基地。可能是先前轻易就取得的胜利让日军疏忽大意了，于是对美军的空袭毫无防范。“妙高”号受创并未削弱掩护部队，日军也没有从中吸取教训，以后会有更多事件证明美军飞机对日军停泊舰船的破坏力。

日军的下一个目标是西里伯斯岛。该岛面积有 7 万平方英里，是位于婆罗洲东边的一个大岛，构成了摩鹿加海的西部边界。它由 4 个又长又弯的半岛组成，被 3 个深水湾隔开。由于海拔比婆罗洲高，因而它的植被没有婆罗洲茂盛。西里伯斯岛没有丰富的石油，但以其香料、咖啡、相当数量的黄金、铜、锡和钻石而闻名。该岛成为日军的攻略目标与其说是因为它能提供原料，不如说是为了给日军向摩鹿加海海域扩张扫清障碍，并提供海空基地以便支援对荷属东印度的进一步攻略。

万鸦老、克马、邦加锚地

1月9日，高桥中将的第一东部入侵部队离开达沃，前往西里伯斯岛北端的万鸦老、克马、邦加锚地。而万鸦老的守军只有区区1500人来迎击日军11艘运输船组成的庞大登陆部队，其中只有不到400人是正规军。当日军船队抛锚靠岸时，少量美英澳荷联军的飞机试图对日军舰船进行徒劳无益的轰炸。登陆行动于1月11日3点开始，荷兰人被日军以优势兵力击败。分乘27架飞机，从达沃起飞的334名日本海军伞兵已经没有必要出击，他们没帮上忙，反而给整场作战添乱（这是日军首次使用空降部队，当时风很大，跳伞点也太高，因而装备和人员都散落在半岛末端）。不过常规登陆作战进展迅速，运输船很快就离开了登陆区域。到1月24日，万鸦老机场已经被日军第21航空战队投入作战[2]。

肯达里

东部入侵部队很快又再度行动起来，于1月21日在万鸦老集结，1月24日出现在西里伯斯东南的肯达里附近海域。一艘美国的水上飞机母舰“儿童”号一离开肯达里港口就发现了日本人。在一场暴风雨掩护下，“儿童”号躲过了两艘驱逐舰的追逐。它随后在8时遭到6架日本飞机的轰炸，但没有中弹，向南逃走了[3]。

肯达里无法获得足够的军事支援来阻止日本人入侵，因而只做了零星的抵抗。日军登陆部队只有两人受伤，肯达里也于1月24日夜间被完全占领[4]。它对日本人来说确实是战利品。这里的航空基地被认为是荷属印度中最好的，立即被日军第21航空战队投入使用。这个新的航空基地使泗水（Surabaja）、爪哇及其海军基地落入了日本轰炸机的攻击范围之内，使它们能够扰乱澳大利亚对荷属印度的空中支援。而且通往东面安汶岛和西面望加锡的海路已经敞开。日军在肯达里正南方向的斯达尔林湾（Staring Bay）建立了一个海军主基地。

安汶岛

虽然美英澳荷司令部的情报机关无从得知日军在斯达尔林湾建立了海军基

地，但日本还是想尽早占领安汶岛。因为驻防的正规军是2600名澳大利亚、英国、荷兰和美国士兵，他们已经得到了一个营的澳大利亚部队和澳大利亚皇家空军一个中队——13架“哈德逊”轰炸机的支援。安汶岛对肯达里构成了空中威胁，阻止了日军向帝汶的进军。日军大本营认为尽管入侵安汶岛有危险，但却很紧迫。1月24日，50多架飞机从“飞龙”号和“苍龙”号航母上起飞开始实施空袭，当日肯达里陷落，于是其他航母的舰载机和陆基飞机也加入到空袭的行列中。

面对日军在空中力量上的优势，澳大利亚皇家空军已经从安汶岛撤退，使该地的防空力量荡然无存。1月30日晚上，日军运送部队的11艘运兵船在安汶岛靠岸，1月31日实施了黎明前的登陆作业，由从停泊在西里伯斯邦加锚地的“千岁”号和“瑞穗”号起飞的飞机提供掩护。在这场以卵击石的战斗中，安汶岛守军进行了顽强抵抗，2月3日，美英澳荷盟军的部队投降，日军于次日完全占领了安汶岛。这样日军离从东面包围爪哇又近了一步[5]。

望加锡海峡之战

望加锡位于西里伯斯的南端，是日本的下一个攻略目标。美英澳荷司令部知道日军正在集结新的进攻部队，但无法准确判断这支部队要往哪里进攻，不过他们猜测日军的下一个目标会是位于婆罗门东南端的内陆地区——马辰。无论日军的目标是哪里，多尔曼将军都决心设法阻止日军部队南进。2月4日零时，多尔曼的联合舰队从位于马都拉和泗水之间的班达海锚地（Bunda Roads）起航。

美英澳荷联合司令部获得的情报称日军的船队得到3艘巡洋舰、若干驱逐舰的支援，所以美英澳荷联合海军在水面舰只实力上与日军大致相当。但日军掌握着制空权，多尔曼将军却无法得到美英澳荷联合空军的支援，即便荷兰海军的飞机也包含其中。不过多尔曼决定不给日军船队在望加锡海峡行动的自由。2月4日早晨，当美英澳荷联合舰队逼近海峡时，不可避免的日军空袭开始了，当时飞机有着极好的能见度。“马布尔黑德”号巡洋舰遭到从肯达里起飞的双发轰炸机群的持续攻击，其中一架飞机被防空炮火击落，其他飞机则成功地命中6到7枚炸弹或近失弹。“马布尔黑德”号因此受损严重，转向控制失灵。“休斯敦”号巡洋舰也受到相当大的损伤，失去了后炮台，有48人被炸死，50多人受伤。“德鲁伊特”号轻巡洋舰同样遭到攻击，但多尔曼的这艘旗舰实施了良好的机动规避，带着轻伤逃脱了。“马布尔黑德”号脱队，缓缓驶向巴厘海峡，多尔曼部队将它围在中央，形成一个保护环。这支特混舰队经由龙目海峡撤到芝拉札港（Tjilatjap），大约在午夜时到达[6]。

就这样，在荷属东印度抵抗日本海军的首次真正尝试让美英澳荷盟军损失了更多的海军力量。日本的望加锡入侵部队（缺驱逐舰“凉风”号，它被一艘潜艇的鱼雷击中，有9人战死）[7]从斯达尔林湾起航，于2月8日轻取望加锡，只有5人死亡，另有5人受伤。集结在肯达里的日本飞机从那里起飞持续不断地对荷兰的防御部队实施空袭，削弱了它的防御力量。但在2月8日21点15分，一艘美国潜艇S-37发射的一枚鱼雷穿透了“夏潮”号的前轮机舱。它的船员于2时45分被“黑潮”号救起。但这时一阵狂风刮起，虽然“黑潮”号尽力拖曳“夏潮”号，后者还是于2月9日7时43分在距离望加锡20英里处沉没。有8人死亡，2人受伤[8]。

袭击达尔文港

1942年2月19日，南云的航母舰队对达尔文港实施了“打了就跑”的空袭，这是日本海军对爪哇战略的一大要点。结合对巴厘和帝汶的入侵，该战略给出了一种阻断盟军向爪哇增援飞机的方法。

为了让美英澳荷盟军不停猜测日军下一轮意想不到的打击将落在何处，南云将军的第一航空舰队通常驻扎在爪哇南部。达尔文港已经成为美英荷澳盟军派往荷属东印度的飞机和部队的重要（虽然不够好）集结地。它是距离危在旦夕的爪哇岛最近的港口。日军认为对达尔文港实施一次毁灭性的空袭不仅将扰乱盟军向北对爪哇的空中支援，而且还会打击澳大利亚的士气。澳大利亚不仅是美英荷澳盟军的一员，而且很快将成为日军敌人的集结地。

于是，日军集结了一支达尔文港特混舰队，其部队组成与南云的珍珠港入侵部队略有不同。它仍有4艘重型航空母舰“加贺”“赤城”“飞龙”和“苍龙”，但没有战列舰，重巡洋舰仍然是“利根”号和“筑摩”号，负责掩护的仍然是轻巡洋舰“阿武隈”号和驱逐舰“浦风”号、“矶风”号、“谷风”号、“霞”号、“不知火”号、“有明”号[9]。

2 月 15 日，南云将军的舰队离开了达沃，在斯达尔林湾加油，后穿过弗洛勒斯海进入帝汶海，直扑达尔文港。19 号 6 点 15 分，四艘航母在目标的西北偏北处开始放出飞机。每艘航母都放出了 9 架零式战斗机。“赤城”“飞龙”和“苍龙”三者每艘起飞了 18 架攻击机，“加贺”放出了 27 架；“加贺”“赤城”和“苍龙”起飞了 18 架轰炸机，“飞龙”则起飞了 17 架，日军总共派出 188 架飞机[10]。配合这些航母舰载机一起攻击的还有从肯达里和安汶飞来的陆基轰炸机。

10 点 10 分，日军攻击机群分成几个批次，在毫无预警的情况下向港内的舰船、机场、军事设施和城镇发动了突然袭击。达尔文港停满了船只，两艘由“休斯敦”号护送回来的运输船和另外 3 艘运输船挤在一起，还有驱逐舰“皮尔里”号、水上飞机母舰“威廉·普勒斯顿”号、油船、货船和 1 艘澳大利亚医疗船。这场空袭造成了严重损失，包括“皮尔里”号在内共有 8 艘舰船被炸沉；2 艘运输船、2 艘货船和包括“威廉·普勒斯顿”号在内的 9 艘船只遭到重创；18 架飞机被毁，至此防空力量被铲除殆尽。由木质建筑组成的城镇遭到扫射起火。平民害怕日军入侵，都撤离城镇躲了几天。机场已经无法使用，储备的军事装备也被毁坏。达尔文港已经无法为爪哇发挥补给港的作用。日军航母于 12 点回收飞机，“加贺”和“飞龙”各损失一架飞机，特混舰队也于 2 月 21 日返回斯达尔林湾[11]。

巴厘龙目岛

与此同时，日本的运输船正在装货，特混舰队正在为向爪哇的下一次进击集结舰艇。巴厘岛和比它更大的姊妹岛——龙目岛（与巴厘岛仅有狭窄的龙目海峡之隔）是目标。巴厘岛与爪哇隔巴厘海峡相望，只有几英里之遥，是小巽他群岛的一部分，后者则是印度洋东北部的最后一块陆地屏障。北面是弗洛勒斯海，它将小巽他群岛和西里伯斯岛隔开。除了是与爪哇和澳大利亚有关的战略要地，巴厘岛没什么东西可以提供给日本人，因为它火山活跃，并且多山，没有对日本经济来说至关重要的自然资源。但是，如果占领了巴厘岛，泗水的海军基地就和巴厘机场相距不到 100 英里了。日军发现，婆罗洲和西里伯斯的机场虽然常常可以派上用场，却经常因为天气不良而关闭。由于巴厘岛的气候更加干燥，天气将较少对那里机场的使用形成阻碍。

巴厘岛海战（盟军称：巴塘海峡之战）

2 月 19 日，美英荷澳盟军司令部知道日军的一支入侵部队正在海上，因为一支大规模入侵舰队已经在 2 月 18 日离开安汶，提供支援的是“瑞穗”号水上飞机母舰，它从肯达里起航，在班达海提供空中掩护。盟军司令部认为（其实是错误的）帝汶将是日军下一个入侵目标，派了一船部队去增强岛上的防御。提供护航的是重巡洋舰“休斯敦”号，它于 2 月 15 日从达尔文港起航。然而，运输船队在第二天靠近帝汶时遭到了轰炸机的攻击，于是又被召回。

多尔曼将军的部队如果能集中兵力的话，他本可以和日军的巴厘岛入侵部队好好地较量一番。然而，他的一支特混部队正好在爪哇的东端脱离了大部队，而 4 艘美国的驱逐舰则正在苏门答腊南面的拉塔依湾（Ratai Bay）加油。英国舰艇正护送一队运兵船穿过巽他海峡，而重巡洋舰“休斯敦”号正从达尔文港返回爪哇。虽然多尔曼将军无法集结他所有的海军兵力，他仍然竭尽所能与日军的巴厘岛入侵部队一决雌雄。2 月 18 日晚间，多尔曼从芝拉札出发，派他的两艘轻巡洋舰“德鲁伊特尔”号和“爪哇”号、驱逐舰“皮亚特·海恩”号（驱逐舰“科顿艾尔”号在突击时不幸在芝拉札港凶险的入口处搁浅，之后便无法作战了）、美国驱逐舰“波普”号和“约翰 D. 福特”号到沙努尔锚地（Sanur Roads）。盟军在泗水又组建了第二支舰队，它包括荷兰的轻巡洋舰“特隆姆普”号和美国驱逐舰“斯图尔特”号、“帕罗特”号、“约翰·爱德华兹”号、“皮尔斯伯里”号。这支舰队预定于多尔曼少将的部队发起首轮攻击并向北撤退后不久到达巴塘海峡。荷兰的 8 艘鱼雷摩托艇组成的第三支部队则做最后一击。

多尔曼的作战计划是让他的部队去攻击在 2 月 19 日将近午夜时参与沙努尔锚地（位于巴厘岛东南岸的）登陆行动的日本护航军舰和运输船。多尔曼的部队将穿过将巴厘岛和大岛（Nusa Besar，现珀尼达岛）隔开的一条只有 15 英里宽的狭窄水道——巴塘海峡来接近目标，先经过一轮打击消灭部分日军舰队，随后第二波攻击部队在数小时后到达，最后利用鱼雷摩托艇在战斗的混乱当中给日军造成更大的损失。

如果是这样的话，那么坐镇轻巡洋舰“长良”号的久保将军在到达美英荷澳盟军残余力量的外围时就有理由快速调遣他的攻略部队。日军运输船队于 2

月 18 日白天出航，将近午夜前到达沙努尔锚地。日军在这里没有遇到有效的抵抗，运输船迅速卸货。久保将军想尽快离开这个易受攻击的前沿地带。次日，他的部队遭到 B–17 轰炸机的零星骚扰，一艘运输舰“相模丸”受到重创，但那天下午仍能在驱逐舰“荒潮”号和“满潮”号的保护下踏上归途。当多尔曼的第一波部队到达时，其他运输船“笹子丸”等则在驱逐舰“朝潮”号和“大潮”号的护送下前往望加锡。巴厘岛海战即将开始[12]。

巴厘进攻部队到目前为止仍然是分散的。“荒潮”号和“满潮”号正在护送受伤的“相模丸”前往一个安全的港口，而“长良”号和它的驱逐舰则开往望加锡。23 时，正当“朝潮”号和“大潮”号在拔锚时，日军发现敌舰在南面出现，正向北行驶。轻巡洋舰“德鲁伊特尔”号和“爪哇”号带着它们的 3 艘驱逐舰组成编队航行，驱逐舰“皮亚特·海恩”号在轻巡后面 5500 码处，“波普”号和“福特”号则位于“皮亚特·海恩”号后面 5500 码的地方。

“朝潮”号立刻脱离运输船，“大潮”号也紧随其后，它们打开探照灯，并用照明弹照亮海域，向东行驶。这样的航向缩短了与敌人的距离，并使它们对英国轻巡洋舰形成了“T”字横切①。“爪哇”号立即向“朝潮”号开火，“德鲁伊特尔”号则向“大潮”号开炮，双方距离 2200 码；日军也还以颜色。但双方都没有命中对方[13]。在最初的齐射过后，2 艘轻巡洋舰都转向东北，脱离战斗，最后向北航行。“朝潮”号向东行驶了几分钟，接着又转向东南偏南的方向。“大潮”号与之航向平行，但更靠东一点，之后取东南航向行驶，开到了“朝潮”号的左舷。

23 时 05 分，仍向北驶来的“皮亚特·海恩”号放出烟幕，虽然掩护了“波普”号和“福特”号，但也使日军的驱逐舰能隐蔽起来，不让美军驱逐舰发现。这是一个阴暗多云的夜晚，正如夜战中经常发生的那样，战斗中很难区分敌我。最后，“皮亚特·海恩”号转向南，于 23 时 10 分向“朝潮”号发射鱼雷，并开炮。随着敌对双方的距离拉近，“朝潮”号在一分钟之内便予以回击。23 时 16 分，

---

① 译注：“T”字横切是海军术语，全称为“抢占 T 字横头射击阵位”，理论上即攻方纵队以约 90 度航线交角横穿敌纵队前方，这样攻方可以集中全部侧舷火力对敌先导舰进行大广角射击，而对方只能使用部分前主炮进行还击。

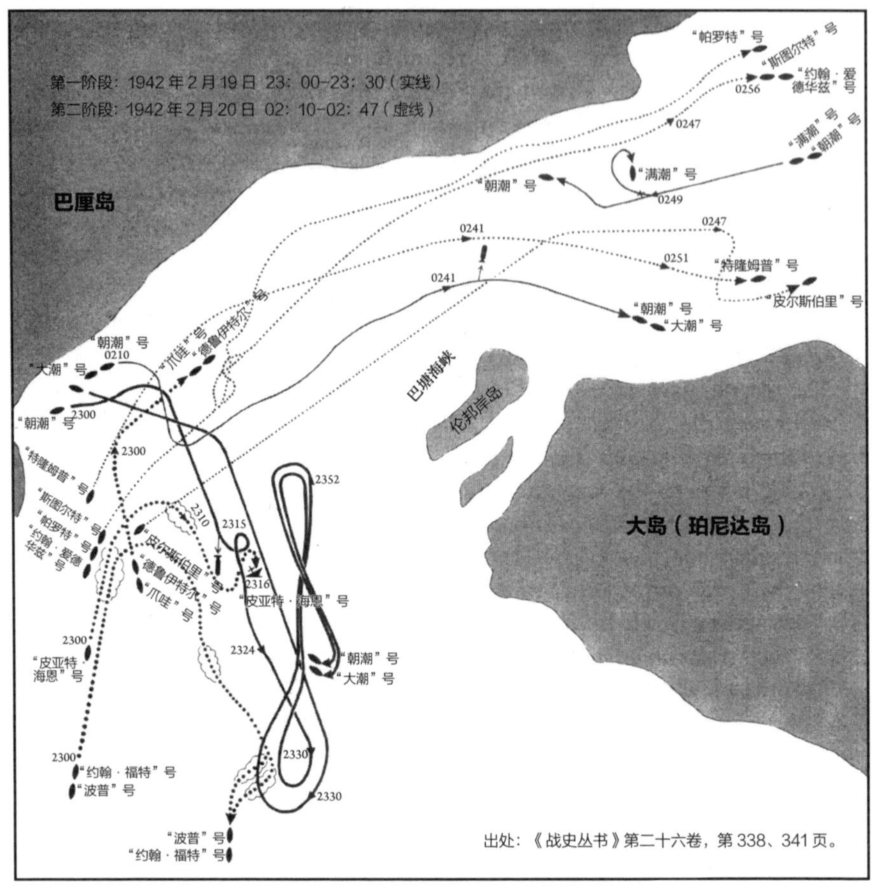

^ 1942年2月19—20日巴厘岛海战的两个阶段。日本海军的舰船航迹用实线表示，而美英荷澳盟军的舰艇则以虚线表示

"皮亚特·海恩"被一枚鱼雷击中，顷刻沉没。

"波普"号和"福特"号也转向南面，脱离战斗，同样与"朝潮"号航向平行。（"大潮"号驱逐舰得到"皮亚特·海恩"号施放烟雾的掩护，因而没有参加战斗）。23点24分，"朝潮"号向两艘美国驱逐舰开火，后者当时已经施放烟雾，继续向南撤退。"朝潮"号跟着它们，与"波普"号和"福特"号互射鱼雷，并向"福特"号开火。为了躲避"朝潮"号的炮火，两艘驱逐舰开始绕圈，先向南，后又根据多尔曼少将战前的命令设法从北面撤出战斗。跟着又是一段短暂而干脆利落的交战，此时两艘日本驱逐舰和两艘美国驱逐舰的航向互相平行。“朝潮”号和“大潮”号一边继续开火，一边躲避“波普”号发射的5发鱼雷。

美军驱逐舰在“福特”号施放的烟雾的掩护下，暂时躲开了“朝潮”号和“大潮”号，然后向东南方向撤退。

当“大潮”号从撤退的美军驱逐舰那里折返时，它发现了另一艘静止的舰船，日军认为是美军驱逐舰，便向其开火。“大潮”号起先遭到回击，但几分钟后对方的炮击便逐渐停止，于是它便和“朝潮”号会合，两者都声称自己向一艘美军驱逐舰射击，并将它击沉。但随后日军确认一共只有两艘美军驱逐舰参加这一阶段的战斗，它们都没有被击沉，这就意味着之前其实一直是“大潮”和“朝潮”在互相对射。“波普”号和“福特”号在撤退的时候听到了北面的炮声，对此感到迷惑不解。“朝潮”号和“大潮”号随后返回了它们受创的运输船那里[14]。

但盟军的第二波攻击即将到来。荷兰轻巡洋舰“特罗姆普”号跟随4艘美国驱逐舰“斯图尔特”号、“帕罗特”号、“约翰·爱德华兹”号、“皮尔斯伯里”号(Pillsbury)，正在进入巴塘海峡，走的是和第一波攻击的军舰同样的路线。它们沿着海峡航行，看到许多绿色信号灯，感到困惑。（美英荷澳盟军司令部已经编译了法语和英语的密码本，但这些密码本并未分发给多尔曼的各艘舰艇，因此多尔曼的部队感到困惑的是这些灯到底表示友军还是敌军。）美国海军驱逐舰指挥官托马斯·宾福德（Thomas H. Binford）在昏暗的夜里两眼一抹黑，不知会发生什么。

不过，第一轮打击是至关重要的。因此宾福德命令他的驱逐舰向港口发射鱼雷。它们朝“朝潮”号、“大潮”号、“笹子丸”号——正从沙努尔锚地离开——的方向发射了15枚鱼雷。但这些鱼雷都被躲开了。日军的“朝潮”号和“大潮”号再度出海迎战实力未知的敌军部队。

“斯图尔特”号在左舷正横方向发现了日军这两艘驱逐舰，于是它照亮了左边的海域，于2时15分开火。“约翰·爱德华兹”号也在同一时间试着发射鱼雷，但只发射了两枚。“朝潮”号、“大潮”号以迅猛而准确的炮火进行回击，

“斯图尔特”被直接击中，舵机舱被破坏。“约翰·爱德华兹”号则不得不用力向右转以避免和“帕罗特”号相撞。“皮尔斯伯里”号提早离开了单列纵队，在其他军舰的右侧与它们平行。“大潮”和“朝潮”的炮火非常有效，使得美军的驱逐舰无法按分配给它们的任务所要求的那样冲进运输船锚地，反而被迫向东北移动。

轻巡洋舰“特隆姆普”号处在末尾。“朝潮”号和“大潮”号切入“约翰·爱德华兹”号、“帕罗特”号和“斯图尔特”号后方，两舰处于三舰纵队和“皮尔斯伯里”号之间。“特隆姆普”号发现自己处在最西面，充当了阻挡“朝潮”和“大潮”的后卫。日美这两支敌对舰队的航向大致平行，向东北方向移动。双方只进行了零星的交火，直到盟军舰队转向东面；随后在2时41分，“特罗姆普”号的上层建筑被“朝潮”号的炮火击中了11次。其间，它成功地躲开了“大潮”号发射的鱼雷（但它受的伤足以使它后来被送到澳大利亚修理）。“大潮”号前端被炮火击中，7人死亡。最后“大潮”号和“朝潮”号向右绕圈，像牧羊人一样，又回到了它们的运输船旁。

此时盟军的舰队已经相当分散了。当时距离巴厘岛最近的军舰“帕罗特”号短暂地搁浅过一阵，但又得以逃脱。不过它并未重新加入战斗。2点41分，“约翰·爱德华兹”号和“斯图尔特”号仍然保持着纵队的队形，向东北方向行驶。“特罗姆普”号向东航行，距离两艘美国驱逐舰的右舷船尾8000码。“皮尔斯伯里”航向东北，距离“特罗姆普”号的右舷3000码，两者航向交叉。当时“满潮”号和“荒潮”号已经离开了受伤的“相模丸”，回去支援仍然留在巴厘的日本舰船，向西南偏西方向疾驶，它们很快发现自己和美舰距离很近：处在“约翰·爱德华兹”号及“斯图尔特”号的右舷与“特罗姆普”号和“皮尔斯伯里”号的左舷之间。“斯图尔特”号打开探照灯，双方于2时47分开火，并射出鱼雷。“满潮”号无法承受来自两翼的集中攻击，因而转向北面以躲开“斯图尔特”的探照灯，不料竟屡次被“约翰·爱德华兹”的炮火击中。“满潮”号瘫在水上，脱离了战斗，有13人阵亡，83人受伤（它逃过一劫，得到修复，最后归队）。战斗就这样结束了，因为敌对双方的舰艇编队都以高速接近对方，在擦身而过一通炮战后，双方都没有改变航向。这时候它们感到一头雾水和不确定是可以理解的，因为这是夜战，双方都不知道对手的部队规模和确切位置。

预先策划的鱼雷艇突袭也按照预定计划进行，8 艘荷兰鱼雷艇穿过海峡，分成两波，每波四艘向日军袭来[15]。盟军最初派出了 9 艘鱼雷艇，但刚一离开苏门答腊，有 1 艘鱼雷艇就撞上灯浮标，不得不折返，于是盟军调整了编队。第一波鱼雷艇在远处发现了几艘舰船，但没有发射鱼雷，而第二波鱼雷艇则什么都没看到（由于鱼雷艇吃水较深，它的船员的视界就比较狭窄）。

考虑到参战舰船的数量和双方在兵力上的不对等，这场战斗从战果上来看并没什么给人印象深刻的地方。日军有 1 艘驱逐舰受重创，2 艘受轻伤，另有 2 艘运输船受伤；但整支巴厘岛入侵部队平安归港。而盟军一边，轻巡洋舰“特罗姆普”受损严重，“皮亚特 · 海恩”号沉没[16]。

现在，美英荷澳盟军舰队因为在巴塘海峡海战中作战不力而饱受批评。诚然，如果时间允许的话，盟军的军舰不会那么分散，而且巡洋舰上的舰员都极度疲惫，他们在寻找大型舰只交战的时候，只遇到 2 艘驱逐舰，这些都是导致盟军作战不力的因素。不过，值得一提的是，虽然日军的驱逐舰确实比盟军驱逐舰更新、更强、装备更好，但正是由于“大潮”号和“满潮”号高效而大胆的作战才最后挫败了多尔曼的作战计划[17]。

在整个战争期间，日本军舰都表现出卓越的夜战技能，原因是多方面的。他们在舰队演习时比盟军有更多的夜战训练量。他们的 24 英寸鱼雷几乎没有航迹，而且有长得惊人的射程（即便在 1942 年美国海军鱼雷被改进后，射程也依然只有日军鱼雷的三分之一）。日本海军的夜战条令规定在夜战中要首先使用鱼雷，只有在不得已的情况下才使用炮火（虽然日军的火药产生的火光较小），并尽可能少使用探照灯。甚至在美军已经把鱼雷从巡洋舰上移除后，日军仍然在它们的巡洋舰上配备了鱼雷。（双方都流传着关于对方的一些未经证实的谬论：盟军相信大多数日本人都视力不佳，日本人则相信蓝眼睛在黑暗当中能看得更清楚。而作战记录显示日军的瞭望哨确实效力非凡，他们通常能在美国海军的雷达侦测到日军舰艇前发现美国军舰。详见第 106 页，第 13 章的“布鲁”号驱逐舰事件。）而且，日军的光学设备品质更加上乘。不过日本的鱼雷攻击有一个弱点就是他们不加选择地进行齐射。

巴厘岛和龙目岛在2月19日落入日军之手，巴厘机场也在次日开始接收日本飞机。当时爪哇已经没有一个地方处于日军的势力范围之外了，而美英荷澳盟军已经无法对那里的部队进行增援，无论是空军、海军还是陆军。

鱼雷对比表[18]

	尺寸（鱼雷发射管）	速度（节）	射程（码）	装药量（磅）
日本	24英寸	49	24000	225
		36	43600	225
美国	21英寸	48	4360	135
		32	8720	135
英国	21英寸	46	3270	144
		30	10900	144

帝汶

帝汶是小巽他群岛当中最大和最靠东南方向的岛屿，部分属于葡萄牙，部分属于荷兰。葡萄牙在当地的首府是帝力，荷兰在当地的首府则是古邦。大部分人口都是原始的土著人。帝汶没有多少日军需要的资源，但正如巴厘岛是大批美英荷澳盟军飞机增援爪哇的集结地，帝汶是盟军短程战斗机的集结地。尽管从帝汶飞往爪哇比从巴厘岛要远，但它仍然是小巽他群岛中唯一一个处在澳大利亚战斗机航程内的地方。这便成为日军入侵的理由，因为攻占它就能破坏爪哇守军的战斗机支援。

日军的入侵部队包含14艘运输船（其中一艘运载着伞兵），于2月20日登陆。在占领机场后，伞兵被陆基飞机接走，投往古邦。到2月24日，虽然还有来自盟军的激烈抵抗，帝汶岛的两块辖区（即荷兰属地和葡萄牙属地）都已被日军完全控制。葡萄牙的一些部队正赶往帝力进行防守，但日军已经捷足先登。日军已经彻底切断了爪哇和澳大利亚的联系，爪哇将不得不为自己的生存而孤军奋战——日军已经从东面完成了对爪哇的包围[19]。

荷属婆罗洲

在东部入侵部队向南席卷的同时，高桥中将也派他的中央入侵部队从达沃出发去攻占荷属婆罗洲，如有必要就协助东部入侵部队，伺机入侵爪哇东部——入侵的时机在于小泽中将何时能掩护对爪哇西面的入侵。

打拉根岛位于婆罗洲的东岸，英属婆罗洲的正南方向。日军觊觎它一方面是因为它有富饶的油田，另一方面是因为占领它能获得一个为日军接下来的进军提供掩护的基地和机场。驻守打拉根的是 1300 名荷兰守军。

打拉根入侵部队于 1942 年 1 月 7 日从达沃出发。一路上，它遭到了驻扎在爪哇的美英荷澳联合空军 3 架 B–17 轰炸机的轰炸，但未受损伤。日军的作战速度使得美英荷澳盟军司令部无法部署任何拦截潜艇。到 1 月 10 日下午，运输船队（包含 14 艘装载陆军和海军陆战队的运输船）正好开到打拉根岛附近。荷兰守军指挥官在未接到任何命令的情况下，立即主动放火引燃了打拉根的油田，并破坏了当地机场。24 时，日军登陆部队开始实施双重包围。1 月 12 日早晨，打拉根的少量卫戍部队在寡不敌众又增援无望的情况下向日军投降。荷兰飞机在 1 月 13 日和 14 日攻击了日本侵略者，并进一步破坏了打拉根的机场。但到 1 月 17 日，日本海军的第 23 航空战队已经在使用经过修缮的打拉根机场，将其作为自己的司令部[20]。

巴厘巴板—马辰

日军接下来的几个目标是攻占巴厘巴板的港口和马辰的内陆殖民地（这两个地方都有油田）， 使婆罗洲全境都落入日军之手。日军已经在打拉根集结巴厘巴板攻略部队，并命令巴厘巴板当局完好无损地交出他们的油田和相关设施。由于天气不佳，入侵舰船只能获得断断续续的空中掩护；然而，也正是因为天气原因，美英荷澳盟军的飞机也非常稀少，日军的入侵舰队直到到达巴厘巴板才遭到攻击。当 15 艘运输船于 1 月 23 日下锚停泊时，巴厘巴板油田被巨大的火光和烟柱所笼罩。当地的荷兰指挥官没有听从日军的命令。

这下护航舰队指挥官西村祥治将军在下午和晚上都有的忙了。首先，船队于 15 点 25 分遭到从泗水飞来的 3 架 B–17 轰炸机的攻击; 运输船 “龙神丸” 和 “南阿丸”中弹受创。不过，日军还是在1月23日19点45分下锚靠岸，部队也在轻巡洋舰“那珂”号及其中队下属驱逐舰的掩护下顺利登陆。虽然有西村的掩护，荷兰的“K-18”号潜艇还是在24时左右用鱼雷击沉了运输船“敦贺丸”。当夜夜色漆黑、雷云密布，西村主要担心的是是否还会有潜艇的攻击；他自然不会预料到有盟军水面舰只的攻击[21]。

然而日军对巴厘巴板的威胁却在盟军指挥部引起了相当大的忧虑。当时可供调遣去阻止日军登陆的是驻扎在帝汶的由威廉·格拉斯福德（William A. Glassford）中将指挥的美国海军舰队。它由轻巡洋舰“博伊西”号、“马布尔黑德”号和驱逐舰“波普”号、“帕罗特”号、“约翰D.福特”号、“保罗·琼斯”号组成。当盟军司令部首度听说日军的输送船队于1月20日南下时，它命令美国军舰立即起航前往拦截运输船并消灭之。但在次日，“博伊西”号撞上了海图上未标明的暗礁，不得不撤退，而“马布尔黑德”号的发动机出了故障，仅能以15节航速行驶，但它继续北上以便能为返回的驱逐舰提供一个会合点。4艘驱逐舰以27节的航速向巴厘巴板进发，选择的是能在大约午夜时分到达该区域的航线，航向西北偏北。着火的油田将显出防备较差的运输船的轮廓。

美国舰队保持航向，以单列纵队对日军作了一次平行攻击后脱离。在首轮攻击中，从3点16分到3点25分，3艘驱逐舰在近距离发射了10枚鱼雷，没有一枚命中。美军打得太快太鲁莽了，如果能谋划得更缜密一点，行动更隐蔽一些，战果可能会更佳。不过，它们并不知道西村护航部队的准确位置。

美军驱逐舰掉转船头，又向南实施了第二次更为审慎的攻击。3点30分，“波普”号攻击了“须磨之浦丸”，后者立即发生爆炸沉没。“福特”号用主炮近距离攻击运输船，在3点45分用鱼雷攻击了“吴竹丸”，将其击沉。最后两艘驱逐舰以单列纵队向“龙神丸”发射了鱼雷，于3时35分将其击沉，并继续向南航行，与两艘炮艇发生了交火。3点50分，巴厘巴板海战结束[22]。

在发现敌军行动的第一个征兆后，坐镇“那珂”号的西村将军带着驱逐舰远离了运输船，向东实施反潜扫荡。采取这样的行动是可以理解的，因为对他来说不可思议的是，受到重压的盟军海军居然还能以水面舰只攻击他的庞大部队。他的运输船已经遭到至少两艘潜艇的袭击，而他很清楚美英荷澳盟军有40

艘潜艇，所以把舰队调往东边是恰当的反潜战术。然而，正是采取了这样的航线，美军舰队才溜进了西村舰队和运输船之间。这就是战争的赌博。

1月24日清晨，日军在巴厘巴板登陆。他们遭到了荷兰守军的抵抗，直到荷军指挥官获准可以将他手下200人撤到三马林达以西120英里处的尤林（Ulin）机场。意识到日军很快会发现荷军的新位置，荷兰指挥官早在1月20日时就摧毁了附近的油田，并把部队撤往麻拉蒙泰依（Muaranmuntai）。巴厘巴板守备部队最终被日本陆军困在那里，于3月8日投降[23]。

日军从巴厘巴板搭乘泊船在马辰东南偏南50英里处下船登陆，他们从该点由陆路行军至马辰。另一纵队直接从巴厘巴板出发行军160英里。2月16日，日军攻占马辰；到1月28日，第23航空战队从巴厘巴板机场出击展开作战，到2月23日时，马辰机场也投入了使用[24]。攻占婆罗洲扩展了对日本海军的弧形空中掩护范围。攻占西里伯斯以及摩鹿加海和弗洛勒斯海的关键岛屿则确保了攻击爪哇东部的进军路线的安全性。

新加坡和邦加、巨港和苏门答腊东南部的失陷

2月15日，只有马来亚守军一半人数的日本军队攻陷了有50多万人口的新加坡，把英国人赶到了缅甸、斯里兰卡和印度洋。新加坡通过一条短堤道与柔佛、马来亚相连，已经成为英国在马来亚权力的象征和马来亚行政、政治和经济中心。然而，现在它却成了“大东亚共荣圈”的一部分。

邦加岛长138英里，宽62英里，当时供应着世界上10%以上的锡。它坐落在苏门答腊南端东北部不远处，战略位置对进攻巴达维亚和入侵巨港、苏门答腊东南部都极其重要。

日军视苏门答腊为战利品因为他有丰富的油田。它是一个狭长的岛屿，上面丛林密布、疾病肆虐——并不是一个宜居的地方。日军起先袭击了巨港（世界上石油储量最丰富的地方之一的中心），以便获得急需的石油，并把盟军部队赶出苏门答腊东南部。而从苏门答腊东南部出发，日军可以畅通无阻地入侵爪哇西部。岛的西北部也有石油，但没有被充分开发。苏门答腊岛东北部与马来亚西海岸隔马六甲海峡相望，如果英国人试图回来，它对马来亚来说就是一

块缓冲地带，大多数到缅甸的航路都要经过这里。

2 月 12 日到 15 日这 4 天时间里，在新加坡穿过邦加海峡到巨港的这片区域内，战争带来一片混乱的景象。日本海军攻略邦加—巨港的部队建制也土崩瓦解，种种因素使得每艘军舰和分遣舰队都各行其是。盟军掌握的情报显示，一支新的日军攻略部队的首批船队已经于 2 月 9 日离开了金兰湾。小泽将军强大的南遣舰队也于次日跟进，在 2 月 11 日，一支规模更为庞大的运输船队在护航舰的护送下航行。显而易见，日军的进攻直指苏门答腊的巨港，因为它掌握着荷属东印度半数以上的石油储备。

作为新加坡和美英荷澳盟军掌控区的守卫者，韦维尔将军此时面临绝境，新加坡已经陷落，苏门答腊正受到威胁。在 2 月 11 日，他命令多尔曼将军的攻击部队在爪哇以西集结。接到这些命令时，该攻击部队正位于 800 英里开外的巴厘南面。但多尔曼马上命令他的舰船在巽他海峡的北面集结，他要设法用他弱小的舰队去拯救巨港。

在新加坡，数以千计的人最终都意识到一直认为不可能的事情即将发生——这座城市将落入日本人之手。逃亡的平民、文职高官和军队高层都一窝蜂地挤向几乎任何可以在水上漂浮的东西。如果无法直接去爪哇，然后到澳大利亚，他们便转而前往苏门答腊，希望经由陆路找到未被占领的港口，从这个港口出发到达澳大利亚。通往苏门答腊和爪哇的主航道在接下来的三天里被逃亡的船只挤得水泄不通。但小泽将军的部队也在邦加海峡，天上满是日本人的飞机。使局势更加混乱的是，日军的邦加—巨港入侵部队正赶来参加混战。于是，大部分试图逃离新加坡的船只都遭到了残忍屠戮[25]。

多尔曼将军于 2 月 14 日从巽他海峡以北的会合点进入这混乱不堪的场面。他急切地集结他的舰队，包括旗舰轻巡洋舰“德鲁伊特尔”号和他的其他两艘轻巡“爪哇”号、“特隆姆普”号；英国重巡洋舰“埃克塞特”号、轻巡洋舰“霍巴特”号；荷兰驱逐舰“班克尔特”号、“科顿艾尔”号、“冯内斯”号、“范亨特”号；美国驱逐舰“布尔默”号、“巴克”号、“帕罗特”号、“斯图尔特”号、“波普”号、“约翰·爱德华兹”号。多尔曼舰队几乎立刻撞上了厄运，“范亨特”号在邦加附近的施托尔策海峡（Stolze Strait）撞上暗礁，沉没了。“班克尔特”号脱离舰队，前去援救落水的幸存者。

到2月15日拂晓，小泽将军已经得知四国盟军正在接近。他命令他的主船队散开，又下令从“龙骧”号起飞的舰载机和从储备充足的日军机场起飞的陆基飞机持续不断地进行空袭。然后，他准备与盟军司令部剩下的所有舰船交战。虽然空袭持续了一整天，但日军对多尔曼舰队的高空轰炸战果寥寥，只有近失弹对两艘美国驱逐舰造成了轻伤。

然而，多尔曼将军却很现实。他在下午命令他的舰队撤退，不愿冒险在邦加海峡遭遇危险的小泽舰队。不过在2月17日，“冯内斯”号在该海域拯救幸存船员时被日军轰炸机炸沉于邦加海峡附近。多尔曼舰队的撤退实际上意味着邦加和巨港的丢失，两者都在2月15日陷落，荷兰和英国的守军撤退到了爪哇，没有充分破坏他们的油田和炼油厂。盟军在苏门答腊东南部已经没有抵抗力量了。这样，日军便从西面锁住了爪哇[26]。

爪哇孤立作战编制表；第二舰队、南方舰队和荷属东印度舰队

（指挥官：高桥伊望中将）

东部入侵支援舰队，主力（高木武雄中将）

轻型航空母舰：“瑞凤”号

水上飞机母舰：“千岁”号、“瑞穗”号

重巡洋舰：“那智”号、“羽黑”号、“妙高”号（1月26日后）

驱逐舰：“雷”号、“电”号、“潮”号、“涟波”号、“曙”号、“山风”号、“江风”号

东部远程支援部队

重型航空母舰：“飞龙”号、“苍龙”号

水上飞机母舰：“千岁”号
重巡洋舰：“摩耶”号
驱逐舰：“曙”号、“潮”号、“有明”号、“涟波”号、“雷”号

第一东部入侵部队（入侵邦加锚地、克马、万鸦老、肯达里）
水上飞机母舰：“千岁”号、“瑞穗”号
轻巡洋舰：“神通”号、“长良”号
驱逐舰：“雪风”号、“天津风”号、“时津风”号、“初风”号、“雷”号、“黑潮”号、“亲潮”号、“早潮”号、“电”号

入侵安汶岛
见上文“东部远程支援部队”

第二入侵部队
轻巡洋舰：“神通”号
驱逐舰：“初风”号、“雪风”号、“天津风”号、“时津风”号、“黑潮”号、“亲潮”号、“早潮”号、“夏潮”号、“荒潮”号、“大潮”号、“满潮”号、“朝潮”号

入侵孟加锡的部队
水上飞机母舰：“千岁”号、“瑞穗”号
轻型航空母舰：“瑞凤”号
轻巡洋舰：“长良”号
驱逐舰：“朝云”号、“夏云”号、“峰云”号、“黑潮”号、“亲潮”号、“早潮”号、“夏潮”号、“荒潮”号、“子日”号、“满潮”号、“初春”号、“凉风”号、“江风”号、“海风”号、“初霜”号

入侵巴厘—龙目的部队
轻巡洋舰：“长良”号
驱逐舰：“初霜”号、“子日”号、“若叶”号、“荒潮”号、“大潮”号、“荒潮”号、“朝潮”号

帝汶入侵部队

水上飞机母舰：“瑞穗”号

轻巡洋舰：“神通”号

驱逐舰：“黑潮”号、“亲潮”号、“早潮”号、“初风”号、“雪风”号、“天津风”号、“时津风”号、“涟波”号、“潮”号

中央入侵部队（打拉根）

水上飞机母舰：“山阳丸”号、“赞岐丸”号

轻巡洋舰：“那珂”号

驱逐舰：“海风”号、“江风”号、“山风”号、“凉风”号、“夏云”号、“夕立”号、“五月雨”号、“春雨”号、“峰云”号

第二舰队、南方舰队、马来舰队主力（远程支援，近藤信竹）

战列舰：“金刚”号、“榛名”号

重巡洋舰：“爱宕”号、“高雄”号、“摩耶”号

驱逐舰：“岚”号、“萩风”号、“旗风”号、“野分”号、“响”号

第二舰队、南方舰队、马来舰队主力（亦称“第一南遣舰队”，司令官小泽治三郎中将）

轻型航空母舰：“龙骧”号

重巡洋舰：“爱宕”号、“高雄”号、“摩耶”号

驱逐舰：“白云”号、“绫波”号、“矶波”号、“敷波”号、“丛云”号、“白雪”号、“初雪”号[27]

荷属东印度盟军防卫主力舰队

荷兰

轻巡洋舰：“德鲁伊特尔”号、“爪哇”号、“特隆姆普”号

驱逐舰：“维特·德维茨”号、“厄佛仙”号、“科顿艾尔”号、“冯内斯”号、“范亨特”号、“皮亚特·海恩”号、“班克尔特”号

潜艇：12艘K型、4艘O型

美国

水上飞机母舰：“兰利”号、“儿童”号、“威廉·普勒斯顿”号、“苍鹭”号

重巡洋舰：“休斯敦”号

轻巡洋舰：“马布尔黑德”号、“博伊西”号

驱逐舰：“贝克”号、“布尔默”号、“埃兹尔”号、“约翰·爱德华兹”号、“约翰·福特”号、“帕罗特”号、“保罗·琼斯”号、“皮尔斯伯里”号、“波普”号、“斯图尔特”号、“惠普尔”号、“奥尔登”号

潜艇：6 艘 S 型、22 艘现代化潜艇

澳大利亚

轻巡洋舰：“珀斯”号、“霍巴特”号

英国

重巡洋舰：“埃克塞特”号

轻巡洋舰：“达娜厄”号、“龙”号

驱逐舰：“特内多斯”号、“侦察”号、“要塞”号、“伊莱克特拉”号、“遭遇”号、“朱庇特”号

潜艇：2 艘现代化潜艇

美英荷澳盟军攻击部队（于 2 月 2 日编成）

重巡洋舰：“休斯敦”号（USN*）

轻巡洋舰：“德鲁伊特尔”号（RNN*）、“特隆姆普”号（RNN）

驱逐舰：“范亨特”号、“皮亚特·海恩”号、“班克尔特”号——（RNN）；“斯图尔特”号、“布尔默”号、“巴克”号、“爱德华兹”号——（USN）[28]

*USN，美国海军；RNN，荷兰皇家海军。

第五章
从爪哇陷落到入侵缅甸

1942年

2月27日—3月1日	爪哇海战
2月28日—3月1日	巽他海峡之战
3月8日	荷属东印度投降
3月8日	日军占领缅甸仰光
3月23日	日军攻占安达曼和尼科巴群岛
3月28日	日军攻占苏门答腊全境

美英荷澳盟国海军兵力的减少并不只是因为战斗损失。讽刺的是，爪哇港当时出现了油料短缺。爪哇有很大的石油储量，但不如婆罗洲和苏门答腊。它确实有大型的石油储存设施，但都在内陆。运作石油设施的爪哇人在日军空袭后拒绝工作，于是急需加油的军舰也无法获得油料。弹药同样短缺。2月21日，驱逐舰供应船“黑鹰”号发放了它的最后一批鱼雷，这意味着驱逐舰“皮尔斯伯里”号和“帕罗特”号即将被盟国海军淘汰，因为它们的弹药库中已经没有鱼雷了。

爪哇的修理设施本来就无法满足大型舰队的需要，现在又遭受了轰炸。由于这样的设施无法为船只完成必要的修理乃至彻底检修，可用于作战的军舰数量就更少了。在巴塘海峡之战中受损的“斯图尔特”号被置于泗水的干船坞，不料竟让干船坞发生坍塌。轻巡洋舰“特隆姆普”号的舰桥和指挥塔在巴塘海峡之战中被命中11次，它不得不被送往澳大利亚进行修理，因为爪哇已经没有还能投入使用的修理设施了。2月24日，驱逐舰“巴克尔特”号遭轰炸受损严重，被迫退出了战斗。“惠普尔”号和“德鲁依特”号相撞无法运行——它暂时装上了一个“柔软的”船头，但仍然无法编入联合舰队。由于深水炸弹设置不当，爆炸距离船尾太近，驱逐舰“埃兹尔”号也受伤了，只能执行有限的护航任务。“马布尔黑德”号无法在爪哇修理，因而被派往斯里兰卡。“黑鹰”号被派往澳大利亚，由“布尔默”号和“巴克”号护送。这两舰也情况不妙，它们的鱼雷供给已经告罄。

即使在剩下的那些盟军军舰当中，重巡洋舰“休斯敦”号的前端火炮虽尚可一战，但后炮塔已经无法使用。实际上，留给多尔曼少将的所有军舰都需要大修。要阻挡日军对爪哇的入侵作最后一搏，这支将面对日本进攻的舰队实力根本不够。形势是如此危急，以至于韦维尔上将和华盛顿磋商之后，于 2 月 25 日解散了美英荷澳盟军司令部，将爪哇防务移交给了赫尔弗里赫将军。现在所有的陆军、海军和空军部队都由荷兰军官指挥[1]。

相反，已经锁定了最丰厚战利品的日军大本营则准备用陆海军部队发动一场大规模进攻。他们的计划要求在爪哇东端、巽他海峡里的三个地方——万丹湾、孔雀港、艾瑞丹威丹 (Eretenwetan)——进行三次登陆作战，以占领巴达维亚的首府。一支东翼部队在泗水以西 100 英里的克拉甘（Kragan）登陆。日军又入侵了泗水以北 80 英里处的巴韦安岛，建了一座无线电台为登陆作准备。

日军有两支掩护部队在爪哇以南徘徊。它们是近藤信竹司令南方部队的主力和南云的航母攻击部队——第一机动舰队，后者依然是偷袭珍珠港时的原班人马。它们被部署在这里是为了切断澳大利亚与爪哇和印度的联系。例如，南云的舰载机在芝拉扎拦截并击沉了水上飞机母舰“兰利”号，随舰沉没的有盟军急需的 32 架 P-40 战机。

爪哇对日军十分重要，因为这有相当大的石油储量，也有不少重要的炼油厂。该岛是世界上人口密度最高的地区（有 5000 万居民）。对长达 3000 英里的荷属东印度岛链来说，爪哇是行政、工业和至关重要的工作中心。它是荷兰南洋领地的心脏。

攻占泗水的任务落到了日本陆军第 48 师团肩上，这个师团此前一直在菲律宾作战。它被运到霍洛岛，登上运输船，于 2 月 19 日作为第一护航部队出发。

船队进入巴厘巴板港口把第56联队（在马辰没有分遣队）接上船，于2月23日再度起航。2月25日，第一警卫部队加入到由“神通”号和9艘驱逐舰率领的第二护航部队当中。

为了入侵西面的巴达维亚，日军集结了第16军司令部、第2师团、第38师团的230联队。运输船队的56艘运输船于2月18日离开金兰湾。在第三护航部队的第一段路程中，提供掩护的是“名取”号巡洋舰和它的8艘驱逐舰。当它靠近预定的3个滩头阵地时，又得到了西路支援部队的更多支援，该部队包括4艘巡洋舰和3艘驱逐舰，“由良”号巡洋舰及其8艘驱逐舰，“龙骧”号和水上飞机母舰“千岁”号、“瑞穗”号也将提供支援。

美英荷澳盟军司令部知道有舰船在霍洛岛集结，又于2月24日得到准确情报，称若干入侵舰队正在南进。他们已经猜到日军这次入侵是双管齐下的。但此时除了静待日军出现，再伺机进行攻击外，盟军司令部几乎没什么可做的。日军陆基飞机已经从东、北、西三个方向对盟军的海军部队进行了连绵不断的攻击，后者的反击兵力因此日渐消耗。但盟军司令部计划用其残存的轰炸机轰炸将要出现的第一批日舰，然后再把联合攻击部队派去攻击日军船队。

当来自第一护航部队的驱逐舰在2月25日对攻占巴韦安岛进行支援时，日军东部队最先出现。爪哇所有海军部队的总司令赫尔弗里赫将军立即命令多尔曼在泗水集结其舰队，于是从巴达维亚调来了重巡洋舰“埃克塞特”号、轻巡洋舰“珀斯”号，驱逐舰“朱庇特”号、“伊莱克特拉”号和“遭遇”号。（轻型巡洋舰“霍巴特”号也在巴达维亚，但油料不足，因为能为它加油的油船被2月25日的空袭炸毁了）。但多尔曼没有坐等巴达维亚的军舰过来。2月25日，他用他在泗水的军舰沿海岸朝马都拉进行了一整夜的扫荡，希望能拦截到运输船。一回到泗水，巴达维亚分遣舰队也与他会合了。这时候，有关日军大型船队向爪哇东西两面扑来的报告纷至沓来。多尔曼命令巴达维亚剩余的所有可动的舰只——澳大利亚轻巡洋舰“霍巴特”号、2艘皇家海军的老旧轻巡洋舰“龙”号和“达娜厄”号、2艘皇家海军驱逐舰“特内多斯”号和“侦察”号以及荷兰驱逐舰“厄佛仙”号都去拦截据报告正在靠近文岛（Muntok，又译门托克）的日军船队。它们于22点出击，但在2月26日1点又回到了港口。

2月27日，多尔曼又命令这支舰队从巴达维亚向北扫荡。如果到2月28日4点30分仍没有发现敌人，那么这支部队就将穿过巽他海峡，到达斯里兰卡的亭可马里。除了荷兰驱逐舰“厄佛仙”号以外，其余舰只都去了斯里兰卡。“厄佛仙”号则因为一阵狂飑①与姊妹舰们失去了联系。它随后试图与仍在万丹湾作战的“休斯敦”号和“珀斯”号会合。在与日军驱逐舰“丛云”号和“白云”号交战时，“厄佛仙”中弹起火，最后搁浅[2]。

率领庞大舰队开往克拉甘的日军第二护航舰队在靠近爪哇时解散。“天津风”号驱逐舰舰长原为一少佐（后来升格为大佐），认为山本大将（确信爪哇的空中力量已经被消灭殆尽）把航母攻击部队派往印度洋进行突袭，同时取消陆基飞机掩护的做法是不明智的。“这种鲁莽之举会危及船队的作战，至少对我护卫的船队会造成这样的影响[3]。”

由41艘运输船组成的船队被编成两个纵队，船与船之间相距650码，两个纵队之间相距2000码。它以10节航速缓慢行驶，走着在原少佐看来丢脸的“之”字形航线。许多运输船都是被征用的商船，其船长对这种航行作业是没有经验的。运输船队就这样七零八散地航行了20英里。打头阵的是4艘扫雷舰，排成横列队形，彼此相隔3300码，后面跟了3艘驱逐舰，以类似的间距行驶。这前两排军舰后面是轻巡洋舰“那珂”号，它的两侧各有一艘巡逻舰。运输船的中截面两侧也各有一艘驱逐舰。左舷稍远处是“神通”号轻巡洋舰和第16驱逐舰支队（“天津风”号就隶属于该支队）的4艘驱逐舰。东区支援部队的重巡洋舰“那智”号和“羽黑”号则在船队200英里之后。

倘若荷兰有更多飞机，或者说如果在2月27日13点57分把日军运输船队的准确方位发给多尔曼少将时，他能对日军船队发起攻击，那么原少佐的担心很有可能成为现实。2月26日6时，一架“卡特琳娜”水上飞机对“天津风”号进行了攻击，然而炸弹落在了驱逐舰前面300码处。当天，从巴厘巴板起飞

---

① 译注：突然发作的强风，持续时间短促。

的一些日军战斗机正在给己方的舰船提供午后的空中掩护。17时48分，2架B–17轰炸机从玛琅起飞，突破低云幕，一次投下了6颗500磅炸弹。但这些炸弹都投得不准，有4枚炸弹投在了距离“天津风”号1500码处，2枚落在“初风”号附近约500码的地方。

多尔曼少将的攻击部队没有立即对侦察机报告的入侵舰队发起攻击——这很有可能是因为疲劳和惧怕敌人的飞机所致，而非指挥上的举棋不定。他的舰队已经在26日晚上搜索了一整夜，在日军攻占巴韦安岛前不久就到达了那里。多尔曼运气不佳，实际上日军巴韦安岛攻略部队只有少量军舰护航。他在2月27日9点折返，向泗水驶去。虽然赫尔弗里赫将军已经要求他立即攻击此时空中侦察不停报告的日军运输船队，多尔曼却在14时返回了泗水。赫尔弗里赫将军再度命令他返回与日军战斗，于是他又一次调转船头去搜寻敌人。

一架从巴厘巴板起飞的日军侦察机报告了多尔曼舰队早晨的移动方位。由于它靠近东部船队的前卫，日本海军指挥机关开始警觉起来。“那智”号弹射了一架飞机监视多尔曼舰队的动向，同时两艘重巡洋舰“那智”号和“羽黑”号连同驱逐舰“雷”号和“曙”号都全速行驶，以便在多尔曼少将最终从泗水港外围向日军运输船队发起突袭时能及时就位。爪哇海战役即将开始[4]。

第一阶段：2月27日，15时25分—16时50分

多尔曼舰队的出现并没有让日军感到措手不及，因为“那智”号的侦察机已经通过无线电报告了敌军舰船的准确位置。多尔曼的攻击部队以轻巡洋舰“德鲁伊特尔”号为首，后跟重巡洋舰“埃克塞特”号和“休斯敦”号（后者只能以艏炮塔开火），以及轻巡洋舰“珀斯”号和“爪哇”号，纵队的左正横方向是2艘荷兰驱逐舰“维特·德维茨”号和“科顿艾尔”号。

在巡洋舰纵队的左舷船尾方向是美国驱逐舰“约翰·爱德华兹”号、“奥尔登”号、“约翰·福特”号和“保罗·琼斯”号（“波普”号在泗水港，追不上多尔曼舰队），在主队右舷3英里处是英国驱逐舰“伊莱克特拉”号、“朱庇特”号和“遭遇”号。整个编队航向西北偏西，起初几乎与向南行驶的日军船队护航舰交错而行。

日军编队有轻巡洋舰“神通”号（第二水雷战队旗舰）及下属的4艘驱逐舰：“雪风”号（田中少将在舰上）、“时津风”号、“天津风”号和“初风”号。这些军舰本来正朝西北行驶，但一发现多尔曼舰队，它们立刻就掉头朝它杀了过去，改以单列纵队向正南方向前进，时间是15时21分。“神通”号编队朝正南方向行驶了9分钟，尔后又以单列纵队向正西方向航行了9分钟，在距离多尔曼舰队30500码处与之平行[5]。

重巡洋舰“那智”号和“羽黑”号向南疾行，由驱逐舰“潮”号、“涟波”号、“山风”号和“江风”号掩护左舷。15点25分，它们仍然在“神通”号率领的驱逐舰以北13000码处。当它们逐渐靠近“神通”号编队时，也开始向西转，但仍位于第二水雷战队以北10000码的地方。第二水雷战队此时正由南向西作深远回旋。15点47分，日军重巡洋舰向“休斯敦”和“埃克塞特”号进行了首轮齐射，并一直持续到16点50分。

第三支舰艇编队位于西面13000码的地方，几乎与日军重巡洋舰平行，正在向南航行，准备战斗。这是第四水雷战队，由轻巡洋舰“那珂”号和驱逐舰“朝云”号、“峰云”号、“村雨”号、“五月雨”号、“春风”号和“夕立”号组成。它们走在日军三支舰艇编队的最南端，直到15点57分才转向西南方向。这样一来，日军三支不同的舰艇编队就都大致与多尔曼的纵队平行运动了[6]。

这时候，日军开始使用他们最喜欢的武器——“长矛”，即24英寸口径的鱼雷。这种鱼雷因为使用氧气助推而几乎没有航迹。“那珂”号及其下属的驱逐舰分别于16点03分、16点10分和16点15分在13000码到15000码的距离上发射了鱼雷，它们也卷入了与射程不如日舰的英国驱逐舰“伊莱克特拉”号、“朱庇特”号、“遭遇”号以及多尔曼的巡洋舰的交火。双方都没有遭受实质性的损伤。

16时22分，“羽黑”号在距敌12.5英里处发射了8枚鱼雷。与此同时，“神通”号及其所属驱逐舰由南向西作了一个弧度下垂的转向，随后于15时45分向“德鲁伊特尔”号开火。“神通”号的纵队遭到了英国驱逐舰“伊莱克特拉”号、“朱庇特”号以及“遭遇”号的还击，但没有被击中。“神通”号于16时施放烟雾，继续向西前进。

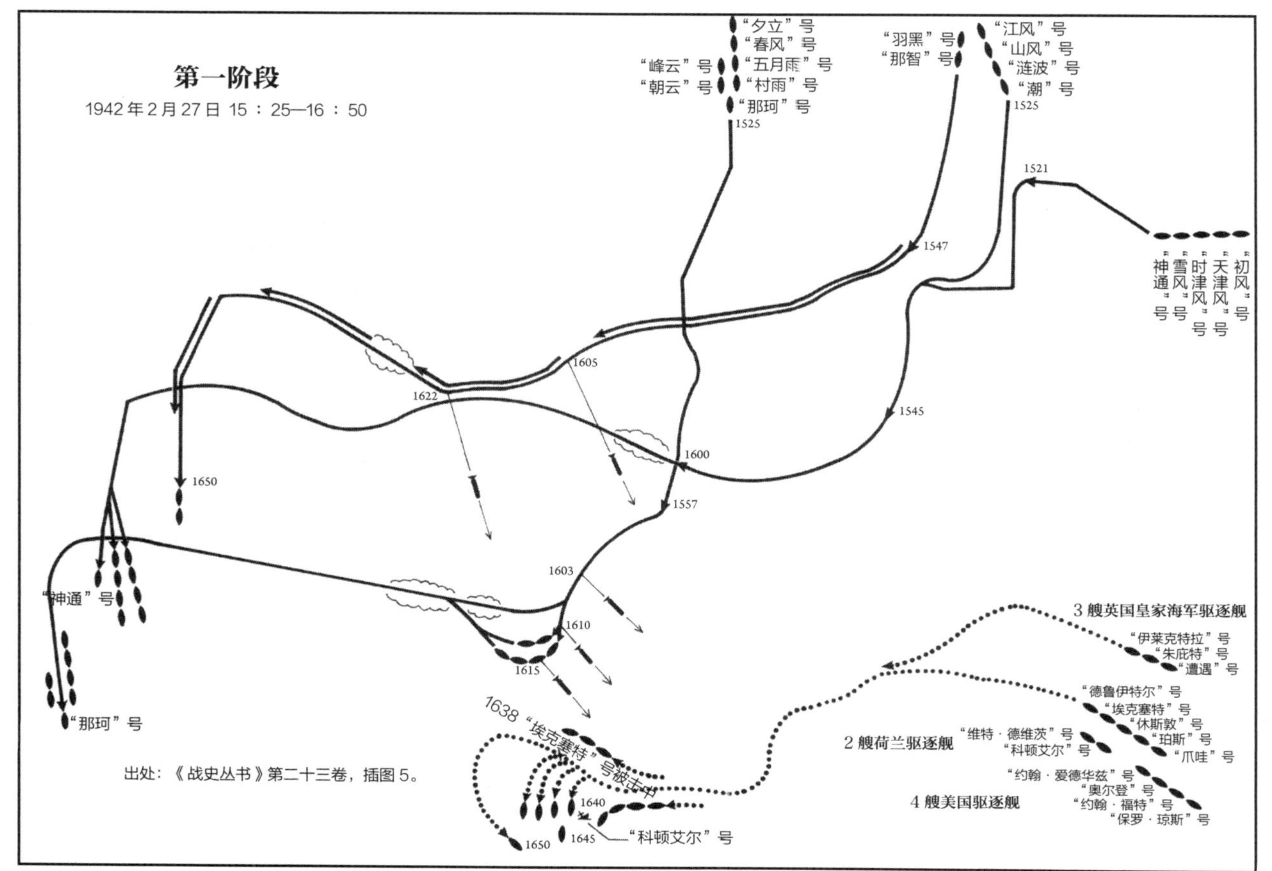

1942年2月27日，爪哇海战第一阶段

16点23分，“德鲁伊特尔”的辅助轮机舱中弹，但日军的这发8英寸炮弹没有爆炸。盟军舰艇首次真正受创是在16点38分，当时“那智”号直接命中了“埃克塞特”号，使它起火。同时，编队的其他舰只进行90度转向，以便所有舰只都能组成横列队形。日军的鱼雷击中了驱逐舰“科顿艾尔”号，后者发生爆炸，并立即于16点40分沉没。（从16点22分鱼雷发射到鱼雷行进距离的时间跨度表明鱼雷是由“羽黑”号发射的。）

盟军的攻击部队此时陷入一片混乱，“埃克塞特”号起火，一艘驱逐舰报销。所以它转向南面，远离日军的运输船。日军的3支舰艇编队此时已经封闭了西行的航线，然后于16点40分转向南面直扑爪哇，同时巡洋舰继续开火。盟军的攻击部队被迫向泗水退却。

在这一阶段的战斗中，日军的重巡洋舰发射了1271发8英寸炮弹，“神通”号和“那珂”号发射了171发5.5英寸炮弹。日军军舰总共发射了39枚鱼雷。处在战线之外的美国驱逐舰并没有参加战斗。由于距离遥远，双方在火炮的射击上都没有什么抢眼的表现，不过，日军倒是成功地阻止了多尔曼对运输船的攻击。

第二阶段：16点50分—17点20分

16点50分，多尔曼攻击部队处于非常混乱的状态，而舰船间的通信不良又加剧了这种混乱。法语和英语的密码本在美英荷澳盟军司令部还存在时就已经被公布，但因为某些原因，它从未被发给美英荷澳海军的军舰。在“德鲁伊特尔”号上，一名英国军官可以把多尔曼的荷语命令传达给英国的“埃克塞特”号，而“埃克塞特”号随后就把它们传达给其他使用英语的军舰。但“埃克塞特”号中弹后，它的通讯机房被毁，命令便无法通过闪光灯或旗语传递给其他说英语的军舰了，因为这些军舰没有密码本。

仍在燃烧的“埃克塞特”号取向东南偏南，几乎是直线前进，在17时前不久已经成为多尔曼攻击部队左舷最外围的军舰。在“埃克塞特”号缓慢向东南偏南航行时，4艘驱逐舰切入它的后面，为巡洋舰主力纵队作掩护。在更南边，“珀斯”号和“爪哇”号左转90度向西，随后组成单列纵队，掉转航向。“休斯敦”

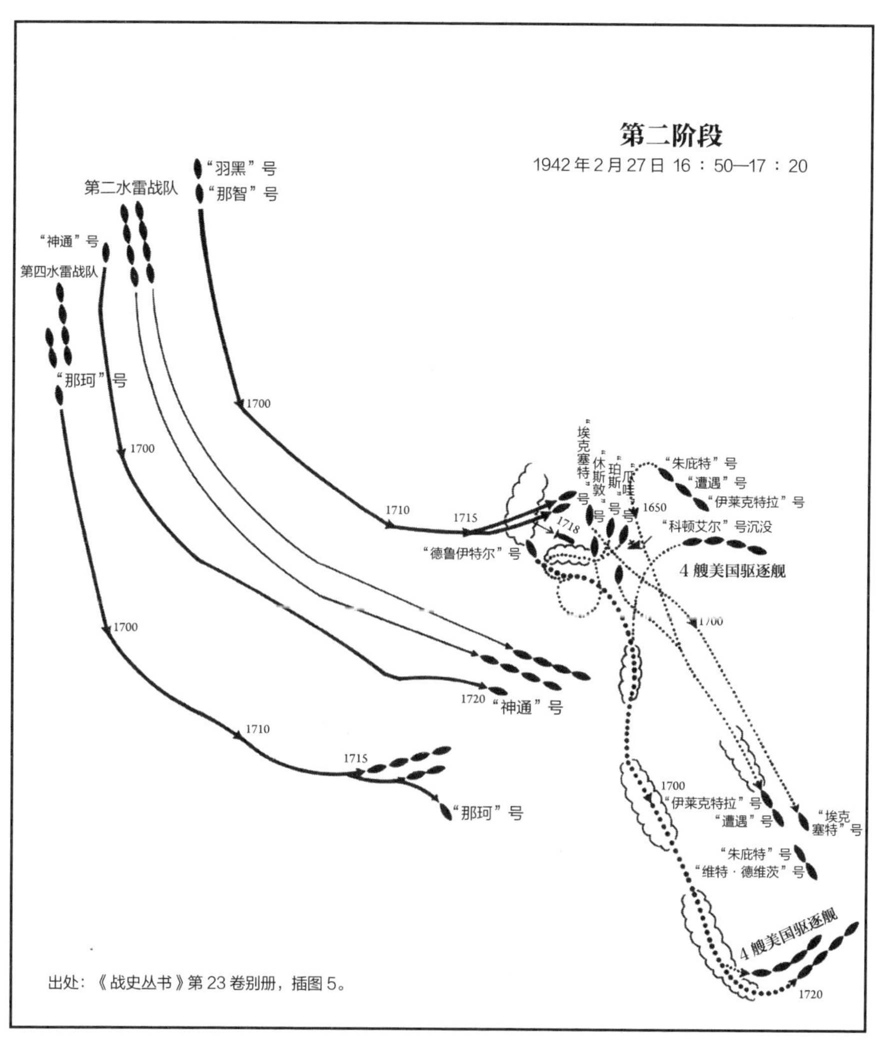

出处：《战史丛书》第 23 卷别册，插图 5。

^ 爪哇海战役第二阶段，1942 年 2 月 27 日

号和“德鲁伊特尔”号转了整整一圈后，加入“珀斯”号和“爪哇”号的编队，这样便形成了一支 4 艘军舰的编队，航向东南偏南。盟军军舰逐渐恢复了一点秩序，并出现了两支不同的编队。左边的编队包含艰难前行的“埃克塞特”号、

“维特·德维茨”号、“朱庇特”号和“遭遇”号，“伊莱克特拉”号在“埃克塞特”号的右舷一边为它作掩护。向前10000码，距离“埃克塞特”号编队航线的右边6000码处是组成一字纵队的“德鲁伊特”号、“珀斯”号、“休斯敦”号和“爪哇”号，它们的左舷由四艘驱逐舰负责掩护。两支舰艇编队在17时13分之前都向东南偏南方向航行。

3支日军舰艇编队都在追击，由南向东南进行扫荡，形成3条长长的平行弧线，2艘重巡洋舰“那智”和“羽黑”向东作了幅度最大的转向。3支编队都设定了它们的航向，以便拦截盟军的各支舰艇编队。这是舰队机动的阶段，在17点15分前双方都没有开火或发射鱼雷。

当战斗再度开始时，“羽黑”号和“那智”号处在最北端，从队列的尾部杀出来，对多尔曼舰队形成“T”字横切。往东南方向5000到6000码处是“神通”号率领的8艘驱逐舰，组成两支各有4艘军舰的编队，互相之间相距2000码。“神通”号自己则处在两列纵队的右舷，它们之间的距离与“神通”号到“那珂”及其下属6艘驱逐舰的距离相当。

17点15分，“羽黑”号和“那智”号开始再度向“德鲁伊特”号的纵队开火，17点18分，“那智”号向“埃克塞特”号的纵队发射了鱼雷。盟军没有回击，但“德鲁伊特”号的纵队立刻向左急转，朝运输船开去，以躲避鱼雷。随后，“那珂”号的第四水雷战队在21000码的距离上发射了24枚鱼雷，但没有一枚命中[7]。“那珂”下辖的驱逐舰与“埃克塞特”号及其掩护舰在18000码的距离上又进行了一场交战。“休斯敦”号此时处于可以使用未受损的艏炮塔的位置，向“那珂”号进行了还击。但联合攻击部队迎来了新的麻烦，因为当“德鲁伊特”号编队转向东北，朝向“埃克塞特”号（此时仍然在向南行进）后，联合攻击部队的两支舰艇编队航向互相冲突。随着一些军舰脱离编队，第二场混战也在酝酿当中。而且，随着日军觉察到多尔曼的困境，盟军舰队开始遭到来自北面和西面的压迫，被逐渐挤在一起。东部支援部队司令长官高木武雄少将命令运输船掉转航向，再度向滩头进发。

第三阶段：17 时 20 分—17 时 50 分

日军正在整队酝酿一场新的攻势。重巡洋舰“那智”号和“羽黑”号继续向东前进，距离多尔曼的舰队大约 19000 码，后者在经历了无可避免的混乱之后，已经重整旗鼓，开始向南进发。日军两艘重巡洋舰持续用它们的 20 门 8 英寸舰

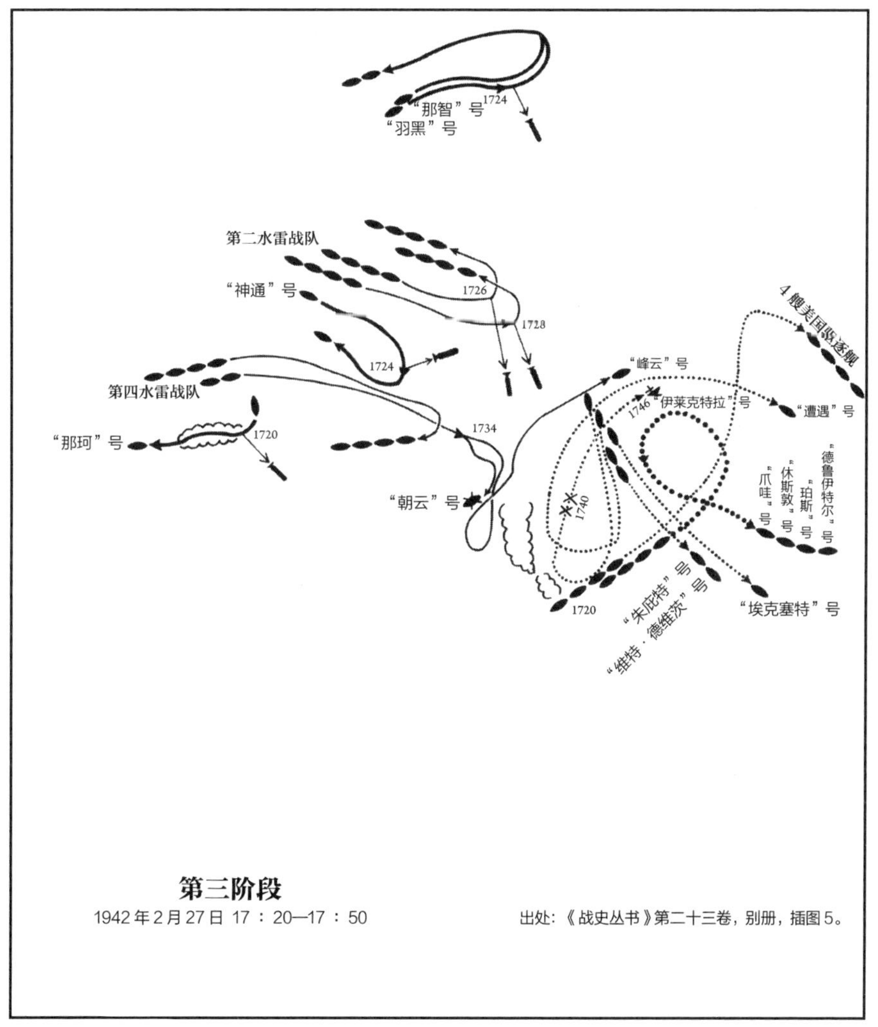

^ 爪哇海战役第三阶段，1942 年 2 月 27 日

炮向盟军舰队进行长距离齐射。17点24分，它们射出了鱼雷。最终在17时26分，它们掉转船头，向西南偏西方向行进，停止了射击。在重组的“埃克塞特”号编队东北方大约12000码处，“神通”号和它的8艘驱逐舰正向东南偏东方向行进，同时准备对“埃克塞特”号编队进行鱼雷攻击。在“神通”号以南略微偏西的地方，“那珂”号在它的右舷把它的驱逐舰编成两队（一队4艘，一队2艘），也准备对伤残的“埃克塞特”号进行攻击。

而盟军方面，驱逐舰“朱庇特”号、“维特·德维茨”号、“遭遇”号和“伊莱克特拉”号在“埃克塞特”号的右舷对其进行掩护。这支编队移动缓慢，因为“埃克塞特”号只有5节航速。而“德鲁伊特”号下辖的编队现在位于“埃克塞特”号的前面，4艘美国驱逐舰在它的左舷对其进行掩护。该编队取向东北，与“埃克塞特”号正好成直角。

到17点20分，战场上的能见度正变得越来越糟。在过去半小时里，盟军的舰艇编队一直在施放烟雾，“埃克塞特”号的炮火也加入其中。这对盟军的舰船来说是不利的，因为它们也看不到“那智”和“羽黑”，有时其他两支日军舰艇编队也被烟雾遮蔽了。与此同时，日本舰队却可以通过“那智”“神通”和“那珂”上的飞机来标记多尔曼的方位，并辨认己方舰船的齐射炮火。

从17时26分到17时28分，“神通”号下辖的正在前进的驱逐舰在15000码处发射鱼雷，随后掉转航向，向西北规避。17时28分，“神通”号进行了一次鱼雷齐射，随后也掉转船头。17时20分，“那珂”号在距目标18500码处发射鱼雷，然后掉转船头向接近正西方向撤退。它率领的4艘驱逐舰纵队则在靠近到10000码以内才射出鱼雷，之后也掉转船头向“那珂”号驶去。因为某些原因，“那珂”号编队的其他两艘驱逐舰“朝云”号和“峰云”号一直接近到距离目标6500码处才射出鱼雷。现在我们没有找到日本方面对于这两艘驱逐舰近距离冲锋的解释，或许这是某种“万岁冲锋”[①]吧。

---

① 译注：在弹尽粮绝、无力挽回战局时，日本军队常常进行自杀式冲锋，冲锋时高喊“天皇陛下万岁！”的口号，“万岁冲锋”因此得名。

与此同时，英国驱逐舰“遭遇”号和“伊莱克特拉”号已经发现了日军鱼雷攻击的威胁，便离开“埃克塞特”号编队，向正南方向行进，对日军的鱼雷攻击进行反击。这两艘军舰先转向西，最后向东北方向驶去。“遭遇”号和“朝云”号互相平行，在距离拉近至3000码时，两舰进行了炮战。这场决斗从17点30分一直持续到17点40分。奇怪的是，即便在如此近的距离之内，双方都没有给对方造成太大损害。后来“伊莱克特拉”号在距离5000码处直接命中“朝云”号，使其在水中丧失动力了几分钟，并有4人阵亡[8]，但后者还是于次日成功撤回了巴厘巴板。与此同时，“朝云”号直接命中“伊莱克特拉”号两发炮弹，后者向前蹒跚而行，试图继续向东打转，但最终在17时46分沉没。无论如何，两艘英国驱逐舰在反击优势敌军时（在开始冲锋的时候，挡在它们面前的是日军2艘轻巡洋舰和14艘驱逐舰）所表现出来的勇敢正是包含皇家海军最优良传统的英式驱逐舰训练的范例[9]。

同时，多尔曼少将决心再尝试一次对日军运输船的攻击，他知道猎物就在附近。17时20分，“德鲁伊特”号下辖的编队开始朝东北转向，而且由于日舰似乎在撤退（除了“朝云”号和“峰云”号），“德鲁伊特”号的编队便继续转向。然而，4艘美国驱逐舰却独自出击去猎杀运输船，向差不多正北方向行驶。此后，多尔曼少将暂时放弃了对运输船的追击，该舰队在完成转向后向东南方向行进，处在“埃克塞特”号及其两艘护航舰的左舷。位于“德鲁伊特”编队东北偏北10000码处的美国驱逐舰也跟着转向。联合攻击部队的船员都感到精疲力竭、沮丧失意，军舰也缺油缺弹药。此时，这场战斗看起来像是结束了。多尔曼的舰队已经遭到削弱，有一艘重巡洋舰起火，另有一艘驱逐舰被击沉。

第四阶段：18点50分—19点10分

多尔曼少将向东航行了几分钟，没发现日本舰船，便决定对日军运输船再度发起进攻，他命令舰队向近乎正北方向前进，直扑日军船队。而他的对手——“那智”号的高木并不清楚盟军舰队是否会返回泗水补充燃料，也不清楚盟军是否知晓高桥中将的主力（由重巡洋舰“足柄”号率领）就在马都拉岛以东，更不知道多尔曼将军是否仍然会尝试袭击运输船。由于高木将军最重要的职责是保护运输船，他便设置了能够在多尔曼的舰艇编队从南面袭来时阻挡它的航线。他猜得没错，因为在18点50分时，双方都发现了对方的舰队。

盟军的舰艇编队仍然由“德鲁伊特”号带头，后面跟着“珀斯”号、“休斯敦”号和“爪哇”号。一艘英国驱逐舰“朱庇特”号掩护前卫“德鲁伊特”号的左前方，4艘美国驱逐舰保护“德鲁伊特”编队的右后方。

日军让“神通”号及其所辖的8艘驱逐舰向北航行，航线正好与盟军舰队平行，距离多尔曼编队的左正横方向17500码。“那智”号和“羽黑”号也在多尔曼舰艇编队的左边，相距16000码，位于盟军舰队稍北处。它们短暂地开了一会儿探照灯，于18点55分开火，随后转向西北，施放烟雾。从18点55分到19点10分，盟军的巡洋舰进行了回击，随后又驶离日军的运输船，开始缓缓转向东面。“神通”号编队在19点07分之前持续北进，到19点07分时，它们在相距不到21000码的地方向正在转向的盟军舰艇编队发射了鱼雷。随后“神通”号和它下辖的两支驱逐舰编队转向西北。在这场远距离的小冲突里，双方都没有受到损伤，但日军的运输船又一次免遭盟军的袭击。

第五阶段：22点30分—23点

在与敌人脱离接触后，多尔曼再度尝试北进。但这一次，他的舰队被进一步削弱了。虽然盟军舰队已经清楚地获悉在该海域有一片雷区，“朱庇特”号还是发生了一次大爆炸（很可能是因为触雷）沉没了。此前多尔曼已让4艘美国驱逐舰（这些四烟囱老船的速度实在跟不上）返回泗水加油，随后到丹戎不碌港（Tanjong Priok）装载鱼雷。他的巡洋舰编队现在剥离了驱逐舰，但仍然保持着和之前一样的次序向北行驶。22点33分，它在16000码处被“那智”号的瞭望哨发现。当时“那智”号和“羽黑”号正朝正南方向前进，多尔曼的编队位于它们的左前方（西南方向）。无时不在的“神通”号和它的8艘驱逐舰位于多尔曼舰队西北偏北16000处，正向西北航行，它慢慢右转舵，直到航向变成东北，保护着运输船。

随后，日军的2艘重巡洋舰单独上前，与盟军的4艘军舰较量。“那智”号和“羽黑”号于22点37分开火，又继续向南航行了5分钟，随后掉转船头向北，再

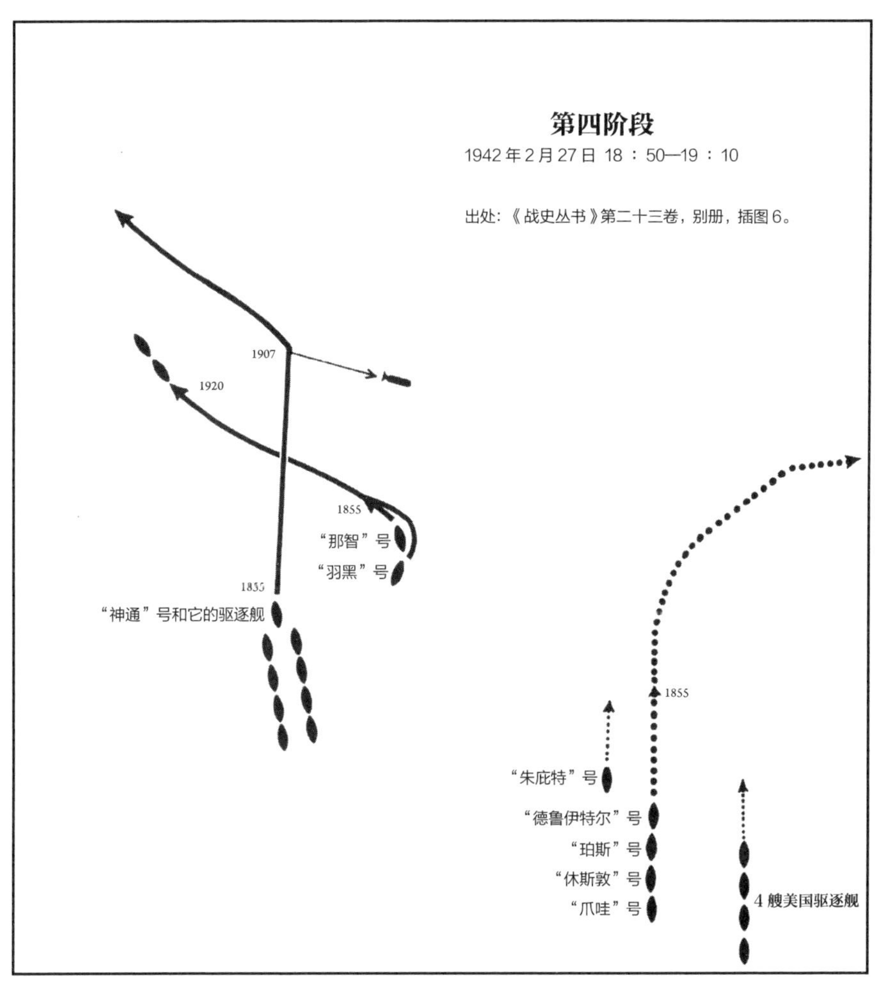

^ 爪哇海战第四阶段，1942 年 2 月 27 日

度封住了多尔曼攻击运输船的路线。22 时 40 分，多尔曼的舰艇编队开始向日军巡洋舰开炮，射击持续了 4 分钟，同时编队右转 5 度，保持航向。“那智”和“羽黑”在 22 点 52 分重新开火，持续 4 分钟；与此同时，“那智”在 14000 码的距离上发射了 8 枚鱼雷，“羽黑”射出 4 枚。一枚鱼雷击中“德鲁伊特”号的船尾，它喷出熊熊火焰，弹药发生了爆炸，向右脱离了队伍，不久就沉没了，还将多

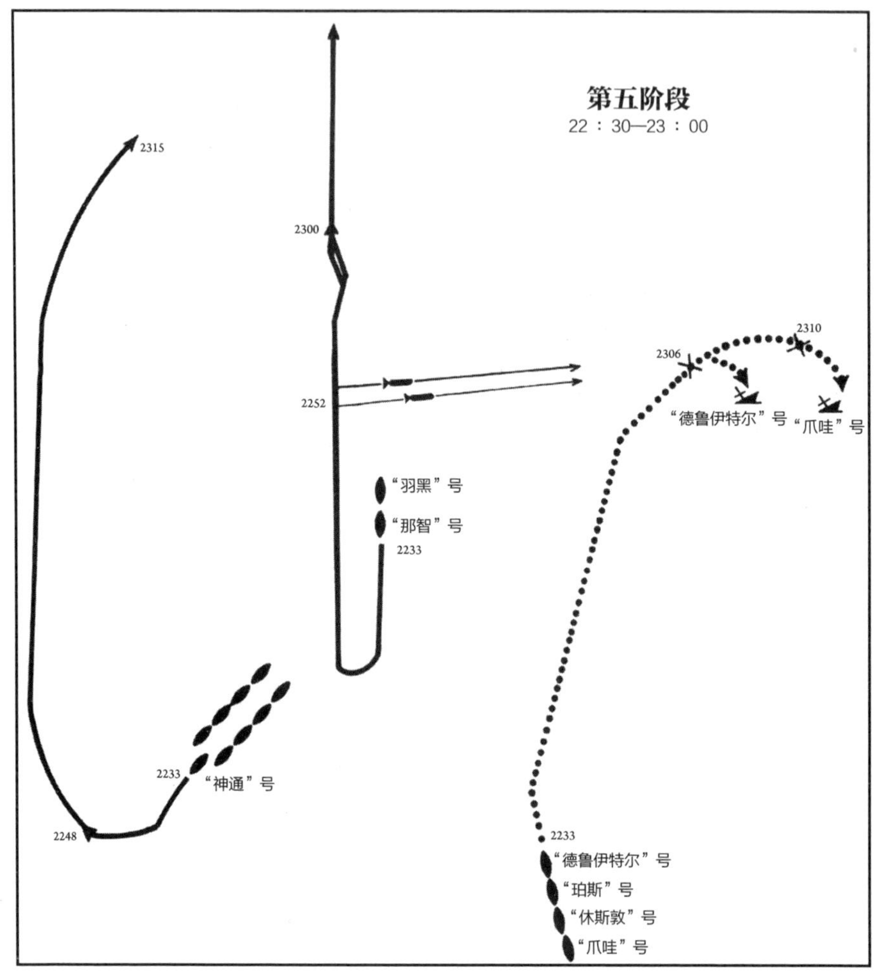

∧ 爪哇海战第五阶段，1942 年 2 月 27 日

尔曼少将和他的344名舰员带入海底。对一艘火力和数量都不如敌人的军舰来说，"德鲁伊特"号已经做到了它力所能及的一切。4 分钟后，一枚鱼雷击中了"爪哇"号，该舰立刻燃起大火，很快步了"德鲁伊特"号的后尘。只有"休斯敦"号和"珀斯"号还漂在海上。多尔曼死前最后的命令是让他们去巴达维亚，而不要待在一旁去拯救海水中的幸存者。

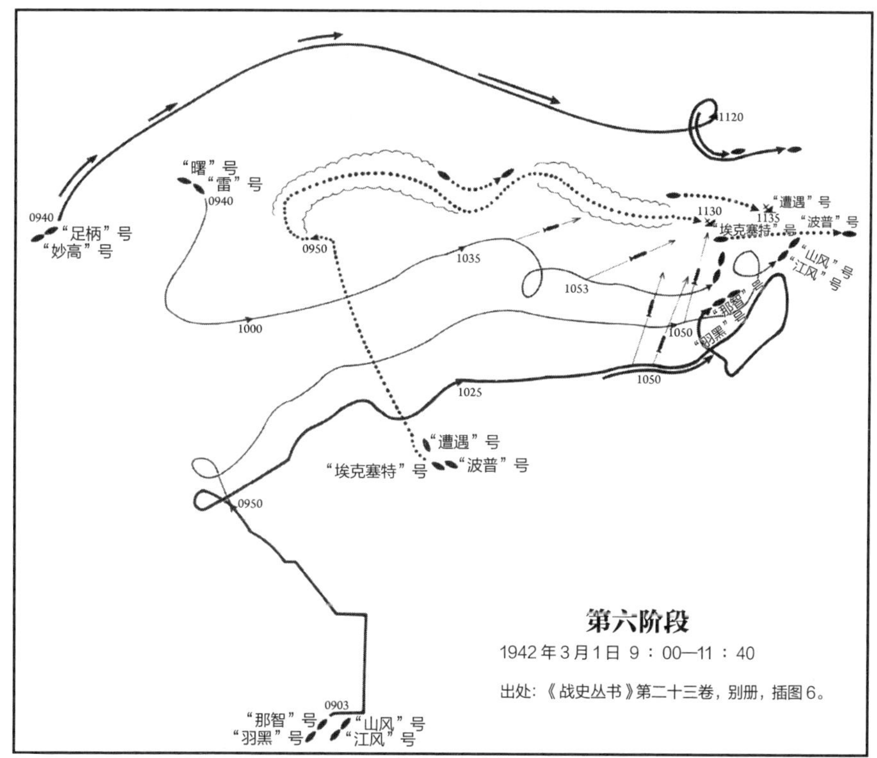

^ 爪哇海战第六阶段，1942 年 3 月 1 日

第六阶段：2 月 28 日 9 点—11 点 40 分—3 月 1 日

即使"休斯敦"号和"珀斯"号成功到达巴达维亚，它们也并不安全，因为日军另一支战斗舰队已经在附近保护爪哇以西的登陆行动。然而"休斯敦"号和"珀斯"号仍然试图前往巴达维亚，并在半夜班（一般指午夜零时至凌晨 4 时值班）期间到达。受伤的"埃克塞特"号、"遭遇"号以及"波普"号仍然回到了泗水。"埃克塞特"号进行了紧急维修，埋葬了阵亡的将士，并补充了燃料。3 艘军舰于 2 月 28 日夜晚出击，它们得到的命令是经由巽他海峡到达斯里兰卡的科伦坡。它们的逃脱计划是在清早从巴韦安岛东部起航，向婆罗洲南岸进发，随后在夜里奔向巽他海峡。它们的希望起初就很渺茫，在 3 月 1 日则完全落空

了——三舰离开泗水时被日军飞机发现。高木将军已经做好战斗准备，正守株待兔呢。

“那智”号、“羽黑”号以及它们的两艘驱逐舰“山风”号和“江风”号在东北方向约 33000 码处发现了 3 艘盟军舰船。日军舰船向西北方向行进了一小时左右，随后在 9 点 50 分，转向东北方向，这样便切断了盟军舰船撤往泗水的退路。高桥中将已经带着“足柄”号和“妙高”号杀到。这两舰在 9 点 40 分时位于“埃克塞特”号的正西方向，距离 33750 码。东面更近一点的是“曙”号和“雷”号。虽然被日军困住，但盟军的 3 艘军舰还是朝西北方向航行。战斗大约在 9 点 40 分打响，盟军舰船向“曙”号和“雷”号开火，两舰与“足柄”号和“妙高”号一起进行了回击。盟军这 3 艘正在逃命的军舰立刻施放烟幕，并向右转舵；到 10 点，它们向正东方向行驶。日军重巡洋舰“足柄”号和“妙高”号在距离它们 16000 码左右的东北方向与它们平行前进，并进行几乎不间断的射击。“曙”号和“雷”号驱逐舰位于被困盟军军舰的南面，在大约 12000 码处与之平行，而“那智”号、“羽黑”号以及它们的 2 艘驱逐舰则在更南面的地方与盟军舰队平行，相距 27000 码。日军不停地发射炮弹和鱼雷。“埃克塞特”号在遭到南面日舰的多次鱼雷攻击后，于 11 点 30 分沉没。位于“埃克塞特”号左舷的“遭遇”号主要承受了来自“足柄”号和“妙高”号的火力，在“埃克塞特”号沉没 5 分钟后也步其后尘。“波普”号大约在 12 时 05 分（确切时间从未得到过确定）被击沉。[10]

残存的 4 艘美国驱逐舰“约翰·福特”号、“保罗·琼斯”号、“约翰·爱德华兹”号和“奥尔登”号于 2 月 28 日离开泗水，在夜里溜进巴厘海峡，突破巴厘攻击部队（由驱逐舰“初春”号、“子日”号、“若叶”号、“初霜”号）的阻击，随后毫发无伤地逃到了澳大利亚[11]。

不论以何种标准来看，爪哇海战几乎都不能被称为一场经典的海战。多尔曼舰队的纸面兵力在 2 月 27 日下午几乎与日军舰队旗鼓相当，但多种因素干扰了这支编队实力的发挥：为防备入侵进行不间断巡逻产生了疲劳，没有统一的通信语言和密码本，与岸上指挥官缺乏沟通，指挥部和部队都是由不同国籍的人组成，因而缺乏统一的战术训练。有人把盟军的失败归咎于制空权的丧失，但这场海战几乎纯粹是舰船间的战斗。（澳大利亚的“水牛”式战斗机确实攻击了日军舰船，但毫无战果。）尽管如此，日军重巡洋舰和轻巡洋舰上弹射的飞机发挥了侦察机的作用，确实给了日军重大优势。而且日军的飞机对爪哇岸上的海军设施造成了严重破坏，更加重了赫尔弗里赫的困难。

所有这些精力和装备的消耗以及生命的消亡（几乎都是盟军方面的）只把日军对爪哇东部的入侵推迟了不到 24 小时。不管日本海军力量的规模、质量和数量如何，这些军舰都完成了交给它们的任务。它们展现出了一再给它们带来优势的卓越夜战技能。入侵爪哇以东的运输船也完好无损。

巽他海峡之战

泗水附近的作战并没有干扰日军预定对爪哇以西三个滩头阵地孔雀港、万丹湾和艾瑞丹威丹的入侵。登陆行动于 2 月 28 日夜间开始。

“休斯敦”号和“珀斯”号在巴达维亚（正遭到日军不间断的空袭）补充燃料，于 19 点出击，经由巽他海峡，向芝拉札进击。在两舰西面 40 英里处，日军部队正在万丹湾上岸。滩头阵地附近是“三限”号和“最上”号重巡洋舰，以及驱逐舰“白云”号、“丛云”号、“吹雪”号、“白雪”号、“初雪”号、“朝风”号和“敷波”号。

“休斯敦”号和“珀斯”号一起向南进发，随后又转向西南，当他们在 2 月 28 日 22 时 15 分左右绕巴比岛航行时，正好在前方 12 英里外发现数队运输船。当时掩护运输船的只有“春风”号和“旗风”号两艘驱逐舰。然而，就在“休斯敦”号和“珀斯”号发现运输船的同时，它们也被“吹雪”号发现了。“吹雪”号独自位于它们的西面（右侧）远处。接下来，日军舰船在西面更远的地方实施了一系列混乱的机动作业。“休斯敦”号和“珀斯”号一边开炮一边冲向日军运输船，“春风”号则在 22 点 30 分一边开始向西北方向前进，一边施放烟雾以隐藏脆弱的运兵船。“旗风”号在运兵船之后数码之遥的地方，向更北面航行，消失在掩护的烟雾中，并驶向第三护航部队的主力。这便让“吹雪”号成为唯一冲向 2 艘敌军巡洋舰的军舰。乱上加乱的是，日军的运兵船还遭到了爪哇机场几架飞机的攻击。

日本舰队的主力零散地分布在西面和西北面。第12驱逐队位于西面16英里的洋面上，而重巡洋舰“三隈”号、“最上”号和驱逐舰“敷波”号则在西北面14英里处。其他作战部队虽然距离稍近，但仍然无法立刻给予运输船帮助，它们都全速向突然出现的入侵者开去。“休斯敦”号和“珀斯”号当然是直冲日军的运输船队。它们当时唯一的对手就是“吹雪”号，后者此时正绕着巴比岛（Babi Island，现Tunda Island）的东角行驶，随后便直接尾随盟军巡洋舰。它花了差不多20分钟时间进入可以用侧舷火力向敌人射击的位置。

随着日军3艘巡洋舰和9艘驱逐舰向“休斯敦”号和“珀斯”号方向集中，盟军这两艘军舰现在注定要付出代价。“吹雪”号追盟军这2艘巡洋舰追了14分钟，承受了“珀斯”号后炮塔的炮击。22时44分，“吹雪”号右转舵，发射鱼雷，随后向北消失在它自己制造的烟雾当中。这样发射鱼雷是一种危险的战术，因为如果鱼雷没有击中盟军的巡洋舰，那么它们会直接冲向己方运输船。

为了躲避“吹雪”号的鱼雷，2艘巡洋舰进行了急转弯，绕了整整一圈，随后向西行进，航向继续与运输船平行。但日军西部支援部队和第三护航部队都在快速接近。22点52分，驱逐舰“旗风”号开始向“休斯敦”号和“珀斯”号巡洋舰开炮。看起来，好像日军所有的舰船都已经抵达了这块小区域，且所有舰艇编队都一边从不同方向进击，一边快速开火和发射鱼雷。“休斯敦”号和“珀斯”号遭到这样的攻击后，于23点转向南面，随后又在23点08分转向东北。大约就在这个时候，日军的鱼雷击中了“休斯敦”号和“珀斯”号（有一些鱼雷也击中了日本人自己的运兵船）。被炮火和两枚鱼雷击中后，“珀斯”号转向东北，于23点42分沉没。

“休斯敦”号转回东面，但在吃了多发炮弹和3枚鱼雷后，它不到一小时就沉没了。日军总共向“休斯敦”号和“珀斯”号发射了87枚鱼雷——鉴于日军舰船全都开了火，并且混乱无序，友舰之间的互相攻击是极有可能的，鱼雷也极有可能没有击中它们的目标，反而击中了其他友军。

与此同时，运输船中开始发生爆炸。掩护舰的一部分——2号扫雷舰被“吹雪”号的鱼雷命中倾覆。“樱花丸”大约在同一时间也吃了“吹雪”号几颗鱼雷沉没。包括“龙骧丸”在内的其他3艘运输船也被击中，受损严重。当第16军的最高

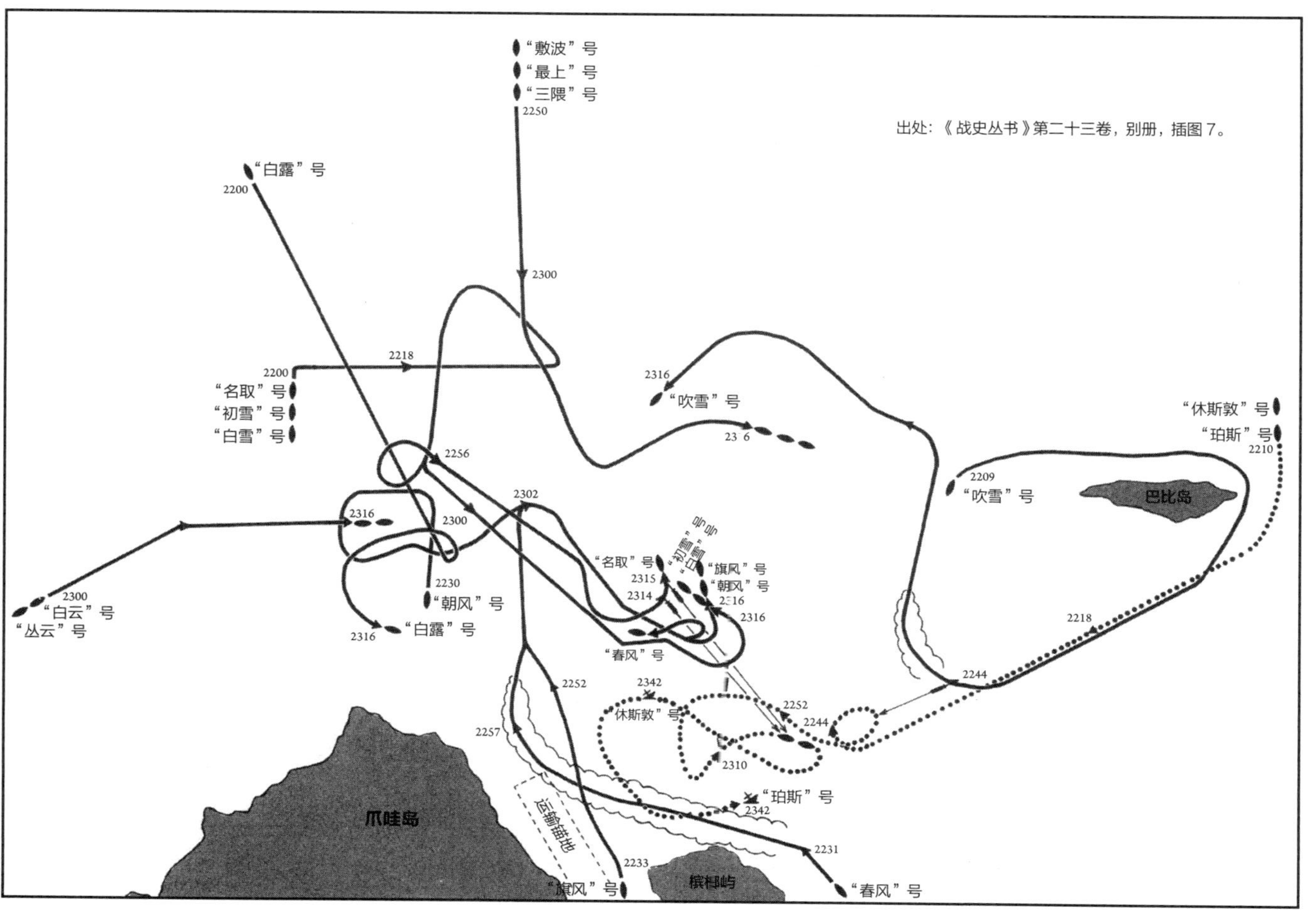

巽他海峡之战，1942年3月1日

指挥官今村将军在“龙骧丸”上指挥第二波登陆艇时，一声爆炸把他抛进了满是油污的水里。他花了 3 个小时才游到岸边，上岸后已经满身是油，精疲力竭。驱逐舰“白云”号和“春风”号在战斗中受伤，后者有 3 人阵亡，5 人受伤[12]。

争夺爪哇的海战就此落下帷幕，盟军的驱逐舰“埃兹尔”号和油船“佩科斯”号被日军挨个收拾。3 月 1 日，两者在从爪哇逃向澳大利亚时沉没。实力大不如日军的盟国陆军无法逃脱不可避免的失败，1942 年 3 月 8 日，荷属东印度正式向日本投降。从荷属东印度穿过马来亚到缅甸，日本就此建立起了支撑拱形“大东亚共荣圈”的坚固大梁。通过这场在短时间里高效实施的战役，日军把“大东亚共荣圈”从苏门答腊中部扩展到了小巽他群岛。南洋的外围现在也归日本所有。日本人的“胜利病”又加重了几分。

随着新加坡、邦加和爪哇落入日军之手，通往缅甸的海路也很容易就被打开，并得到保护。日本陆军已经在 3 月 8 日从陆路占领了仰光。当日军在 3 月 28 日完成对苏门答腊的占领时，“大东亚共荣圈”便完全建立起来了，现在它需要保护。

日军入侵部队；第三舰队、荷属东印度部队、主力

直接支援部队（负责对入侵爪哇东部和西部的作战提供支援）

重巡洋舰：“足柄”号、“妙高”号

驱逐舰：“朝潮”号、“大潮”号、“荒潮”号、“江风”号

爪哇西部入侵部队

支援部队

重巡洋舰：“三隈”号、“最上”号、“熊野”号、“铃谷”号

驱逐舰：“天雾”号、“朝雾”号、“夕雾”号

第三护航部队

轻巡洋舰：“名取”号、“由良”号

驱逐舰：“朝风”号、“春风”号、“旗风”号、“夏风”号、“吹雪”号、“白雪”

号、“初雪”号、“五月”号、“水无月”号、“文月”号、“长月”号、“白云”号、“丛云”号、“响”号、“晓”号、“初春”号

第一航空集团

轻型航空母舰：“龙骧”号

运输部队

56 艘运输船

爪哇东部入侵部队

支援编队

重巡洋舰：“那智”号、“羽黑”号

驱逐舰：“雷”号、“曙”号

第一护航部队

轻巡洋舰：“那珂”号

驱逐舰：“村雨”号、“春雨”号、“夕立”号、“五月雨”号、“朝云”号、“夏云”号、“峰云”号、“山风”号

第二护航部队

轻巡洋舰：“神通”号

驱逐舰：“黑潮”号、“亲潮”号、“早潮”号、“初风”号、“雪风”号、“天津风”号、“涟波”号、“潮”号、“时津风”号

第一基地部队

轻巡洋舰：“长良”号

驱逐舰：“初春”号、“子日”号、“若叶”号

第二基地部队

水上飞机母舰：“千岁”号、“瑞穗”号

运输部队

41 艘运输船[13]

负责防卫爪哇东部的美英荷澳盟军联合攻击部队

重巡洋舰：“休斯敦”号（USN）、“埃克塞特”号（RN*）

轻巡洋舰：“爪哇”号（RNN）、“德鲁伊特尔”号（RNN）、“珀斯”号（RAN*）

驱逐舰：“约翰·爱德华兹”号、“保罗·琼斯”号、“约翰·福特”号、“奥尔登”号、“波普”号——（USN）；“伊莱克特拉”号、“朱庇特”号、“遭遇”号——（RN）；“维特·德维茨”号、“科顿艾尔”号——（RNN）[14]

*RN，英国皇家海军；RAN，澳大利亚皇家海军

第六章

从吉尔伯特到新几内亚

1941 年

12 月 9 日　日军占领吉尔伯特群岛的马金岛

12 月 10 日　日军暂时占领塔拉瓦岛（1942 年长期占领）

1942 年

1 月 23 日　日军占领新不列颠的拉包尔和新爱尔兰岛的卡韦恩

2 月 19 日　南云攻击部队空袭澳大利亚的达尔文港

3 月 8 日　日军占领新几内亚的莱城和萨拉莫阿

3 月 10 日　美国海军航母舰载机空袭莱城和萨拉莫阿的船队

3 月　日军攻占新几内亚北部到休恩半岛的战略要地

3 月—4 月　日军占领阿德米勒尔蒂群岛和俾斯麦海的关键岛屿及哈马黑拉岛

日本最初的作战计划已经预想构建防卫圈来保卫新征服的帝国。这个太平洋防卫圈将通过攻占吉尔伯特群岛和埃利斯群岛（现图瓦卢）的战略要地——塔拉瓦岛、马金岛、瑙鲁岛和大洋岛（现名巴纳巴岛），来拱卫马绍尔群岛。这个环将把防卫圈延伸至加罗林群岛，日军已经在那里的特鲁克建造了一个优良的海军基地。为了阻止美军从特鲁克和帕劳海空基地之间的空隙或新攻占的马来群岛东翼进行反击，日军需要控制新几内亚和俾斯麦群岛。新不列颠岛的拉包尔将成为一个极好的海空前进基地，就像新爱尔兰岛的卡韦恩（Kavieng）那样。为了保卫这些基地，日军必须攻占所罗门群岛北部，即布卡岛（Buka）、

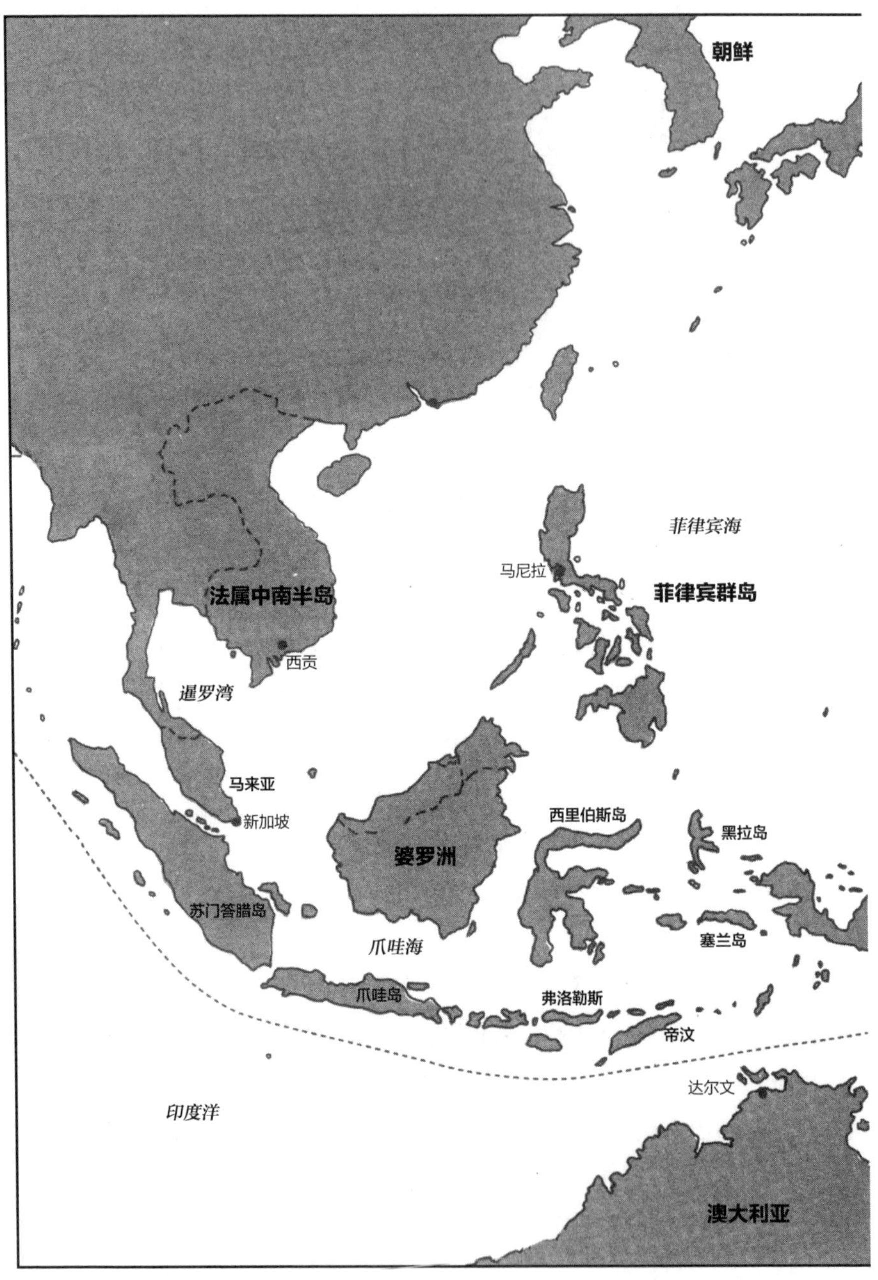

∧ 日本的太平洋防卫圈手绘示意图

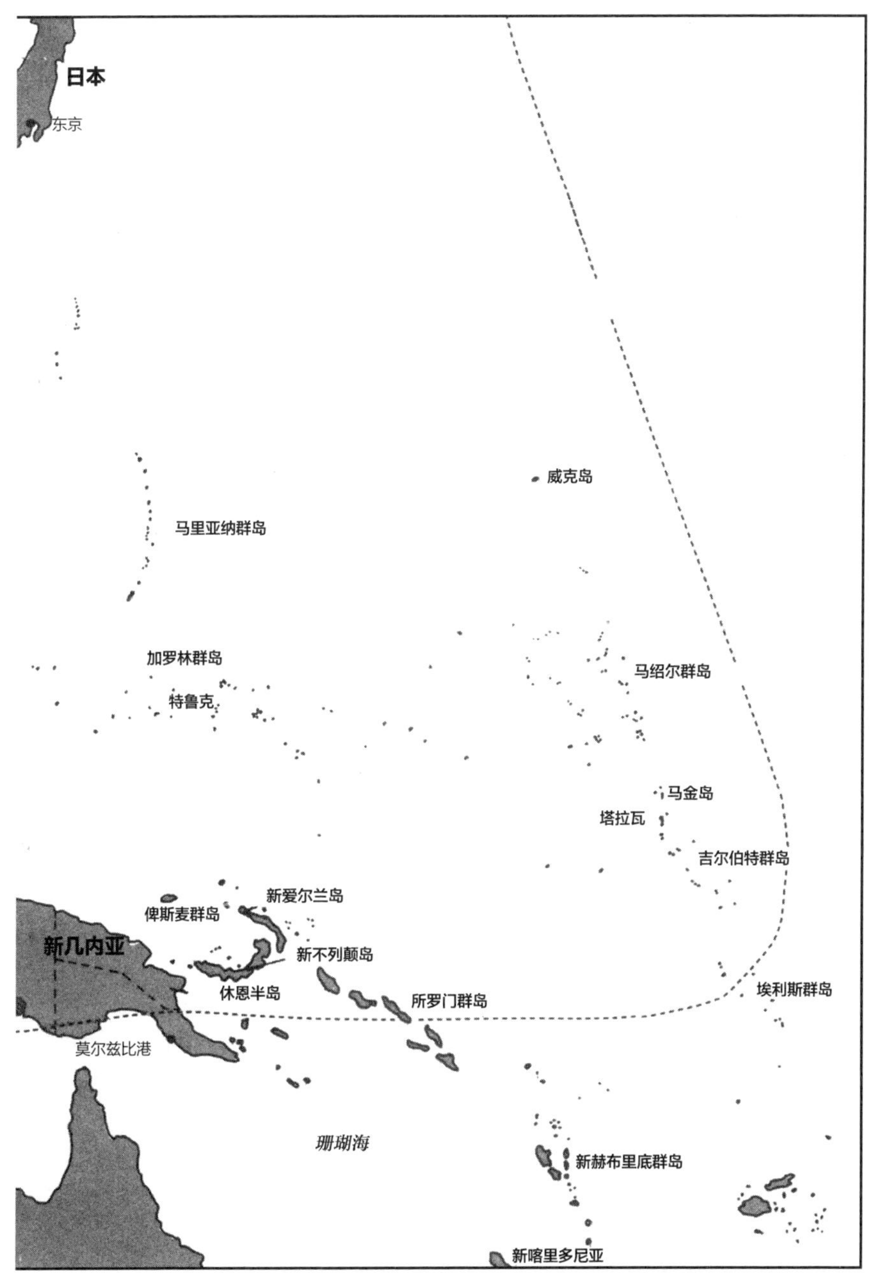
日本
东京
威克岛
马里亚纳群岛
加罗林群岛
特鲁克
马绍尔群岛
马金岛
塔拉瓦
吉尔伯特群岛
新爱尔兰岛
俾斯麦群岛
新几内亚
新不列颠岛
休恩半岛
所罗门群岛
埃利斯群岛
莫尔兹比港
珊瑚海
新赫布里底群岛
新喀里多尼亚

布干维尔岛及肖特兰群岛。日军将从新不列颠派部队到新几内亚莱城、萨拉莫阿（Salamaua）及芬什港（Finschhafen），确保对休恩半岛的控制。哈马黑拉岛连同俾斯麦海的马努斯岛都将被纳入到防卫圈中。

苏门答腊岛、安达曼群岛和尼科巴群岛将充当进攻马来亚的缓冲区，而马来亚反过来也保护了荷属东印度。日军还计划攻占缅甸，那里拥有丰富的资源，并且能用作骚扰东印度附近的英国船队的基地，还能协助他们将英国东方舰队赶出印度洋。目前，防卫圈貌似还未出现巨大缺口，所以原材料能安全地运回日本，做成支撑日本抵御任何反击的武器。然而，日军大本营却没有预见到美军潜艇可能造成的毁灭性后果，它们后来干扰了南洋往日本的运输。

日军的快速进军已经迫使少量幸存的盟军士兵、水手和飞行员回到澳大利亚。富兰克林·罗斯福总统和温斯顿·丘吉尔首相判断，欧洲的战争将需要他们国家大部分的兵力和军备（在 1942 年，甚至这样看起来都不足以阻挡德军的锋芒），所以运往澳大利亚的都是剩余物资或能骗走的东西。新西兰和澳大利亚提供了它们所能提供的物资，但它们的大部分部队当时都在非洲的西部沙漠地区。由于太平洋战争当时主要是美军在作战，因此麦克阿瑟将军在 4 月 2 日被任命为盟国在太平洋战区的陆军和空中力量（海军飞机除外）的最高指挥官。

为了保护麦克阿瑟的补给线，盟国必须建立新基地，加强老基地。在 1 月初，海军陆战队的一个团被派往萨摩亚，两周后，17000 人抵达新喀里多尼亚，该地当时被自由法国人控制。盟国在波利尼西亚群岛的巴尔米拉岛（Palmyra）、坎顿岛（Canton）、圣诞岛（基里巴斯）驻扎了部队，这些地方也为增援澳大利亚的空中力量提供了集结地。建筑工人开始在社会群岛的波拉波拉岛（Bora–Bora）建造海军燃料供应基地。3 月，友好群岛（Friendly Isles）的汤加和新赫布里底群岛（New Hebrides）的埃法特岛（Efate）都被建成了海军基地。斐济和莫尔兹比港的守军被加强到旅的规模；在新赫布里底群岛的埃斯皮里图桑托岛（Espiritu Santo）建造海空基地的工作也于 5 月份开始。

随着盟军在澳大利亚建立的补给线逐渐稳固，太平洋舰队总司令尼米兹将军和麦克阿瑟将军就如何打太平洋战争形成了不同意见。尼米兹赞成“彩虹五号”作战计划，该计划要求美军穿过中太平洋岛屿——马绍尔群岛、加罗林群岛以及马里亚纳群岛推进。另一方面，麦克阿瑟则想直接向新几内亚推进，在攻向台湾和日本的途中重占菲律宾。最后，两条反攻路线都被美军采纳。

日本领导人也在一些问题上存在严重分歧。虽然一直得不到上级的支持，山本大将依然固执地认为，如果日本不能在战争初期就战胜美国太平洋舰队，取得决定性胜利，那么日本将最终战败。但是，由于日军迄今为止赢得的胜利是如此轻而易举，山本的一些参谋人员建议入侵斯里兰卡。与此同时，海军军令部长永野大将则建议占领萨摩亚，来切断澳大利亚的补给线。然而，山本主张日军必须实施一次能引发决战的作战，4 月 18 号的杜立特空袭帮助他在这个问题上赢得了上风。日军将先占领在图拉吉和新几内亚南部的南所罗门群岛来扩大太平洋防卫圈；随后，它们将入侵中途岛和阿留申群岛来促成决战。它们还将在特鲁克保留一支特混部队，来击退美军对马绍尔群岛的进攻[1]。

吉尔伯特群岛、埃利斯群岛及大洋群岛

早在太平洋战争爆发前，马绍尔群岛就已经是日军防御前沿的最东端。但为了在战时打造的太平洋防卫圈，日军还希望控制吉尔伯特群岛和埃利斯群岛。它们当时都处在英国的委任统治之下。这些岛屿能为美军进攻马绍尔群岛或者日军攻击美国到澳大利亚的补给线提供简易机场。

日军计划攻占 3 个岛屿：马金岛、塔拉瓦岛和豪兰岛。虽然占据豪兰岛可以威胁坎顿岛上正在扩建的盟军补给基地，但日军认为控制吉尔伯特的马金和塔拉瓦更为重要，因为如果“彩虹 5 号”计划得以实施，那么马绍尔群岛将需要它所能获得的一切防御措施。

早在 12 月 7 日前，日军就开始为进攻这两个岛屿做准备。一支小规模的进攻部队被分成三部分，在马绍尔群岛的贾卢伊特环礁集结。旗舰是布雷舰“冲岛”号，伴随着 4 艘装有马绍尔守备部队的运输船。负责建造机场和水上飞机基地的工兵部队则被直接带到马金岛，因为那里没有英国守军。驱逐舰“夕凪”号和“朝凪”号将先去塔拉瓦，随后返回马金岛，提供任何地面部队所需的支援。空中掩护的任务被指派给第 24 航空战队和水上飞机“千岁”号[2]。

12 月 10 日 1 点，日军的这些驱逐舰将一支登陆部队送到塔拉瓦岸上。这支

部队发现了一台小型发电机、一间无线电屋、一间仓库、一个白人和500名土著。在摧毁了重要设施，并释放所有塔拉瓦的居民后，日军驱逐舰向马金岛驶去，并于12月9日成功占领该岛[3]。塔拉瓦在1942年9月被海军特别登陆部队重新占领，日本人在上面建造了一座大型机场。后来，第一次入侵威克岛的失败迫使日军把马金岛和塔拉瓦的舰队拉回罗塔锚地，以替换第六水雷战队。

日本海军计划占领大洋岛岛链中的大洋岛和瑙鲁岛，以便干扰美国与澳大利亚的联系，同时掩护所罗门群岛日军的西侧翼。然而，一个又一个紧急事件的发生推迟了作战的实施。

山本认为美国海军最终会进攻马绍尔群岛的观点是正确的，因为美军必须摧毁这个日本太平洋防卫圈的前进基地。塔拉瓦之战将是太平洋战争中最血腥的战斗之一。

拉包尔、卡韦恩、新几内亚和阿德米勒尔蒂群岛

日军接下来准备攻取拉包尔、卡韦恩、新几内亚北部以及阿德米勒尔蒂群岛（Admiralties）。拉包尔位于新不列颠岛北端，卡韦恩在新爱尔兰岛上，旁边就是通往菲律宾的最佳航路，这条航路可以让盟军不必重占马来群岛，就能到达菲律宾。拉包尔有一些日军想要的东西：一个极佳的内陆港，既可以作为前进基地，又能在东面保护特鲁克。这对于日军阻止麦克阿瑟将军的陆军北进的战略来说非常关键，对于控制俾斯麦海和新几内亚来说也同样如此，日军将它视为起初的太平洋防卫圈的重要环节。卡韦恩的港口不如拉包尔的，但它非常契合日军的攻略计划。

刚开始的计划旨在夺取拉包尔和卡韦恩，被称作R号作战。（日军经常使用罗马字母来命名它们的作战行动。）1941年9月，日本陆军大本营称："攻占拉包尔是必要的。正因为如此，必须（与海军）加强合作。[4]"作战计划要求日军在1月中旬占领拉包尔。

像往常一样，日本海军入侵拉包尔和卡韦恩的准备工作是全面周密的。拉包尔的防御设施之前已经被来自特鲁克的空袭和掩护入侵的空中支援削弱过。因此日军只遭遇到轻微抵抗，卡韦恩和拉包尔都在1月23日被他们占领。拉包

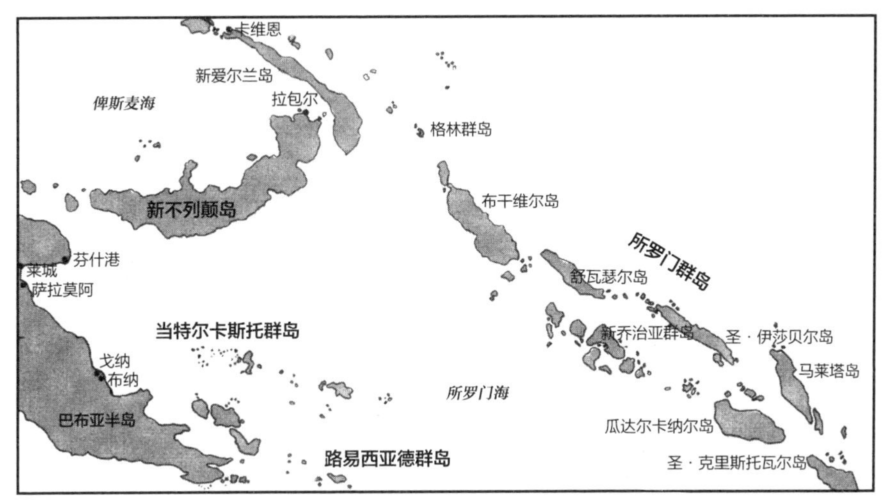

^ 从卡维恩到路易西亚德群岛手绘示意图

尔在短时间内就被改造成了一个重要的海军基地。它四周都是机场，在许多方面较特鲁克都有过之而无不及，而特鲁克则成了联合舰队的后方基地。接下来3个月里，日军在该区域实际上拥有完全的行动自由。麦克阿瑟将军的新司令部还没有建立起来，所以没什么能阻止日本人实施他们的计划。

在战争最初的3个月里，美国在太平洋只有4艘重型航母。1月11日，日军潜艇在夏威夷以南的约翰斯顿岛附近用鱼雷击中了“萨拉托加”号，迫使其返回珍珠港，之后美军就只有3艘航母可用了，只剩下“约克城”号、“企业”号、“列克星敦”号。哈尔西司令在2月对马绍尔群岛进行了一次突袭，只给日军造成轻微损失。2月20日，从“列克星敦”号上起飞的飞机在空袭拉包尔时被日军的双发轰炸机中途拦截。在接下来的缠斗中，日军损失了许多飞机，但美军飞机也消耗了许多燃油，只得取消对拉包尔的打击。

在行动相对自由的这段时间里，日军开始实施他们在新几内亚的SR作战（针对萨拉莫阿和莱城的作战代号）。3月8日，日军在莱城和萨拉莫阿登陆，没有遭遇任何抵抗，北面的芬什港也在两天后陷落。日军很快在莱城和萨拉莫阿设立了无线电台[5]。海军为入侵莱城和萨拉莫阿进行火力掩护的是轻巡洋舰“夕张”

号和护送驱逐舰“睦月”号、“弥生”号、“望月”号、“追风”号、“朝凪”号、“夕凪”号，由“津轻”号担当旗舰[6]。唯一的抵抗来自空中。当得知日军的 SR 作战时，“企业”号和“约克城”号已经位于莫尔兹比港附近，正向北行驶。鉴于从海上拦截过于遥远，两艘航母在 3 月 10 日放出飞机，飞跃 7000 英尺高的欧文 · 斯坦利山脉，去空袭莱城和萨拉莫阿。

8 点 20 分，美军 90 架飞机飞临日军运输船和军舰上空，日军攻略部队被打了个措手不及。虽然空袭持续时间短，但当美军飞机离开后，日本海军在莱城陷入了混乱（萨拉莫阿也是，只是程度稍轻。）。总共 4 艘运输船被击沉，13 艘舰船受伤。根据日军官方的统计，有 130 人阵亡，145 人受伤。这是开战以来日军在军舰、运输船和人员上遭受过的最惨重的一次损失[7]。

但这次袭击对日本陆军部队影响甚微，因为他们早已和自己的给养一起上岸了。受创的日本舰船艰难地返回了拉包尔，但有新的部队一直为萨拉莫阿和莱城运送补给，并暂时提供保护。在新几内亚有了这样一个基地后，日本便控制了休恩半岛北部和通往俾斯麦海的入口，而且还在这一地区建立起了“大东亚共荣圈”的防御屏障，以抵御来自澳洲的反攻。

3 月，日军继续拓展他们在南部的防卫圈，陆续攻占布卡、布干维尔和肖特兰群岛，并在上述地点建造了机场。在北面，阿德米勒尔蒂群岛的马努斯岛也得到了类似的开发利用[8]。新爱尔兰岛西面的一个大型岛屿哈马黑拉岛也在 3 月 29 日被占领

日军成功夺取了拉包尔，对其进行了开发，在它周围建立了一个由海空基地组成的防卫圈，俾斯麦群岛的屏障也已建立起来。这样一来，麦克阿瑟将军就没有了从澳大利亚到菲律宾的直接通路。日军已经在敌陆基飞机可以反击的距离之外，构筑起了坚固的防御设施来保卫它的帝国（现在已经从马绍尔群岛扩展到了缅甸）。

日军拉包尔和卡韦恩攻略部队的编制表
（受第四舰队、南洋部队战术指挥）

远程协同部队

重型航空母舰：“加贺”号、“赤城”号、“翔鹤”号、“瑞鹤”号

战列舰：“比叡”号、“雾岛”号

重巡洋舰：“利根”号、“筑摩”号

轻巡洋舰：“阿武隈”号

驱逐舰：“矶风”号、“浦风”号、“谷风”号、“浜风”号、“秋云”号、“霰”号、“霞”号、“阳炎”号、“不知火”号

入侵掩护部队

重巡洋舰：“青叶”号、“加古”号、“衣笠”号、“古鹰”号

水上飞机母舰：“千岁”号

入侵部队主力及掩护部队

轻巡洋舰：“天龙”号、“龙田”号、“夕张”号

布雷舰：“冲岛”号、“津轻”号

驱逐舰：“三日月”号、“卯月”号、“追风”号、“朝凪”号、“夕凪”号、“睦月”号、“弥生”号、“望月”号[9]

第七章

印度洋上的突袭

1942 年

3 月 31 日　日军暂时攻占印度洋的圣诞岛

4 月 5 日　南云攻击部队袭击斯里兰卡的科伦坡

4 月 6 日　日军南遣舰队袭击盟国船队，炮击印度东岸加尔各答沿岸的军事设施

4 月 9 日　南云攻击部队袭击斯里兰卡的亭可马里

圣诞岛（X 作战）

圣诞岛（勿与太平洋上的圣诞岛混淆）坐落在爪哇以西大约 190 英里处，面积约 158.4 平方公里，蕴藏着大量磷酸盐矿。1942 年，圣诞岛还是英国的领地，少数英国人和大约一千名印度、马来亚和华人劳工在那里从事挖矿的工作。岛上有 100 名英国驻军。

爪哇陷落之后，圣诞岛吸引了日军大本营的注意力。1942 年 3 月 7 日，日本海军战列舰“榛名”号和“金刚”号炮击了圣诞岛，摧毁了它的商业设施。该岛当时已经有了要被占领的迹象，日军一小股攻略部队于 3 月 25 日起航出发。日本人之所以对圣诞岛感兴趣，是把它当作磷矿资源的来源、简易机场的合适地点以及紧急补给基地。这支小规模的特混部队由以下舰艇组成：轻巡洋舰“名取”号、“长良”号、“那珂”号，由驱逐舰“夏云”号和“峰云”号伴随（“天津风”号在 3 月 28 日加入），外加通常都会有的反潜部队和运输船[1]。

在入侵前的空袭过后，日军攻略部队于 3 月 31 日开始炮击圣诞岛，英军的

守备部队几乎立即投降。随后运输船连同其他一些军舰（包括“那珂”号）鱼贯而入，城镇很快被日军占领。守军成了战俘，被迫往运输船装载经过精炼的磷酸盐矿石，日军则向岛内进军以攻占并探查整个岛屿。

特混部队的海军指挥官久保九次少将知道附近有一艘敌人的潜艇在活动，因为有 3 枚鱼雷和他的旗舰“那珂”号擦身而过。在采取了包括飞机在内的强有力的反潜措施后，水上泛起一大片油污，然而美国潜艇“海狼”号并未被击沉，最终还在 4 月 1 日用鱼雷命中了“那珂”号的右舷船腹部。爆炸使这艘轻巡洋舰发生震动，炸掉了舰首，“那珂”开始进水。该舰的《航行记录表》是这样写的：“右舷被击中，1 号和 2 号锅炉房完全进水，海水渗入 5 号船员舱、前端布线和通道。”虽然日军再度采取了反潜措施，美军潜艇还是逃脱了[2]。

经过紧急抢修，“那珂”号的进水被止住了，它随后由“名取”号拖带。为了保护这艘受到重创的巡洋舰，联合舰队司令部派“五月”号、“水无月”号、“文月”号和“长月”号进行护航。4 月 6 日，“那珂”号到达昭南岛①。两个月后，经过修理的“那珂”号前往横须贺。与此同时，“名取”号在 4 月 3 日返回圣诞岛集结部队和剩余舰船 。最终，该岛没有被占领，因为日军认为此地不适合修建飞机跑道。日军所有的战果就是运输船装载的磷酸盐矿。

C 作战——印度洋突袭

发生在 1942 年 4 月上旬的印度洋作战对日本太平洋防卫圈的建立至关重要。帝国海军指挥部计划派南云的第一航空舰队进攻英国海军在东方的心脏——斯里兰卡。通过对科伦坡和亭可马里实施珍珠港式的突袭，日军将把英国东方舰队逐出印度洋，这样便能保护从缅甸到新加坡的防卫圈，抵御英国海军的进攻。

奔着同样的目的，第二南遣舰队分三路进击，以摧毁英国在孟加拉的商船。除了有阻止印度东岸港口的海上贸易（至少在一段时间里）这样实际的目的外，

---

① 译注：昭南岛是日本在占领新加坡后，“马来之虎”山下奉文所取的新名称，意思为日本在昭和年间，南进所取的新领土。

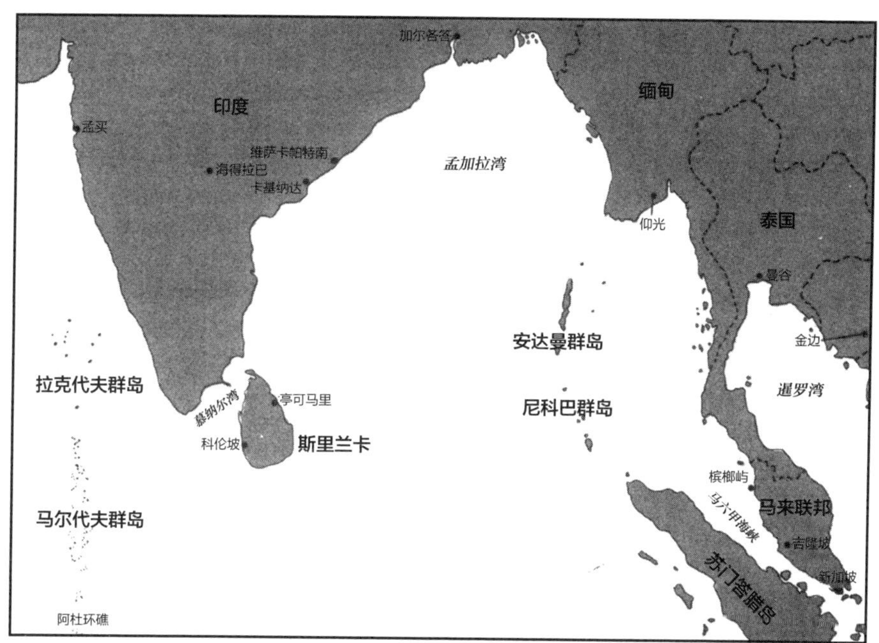

へ 东印度洋手绘示意图

日军发动印度洋作战还涉及一个心理因素，在所有英国军事力量都被用于解救缅甸时，如果印度本身也受到入侵的威胁，就会引起英方巨大的恐慌。

随着缅甸方面的持续溃败，英国海军部也意识到了英国东方舰队所面临的危险，它也知道南云还会再进行一次航母突袭。然而，知道危险并不能提供解决方案，因为皇家海军此时在多条战线上都面临着巨大的压力，它没有足够的军舰去应付所有麻烦。但英军的参谋长们还是想加强斯里兰卡的英国东方舰队，这样它就能够守住基地。如果斯里兰卡失守，那么从印度到欧洲和西非沙漠的极为重要的商船队就会一直处于危险当中。

英国的第一步是任命一位海军高级将领詹姆斯·萨默维尔（James Somerville）爵士担任英国东方舰队的总司令，他于 3 月 26 日就任。他的情报官员猜测科伦坡和亭可马里极有可能遭到袭击。英国人在斯里兰卡西南方向 600 公里、马尔代夫群岛最南端的阿杜环礁还有第三个海军基地。这个基地建起来后被用作锚地和燃料基地，虽然缺乏反潜和防空设施，但仍能被用于战斗前的舰队调遣。（日本人直到战后才知道阿杜环礁的存在。）英国海军上将对他的B舰队不抱任何幻想。老式的R级战列舰速度慢、航程短，巡洋舰和驱逐舰是一群乌合之众，从未一起训练过，还急需修理和改装。上将明白，既然他手下的这些军舰无助于抵御日军的航母突袭，那么最好还是把它们保存起来留作他用，尤其是用作印度洋商船队的掩护兵力。因此，击退日军进攻的任务就落到了A舰队肩上。（A舰队和B舰队的构成，见第111页的编制表。）

萨默维尔的作战计划是标准式的：他打算在白天把舰队部署在日军侦察机的航程之外，然后在夜间靠近，以便让他的飞机在破晓时分到达攻击距离之内。斯里兰卡的机场有数量可观的飞机，科伦坡有42架飞机，其中22架“飓风”式战斗机、14架“喷火”式战斗机以及6架“管鼻燕”式战斗机（Fulmar）。一条赛马跑道也被改造成了飞机跑道。亭可马里有“布伦海姆”轰炸机（Blenheim），英军希望用它来攻击日军航母。

接下来，两支敌对舰队很快玩起了猫捉老鼠的游戏。萨默维尔得知日军对斯里兰卡的进攻预计在4月1日开始，他掌握的关于南云舰队规模的情报非常准确。他集结舰队，设法在三天两夜里把舰队开到了选定的斯里兰卡以南的攻防阵地[3]。4月2日晚，萨默维尔判断要么是关于日军攻击日期的情报出了差错，要么就是南云将军也给他设了埋伏，试图等晚上在港口逮住他。这确实是有可能的，因为英军战列舰上的淡水已经告急，它们必须很快返回进行补给。而且日军在印度洋上有7艘潜艇，英国东方舰队在同一海域集结将诱发灾难性的后果。不过事实证明，南云并没有给萨默维尔设埋伏，而是按照预定计划向西航行，逼近斯里兰卡的南部。因此，萨默维尔的参谋人员把日军袭击的时间定得太早，足足提前了几天。

萨默维尔随后犯了一个代价高昂的错误。4月2日21时，他把他舰队的大部分军舰派往阿杜环礁进行补给。第二天早晨，他又分散了他的舰队，派2艘巡洋舰“多塞特郡”号和“康沃尔”号返回科伦坡：第一继续进行改装，第二去为商船队护航。轻型航空母舰“竞技神”号和驱逐舰“吸血鬼”号被派往亭可马里，继续准备即将进行的对马达加斯加的入侵。英国舰队一抵达阿杜环礁，英军的侦察机就于4月4日下午晚些时候报告，在斯里兰卡最南端、栋德勒角（Dondra Head）以南360英里处发现了日本的航空母舰舰队。现在萨默维尔上将意识到，日军接下来肯定会发动一场突袭，而且可以确信无疑的是，日军的攻击会在第二天早上（4 月 5 日）到来，而他此时距离科伦坡 600 英里，无法进行截击。

英国人马上采取措施进行纠错。科伦坡的杰弗里·雷顿（Geoffrey Layton）将军命令所有守备部队从 4 月 5 日 3 点开始进入一级战备状态。3 月 28 日后，港内的大部分舰船都已经被派出海，现在剩下的也都被派了出去。巡洋舰“多赛特郡”号和“康沃尔”号在 22 点向阿杜环礁突击；而在亭可马里，“竞技神”号和“吸血鬼”号也接到命令，一俟补充完燃料，就向阿杜环礁进军。

科伦坡的雷达提供了日军第一波飞机进攻的早期预警，但消息直到 7 时 40 分才发出。就在 4 月 5 日复活节这天早上 8 点钟前，南云的攻击机群再度发动攻击，共有 315 架战斗机、轰炸机和攻击机参与此次突袭。（45 架飞机留作备用[4]。）

这一次，南云向他的飞行员强调，不要再犯在珍珠港的错误，要将海军设施、油罐区以及军舰都列为打击目标。然而，这次袭击却和偷袭珍珠港及空袭达尔文港的情况不一样。日军的攻击机群首先遇到了 48 架英国战斗机，日军战斗机上前与之交战，双方爆发了一场短暂但激烈的空中缠斗。与此同时，轰炸机和攻击机在寻找目标时遭到 14 架“飓风”式战斗机的攻击，这 14 架“飓风”是从改造过的赛马跑道上起飞的，它们也和护航的日军战斗机发生了交战。挂载鱼雷的 6 架低速“剑鱼”式攻击机无意中卷入了这场混战，它们在从亭可马里到科伦坡的途中被全部击落。

一支日机编队轰炸了港口内设施及其周围的船舶。第二支编队降低高度，用机枪和炸弹攻击了铁路广场、商店和已知的机场。接下来到场的是高空水平轰炸机，它们的攻击目标是舰船，击沉了“特内多斯”号和一艘武装巡洋舰，重创了一艘潜艇供应舰“露西娅”号，使一艘货船轻微受损。海军修理厂被摧毁。到 8 点 35 分，空袭结束，英军立即起飞“布伦海姆”轰炸机对日军航母进行反击，但进攻失败了。

英军损失了 2 架“卡特琳娜”水上飞机、4 架“管鼻燕”战斗机、15 架“飓风”战斗机和 6 架“剑鱼”式鱼雷攻击机。日方记录显示日军损失了 7 架飞机[5]。

一俟回收飞机，南云攻击舰队便向东南撤退。与此同时，A 舰队大约在 4

月 5 日正午时离开了阿杜环礁，按照能在 4 月 6 日拂晓到达斯里兰卡以南 250 英里处的航线行驶。萨默维尔还命令他的两艘巡洋舰设法于 4 月 5 日 16 点在科伦坡与他的舰队会和。巡洋舰收到命令，重新设置了到达会合点的航线。然而，在 4 月 5 日 6 时 48 分，“多赛特郡”号得知在它东面 150 英里处有 3 艘日本军舰。英军这两艘巡洋舰全速前进（“康沃尔”号是 27.5 节），可它们的好运已经到头了。当日能见度良好，午后不久它们就被“利根”号的一架水上飞机发现了。从“赤城”号、“飞龙”号和“苍龙”号上起飞了 88 架飞机，两艘巡洋舰都没有机会逃脱。13 点 38 分，“多赛特郡”号遭到攻击，在多次中弹后于 13 时 48 分沉没；“康沃尔”号也在 14 点步其后尘[6]。

当萨默维尔得知他的两艘巡洋舰遭到威胁时，已经把航向改为南方。在 18 点 17 分收到它们沉没的确认信息后，萨默维尔掉转了航向，对日本舰队进行追击。从“不挠”号航空母舰上起飞的搜索机没有找到任何敌舰的准确位置。萨默维尔的想法是，如果找到日军航母，那就在拂晓时进入攻击位置。但飞机搜索了一晚上都一无所获。4 月 6 日清晨，B 舰队与萨默维尔会合。

在击沉了两艘英国巡洋舰后，南云中将的舰队继续向东南方向行进，直到 4 月 6 日 5 点后不久才掉转方向。到 4 月 8 日 6 点，这支舰队正向西北方向航行，距离它的下一个目标——斯里兰卡东岸的亭可马里正东方向大约 450 英里[7]。

萨默维尔将军又猜错了他对手的意图。他预计日军会攻击阿杜环礁，认为南云预计英国舰队将返回那里。因此，这位英国海军将领指挥他的军舰实施机动，以便在日军接近阿杜环礁的时候对其航母舰队实施一次出其不意的破晓攻击。然而，这次机动使英国舰队距离亭可马里差不多 600 英里，距离日本舰队将近 1000 英里。这样一来，它便失去了与南云舰队交战的最后机会。

英国海军部意识到 B 舰队是一个累赘，已经建议萨默维尔将军在 4 月 9 日将它派往肯尼亚的蒙巴萨岛，他照做了。南云舰队仍然在印度洋逍遥，印度东岸遭到炮击，许多停在孟加拉港口的货船被击沉，英国海军部决定暂时把东印度洋拱手让给日本人。6 点，萨默维尔将军命令 A 舰队前往印度西海岸的孟买。

停在亭可马里港内的“竞技神”号及其护航舰受命在 4 月 8 日晚间向南进击，紧贴斯里兰卡的海岸线前进。“竞技神”号航母、驱逐舰“吸血鬼”号和油船“英国中士”号、小型护卫舰“蜀葵”号、补给舰“阿瑟尔斯坦”号在4月9号都离开了港口。

6点，日军在亭可马里以东150英里处开始放出攻击机群，首先起飞了85架飞机。日机在7点25分攻击了海军基地，它们在空中遭遇了英军派出的所有可用的飞机：17架“飓风”式战斗机、6架“管鼻燕”式战斗机。由于亭可马里港内的舰船已经转移，海军设施、船坞以及机场便成为日军空袭的主要目标。英军共有8架“飓风”式战斗机和1架“管鼻燕”式战斗机被击落[8]。

亭可马里的海军当局在黎明时就收到了有关来犯舰船方位和数量的警报。他们起飞了9架“布伦海姆”轰炸机对南云舰队进行反击。英国飞机在10点25分发现了它们的目标，但日军航母舰队的零式战斗机立即缠上了它们。“布伦海姆”轰炸机没有给日舰造成任何损害，他们声称只扔下了3枚近失弹，自己却有5架被击落，剩下的4架也受损严重。

在日军发起袭击时，“竞技神”号和“吸血鬼”号正位于亭可马里以南65英里处。它们相信空袭一结束，就能返回亭可马里，于是在9点钟掉转航向。其他离开海军基地的舰船也开始返航了。但“竞技神”号早在掉转航向前就已经被日军发现了。9点，南云起飞了90架飞机，前去攻击英国的这支舰艇编队[9]。

10点35分，“竞技神”号遭到俯冲轰炸机的攻击，持续了10分钟。到10点50分，它已经瘫痪在水里，5分钟后倾覆沉没。随后就轮到“吸血鬼”号了，它坚持了10分钟，之后断成两截沉没。“英国中士”号、“蜀葵”号以及“阿瑟尔斯坦”号也全都遭到了同样的噩运[10]。

南云中将现在指挥它的舰队转向本土，因为他的航母自1941年11月26日以来就一直待在海上①，急需一次彻底的检修。他的舰员需要休息，他需要更多受过训练的新飞行员。当时大本营也没有给南云舰队安排任务。于是，南云凯旋，他已经在珍珠港、拉包尔、达尔文港、现在的科伦坡和亭可马里取得了辉煌的胜利，而付出的代价不过是几架飞机。在4个月的征战中，他的军舰没有一艘

① 译注：原文如此，南云舰队结束珍珠港作战返航时，除第2航空战队支援威克岛作战外，其余部队均在12月23日返回日本本土。

被击中。英国的东方舰队已经被从印度洋赶到东非；缅甸、安达曼群岛和苏门答腊也得以免遭英国海军的袭击。所以，大多数日本人——不论是军人还是平民——开始觉得他们自己已经战无不胜也就不足为奇了。随着这种胜利病的四处蔓延，许多日本人开始鼓吹通过获得更多的领土（和资源），来保护已经赢得（如此轻松）的战果。

为了配合南云对斯里兰卡的突袭，小泽将军执掌马来部队的第二远征舰队。这支舰队的任务是给予南云远程支援，袭击印度东岸的商船，并炮击印度东岸的军事设施。其主力由三部分组成：1 艘重巡洋舰、1 艘轻巡洋舰、1 艘轻型航空母舰（“龙骧”号）和 2 艘驱逐舰组成的中央舰队，2 艘重巡洋舰和 1 艘驱逐舰组成的南方舰队以及 2 艘重巡洋舰和 1 艘驱逐舰组成的北方舰队。这支舰队负责炮击加尔各答，攻击能搜寻到的任何英国船舶。隶属于马来部队第二远征舰队的，还有一支由 2 艘驱逐舰组成的补给部队。保护小泽舰队的还有一支攻击舰队（主力），不过它们充当的是掩护部队。一支包含“香椎”号轻巡洋舰、布雷舰“初鹰”号以及 9 艘驱逐舰的掩护部队负责监视安达曼岛以北的敌舰，并掩护南云航母部队的撤退。

4 月 1 日 11 点，小泽的舰队从仰光以南 200 英里的缅甸丹老出击。从 4 月 2 日到 4 月 4 日，这支舰队在安达曼和尼科巴群岛之间机动，以配合南云的攻击计划，随后转向东北。在 4 日 17 点 30 分，该舰队分成了三部分。

尽管英国人试图中止东岸的护航，日军北方舰队还是有舰船可以击沉，它从加尔各答以南沿印度北岸巡逻了 200 英里。中央舰队也在 4 月 6 日从维沙卡帕特（Vizagapatam）南北面开始沿海岸巡逻，伺机攻击英国船只，其中有一些被“龙骧”号的舰载机击沉。南方舰队则在卡基纳达附近活动，也同样取得了战果。“龙骧”号的舰载机还在 4 月 6 日轰炸了维沙卡帕特南和卡基纳达，使平民陷入恐慌。然而，日军在当天就停止了袭击，大部分袭击部队随后都撤回了新加坡[11]。根据英国方面的记录，从 4 月 4 日到 4 月 9 日，日军共击沉 23 艘货船，总吨位 32404 吨[12]。这自然减少了没有护航的船队中的船舶流量长达数月之久。与此同时，日本还向防卫圈最西面的部分——从缅甸到新加坡——派遣了更多的军事力量来抵御盟军反攻。

日本航母攻击部队（南云忠一中将率领）

重型航空母舰：“赤城”号*、“加贺”号、“飞龙”号、“苍龙”号、“祥鹤”号、“瑞鹤”号

战列舰：“榛名”号、“雾岛”号、“比叡”号、“金刚”号

重巡洋舰：“利根”号、“筑摩”号

轻巡洋舰：“阿武隈”号

驱逐舰：“谷风”号、“浦风”号、“矶风”号、“浜风”号、“霰”号、“不知火”号、“霞”号、“阳炎”号、“舞风”号、“萩风”号、“秋云”号[13]

英国东方舰队（1942 年 3 月 26 日）

A 舰队（快速型）

重型航母：“不挠”号、“可畏”号

战列舰：“厌战”号

重巡洋舰：“多塞特郡”号、“康沃尔”号

轻巡洋舰：“进取”号、“翡翠”号

驱逐舰：“内皮尔”号、“涅斯托尔”号、“帕拉丁”号、“黑豹”号、“热刺”号、“猎狐”号

B 舰队（慢速型）

轻型航空母舰：“竞技神”号

战列舰：“决心”号、“拉米伊”号、“君权”号、“复仇”号

轻巡洋舰：“卡列登”号、“龙”号、“海姆斯凯尔克”号（荷兰海军）

驱逐舰：“狮鹫”号、“诺曼”号、“箭”号、“诱饵”号、“时运”号、“侦察”号、“吸血鬼”号（澳大利亚皇家海军）、“伊萨克·斯威尔斯”号[14]

*3 月 2 日因发动机故障返回基地。

第三篇

珊瑚海、中途岛以及阿留申群岛

第八章

珊瑚海海战

第九章

中途岛和阿留申群岛——序幕

第十章

山本的决战

第十一章

折戟中途岛，兵败阿留申

第八章
珊瑚海海战

1942 年

4 月	大本营决定直接从海上攻占新几内亚南端的莫尔兹比港。在所罗门群岛南部的图拉吉建立水上飞机基地（MO 作战）
4 月 18 日	杜立特空袭日本
4 月 30 日	日军侵占图拉吉[①]
5 月 1 日	进攻莫尔兹比港的各部队出击
5 月 4 日	重型航空母舰“约克城”号的舰载机空袭图拉吉的日军船队
5 月 7 日	美国海军航母舰载机攻击莫尔兹比港进攻舰队的近接支援部队，击沉轻型航母“祥凤”号
5 月 8 日	珊瑚海爆发航母战斗。重型航空母舰“列克星敦”号被击沉，重型航空母舰“翔鹤”号中度破损
5 月 8 日	MO 作战中止

到南云中将的航母机动部队在 4 月中旬返回日本的基地时，日本已经成功地建立起了“大东亚帝国”。但还有几个麻烦点，直到 5 月 6 日科雷吉多尔岛陷落后，温赖特（Wainwright）将军指挥的美国陆军才交出菲律宾群岛。（日本海军后来应陆军的要求协助镇压了宿务岛和三宝颜的零星抵抗。）瑙鲁和大洋岛都还未拿下。在新几内亚莱城和萨拉莫阿的日本陆军发现，由于恶劣的气候

① 译注：原文如此，4 月 30 日应为图拉吉入侵部队的出发时间。

和道路的缺乏（除非穿过密林的林间小道和沼泽地），他们很难守住这里的基地。

虽然日本已经取得了“辉煌的战果”，创建了一个新的帝国，建立了强大的防卫圈，攫取了日本进行战争和工业生产所需的资源，但山本大将并未感到满足。战争爆发 4 个月以来，日美之间还从未爆发过一场决战。他很清楚美国的工业实力可以很快生产出一支远优于日本所拥有或能生产出来的海军。当时从美国、澳大利亚和新西兰抽调的军事力量正在澳大利亚集聚。4 月 18 日杜立特对东京的空袭虽然只造成了轻微损失，却和美军航母实施的其他“打了就跑”的突袭一样，使得山本的计划变得更为紧迫。山本由此开始考虑一场能促成决战的军事行动：攻占中途岛，同时佯攻荷兰港，并攻占阿留申群岛的基斯卡岛和阿图岛。

然而战争的形势始终在发生着变化，日本陆军当时意图加强防卫圈，以对抗敌军在澳大利亚日益增强的部队。于是当日本海军筹备中途岛战役时，陆军又发动了新的攻势，因为显而易见，盟军在澳大利亚反攻基地的兵力越来越不容忽视。日军此前一直是在陆基飞机的掩护下进军，因而也根据这一准则选定了新的攻略目标。他们视所罗门群岛岛链为“双行道”，因为盟军也可以用同样的方法向北跳岛作战，进攻拉包尔。

日军将通过攻占所罗门群岛最南端连同瑙鲁和大洋岛来解决这个问题。沿着他们在 1942 年头几个月里攻占的一串基地，今后就有办法阻断美军的移动。胜利病让这些措施不仅可能，而且无可避免。这样一来，日本人将向战争计划最初划定的范围以外进行扩张。在谋划向陆基空中掩护范围以外的地区进军时，日本人忘记了一条基本的军事准则，如果把防卫圈延伸到距离它最坚固的基地太远的地方，那就会削弱防卫圈。日本陆军距离拉包尔、北所罗门群岛以及新几内亚越远，他们的兵力就越弱，对手的实力反而越强。

所以，当日本海军本该为中途岛战役集结最大力量的时候，日本陆军却要求海军为其西南太平洋作战（称 MO 作战）提供舰队支援。山本大将当然不认为西南太平洋会是决战的地点。不过，他允许海军舰队为攻占莫尔兹比港和图拉吉岛提供支援（实际上是在消耗兵力）。山本越来越急切地期望与美国太平洋舰队进行决战，但 MO 作战看上去轻而易举，所以他给这场军事行动开了绿灯。

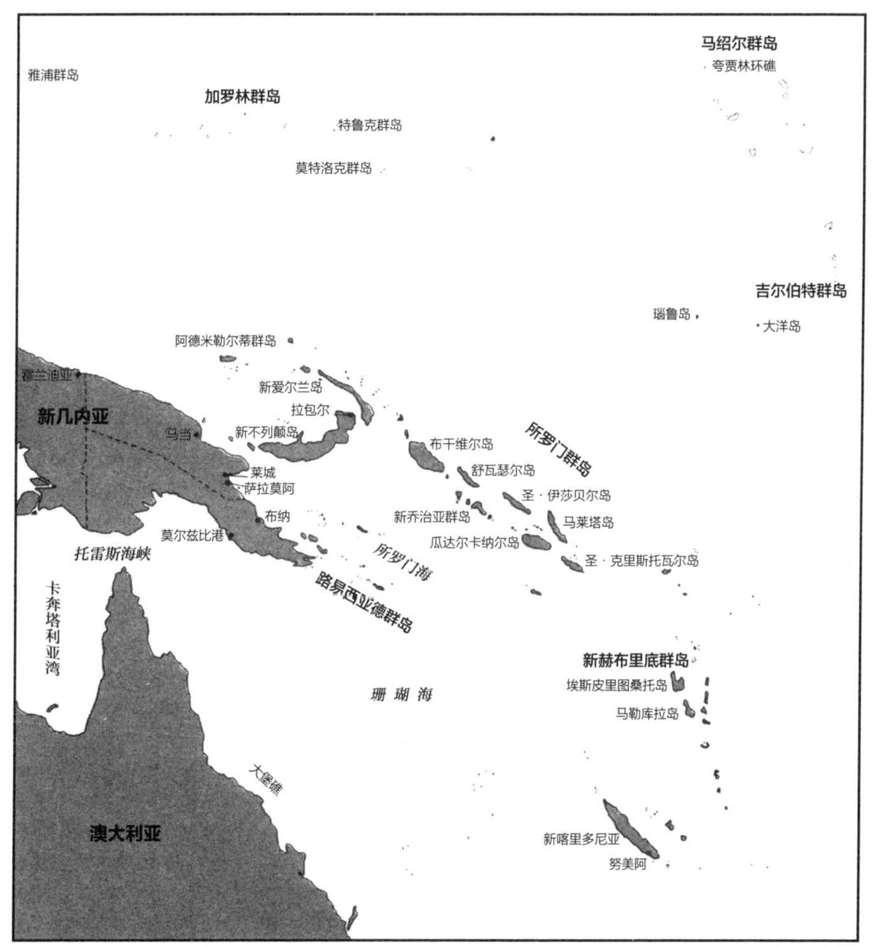

^ 从马绍尔群岛到新几内亚手绘示意图

而且通常都是由陆军决定实施哪些军事行动，然后期望海军支援作战。不管山本可能会多么焦虑，日本海军军官的士气已经涨到了最高点，或许他们也开始相信自己战无不胜，攻无不克了。

对美国海军来说，开战以来的这段日子可不好过。密码破译人员已经破译了日军的密码，尼米兹非常清楚，他的对手正在策划一场中太平洋地区的战斗，地点或许就在中途岛。然而，他也不能无视日军在西南太平洋活动的情报。他必须应对每一个威胁，就好像它们都会变成现实一样，一个都不能忽视。日本显然正在策划进军所罗门群岛南部。这种迹象已经明显到澳大利亚人在5月1日把他们单薄的守军从图拉吉岛撤了回来。

山本大将在策划MO作战时仍然遵循着日本海军那种消耗兵力的军事准则——经由海路入侵莫尔兹比港，迎击并消灭对莫尔兹比港的危险做出反应的美国海军军舰，并攻占所罗门群岛上的图拉吉岛作为MO作战的辅助行动，以保护新几内亚上的日军东翼。山本为支援上述入侵作战将他的舰队一分为七，并命令在拉包尔的井上成美中将直接负责MO作战。

为了入侵莫尔兹比港，日军编成了“莫尔兹比港运输部队”，由12艘装运陆军和海军登陆特种部队的运兵船以及运送补给的其他舰船组成，阿部孝壮少将负责指挥。运输部队得到了莫尔兹比港进攻部队的掩护，后者由1艘轻巡洋舰、6艘驱逐舰以及1艘布雷舰组成，归梶冈定道海军少将节制。丸茂邦则少将率领的一支掩护部队有2艘轻巡洋舰、1艘水上飞机母舰及3艘炮艇。由五藤存知少将率领的MO作战攻击兼支援部队主力被分成近接支援部队（1艘轻型航空母舰和1艘驱逐舰）及一支远程掩护部队（有4艘重巡洋舰，可以为入侵莫尔兹比港和图拉吉提供援助）。五藤存知少将负责整场作战的战术指挥。

为了入侵图拉吉岛，日军又编成图拉吉入侵部队，隶属于志摩清英少将麾下，包含从第六水雷战队抽调的2艘驱逐舰、2艘布雷舰、1艘运输船及其他辅助船只。该部队亦由五藤少将直接指挥，并将得到五藤的支援部队保护，后者大部分时间都在新几内亚岛和所罗门群岛岛链游弋。

日军预料到美国海军对莫尔兹比港的威胁会做出何种反应，于是由2艘重型航空母舰、2艘重巡洋舰以及6艘驱逐舰组成的航母攻击部队在高木武雄中将的指挥下将于5月1日从特鲁克离港，到达入侵美舰的东面，迫使它们与日本舰队交战，并阻止任何幸存的舰船向东撤退。

MO作战有若干作战目标。图拉吉是位于所罗门群岛岛链南部的一个小岛，与对岸更大的瓜达尔卡纳尔岛（以下简称“瓜岛”）隔着狭窄的水道。日军将攻占它用作水上飞机基地。这个基地将扩大拉包尔抵御空袭的防御屏障。一旦夺取图拉吉，这支部队随后将入侵瑙鲁和大洋岛。一支大规模的攻略部队也将被运往莫尔兹比港，该港口正好位于澳大利亚北部的飞机航程之内。（事实上，日本的军方领导人已经在讨论登陆澳北的可能性。）莫尔兹比港还有作为进攻新喀里多尼亚跳板的价值。新喀里多尼亚反过来也可充当攻略萨摩亚和斐济的基地，以切断连接澳大利亚和美国的生命线。攻占莫尔兹比港更直接的后果是，有助于保护莱城和萨拉莫阿免遭美军空袭。最后，日本海军本部相信美国舰队将不得不对日军攻占莫尔兹比港做出回应，这样，日军就能设置消灭太平洋舰队的圈套。

图拉吉入侵部队在志摩清英少将的指挥下，派出少量舰船和小股部队于4月30日8点30分从拉包尔出击。MO作战的主力兼支援部队（由五藤存知少将指挥）下辖的远程掩护部队由于必须掩护莫尔兹比运输部队和图拉吉攻略部队，早在4月28日就离开了特鲁克，此时待在新乔治亚群岛南部区域。丸茂邦则少将指挥的少量支援部队于4月29日从拉包尔起航，此时位于图拉吉以西约60英里处。莫尔兹比港的运输部队有12艘运输船，规模相对较大，它于5月4日离开拉包尔，在翌日和梶冈少将的攻击部队会合，之后取道位于米尔恩湾以东、新几内亚南端以及路易西亚德群岛内的乔马德水道 (Jomard Passage)[1]。

高木强大的航母攻击部队于5月1日早晨离开特鲁克。它基本上朝正南方向航行，到第二天的下午班①时以方形航线行驶。5月3日6点时，高木舰队停止以方形航线航行，向东南方向作长距离的环形运动，到5月5日，在达圣·克里斯托瓦尔岛（San Cristobal Island，即马基拉岛）以东离开环形航线。随后，它转向西南偏西方向[2]，此时所处的位置可以打击任何追逐日军莫尔兹比港编队的美国舰队。如果说日本人在即将爆发的珊瑚海海战中有什么劣势的话，那么就是他们在情报工作上的水平不如美军，对这一海域的美军和澳大利亚舰船的规模和数量还不甚明了。他们当然知道美军在5月4日对图拉吉岛进行了空袭，所以推测出附近至少有一艘美军的航母。而且，他们通过自己的空中侦察获知，美军舰队正从澳大利亚向所罗门群岛方向逼近。

美军的情报工作要出色得多。日军的密码被破译后，尼米兹知道自己要什么，

---

① 译注：航海学术语，指中午12时至下午4时。

也知道该从哪里得到自己想要的东西。而且在整个战争期间，生活在所罗门群岛的澳大利亚人一直向盟军通报日本海军在所罗门群岛的活动，他们早在战前就通过强有力的无线电收发设备与外界保持联系。这些人被称作“海岸瞭望哨”。但只知道日军的意图和部署并不能保证盟军一定取得胜利，尼米兹所能做的一切就是召集所有可以发动反击的部队[3]。

为了对付日本的航母攻击部队，下辖“列克星敦”号〔奥布里·菲奇（Aubrey W. Fitch）少将指挥〕和“约克城”号两艘航空母舰〔弗兰克·弗莱彻（Frank J. Fletcher）少将指挥〕的第17特混舰队奉命会合，并进入攻击位置。5月1日，两支部队在埃斯皮里图桑托岛以西约250英里处会合。5月3日一整天，“列克星敦”号航母编队都在“蒂珀卡努”号那里加油，100英里外，“约克城”号则在“尼奥肖”号那里完成加油。两者随后定下了驶向会合点的航线，预定于5月4日8点会合。它们本来有望遇到英国的约翰·克雷斯（John G. Crace）将军和跟随他从澳大利亚赶来的3艘巡洋舰、2艘驱逐舰。然而，当从澳大利亚起飞的飞机报告称日军的航空队正在入驻图拉吉岛时，一切就变了。弗莱彻将军立刻派“尼奥肖”号和驱逐舰“拉塞尔”号返回“列克星敦”号航母编队，定于5月5日早晨在新会合点集结，并命令“约克城”号向图拉吉岛进发。克雷斯将军和菲奇将军的特混编队现在位于“约克城”号的后方，与它相距起码250英里。“列克星敦”号直到5月4日早晨才得知“约克城”号单枪匹马地冲向日军。也正是在这一天，“尼奥肖”号和驱逐舰“拉塞尔”号赶到了。弗莱彻打算在5月4日拂晓时放出他的飞机。

参加MO作战的日军军官对美军的这些活动并非一无所知。他们只是不知道MO作战区域内美国和澳大利亚军舰的行踪、数量和类型。但MO作战还是按预定计划，一丝不差地继续进行着。五藤的远程掩护部队向东北行进，莫尔兹比港入侵部队仍然停泊在拉包尔港内，日军的航母舰队则依旧在布干维尔以北。

由于一些莫名其妙的原因，已经和澳大利亚军舰会合的菲奇将军所设定的5月5日会合点航线居然偏离“约克城”号50公里，所以后者只能单独行动。虽然弗莱彻将军对进攻图拉吉也不是完全有把握，他也没有立即可用的后备力量，但日本方面也只有少量军舰来抵抗美军对图拉吉岛的攻击。5月4日6点30分，“约克城”号放出了它的第一波飞机。这天多云，对航母实施空中打击来说是理想的天气，可以不被发现。（在接下来的5天里，一个锋面形成了100英里长的云层，轮番给日美双方提供了掩护。）美军的第一攻击波有12架鱼雷机、28架俯冲轰炸机以及6架战斗机。

7点30分，在图拉吉，布雷舰“冲岛”号，驱逐舰“菊月”号、“夕月”号为港口组成一道防御屏障，同时当天的卸货工作也开始进行。8点20分，“约克城”号的鱼雷机突入港口，将其包围。8点22分，“菊月”号被一枚500磅重的炸弹击中，炸弹直接穿透了它的右舷轮机舱。突然涌入的海水让驱逐舰动弹不得，开始发生严重倾斜。一艘补给舰将它拖曳至吉沃图岛（Gavutu Island）附近的岸上，然而一个浪打来，“菊月”号又滑入海中，最后沉没[4]。

总之，第一波空中打击只击沉了“菊月”号，炸伤了“冲岛”号。运输船、布雷舰以及剩余的驱逐舰都立即离开了图拉吉港口。回收飞机后，“约克城”号马上实施了第二波攻击。这波飞机于12点10分到达图拉吉，炸沉了2艘巡逻舰，炸伤了1艘正在逃跑的运输船“多摩丸”，它在两天后沉没。“夕月”号在萨沃岛附近遭到扫射起火，舰长和9名舰员阵亡，另有29名舰员受伤。两轮空中打击后，美军认为图拉吉周围仍然还有好的目标，于是第三波攻击在15点杀到，找到了一艘可以攻击的运输船。日军共损失1艘驱逐舰、2艘巡逻艇和1艘运输船，1艘运输船遭到重创，船上20名士兵伤势严重，还有1艘驱逐舰和1艘布雷舰受伤[5]。

日军的损失或许轻微，但因美军航母舰载机突然出现而受到的震动可不轻。MO作战的所有参战部队都对此感到震惊，航母攻击部队尤其如此。现在这场比赛已经变得非同小可。日军航母部队知道它必须与一支或多支美军航母部队一较高下，美军也知道日军的航空母舰正在海上为MO作战进行掩护。于是，两支航母攻击部队将在首次航母对航母的战斗中遭遇——但还没有人为这样一场战斗写过除“先发制人”以外，任何指导正确行事的准则。在回收最后一批飞机后，“约克城”号转向南面与第17特混舰队的其他舰船会合，在5月5日进行了接触。

在接下来的两天里，两支敌对的航母部队四处摸索，互相搜寻对方。日军从拉包尔派出若干航程较远的四发水上侦察机，“约克城”号的舰载机约在5月5日中午时分击落了1架。发现侦察机没有返回基地后，日军更确信在珊瑚海某处有一艘（或多艘）美军航母，但其确切方位还无法查明。负责整个MO作战行动的井上将军此时却在空中侦察方面处于弱势，因为他的第25航空战队的大部分飞机都从拉包尔出发，前去轰炸莫尔兹比港了。高木将军显然不会用航母的舰载机去执行远程搜索任务，而是依靠他的战列舰和巡洋舰上的水上飞机来完成这个任务。5月6日上午10点左右，一架日军水上飞机找到了美军特混舰队，并准确地报告了其方位，但高木将军直到5月7日才收到这份情报[6]。在那个时候，他认为自己已经确定了第17特混舰队的方位。

对第17特混舰队来说不幸的是，他们的空中侦察存在盲区。珊瑚海空中作战行动的任务已经被指派给麦克阿瑟将军，但他却没有足够的远程侦察机去对珊瑚海进行地毯式搜索。美军参谋长联席会议对空中作战行动订立的正式分工条款禁止尼米兹将军侵入麦克阿瑟的战区。如果从南纬10度、东经165度向下穿过南太平洋画一个接近45度的角，那么这条线东北方向的区域即是麦克阿瑟的西南太平洋战区，对面西南方向的区域则是尼米兹将军的南太平洋战区[7]。努美阿的12架水上飞机没有足够的航程去搜索所罗门群岛，而且被禁止进入麦克阿瑟的战区。这就把麦克阿瑟的B-17轰炸机和卡特琳娜水上飞机没有充分搜索的区域留给第17特混舰队自己去侦察了。

不过，尽管两支航母部队都在搜索彼此的方位，日方MO作战行动的其他安排还是如期进行。日军莫尔兹比港运输部队在5月4日离开拉包尔，开始向路易西亚德群岛进发，计划在5月6日大约午夜时穿过乔马德水道。丸茂少将的掩护部队由轻巡洋舰“天龙”号和“龙田”号以及水上飞机母舰“上川丸”组成，在入侵部队主力前打头阵。丸茂少将把水上飞机母舰停在德博因群岛，这样它的飞机就能在5月7日进行空中搜索[8]。与此同时，掩护部队的其他舰船在当特尔卡斯托群岛向东北偏北撤退，以保护右翼。

5月6日10点30分，五藤少将的远程掩护部队在布干维尔以南60英里处，被从莫尔兹比港起飞的B-17轰炸机发现，当时它正向莫尔兹比港入侵部队靠拢，以便对其提供直接的支援。美军轰炸机的攻击主要指向“祥凤”号轻型航母，

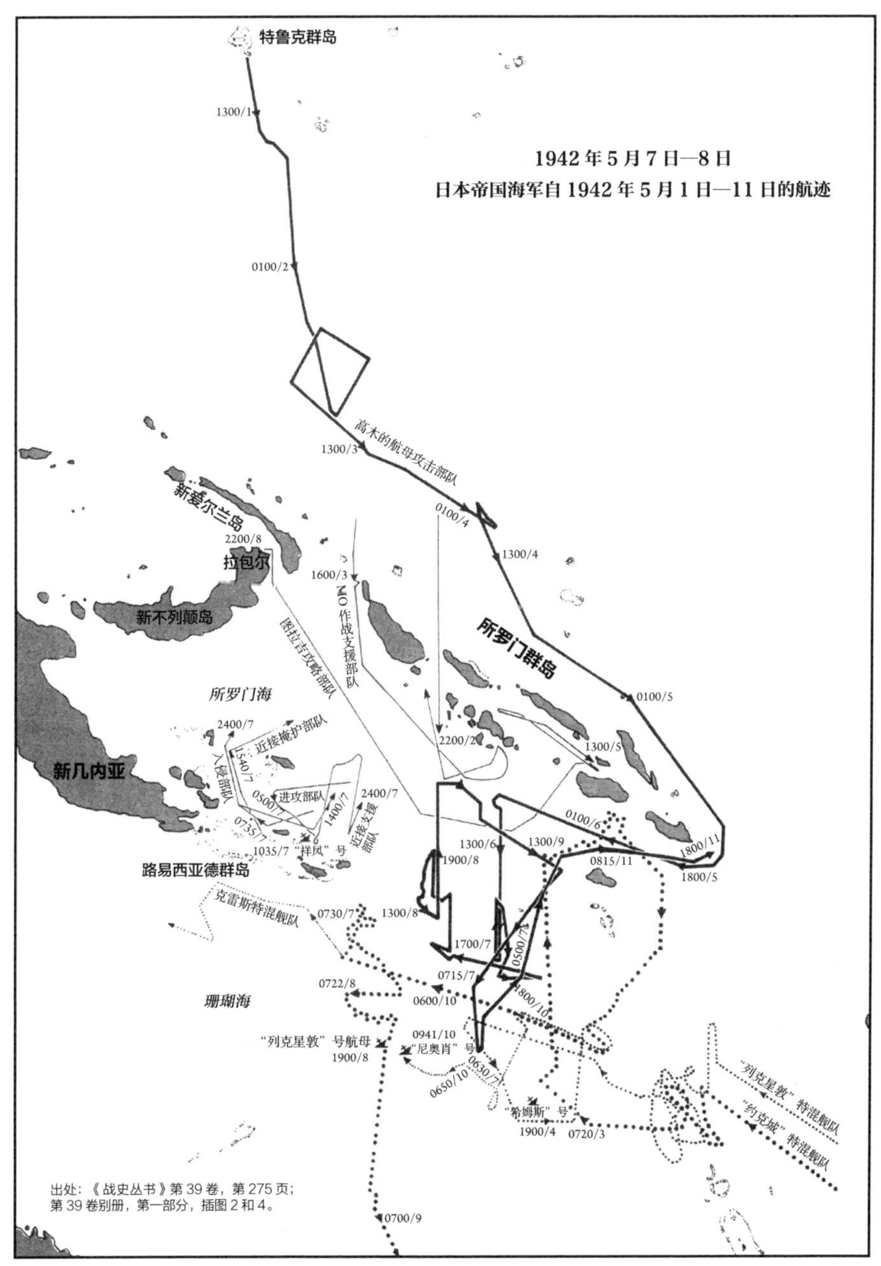

^ 1942 年 5 月 7—8 日发生的珊瑚海海战，以及日本帝国海军在 1942 年 5 月 1—11 日的航迹

但并没有对其造成大的损伤。仍在向南行进的远程掩护部队也被侦察机发现，随后正在向乔马德水道进发的莫尔兹比港入侵部队主力在 13 点被美军发现。于是，井上将军知道他手下至少有两支舰艇编队已经被美军发现了。然而，他确信正在追赶莫尔兹比港入侵编队的美军航母部队并不知道高木航母部队的存在，所以并未终止 MO 作战。

事实上，第 17 特混舰队并非唯一被蒙在鼓里的舰队。高木司令既不知道日本海军其他部队的方位，也不知道第 17 特混舰队的位置。5 月 6 日 10 点 30 分，他的航空母舰正好位于美国舰队的北面。当时，高木的部队转向正南方向，而第 17 特混舰队根据日军舰船向莫尔兹比港逼近的无线电报告正向西北偏西方向行进。高木部队在 20 点以前一直向南前进，20 点时掉转船头，向正北方向航行，在 5 月 7 日 1 点 15 分再度转向南面。他担心如果自己向西去保护 MO 作战舰艇编队，美军的特混舰队会开到他的南面及后方，这是要极力避免的情况。他在 7 点 40 分之前一直向南行进。为了让自己放心，他还在拂晓时派了几架飞机向南实施搜索。

7 点 30 分，当一架飞机报告了美军 1 艘航母和 1 艘巡洋舰的方位时，高木认为自己中了头彩。他马上下令两艘航母全力进攻，并命令舰队转向东面。对双方来说都不幸的是，日军侦察机发现的是油船“尼奥肖”号和驱逐舰“希姆斯”号。当日军第一波攻击杀到的时候，“希姆斯”号为“尼奥肖”号和自己进行了出色的防御。但在 2 个半小时后，那些俯冲轰炸机的一次攻击让这艘驱逐舰中了 3 枚炸弹，几乎在顷刻之间就将其炸沉。“尼奥肖”号被直接命中 7 次，并遭受了 8 枚近失弹带来的损伤[9]。4 天后，它被美军舰船发现，船上那些幸存的船员获救，残破不堪的船体则被美军用鱼雷击沉。日本为自己的错误付出了高昂的代价，因为当他们的航母舰载机在与油船和驱逐舰交战时，错失了找到第 17 特混舰队的机会。第 17 特混舰队则在同一时间找到了五藤的远程支援部队，后者此时正在用轻型航空母舰“祥凤”号协助近接支援部队。

5 月 5 日清晨，“约克城”号与“列克星敦”号重新会合。从 5 月 5 日 20 点开始，到 5 月 7 日 7 点 25 分，第 17 特混舰队一直向着西北偏西的方向行进，停在了罗塞尔岛（Rossel Island，路易西亚德群岛最东面的岛屿）以南约 100 英里处。日出时，弗莱彻将军命令克雷斯将军继续向西北前进，以阻止日军莫尔兹比港入侵部队在新几内亚东南部拐弯。克雷斯遭到日军岸基飞机（有一些是来自美国的陆军航空队）的持续空袭，但他的舰船毫发无伤。在5月7日晚上，他听说日军的莫尔兹比港入侵部队已经掉头撤退，便返回了澳大利亚。

5月7日早晨，梶冈的攻击部队正在掩护阿部的MO入侵部队前往乔马德水道。“祥凤”号在6点30分起飞了4架战斗机和1架攻击机为入侵舰队进行空中掩护。掩护部队位于伍德拉克岛以东约35英里处，在运输船队的西北方30英里的地方。“瑞鹤”号和“祥鹤”号位于第17特混舰队的东面约175英里处，当时正在攻击“尼奥肖”号和“希姆斯”号，正好在这个时候，日军知道了美军航母的真正方位。

6点25分，第17特混舰队转向西北偏北方向，放出了若干侦察机。8点15分，一架从“约克城”号起飞的侦察机在第17特混舰队西北方向225英里处发现了2艘航空母舰、4艘巡洋舰。弗莱彻决定发动全力一击。“列克星敦”号从8点26分开始放出飞机，而“约克城”号在大约9点时放出飞机，这样总共93架飞机，到9点30分就开始向目标进发了。美国人运气不错，躲进了一个冷锋，这为美军的航母提供了云层的掩护，五藤的近接支援部队则处于明亮的阳光之下。美军舰载机开始执行攻击任务的时候才发现，之前发现的不是高木的航母舰队，而是近接掩护部队。日军开始把第17特混舰队的方位通报给所有部队。7点，井上将军命令MO入侵部队不要进入乔马德水道，暂时撤退。五藤命令“祥凤”号放出所有可以投入作战的飞机，前去攻击美军航母舰队。

命运女神在这时向“列克星敦”号的舰载机绽开了笑容，它们在西北方向相距母舰仅仅90英里的地方发现了“祥凤”号航母，攻击也几乎没有遭到任何防空火力的抵抗。“约克城”号的舰载机在10点25分跟进。虽然做了规避运动，并且有近接支援部队的防空火力支援，这艘轻型航母还是没有任何机会活命。美机共有13枚炸弹和7枚鱼雷击中目标，“祥凤”号燃起了大火。10点31分，日军下达了弃舰的命令，“祥凤”号在10点35分沉没，800名舰员当中，只有255人获救[10]。五藤的掩护部队（现在包含4艘重巡洋舰和1艘驱逐舰）向东北方向撤退，并放出水上飞机，加入德博因岛的“上川丸”水上飞机部队。

第17特混舰队取得了一次胜利，首次击沉了一艘日军的航空母舰（尽管是一艘几乎毫无防备的轻型航母）。但美国人在晚上免不了担惊受怕，弗莱彻将军意识到高木此时已经知晓了他的位置，他却仍然不知道高木在哪里。为了避开即将到来的灾难，同时完成他拦截和消灭日本舰队的任务，弗莱彻必须对日军航母的方位做出有根据的猜测。他向西面航行，以便进入正在穿越乔马德水道的日军入侵舰队打击范围（他当然不知道日军的入侵舰队已经被召回）[11]。高木也必须做出选择。他5月7日整天都在派出侦察机，但由于第17特混舰队仍然处在坏天气中，飞机发回的报告既不完整又互相矛盾。

无论如何，至少双方将领都可以认为他们的部队彼此间已经挨得很近了，所以在早上的时候，就只是一个谁能先发制人的问题。22点，两艘日军航母在两艘美军航母以东大约100英里处。两位将军都考虑过夜袭的计划，但最终都放弃了。第17特混舰队在后半夜继续向西航行，高木的舰队则往北走。不过，第17特混舰队选取的航线把自己带出了云层的掩护，所以在5月8日拂晓时，它变得清晰可见了。白天，双方都开始搜寻对方。6点25分（东十区时间）[12]，正在向西行驶的"列克星敦"号起飞了由18架飞机组成的搜索编队。7点22分，日军航母攻击部队被发现。"列克星敦"号通过无线电监听，得知自己编队的方位也被日军确定了。当第17特混舰队的飞机被放出，并已经在两支舰队间来回飞过时，弗莱彻根据7点22分的侦察结果，推测了日军航母的方位。随后，在7点38分，"列克星敦"号和"约克城"号都收到了出击命令。"约克城"号从8点15分开始，共派出了39架飞机，同时"列克星敦"号起飞了43架飞机。

"约克城"号的舰载机实施了先发制人的打击。他们的飞行员看到了"瑞鹤"号和"翔鹤"号，两者相距8英里，每艘都有一艘重巡洋舰和驱逐舰掩护，而"瑞鹤"号正在悄悄溜到云层下面。俯冲轰炸机对日军航母群起而攻之，以便让鱼雷机有机会占据攻击阵位，同时它们下面的"翔鹤"号则转向迎风航行，以便放出更多的战斗机。10点，"约克城"号的攻击机最后加入战斗。这次攻击并没有预期的那么成功，这是可以理解的，美军尚未学会航母对战的规则，这次战斗还是第一课。鱼雷机施放鱼雷的距离太远，因而没有一条击中目标。不过俯冲轰炸机命中两次，引燃了汽油，破坏了飞行甲板。"翔鹤"丧失飞机起飞能力一个小时，但仍能回收飞机。

“列克星敦”号的舰载机造成的破坏甚至更小。首先，它们连日军航母都没找到，许多都因为油料不足而返航。10 点 40 分，剩下的飞机——包括 11 架鱼雷机、4 架俯冲轰炸机，由 6 架战斗机护航，向“翔鹤”号发动了攻击。鱼雷机没有一架命中目标，只有俯冲轰炸机的一枚炸弹命中。“翔鹤”号合计中弹 3 次，一颗位于飞行甲板左舷前端，一枚击中飞行甲板右舷后端，还有一枚落在舰桥的右边。“翔鹤”号没有沉没的危险，但总共有 109 人阵亡，114 人受伤。火被扑灭后，它靠自己的动力回国修理，而它的 46 架飞机则降落在“瑞鹤”号上。

就在第 17 特混舰队的飞机攻击“翔鹤”号的时候，高木将军的舰载机也正在对“列克星敦”号和“约克城”号发动攻击。虽然飞机数量更少（69 架），但日军有自己的优势，因为他们的空中打击部队在飞机类型上更均衡，也清楚地知道美军舰船的方位，而且他们有战斗经验。美军航母的战斗机护航不但力量不足，配置也很糟糕。大约 10 点时，日军鱼雷机对“列克星敦”号发动剪刀攻势，以 45 度角同时向船首的两舷逼近，一直飞到距离敌舰半英里时才发射鱼雷。这样一来，“列克星敦”号就算在一侧躲得了一队鱼雷机，也躲不过另一队的鱼雷齐射。它在 10 点 20 分被鱼雷击中右舷，紧接着同一侧又中一枚鱼雷，位于舰岛后。“列克星敦”号在躲避鱼雷时，又遭到俯冲轰炸机的攻击。由于美军缺乏战斗机和防空炮火，日军俯冲轰炸机可以俯冲到 2500 英尺高度从容投弹，而且它们投的炸弹准得致命。一枚炸弹命中了“列克星敦”号舰首左舷的备弹箱，另一枚击中了烟囱，几枚近失弹使配流盘松动。

与此同时，日军没有忽略“约克城”号。“约克城”号成功地规避了第一轮攻击射向它左舷舰尾的三枚鱼雷，但当俯冲轰炸机发动攻击后，被一枚 750 磅炸弹击中飞行甲板和舰岛基座。舰上起火，但火势很快得到控制，而且飞机起降装置也没有遭到损坏。

虽然“列克星敦”号看起来暂时逃过一劫，但在 12 点 47 分时一场巨大的爆炸把它震得摇来晃去，一点火星引燃了从破裂的储油箱里冒出的油烟，最终引发了这场大爆炸。随后，更多的爆炸接踵而至。虽然该舰仍能保持 25 节航速，但舰体内部正在解体。13 点 45 分，又一场爆炸破坏了它的通风系统。弃舰命令最终在16点07分下达。20点，驱逐舰“菲尔普斯”号用鱼雷将其击沉。“约克城”号撤往努美阿，又从那里辗转到珍珠港，第17特混舰队已经分崩离析。

返航的日军飞行员报告称美军两艘航母都被击沉。坐镇拉包尔的井上将军命令“瑞鹤”号回到特鲁克，而“翔鹤”号正在归国途中。之后在5月8日，他命令MO作战推迟到7月3日。虽然他相信美第17特混舰队已经被消灭，但鉴于美国远东陆军航空队在5月7日的空袭烈度和次数，他不想让莫尔兹比港入侵部队在没有航母保护的情况下继续作战。

然而，山本大将却撤销了井上的命令。5月8日零时，他直接命令高木彻底消灭所有残余敌军。尽管山本企图让五藤的部队和“瑞鹤”号返回作战，但时间已经太迟了，直到5月10日后，五藤的部队才与大型航母会合。5月11日，高木又得到命令，将“瑞鹤”号带到特鲁克。

很难说谁是珊瑚海海战的赢家。相较于日军只有“祥凤”号损失、“翔鹤”号受伤，美军的损失更大，损失了“尼奥肖”号、“希姆斯”号及“列克星敦”号。但“翔鹤”号损失的飞机和飞行员直到6月12日才得到补充。这样一来，随着中途岛决战的来临，日军丧失了第五航空战队两艘重型航母的战力。光这点损失就很有可能让日军无法在中途岛取得巨大胜利。日军在进攻时效率更高，但这种效率来源于经验，这是日军航母舰载机的飞行员有，而美军飞行员所缺乏的。由于糟糕的通信，日军错过了机会，犯了错——他们的通信糟糕得让舰队司令们彼此间都无法告知对方重要的军情，有些重要情报的传输甚至延误了一整天。日军这次有了更好的航线绘制技术和制图官来直接引导飞机奔向目标。美国海军需要改进作战方法，就像我们看到的那样，大多数“列克星敦”号的飞机连找到日军航母都很困难。直到中途岛海战之后，他们才完全精通于执行这种重要的任务。

日军珊瑚海海战参战部队

日本海军不使用任何类似于美国海军使用的“特混舰队”（TF）、“特混大队”（TG）、“特混小队”（TU）这样的称呼；除“联合舰队”是用“舰队”来表示编队以外，其他任何舰艇编队，他们都用象形文字“队”或“部队”来表示。日文中的“队”也可翻译成“Force”“Body”等。

航母攻击部队（高木中将）

重型航母：“瑞鹤”号、“翔鹤”号

掩护驱逐舰：“有明”号、“夕暮”号、“时雨”号、“白露”号

重巡洋舰：“妙高”号、“羽黑”号

驱逐舰：“潮”号、“曙”号

莫尔兹比港入侵部队

运输船部队（阿部孝壮少将）

布雷舰：“津轻”号

12 艘运输船

辅助船只

攻击部队（梶冈定道少将）

轻巡洋舰：“夕张”号

驱逐舰：“追风”号、“朝凪”号、“睦月”号、“望月”号、“弥生”号

1 艘巡逻艇

辅助船只

近接掩护部队（丸茂邦则少将）

轻巡洋舰：“天龙”号、“龙田”号

水上飞机母舰：“上川丸”号

3 艘炮艇

近接支援部队（五藤存知少将）

轻型航母：“祥凤”号

驱逐舰：“涟波”号

支援部队、主力（五藤存知少将）

重巡洋舰：“青叶”号、“加古”号、“衣笠”号、“古鹰”号

图拉吉入侵部队（志摩清英少将）

驱逐舰：“菊月”号、“夕月”号

布雷舰：“冲岛”号、“光荣丸”号

1 艘运输船

辅助船只[13]

美军珊瑚海海战参战部队

美国海军使用的部队划分命名法与日军使用的术语迥异。美国海军用“Task Force（即特混舰队，简称 TF）+ 数字编号”来命名一支大部队，用“Task Group（即特混大队，简称 TG）+ 数字编号”来命名一支特混舰队中小一点的部队，用“Task Unit（特混小队，简称 TU）+ 数字编号”来表示特混编队下面更小规模的部队。当一支特混舰队被分成若干舰艇编队时，就会加上小数点和数字。例如，第 17 特混舰队，第 17.2 特混大队和第 17.3 特混大队，这里 17.2 表示隶属于第 17 特混舰队的第 2 特混大队。

第 17.5 特混大队（航母编队）

重型航空母舰：“约克城”号、“列克星敦”号

掩护驱逐舰：“莫里斯”号、“安德森”号、“哈曼”号、“拉塞尔”号

第 17.2 特混大队（攻击编队）

重巡洋舰：“明尼阿波利斯”号、“新奥尔良”号、“阿斯托利亚”号、“切斯特”号、“波特兰”号

掩护驱逐舰：“菲尔普斯”号、“杜威”号、“法拉格特”号、“艾尔温”号、“莫纳亨”号

第 17.3 特混大队（来自澳大利亚）

重巡洋舰：“澳大利亚”号（RAN）、“霍巴特”号①（RAN）、“芝加哥”号

掩护驱逐舰：“珀金斯”号、“沃克”号

第 17.6 特混大队（舰队后勤船只）

油船：“尼奥肖”号、“蒂珀卡努”号

驱逐舰：“希姆斯”号、“沃登”号

第 17.9 特混大队

水上飞机母舰：“丹吉尔”号[14]

① 译注：原文如此，该舰为轻巡洋舰。

第九章

中途岛和阿留申群岛——序幕

实际上日军取胜之快，损失之小超出了大本营和陆海军参谋人员的计划。因此，在 1942 年 1 月到 4 月中旬的这段时间里，日军都忙于对新的作战行动进行研究和规划设想。不过陆海军各自内部和两者之间都存在着分歧，海军的一个参谋班子甚至提出入侵并占领斯里兰卡[1]。

当撤下来的盟军部队、飞机、舰船以及潜艇都退到澳大利亚时，美军立刻开始为澳大利亚建立并加固一条南方补给线，日军也知道麦克阿瑟计划把这块大陆用作他的反攻基地。因此，日本陆军想攻占莫尔兹比港，因为该地距离澳大利亚的约克角仅 300 英里。珊瑚海海战阻止了日军在一次直接进攻中攻占莫尔兹比港的首次尝试，所以现在日本陆军提出从陆路进攻莫尔兹比港。这将是日本攻占澳北的序幕，将挫败麦克阿瑟的任何攻势[2]。

山本大将和海军也意识到澳大利亚对日本南方新占领土的威胁，但他们提出了一种瘫痪澳大利亚的不同方法：通过攻占新喀里多尼亚、萨摩亚以及斐济来截断美澳交通线（被称作 FS 作战）。但山本五十六认为，他最重要的任务是将美国太平洋舰队引入决战，由于在数量上居于劣势，因此后者必败无疑。这个计划的关键是尽可能快地攻占中途岛，至少要在 6 月上旬完成。山本认为日军可以在美国海军聚集足够的防御力量之前将它拿下。攻占中途岛会引来美国太平洋舰队的反攻，而他将以优势兵力以逸待劳。

中途岛，顾名思义，非常接近于太平洋上的地理中心。它是个珊瑚环礁，由两部分组成：占地面积 328 英亩的东岛及面积 850 英亩的桑德岛。虽然中途岛称得上是弹丸之地，但在 1942 年 6 月，它却成了日本进一步扩张势力范围的支点。

最初日军大本营陆军部反对攻占中途岛的设想。陆军担心这势必会引发对瓦胡岛的进攻，调用它宁可用于南方的部队去实施这次作战。但海军劝服了陆军，使其相信这并非此次作战的目的，海军也不会要求陆军进攻夏威夷[3]。山本则执拗地坚持他早先那个不受欢迎的观点：日本无法赢得一场长期战争，它唯一的希望就是在最初的 6 个月里打一场决战，消灭太平洋上的美国海军，然后进行和谈。6 月 5 日，针对中途岛的作战计划（被称作 MI 作战）最终获得通过；该计划还包括突袭荷兰港，攻占阿留申群岛的基斯卡岛和阿图岛（被称作 AL 作战），对这个计划的补充是一系列声东击西之计。

尼米兹将军负责对付日军的这一新威胁。虽然太平洋舰队的舰船和飞机都不如日军，但它有一项特殊优势——日本海军的密码 JN–25 已经被破译[4]。因而美国海军可以预测日本海军的行动，并凭借已有的兵力做好战斗准备。正是因为掌握了日本海军的军用密码，第 17 特混舰队才挫败了日军的 MO 作战行动。美军也知道日军正在策划于 5 月下旬或 6 月上旬在中太平洋及阿留申群岛有所动作，所以他们立即把在珊瑚海海战中受创的“约克城”号派回珍珠港进行维修。（修理“约克城”号的故事令人难以置信，当它在 5 月 27 日到达珍珠港时，预计要 90 天才能被修复。但是在 1400 名维修人员的日夜抢修下，它在 5 月 30 日 9 点时就从珍珠港起航了[5]。）第 16 特混舰队重型航空母舰“企业”号和“大黄蜂”号也从西南太平洋赶回珍珠港。由于威廉·哈尔西中将（William F. Halsey）当时生病，第 16 特混舰队的指挥权被从他手里移交给了雷蒙德·斯普鲁恩斯（Raymond A. Spruance）少将。为了保卫中途岛，美军竭尽全力，对第六海军陆战队防御营进行增援，使中途岛的兵力达到 3000 人，一支大规模的潜艇部队和远程侦察机也被派出去实施侦察，中途岛这个小小的弹丸之地则挤满了能找到的所有能用的飞机。

对美国人来说至关重要的是，日本人对珍珠港里发生的一切都一无所知。因为“约克城”号在珊瑚海海战后已经消失，日本人便推定它已经沉没，或至少已经失去战斗力。他们缺乏有关美军其他航母的可靠情报，在他们看来，在进攻发起当天，中途岛附近可能一艘美军航母都不会出现。

对山本大将来说，知晓“约克城”号是否沉没同样重要。3 月，日本海军实施了 K 号作战——对珍珠港内的舰船进行核查。一艘远洋航行的伊型潜艇被派往法国护卫舰浅滩（French Frigate Reef），为一架川西式大艇补充燃料，川西式大艇随后将对珍珠港进行侦察。然而，从 5 月 27 日到 30 日，日军潜艇无法靠近约定的会合点，因为美国海军已经发现日军正在法国护卫舰浅滩进行侦察行动，于是在那里部署了一艘油船、两艘驱逐舰，这样便在修理“约克城”号的关键日子里阻止了日军水上飞机的侦察。K 号作战被延期至 5 月 30 日。于是，日军进攻中途岛的部队对美军舰船及其下落的确切情报一无所知[6]。

日本海军的情报工作还存在一个缺漏。有 13 艘伊型潜艇被派往珍珠港和中途岛之间的海域，建立潜艇警戒线，旨在对美舰进行侦察和攻击。但直到第 16 和第 17 特混舰队都已位于中途岛附近后，它们才到达预定位置。于是，正当大批强大的日本军舰为攻略中途岛和“决战”而集结时，日军将领们却仍然不知道有什么美国海军部队在中途岛附近。

南云的攻击部队是众多日本海军部队中最先往中途岛方向集中的，5 月 27 日就从柱岛出发，在当天 4 点启程。随后出击的是联合舰队主力（山本大将坐镇“大和”号）和近藤中将的第二舰队——攻击兼支援部队（主力）。

虽然那些没有作战指挥任务的人都预计日军会轻而易举地取得又一场胜利，南云中将却并没有这么乐观。自 12 月 7 日以来，他就指挥自己的航母作战群奋力拼杀，他知道它们需要大修和保养。山本意识到他又在掷骰子了，可这一次他不知道赢面有多大，因为他对可能遇到的美军航母的方位和数量都一无所知。但如果要赢得这场战争，他认为就必须先打赢中途岛海战。他病了，得了腹泻，此时变得沉默寡言，但他不想让自己的困扰惊动别人。

翌日，攻略中途岛的运输船连同“神通”号及 10 艘驱逐舰一起离开了塞班岛，同时第二舰队的攻略支援部队也离开了关岛。5 月 29 日，联合舰队的其他舰只也起航出发。日本帝国海军的 71 艘主力舰只杀向位于太平洋中部的面积只有 1178 英亩的小岛。第二天，由于 K 号作战的取消，山本的舰队只能依靠潜艇和陆地、航母及巡洋舰的侦察机来获取情报，否则如同瞎子一样。南云的近程无线电并没有收到 K 号作战已经取消的消息，所以他以为川西式大艇会报告美军航母的数量和方位。目前为止他对珍珠港内和中途岛附近的美军航母一无所

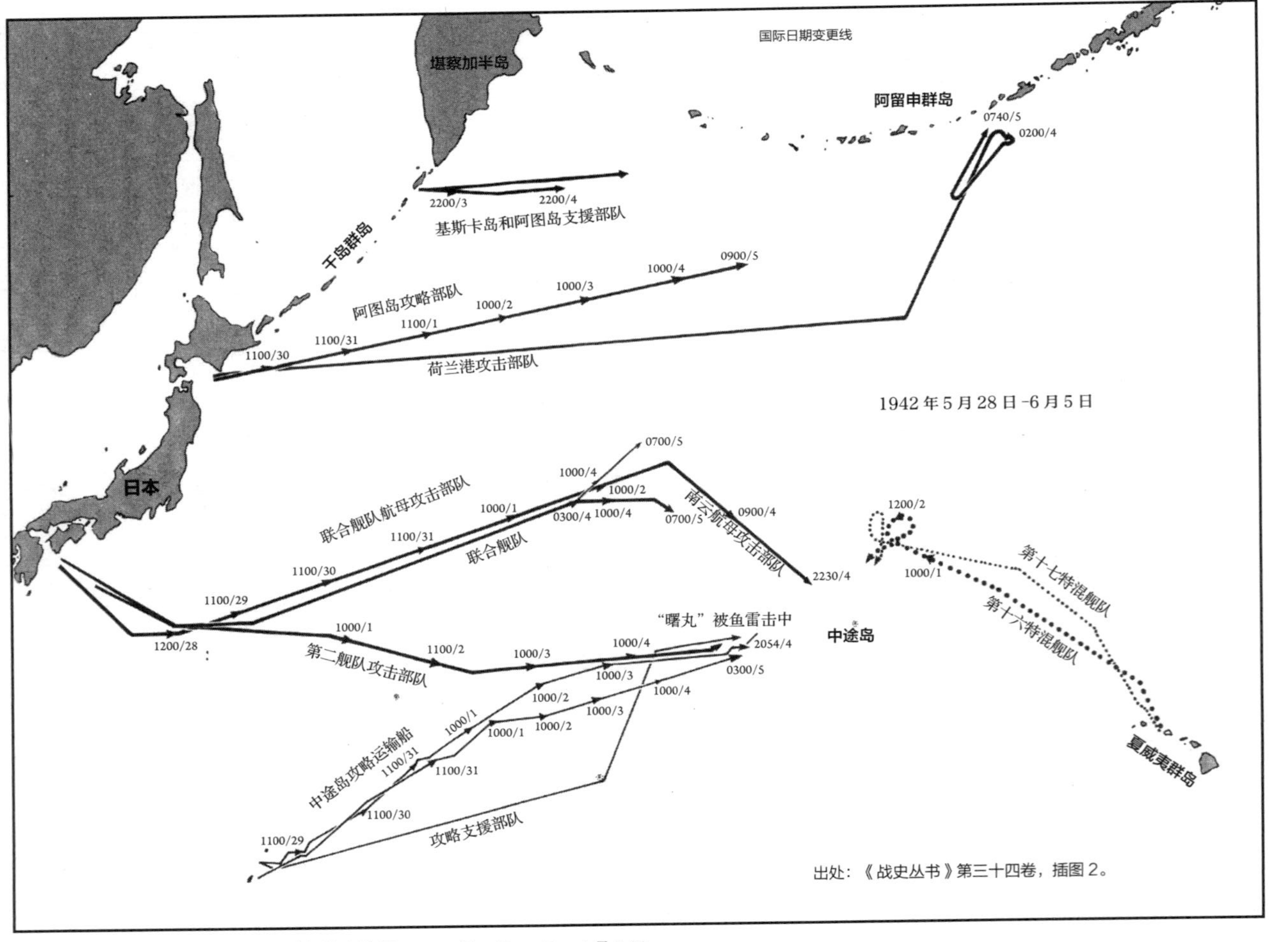

〈 日本海军挺进中途岛和阿留申群岛的路线图，1942 年 5 月 28 日—6 月 5 日

知。6月3日，阿留申牵制部队起航了（这里的日期是国际日期变更线以西的时间）。

6月4日一早，日美双方进行了首次接触。距离中途岛仍有670英里的第二舰队护航部队的若干舰船被来自中途岛的“卡特琳娜”（PBY）侦察机发现。之后在当天早上，B-17轰炸机群攻击了护航部队和运输船，但没有取得战果。当晚，“曙丸”船首被鱼雷击中，但仍能继续前进，运输船“清澄丸”遭到美机扫射。山本现在知道日军的军事行动已经被美军发现了[7]。不过他也不指望这次作战能够出其不意。关键问题是，美国海军会用什么军舰进行回击。

山本大将的基本计划如下：他的航母将在2艘快速战列舰、2艘重巡洋舰、1艘轻巡洋舰和12艘驱逐舰的掩护下于6月4日拂晓进攻中途岛。倘若侦察机、潜艇或者“K”号作战发现了美军海军部队，那么就转而对其进行攻击，摧毁该海域的美军舰船后，对中途岛的进攻将继续进行。如果与美军特混舰队发生战斗，或中涂岛的抵抗比预想的要激烈，位于中途岛以西的强大的近藤第二舰队将被用于扫荡受重创的美特混舰队残部（最好是在夜战当中）或炮击中途岛。如果没有遇到美特混舰队，那么山本就可以信心十足地预期美军会倾全力保卫中途岛，而他处于优势的联合舰队便可以轻而易举地与美军交战，将他们歼灭。

当时的海军战略家还没有创立一种关于航母主导的战斗中如何部署舰队的军事学说。要不是日本海军信奉消耗战思想，山本本可以通过整合他的部队，提供更多火力来保护他脆弱的航母。他还可以把所有的航母都投入到对中途岛的进攻，即用“瑞凤”号（有24架舰载机）、“凤翔”号（有19架舰载机），以及水上飞机母舰“千岁”号、“神川丸”号、“千代田”号、“日进”号。事实上，要不是他企图用自己的阿留申牵制部队把美国海军引向北方，他还可以再加上“龙骧”号（37架舰载机）、“隼鹰”号（53架飞机）和水上飞机母舰“君川丸”。

然而，南云此时仍然不知道中途岛附近有大批美军部队。而且他认为，就算真的有，自己的4艘大型航母也能轻而易举地应付任何紧急情况。山本虽然是航母战的鼓吹者，却仍然表现出战列舰情结，因为他对兵力的部署表明，他认为决战将由他和近藤的部队在夜间以舰对舰的方式来打。他的联合舰队主力在必要的时候可以迅速支援近藤。由于双方都没有完善夜间在航母上降落飞机的技术，因此都不愿冒险。

斯普鲁恩斯司令和弗莱彻司令以及他们的第 16 和第 17 特混舰队此时也面临困难。他们确实有这样一些优势——知晓日军的参战兵力和意图，并且有航程很远的飞机和潜艇可以监视靠近的敌方舰队，但航向和速度可以改变，美军的情报也并非准确无误。众所周知，对舰船的识别，尤其从高空进行侦察是不精确的。他们能做的就是根据他们对敌人的方位和意图所能做的最准确预测，来部署他们的部队。

到 6 月 3 日晚上（国际日期变更线以东），美军将领心里很清楚，航母间的决斗在拂晓时就要开打了，要先发现对手，并隐蔽行踪，如果被发现了，那就要让舰船摆好最佳的阵形去击退飞机的空袭。6 月 3 日晚，美特混舰队位于中途岛东北偏东方向 300 多英里处，距离南云在 6 月 4 日（对南云来说是 6 月 3 日，因为他此时位于国际日期变更线西面）预定的出击点以东大约 400 英里，并略微偏北一点。

在夜间的一段时间里，日美两支航母部队都朝着它们航线的交汇处逼近，这些交叉线原本会在中途岛西北方向约 40 英里处穿过。两位美军将领根据不同的前提指挥作战。斯普鲁恩斯少将不相信在 6 月 3 日攻击过日军船队的中途岛陆基飞机已经发现了日军舰队主力，他得到的情报反而显示南云的航母将于 6 月 4 日在中途岛西北某处发动攻击，斯普鲁恩斯据此调遣舰队。弗莱彻的第 17 特混舰队在级别上比斯普鲁恩斯高，而且握有两支特混舰队的战术指挥权，但由于斯普鲁恩斯有能干的航母军官迈尔斯・布朗宁（Miles Browning）上校作他的参谋长，弗莱彻便允许他独自指挥第 16 特混舰队。这样划分指挥权的结果便是美军的 3 艘航母无法形成一个整体进行作战，降低了它们在航母战斗中的效率。南云中将仍然不知道美军军舰就在附近，因此准备提早对中途岛发动猛烈攻击，同时派出巡洋舰的侦察机向东面及东北方向进行搜索[8]。

联合舰队中途岛攻击（MI 作战）部队编制表

第一舰队、主力（由山本大将直接指挥）

轻型航空母舰：“凤翔”号

战列舰：“大和”号、“长门”号、“陆奥”号

轻巡洋舰：“川内”号

驱逐舰：“吹雪”号、“白雪”号、“丛云”号、“初雪”号、“矶波”号、“浦波”号、“敷波”号、“绫波”号、“夕风”号

第一机动部队、航母攻击部队（由南云中将指挥）

重型航空母舰：“赤城”号、“加贺”号、“苍龙”号、“飞龙”号

战列舰：“榛名”号、“雾岛”号

重巡洋舰：“利根”号、“筑摩”号

轻巡洋舰：“长良”号

驱逐舰：“秋云”号、“卷云”号、“夕云”号、“矶风”号、“浜风”号、“岚”号、“风云”号、“浦风”号、“谷风”号、“野分”号、“萩风”号、“舞风”号

后勤船只：8 艘油船

第二舰队、攻击部队、支援部队、主力（近藤信竹中将）

轻型航空母舰：“瑞凤”号

战列舰：“比叡”号、“金刚”号

重巡洋舰：“爱宕”号、“鸟海”号、“妙高”号、“羽黑”号

轻巡洋舰：“由良”号

驱逐舰：“村雨”号、“夕立”号、“春雨”号、“五月雨”号、“朝云”号、“峰云”号、“夏云”号、“三日月”号

油船 4 艘

第二舰队护航舰队（田中赖三少将）

轻巡洋舰：“神通”号

驱逐舰：“黑潮”号、“亲潮”号、“初风”号、“雪风”号、“天津风”号、“时津风”号、“霞”号、“阳炎”号、“霰”号、“不知火”号

15 艘运输船，载登陆部队 5000 人

1 艘油船

第二舰队、攻略支援部队

水上飞机母舰：“千岁”号、“神川丸”号

重巡洋舰：“熊野”号、“最上”号、“三隈”号、“铃谷”号

掩护驱逐舰：“荒潮”号、“朝潮”号、“早潮”号

特别任务部队

水上飞机母舰：“千代田”号、“日进”号

特别补给部队

驱逐舰：“有明”号

2 艘货船[9]

日军航母攻击部队在中途岛战役中搭载飞机数量[10]

	战斗机	俯冲轰炸机	攻击机
“赤城”号	18	18	27
“加贺”号	18	18	27
“飞龙”号	18	18	18
“苍龙”号	18	18	18
合计	72	72	90

阿留申作战牵制部队作战序列

第五舰队、主力（细萱戊子郎中将）

重巡洋舰：“那智”号

掩护驱逐舰：“电”号、“雷”号

第二攻击部队、航母部队（角田觉治少将）

轻型航空母舰：“龙骧”号、“隼鹰”号

重巡洋舰：“摩耶”号、“高雄”号

水上飞机母舰：“君川丸”号

掩护驱逐舰：“曙”号、“潮”号、“涟波”号、“潮风”号

阿图岛攻略部队（大森仙太郎少将）

轻巡洋舰：“阿武隈”号

驱逐舰：“初春”号、“初霜”号、“若叶”号、“子日”号

2 艘运输船，载有部队 1000 人

基斯卡攻略部队（大野竹二海军大佐）

轻巡洋舰：“多摩”号

驱逐舰：“晓”号、“帆风”号

6 艘运输船，载有 550 人[11]

美国海军中途岛战役参战部队

第 16 特混舰队（雷蒙德·斯普鲁恩斯少将）

第 16.5 特混大队

重型航空母舰：“企业”号、“大黄蜂”号

重型巡洋舰：“新奥尔良”号、“明尼阿波利斯”号、“文森斯”号、“北汉普敦”号、“彭萨科拉”号

轻巡洋舰：“亚特兰大”号

第 16.4 特混大队

驱逐舰：“鲍尔奇”号、“科宁厄姆”号、“贝纳姆”号“蒙森”号、“埃勒特”号、“莫里”号、“菲尔普斯”号、“沃登”号、“莫纳亨”号、“艾尔文”号、“杜威”号、“蒙森”号

第 17 特混舰队（弗兰克·杰克·弗莱彻少将）

第 17.5 特混大队

重型航空母舰：“约克城”号

第 17.2 特混大队

重巡洋舰：“阿斯托利亚”号、“波特兰”号

第 17.4 特混大队

驱逐舰：“哈曼”号、“休斯”号、“莫里斯”号、“安德森”号、“拉塞尔”号、“格温”号

第 7 特混舰队

第 7.1 特混大队（中途岛巡逻队）

12 艘舰队潜艇

第 7.3 特混大队（瓦胡岛巡逻队）

4 艘舰队潜艇

后勤船只

驱逐舰：“布鲁”号、“拉尔夫”号、“塔尔博特”号

1 艘油轮

法国护卫舰浅滩

驱逐舰：“克拉克”号

1 艘油轮

2 艘供应船

辅助船只

美国海军在中途岛作战中的舰载机数量[12]

	战斗机	俯冲轰炸机	鱼雷机
“约克城”号	25	37	13
“企业”号	27	38	14
“大黄蜂”号	27	37	15
合计	79	112	42

美国海军在阿留申群岛的部队

第 8 特混舰队（罗伯特·西奥博尔德少将）

重巡洋舰：“印第安纳波利斯”号、“路易斯维尔”号

轻巡洋舰：“那什维尔”号、“圣·路易斯”号、“火奴鲁鲁”号

驱逐舰：“葛瑞德利”号、“吉尔默”号、“麦考尔”号、“汉弗莱斯”号

第 8.2 特混大队（水面侦察部队）

1 艘炮艇

1 艘油轮

14 艘巡逻船只

5 艘海岸警卫队快艇

第 8.4 特混大队

驱逐舰：“凯斯”号、“塔尔博特”号、“桑兹”号、“登特”号、“布鲁克斯”号、“沃特斯”号、“里德”号、“金”号、“凯恩”号

第 8.5 特混大队

潜艇：6 艘 S 型潜艇[13]

第十章
山本的决战

1942 年

6 月 4 日　南云舰载机袭击中途岛并击退来自中途岛岸基飞机的进攻

6 月 4 日　“大黄蜂”号、“约克城”号、“企业”号发现并攻击南云的航母舰队，击沉了“赤城”号、“加贺”号和“苍龙”号

日军对中途岛的空袭于凌晨 4 点 30 分开始，凌晨 4 点 45 分，攻击机群集结完毕，并以 125 节[1]的速度飞向目的地。日军的航空母舰此时距离中途岛 210 英里，放出攻击机群后，它们以每小时 24 海里的航速逼近中途岛。四艘航空母舰总共放飞 36 架攻击机、36 架战斗机、36 架携带重约 1800 磅重型炸弹的攻击机[2]。日军知道中途岛的美军战机会反击，因而四艘航母准备了 36 架战斗机进行空中巡逻。南云还留下了 126 架飞机（算上从中途岛返航的），以应对任何可能发生的状况。

中途岛上的雷达一发现日军的攻击机群，整个岛就进入了“一级战备状态”，到 6 点的时候，每架能飞的飞机（总共 120 架）都起飞了。然而，这些飞机的性能却跟不上飞行员们的热情。当海军陆战队的战斗机试图拦截日军轰炸机时，遭到零式战斗机的轮番攻击。美国的飞机（老式的“水牛”和“野猫”）比不上由作战经验丰富的飞行员驾驶的零式战机。此时就需要中途岛的防空炮火发挥作用了。6 点 34 分，日军高空和俯冲轰炸机开始攻击，这次空袭持续了大约 20 分钟。日军机群从 7 点 20 分开始会合，到 7 点 30 分集结完毕，准备返航。他们造成的损害不足以破坏中途岛。美军的 27 架海军陆战队战斗机损失了 17

架（飞行员也遭受了相应的损失），另有 7 架严重受损。

在中途岛的东岛，海军陆战队指挥部和餐厅被日军炸毁，发电所遭到严重破坏。在沙岛（Sand Island），日本人不想再犯偷袭珍珠港时的错误，这一次炸毁了储油罐和水上飞机设施。仓库、气泵和医院发生了火灾，不过人员伤亡轻微，飞机跑道依旧可以使用[3]。

日本人飞机的损失就比较大了。虽然他们的轰炸机没有一架被美军战斗拦截机击中，但中途岛地面的防空火力猛烈而精准。空袭中途岛后，日军总共有 38 架飞机没有返航，29 架无法继续使用——出击的 108 架飞机总共损失了 67 架。这使得南云只剩下 167 架飞机去迎战美军航母能够集结起来的 230 架飞机。要是山本大将没有把“凤翔”号航空母舰（载有 11 架战斗机、8 架攻击机）部署在后方，和他的联合舰队主力在一起，把轻型航母“瑞风”号部署给第二舰队攻击兼支援部队，那么日军航母部队将仍会有 210 架飞机，加上一并部署到阿留申群岛方向的轻型航母“龙骧”号（载有 16 架战斗机、21 架攻击机）和“隼鹰”号（载有 22 架战斗机、21 架轰炸机和 10 架攻击机），山本本应有 300 架飞机。但他对可能遭遇的美军飞机数量存在严重的误判。分拆部队使他在这场重要的空战中失去了很多宝贵的飞机，从而在航母舰载机数量上给了美军巨大的优势。

中途岛激战正酣时，南云中将命令重型巡洋舰“筑摩”号和“利根”号放出反潜机和侦察机，两舰在 4 点 35 分到 5 点之间执行了这一命令。南云很明显没有料到飞机会发现敌人的特混舰队，因为他的搜索巡逻只是例行公事，尽管他的两艘巡洋舰总共有 10 架侦察机，但只派出了 4 架执行搜索任务，3 架执行反潜任务。而且他的每艘战列舰上有 3 架水上飞机，轻巡洋舰“长良”号还有一架，航母也有本可以用于执行搜索任务的飞机[4]。总之，讲到南云的防御措施，能说的就是当舰队从柱岛出击时，他被告知美国的航母都在南太平洋，并且没有收到任何与之相悖的情报。南云还有更多紧急的问题要解决，因为在他回收飞机前（本应该在 8 点 40 分从中途岛返航）[5]，他的舰队已经开始遭到来自中途岛的反击。

5 点 53 分，当中途岛的美军首次接到日本飞机来犯的报告时，岛上所有能飞的飞机都起飞了，有些去拦截日本飞机，其他的则去攻击日本舰船。美军策

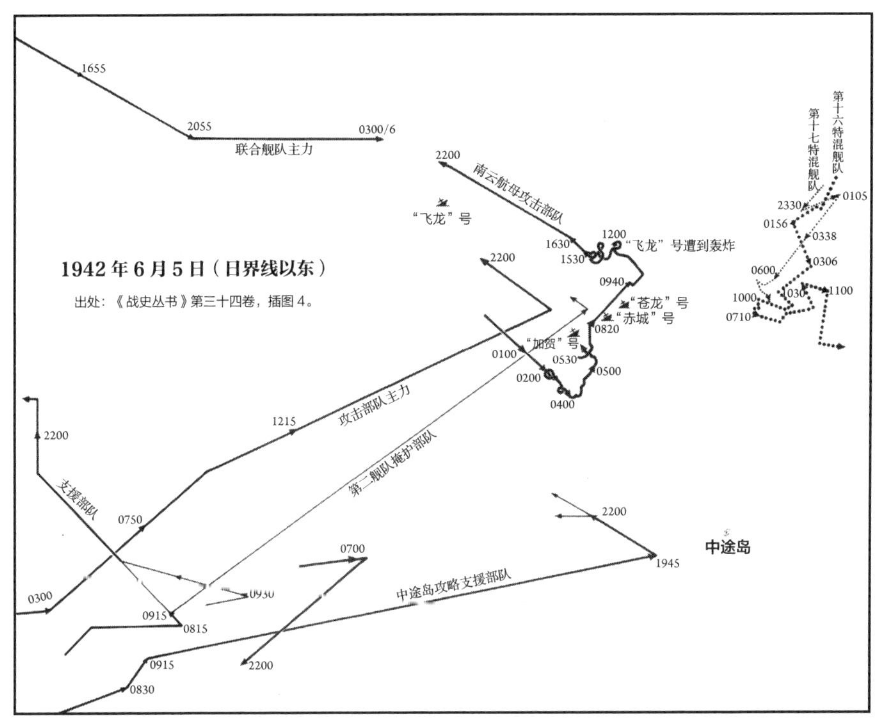

^ 中途岛海战，1942 年 6 月 5 日

划了一次针对南云舰队的协同攻击。共有 6 架"复仇者"鱼雷攻击机（本来是生产出来作为舰载鱼雷攻击机，但在此情况下被指派从地面起飞执行任务）、4 架 B–26（令美国陆军航空队飞行员感到诧异的是，该机居然配备鱼雷）、16 架海军陆战队的"无畏"式俯冲轰炸机和 16 架美国陆军航空队的 B–17 轰炸机参与此次攻击行动。

但这次针对日军航母的攻击行动缺乏协同。6 架"复仇者"攻击机（后面跟着排成一条直线的 4 架 B–26 轰炸机），已经等不及与其他飞机会合，在 7 点 15 分时直冲"赤城"号。日军的巡逻战斗机和防空炮火打下了 4 架"复仇者"；第五架撞到了"赤城"号的甲板，而后被反弹到海里。只有一架严重受损的"复仇者"回到了中途岛。到目前为止，日军航母成功地保护了自己。

日本方面对当时的情况记录如下：

4点30分，来自中途岛的高空水平轰炸机被巡逻战斗机和反潜舰船击退。

5点，放出“利根”号重巡洋舰的4号侦察机执行搜索任务。

5点20分，南云下令：如果条件许可，对中途岛实施二次打击。有人认为航母中的飞机应该开始把鱼雷换成炸弹。

5点32分，敌人的水上飞机前来侦察。

5点55分，“利根”号的一号侦察机发来消息，称“发现敌机15架正向你逼近”。南云中将断定它们来自中途岛。

6点34分，对中途岛的攻击开始。

7点，中途岛攻击机机群的指挥官发来无线电，称“必须实施二次打击”。

7点05分，来自中途岛的反击开始。大量巡逻战斗机起飞拦截。大部分敌机被击落，没有对我方造成任何损伤。

7点15分，没有收到发现敌舰队的报告（发自飞至搜索区域极限的飞机），南云中将下令对中途岛实施二次打击。

7点28分，“利根”号重巡洋舰报告：“发现舰船10艘，疑似敌舰。方位10度（从中途岛看）。距离240英里。航向150度。”舰队司令部希望这一情报仍然存疑，并还没有造成麻烦。

7点45分左右，“利根”号重巡洋舰的4号侦察机发来无线电，报告了敌军所在位置的天气信息。南云断定敌舰队有飞机，推测美军有1艘或多艘航母。南云决定实施攻击，他下令换装鱼雷。预计距敌特混舰队大约200海里。

大约7点50分，袭击中途岛的飞机开始返回母舰。

8点09分，“利根”号重巡的4号侦察机报告称敌舰队是5艘巡洋舰和5艘驱逐舰。

8点20分，“利根”号重巡的4号侦察机报告称敌舰队有一艘舰船看起来像航空母舰。南云决定待回收了袭击中途岛的飞机后，就用它们组成攻击机群向北面进发。

8点30分，派出2架侦察机。

8点40分左右，空袭中途岛的飞机开始降落。

9 点 18 分，返航的所有飞机着舰[6]。

这就是南云中将所处的形势：他的飞行员报告说需要对中途岛进行第二次打击，而他已经在“赤城”号和“加贺”号的飞行甲板上准备好第二组攻击机群，飞机为攻击美国海军舰队装备了鱼雷和穿甲炸弹。不过他的航空参谋源田实指挥官劝他说对中途岛进行二次打击更为紧迫。南云决定把他甲板上的飞机降到机库，将它们挂载的鱼雷和穿甲炸弹换成高爆弹，用于对中途岛的第二轮攻击。9 点 18 分，日军准备给首轮打击中幸存的飞机重新添油加弹，以实施对中途岛的二次打击。（“飞龙”号和“苍龙”号就没有陷入这样的困境，因为它们的飞行甲板上已经摆好了俯冲轰炸机。）“赤城”号和“加贺”号在此时最易受到攻击，它们甲板上堆放的炸弹、弹药和汽油正是后来灾难发生的诱因。在第二波攻击部队重新接受补给时，航母的机库甲板也处在危险之中，因为舰上勤务人员在匆忙之中没时间妥善地收好鱼雷和炸弹。

接下来，当南云的一架侦察机侦察到至少有一艘重型航母的美军舰队时，他改变了主意，命令不论机库甲板中的飞机装备如何，都将它们抬升到飞行甲板上，原来飞机甲板上的飞机则被降下。但由于航母无法同时降下和抬升飞机，故南云需要时间来完成这个转换。他的舰队队形良好，再过几分钟，第二波攻击部队就会出发前去摧毁美军的特混舰队，后者的准确方位现在已经被日本人知晓。但美国人偏偏就不给他这几分钟。在这最后的一小时里，南云做出了这场战争中最致命的错误判断。

在 6 月 3 日晚上到 6 月 4 日早晨这段时间里，第 16 和第 17 特混舰队根据日本航母攻击部队的大致方位已经移至能够先发制人的位置。4 点 30 分，“约克城”号放出了 10 架俯冲轰炸机，向北 100 公里进行 180 度扇形搜索。位于美军舰队以西 200 多公里处的日本航母舰队刚刚发动了对中途岛的袭击。5 点 34 分，“企业”号无线电收到了发现日军航母的报告。接下来在 5 点 45 分，它又收到了中途岛方面发出的“敌机正在逼近”的信号。6 点 03 分，在“两艘敌军航母和战列舰”所处的大致方位传来了更多的信息。尽管侦察机发来的这些位置准确度不高，但这份报告却能让两支特混舰队缩小搜索范围。斯普鲁恩斯中将是一个小心谨慎的人，他认为己方应该在靠近到距离日军航母舰队 100 英里处再实施攻击，以降低舰载机燃油耗尽的风险。但这些飞机实际上有约 200 英里的航程。在与他的高级参谋军官讨论过后（这次讨论打消了他对燃油耗尽的顾虑），斯普鲁恩斯决定让舰载机进行一次 200 英里的飞行。他一直在监听来自中途岛的无线电通信，认为或许能在南云航母收拢返航飞机时打他一个措手不及。

美国海军在航母战斗中的舰艇编队与日军类似。三艘美国航母不是集团作战，即便在第 16 特遣舰队内部，两艘航母也是分开配置的，各自带着一群组成环形防御圈的支援舰船。日本人也给他们的航母配置了环形防卫圈。但在中途岛战役的第一阶段，四艘航母却在一个方形阵里被打了个措手不及[7]。

7 点 02 分，斯普鲁恩斯命令所有飞机起飞，到 8 点 06 分，所有攻击机群都升空完毕。这其中包含 21 架“野猫”战斗机、67 架“无畏”式俯冲轰炸机和 29 架“蹂躏者”鱼雷攻击机（一种特别脆弱的飞机，最高速度只有 200 英里每小时。它突入攻击时必须飞得又低又直，为了击中敌舰，必须离目标很近的距离发射鱼雷）。他还起飞了 18 架战斗机进行空中巡逻，并留了 18 架在甲板上用来轮替。斯普鲁恩斯不想等第 17 特混舰队派出所有飞机才开始行动，便抛弃了协同攻击的计划，提前在 8 点 45 分把他的俯冲轰炸机派了出去。

与此同时，“约克城”号航母起飞了 17 架“无畏”式俯冲轰炸机，22 架“蹂躏者”鱼雷攻击机，在 8 点 38 分又放出 6 架“野猫”战斗机。弗莱彻在他的航母上留了半数飞机作为预防措施，以备增援之需。他推迟了飞机的起飞，留下一大波预备队，因为他仍然无法确定日军进攻部队是否只有四艘航母。另外，他也起飞了 12 架“野猫”战斗机进行战斗巡逻。

“大黄蜂”号航母已经放出了 35 架“无畏”式俯冲轰炸机和 10 架“野猫”战斗机，它们将与 15 架鱼雷攻击机保持联系。然而，由于能见度不良，鱼雷攻击机和其他飞机走散了。与此同时，南云在回收了他的飞机后，命令部队往东北方向作 90 度转向。“大黄蜂”号的 45 架战斗机和轰炸机没有发现一艘日军航母，因而也就未参加战斗。但它的 15 架“蹂躏者”鱼雷攻击机发现了“赤城”号，于是在没有战斗机支援或俯冲轰炸机诱敌的情况下提前发起了攻击。

日军的空中巡逻战斗机朝“蹂躏者”鱼雷机编队蜂拥而下，以单列纵队飞行，距水面 55 英尺。日军的防空炮则在 8 英里远的地方开始发现目标。没有一架美

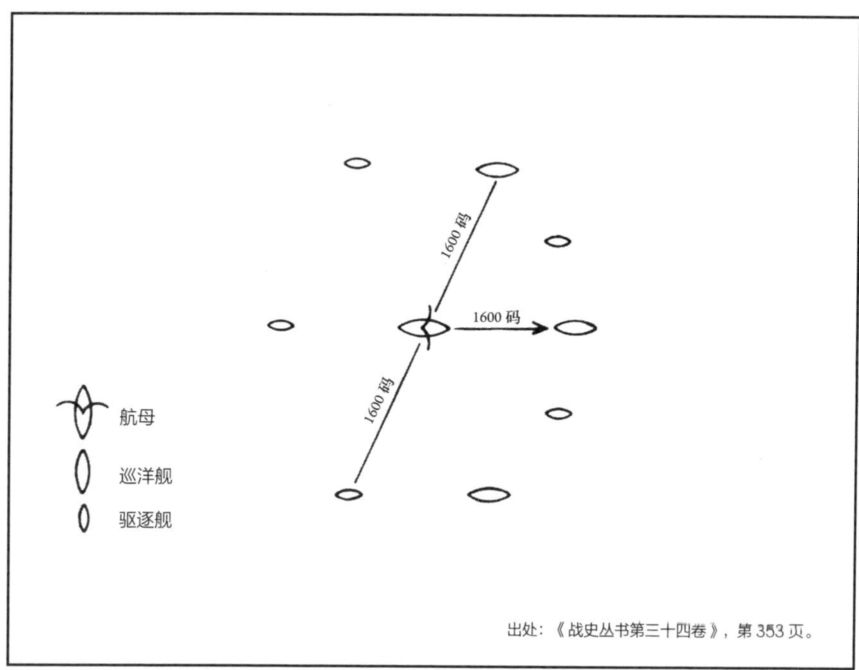

︿ “飞龙”号周围防护屏障的线条简图

机击中日舰，它们自己反而全被日机击落[8]。日军的战斗简报简短而轻描淡写地做了这样的记录：“9 点 18 分，敌航母舰载机开始鱼雷攻击。护卫战斗机击落了大量鱼雷机。”[9]

“企业”号鱼雷机中队也和它们的护航战斗机走散了，在“大黄蜂”号的飞机实施攻击十分钟后，在对“加贺”号的攻击中，企业”号鱼雷机的命运和“大黄蜂”号的舰载机如出一辙。日军的零式战斗机和防空火炮发挥了很大的作用，许多攻击机还没来得及发射鱼雷就被击落了，自身没有击中任何目标。14 架鱼雷机有 10 架被击落。

第三波鱼雷机来自“约克城”号，由 6 架战斗机护航，它们在 10 点钟向“苍龙”号发动了进攻，但同样无功而返，只有 5 架飞机飞得足够近，发射了鱼雷。零式战斗机以压倒性优势击溃了护航的美军战斗机，除了 2 架逃脱，其余均被击落。参与进攻的41架“破坏者”只有6架逃脱，并且没有击中任何目标。

日军的战斗报告里对10点钟的战斗有这样一段奇怪的记录：“侦察机报告称附近没有发现之前‘利根’号巡洋舰四号侦察机报告的敌人，该消息并没有通报给通讯军官。”后来事实证明，这条信息本应该是很有用的，尤其是对“飞龙”号的舰长加来止男来说。因为在一场捉迷藏似的航母对战中，定位和追踪到敌人的航母就等于成功了一半。美军的三艘航母在放出飞机后便向南驶去。

虽然遭遇了严重挫折，美军鱼雷机的进攻却为后续的打击创造了条件。日军航母在抵御鱼雷机攻击时作了大范围的机动，以至于它们无法起飞各自的飞机来增强空中巡逻力量。而且美军这些攻击把日军的空中巡逻力量都引到了海平面，这就使航母对高空俯冲轰炸机毫无防备。防空火炮和瞭望哨对高空飞行的飞机也毫无戒备。在这半个小时里，航母的方形编队被打乱，“飞龙”号也脱离了大部队，跑到其他三艘航母的北面去了。

美军的航母舰载机到目前为止可以说是完败。本应该集结在一起的飞行编队这时却走散了，而其他的飞机编队要么找不到目标，要么找不到需要保护的“友军”。日军航母的位置已经被标绘出来，但它们的航线随后发生了改变。7点52分，斯普鲁恩斯在放出鱼雷机之前，先从“企业”号和“大黄蜂”号上出动了5架俯冲轰炸机。鱼雷机速度慢，更易受到攻击，因而对它们来说战斗机的护航就至关重要了。“企业”号的轰炸机于9点30分抵达预计与日军舰队接触的位置，但什么也没看到。而且它们还与自己的护航战斗机走散了，后者误把“大黄蜂”号的鱼雷机编队当成了护航目标。这些战斗机在9点10分发现了日军的航母编队，但未打破无线电静默。对“大黄蜂”号的鱼雷机飞行员来说不幸的是，“企业”号的战斗机在他们发动攻击时正盘旋在19000英尺的高空，等待来自“企业”号的参战命令。

“企业”号的俯冲轰炸机向西南搜索，随后在9点35分转向北面。9点55分，一个偶然事件的发生改变了整场战役的进程。日军“岚”号驱逐舰被美机发现，它当时正全速向东北驶去。“企业”号轰炸机群立即掉头对它进行跟踪，它们猜到这艘落单的驱逐舰正在追赶日军航母部队，好与之重新会合。

早在当天早晨，美军潜艇“鹦鹉螺”号就按照中途岛飞机报告的方位找到了日本舰队，发现自己已经身处日本航母攻击部队当中[10]。它在9点钟躲过了日军深水炸弹的攻击，并在9点20分上升到潜望镜深度。9点25分，该潜艇向一艘战列舰发射了鱼雷，没有命中，然后下潜躲过了又一次深水炸弹攻击。当“企业”号的攻击机群发现“岚”号驱逐舰时[11]，用深水炸弹完成对“鹦鹉螺”号攻击的它正在返回航母部队的路上。

要是没有这好运气，“约克城”号航母的17架俯冲轰炸机将不得不在毫无帮助的情况下向日军的航母打击部队发起攻击。“约克城”号的飞机已经在8点06分起飞，而攻击机群的指挥官麦克斯韦·莱斯利（Maxwell F. Leslie）少校猜中了敌军舰队的位置，并在10点后不久找到了它。美军的作战计划本来要求俯冲轰炸机在鱼雷机之前发动攻击，但“约克城”号航母的鱼雷机并未等候俯冲轰炸机做一次协同进攻。就在那些鱼雷机遭到屠杀的时候，17架俯冲轰炸机发起了进攻，从14500英尺的高空俯冲扑向“苍龙”号航母。它们几乎没有遭到任何抵抗，因为日军的空中巡逻机和航母部队中的舰炮都忙于对付低空飞行的鱼雷机。

“苍龙”号

“苍龙”号和其他三艘航母一样，也处于岌岌可危的境地。没有起飞的俯冲轰炸机停在甲板上，剩下的航母舰载机（除了空中的战斗机）都在机库里添油加弹。炸弹和鱼雷均未收好，油管线也开着。这艘航母在俯冲轰炸攻击面前是格外脆弱的。

虽然面对这样微弱的抵抗，美军的命中率很低——只有3枚一千磅的炸弹命中（总共投下13枚），但这些炸弹都落得恰到好处。一枚炸弹正好在前升降机的位置爆炸，第二枚击中左舷附近、中心升降机前端，第三枚击中后升降机的左边。第一枚炸弹穿透机库，产生的爆炸掀掉了背靠右舷岛式舰桥的前端升降机。第二枚炸弹击中了甲板上的飞机，随后发生爆炸的汽油、炸弹和鱼雷吞噬了大片正在燃烧的飞机甲板。第三枚炸弹穿透飞行甲板，在船尾造成了类似第二枚的破坏。这轮攻击从10点25分一直持续到10点30分，“约克城”号的舰载机一架未损。“苍龙”号则因为弹药引爆而完全陷入火海，舵机失灵，

10 点 40 分以后不久就在海里停止活动了。舰长看到火势已经无法控制，便在 10 点 45 分命令全体舰员弃舰。邻近的舰船火速赶到现场，把生还人员从海里拉上来。重巡洋舰“筑摩”号在 11 点 12 分放下一只小艇协助营救工作。获救人员都被转移到驱逐舰“浜风”号和“矶风”号上。

南云中将无法判断“苍龙”号上的情况，在 16 点 55 分下令两艘救援的驱逐舰向西北撤退去掩护航母。“矶风”号回复说：“‘苍龙’号无法自行前进。”并质疑了特别掩护的命令，补充道，“预计‘苍龙’号即便在火被扑灭的情况下也无法开动。”18 点 02 分，“矶风”号又重复了同样的回答：“不要指望‘苍龙’号能依靠自己的动力开动。幸存舰员已经弃舰。”在炸弹击中“苍龙”号后没多久，该舰指挥官柳本舰长被严重烧伤，被迫把指挥权移交给他的下属。他的参谋不停地恳求他去另一艘舰上避难，但遭到严词拒绝。大约 10 点 45 分，在命令他的舰员弃舰后，这位舰长纵身跳进火海，求得“战死”。

大约 19 点的时候，“苍龙”号的火势变得愈加猛烈。南云中将在轻巡洋舰“长良”号上组织了一支救火队，开始准备将其带到“苍龙”号上。但“苍龙”号在 19 点 12 分的时候开始下沉，三分钟后沉没。19 点 20 分，在它的葬身之处发生了一次水下大爆炸，该舰最后震动了一下。要得出准确的伤亡数字已不可能，因为该舰的满编人数虽然是 1103 人，但舰上有许多平民，他们大多数是新闻记者。根据该舰名册，从失踪人员推算出的非官方数字是 718 人遇难[12]。

“赤城”号

从“企业”号起飞的 37 架轰炸机在海军少校克拉伦斯·麦克拉斯基（Clarence Mclusky）的指挥下分成两队，终于在 10 点后不久发现了日军的三艘航母。这位飞行队长命令一队攻击“赤城”号，他自己那一队则攻击“加贺”号。“赤城”号和“苍龙”号一样既无预警，也无防备。“无畏”式俯冲轰炸机下降到大约 1600 英尺的高度才开始投弹，但他们的炸弹只有两颗命中目标。一颗击中了船体中央升降机的边缘部分，第二颗则击中了左舷船尾。（“赤城”号幸存军官的记录称：敌人俯冲轰炸机的攻击非常勇敢。）[13]

“赤城”号在顷刻之间被爆炸和火焰撕裂。第一颗炸弹穿透升降机井，引爆了没有收好的鱼雷和炸弹。这一击本来就足够致命。第二颗炸弹在一堆正在把炸弹换成鱼雷的飞机中爆炸，汽油、炸弹和鱼雷爆炸产生的火焰再次席卷飞行甲板。10点29分，青木泰二郎舰长命令向存放炸弹和鱼雷的弹药库注水。弹药库前端马上注满了水，后端却无法注入，因为锁门的门闩受爆炸的冲击弯曲了。不过损管队花了三个半小时，历经艰辛穿过位于甲板上的船中部升降机废墟后，终于扑灭了弹药库后部的火。10点32分，青木舰长命令启动机库甲板（他希望仍然是封闭的）里的二氧化碳灭火设备，但这并没有阻止大火。一分钟后，“赤城”号不得不左转舵规避鱼雷攻击。而在10点36分的时候，它的右舷轮机熄火了，航速降到12节。10点40分，日军侦察到一架美军鱼雷机，“赤城”号转弯正好要与它迎面相撞。当时它的船舵卡住了，所有轮机都立即熄火，处在严重的进退两难的境地，唯一可用的武装就是装在船头的1号和2号25毫米防空炮。不过鱼雷机并未造成任何破坏。“赤城”号面临的最大危险是快速蔓延的大火。舰长下令水泵开足马力，但由于这些水泵已经受损，无法供应足够的水。

10点43分，岛式舰桥附近的几架战斗机发生了爆炸，将所有人员从舰桥和通信室驱离。然后，“赤城”号的无线电静默了。南云中将意识到“赤城”号的火灾已无法扑灭，由于还需要通过无线电通信来指挥航母攻击部队，他决定更换旗舰。10点46分，南云和他的参谋人员登上了掩护的驱逐舰“野分”号，最终把旗舰定为轻巡洋舰“长良”号。

到11点，青木已经有一个小时没有从动力室听到任何动静了。他又派了一支敢死队去尝试修复船舵，但他们的修理只支撑了一会儿。11点20分，前甲板的火灾突然猛烈起来。所以舰长在11点30分的时候，下令所有不属于损管队的幸存舰员都转移到驱逐舰“野分”号和“岚”号上。五分钟后，更多机库内的鱼雷和炸弹开始爆炸，加剧了火势，把舰长和他的参谋人员从飞行甲板赶到了锚甲板，他们不得不在这里进行指挥。

他们一到锚甲板，“赤城”号的工程师便报告说作业室、动力室外加机库甲板和通信室都已经被彻底破坏。青木舰长发出信号：“正尝试彻底扑灭飞行甲板外的大火。”显然，他仍然希望封住机库，然后用二氧化碳扑灭火灾。但到了13点，青木已经黔驴技穷了。13点38分，他下令转移天皇的“御容”（即天皇的照片）；12 分钟后，“赤城”号失去动力，开始在水里漂流。在 15 点左右，甲板上再度喷出猛烈的大火，前端通信室的甲板受到爆炸冲击。到 16 点钟，舰员和伤员已经被撤离至驱逐舰上。

青木舰长顽强战斗，想保住船。18 点 20 分，他派出一支小队前去查看动力室的情况，但高温把这支小队又赶了回来。到 19 点 15 分，轮机长确信“赤城”号已经开动不了了。舰长也断定火势已经失控，由于船在水里陷于瘫痪，他在 19 点 20 分给南云中将发信息，说他已经转移了他的船员。随后日军决定由驱逐舰用鱼雷击沉“赤城”号。19 点 25 分，舰长下令全员弃舰。20 点时，驱逐舰“岚”和“野分”开始把最后一批幸存者接上船。

在“赤城”号的锚甲板上爆发了一场激烈的争论。青木舰长的参谋人员恳求他弃舰逃生，而青木回答说他和“赤城”号是共命运的，因为他们有很深的羁绊。参谋人员只得忍痛把他绑在锚甲板上，尔后离舰，留下他们面带微笑的舰长。但“赤城”号下沉缓慢。期间飞行员增田和其他参谋人员不服从舰长的命令，又在 0 点 30 分返回“赤城”号，强行把青木拽到了“岚”号驱逐舰上。

6 月 5 日 4 点 50 分，山本大将传来命令：“4 艘驱逐舰在 1000 到 1500 米的距离内发射 93 式鱼雷（500 公斤）。”5 点，“赤城”号沉没。官方公布的伤亡数字是总共 221 人死亡，考虑到舰上发生的所有火灾和爆炸，这显然是一个小数字。（“赤城”号当时正常的满编人员有 1630 人，这当中有 63 人是南云的参谋人员。）幸存者全被转移到了战列舰“陆奥”号上[14]。

“加贺”号

“加贺”号被击沉的经过与“赤城”号非常相似。10 点 22 分，“加贺”号也正在规避《第一航空舰队战争日志》中所谓的“剪刀”式鱼雷机攻击。突然有人发现 9 架俯冲轰炸机从云层中窜出来。因为“加贺”和“赤城”一样都在集中防御力量抵御鱼雷机，瞭望哨没能及时发现“企业”号的俯冲轰炸机。“加贺”号急速向右转舵，并以猛烈的防空炮火制造弹幕，但还是被 4 枚炸弹击中，第一枚击中右舷船尾，第二枚和第三枚落在前端升降机附近，最后一枚则在飞行甲板中心爆炸。第二枚炸弹的冲击力震碎了舰桥上所有窗户。“加贺”号的船头被弹药爆炸所产生的浓烟和随之而来的大火所笼罩。当炸弹开始击中“加贺”的时候，舰长下令实施紧急转向。这也是他发出的最后命令。第三颗炸弹直接砸在岛式舰桥的前端，撕碎了飞行甲板上的飞机，摧毁了飞行甲板，炸死了舰桥上的大部分人员，包括舰长本人。最后一颗炸弹穿透了机库甲板，爆炸喷出猛烈的火焰。

飞行甲板上还有完成添油加弹但没来得及起飞的战斗机。飞行长天谷孝久当时在舰桥上，受伤不重，于是立即接过了“加贺”号的指挥权。大家竭尽全力救火，无奈火势实在太猛，甚至用二氧化碳都无法扑灭。而且，消防水泵已经被毁。天谷认定火势已经无法控制后，在13点25分左右下令将天皇“御容”转移到驱逐舰“萩风”号上。他还决定撤空“加贺”号，由于所有的电话联系都已中断，他便派了一名传令兵，去通知动力室内的所有船员。但火势过于猛烈，以致传令兵无法传达信息。

“弃舰”命令于17点下达，驱逐舰“萩风”和“舞风”开始把幸存舰员接上船[15]。18点时，山本命令第四驱逐分队（由驱逐舰“岚”“萩风”“野分”和“舞风”组成）：“候命待机，守卫‘加贺’。”过了一会儿，他又下令：“你部任务是保护‘加贺’号和‘苍龙’号。”最后在10点25分，“加贺”号前端贮油罐着火，发生了两次大爆炸，随即沉没。“加贺”号的正常编制人数是1708人，但通常我们无法获知上舰的准确人数。约800人阵亡，大多都是动力室的工作人员[16]。

第十一章

折戟中途岛，兵败阿留申

1942 年

6 月 3 日　　日军航母袭击荷兰港

6 月 4 日　　“飞龙”号重创“约克城”号，但“飞龙”号自己也受致命损伤

6 月 4 日　　山本大将命令近藤炮击中途岛

6 月 5 日　　日军航母空袭荷兰港

6 月 5 日　　日军占领阿图岛（AQ 作战）

6 月 5 日　　“飞龙”号沉没

6 月 5 日　　山本大将下令全军撤退

6 月 5 日　　重巡洋舰“三隈”号和“最上”号相撞

6 月 5 日　　美军航母击沉“三隈”号

6 月 7 日　　日军攻占基斯卡岛（AOB 作战）

6 月 7 日　　日军潜艇伊 –168 击沉受重创的“约克城”号

“飞龙”号

在美军各种陆基飞机和舰载机攻击日军航母攻击部队所造成的混乱中，“飞龙”号及其舰船防卫圈最后机动到 3 艘受创航母的北面，并与它们拉开了一段距离。由于避开了美机的注意，因而“飞龙”号能够对“约克城”号（也与第 16 特混舰队走散）发动两次攻击。“飞龙”号的两波攻击机群都沉重打击了“约克城”号，但与此同时，日军自身也损失了很多飞机，最后只剩下 5 架俯冲轰炸机、4 架鱼雷机以及 6 架作为空中巡逻的零式战斗机。“飞龙”号舰长加来虽然知道

附近还有美军航母，但他不知道到底有多少。“飞龙”号还计划实施第三次攻击，一开始时间定在16点30分，之后又推迟到18点，舰员则在这段时间里抓紧吃晚餐。后来证明，这次推迟是致命的。

就在“飞龙”号的飞行员进餐时，13架美军俯冲轰炸机在阳光的掩护下对这艘航母实施攻击，另外11架则对护航的战列舰和巡洋舰发起了进攻。这次攻击完全出乎日军的意料。瞭望哨大声报警，“飞龙”号开始采取规避措施。起先3枚炸弹都没有击中目标，但随后“飞龙”号在短时间内被4枚炸弹接连命中。第一枚炸弹炸飞了岛式舰桥旁的前端升降机。4枚炸弹的落点分布都很近（两枚落在船体中部，两枚落在左舷舰岛的前端），将飞行甲板完全撕开。炸弹命中产生的火焰在舰体若干处喷涌而出，飞行甲板里的炸弹和鱼雷开始发生爆炸，给航母造成了严重破坏。尽管如此，“飞龙”号仍旧能保持30节航速。

除了炮手，舰上全员都在与大火搏斗。但他们手段有限，因为灭火装备已经被破坏了，舰员们开始在绳子上系水桶以便从海里取水。“飞龙”号所在的航母编队周长达10英里，它处于编队中心，四艘驱逐舰紧靠在后，用胶皮管向航母上的火焰喷出水流。此时“飞龙”号仍能保持28节航速，虽然勇敢的轮机室工作人员是必死无疑了。

最终大火蔓延到下层甲板，轮机也停止运转。此时轮机师已经无法再在高温烈火中正常工作，纷纷不顾一切地逃跑——但他们附近的舱板已经变得火红滚烫，最后只有几个人逃了出来。“飞龙”号开始进水，很快向左倾斜了15度。在1点58分左右，又一场爆炸撕裂了它，也使得舰上的火势更为猛烈。很明显，这船已经根本救不了了。加来舰长在得到山口多闻司令的首肯后，于2点30分下令舰员准备弃舰。2点50分，船员集合，加来舰长和山口多闻从舰桥下来。天皇“御容”被交给了一位海军中尉，由他负责将其转移。

接下来甲板上群情激昂。加来和山口发表了鼓舞人心的讲话，告诉他们胜利即将到来，向他们担保说不必为失船负责。两位军官互相交换了仪式用的水杯，降下舰旗，大家一起唱起了国歌《君之代》。最后，舰长在3点15分下令舰员弃舰。第一个下舰的是捧着天皇“御容”的那位军官，随后余下的船员开始向两艘前来援救的驱逐舰“风云”号和“卷云”号转移。加来舰长和山口少将仍然留在“飞龙”号上，不让他们的参谋人员同他们待在一起。面对灾难，他们一脸平静，欣赏了一会儿美丽的月色，随后便回到各自的舱室切腹自杀。

山口少将最后的命令是让“卷云”号用鱼雷击沉“飞龙”号。“卷云”号发射了两枚鱼雷，只有一枚击中目标。但日军判断鱼雷的破坏力足以击沉航母，所以几艘驱逐舰便返回去，和轻巡洋舰“长良”号以及南云中将重新会合。但在第二天清晨，一架从轻型航母“凤翔”号上起飞的侦察机报告，说它发现“飞龙”号还漂浮在海面上，舰上还有人，向飞机挥舞着帽子。南云中将接到报告后，派“谷风”号前往侦察机报告的方位营救幸存者。然而，“谷风”号在路上遭到了中途岛敌机的攻击，因而没有及时到达现场。与此同时，“飞龙”号最终在午前班①沉没。有 70 人还留在“飞龙”号上，其中 35 人靠小快艇活了下来，后来在 6 月 19 日被美军驱逐舰救起。在空中找不到航母降落的日军飞行员也不得不在海上迫降，其中 27 人被美军军舰和飞机救起。“飞龙”号总共有 416 人阵亡，大部分是轮机室的工作人员[1]。

“约克城”号

6 月 4 日 10 点 30 分，日军航母攻击部队中的 4 艘大型航母有 3 艘退出了战斗；但在北方，“飞龙”号依然完好无损。日军的侦察机已经发现了美军航母，但仍搞不清他们的具体方位。由于弗莱彻的“约克城”号已经与“大黄蜂”号和“企业”号走散，日军的几架侦察机报告都说有 1 到 4 艘敌军航母（看成 4 艘是因为重复看到了 2 艘）。虽然之前 3 艘航母的损失对日军来说是一个沉重打击，但日军参谋军官认为，敌军攻击日军航母遭受的损失也严重消耗了美军的航空兵力。南云认为这场战役就算日本赢不了，也仍可以打平。强大的支援正在路上，近藤的第二舰队正以 28 节航速赶来参战，他后面约 200 英里处就是山本的联合舰队。两支部队各有一艘轻型航母，另外“龙骧”号和“隼鹰”号轻型航母也从阿留申群岛被召回。山本并没有放弃攻占中途岛，也没有放弃与美军的剩余

① 译注：航海学术语，指的是从早上 8 点到中午这段时间。

兵力进行决战。但他的计划都依赖于“飞龙”号。

南云中将在离开“赤城”号的时候，将指挥权交给了第二舰队（负责守卫航母攻击部队）总司令阿部弘毅将军。10 点 50 分，阿部向“飞龙”号通报了“约克城”号的位置，下令该舰全力反击。根据敌军来袭鱼雷机的数量，日军推断美军必定有两艘航母。

“飞龙”号已经用携带炸弹的攻击机去空袭中途岛了，所以它的俯冲轰炸机是唯一在武装上适合攻击航母的飞机。剩下的攻击机重新装上了鱼雷。10 点 58 分，“飞龙”号将它整装待发的飞机投入第一攻击波，这波攻击机群由 18 架俯冲轰炸机组成，由 6 架零式战斗机伴随。重巡洋舰“筑摩”号的 5 号侦察机向攻击机群通报了“约克城”号的方位，并用无线电进行进一步引导。与此同时，“飞龙”号正在接收 3 艘受创航母的飞机，包括来自“赤城”号空中巡逻队的零式战机。然后大约在中午，“飞龙”号起飞了 9 架战斗机作为掩护，并准备放出第二波装备了鱼雷的攻击机。与此同时，南云也把护卫他的军舰调入“飞龙”号编队，给予这艘航母最大限度的防空保护。

“约克城”号也在准备迎接预料之中的反击。雷达在距离 40 英里处捕捉到了“飞龙”号的第一波攻击，美军高估了日军机群的数量，以为有 30 到 40 架飞机。当时“约克城”号有 12 架战斗机进行空中巡逻，甲板上有 12 架刚刚换班的战斗机正在加油，外加 3 架参加过空袭日军航母的战斗机。在空中等待降落的是炸沉了“苍龙”号后依然幸存的“约克城”号的俯冲轰炸机。当日军逼近时，轰炸机收到了禁止降落的信号，气泵被关闭，二氧化碳也准备就绪，一架增援的战斗巡逻机准备拦截日机，与此同时，“约克城”号的防护屏障——2 艘巡洋舰、6 艘驱逐舰也做好了战斗准备。在临近正午的时候，日军俯冲轰炸机开始进攻。有 3 架轰炸机击中了“约克城”号：第一颗炸弹在飞行甲板上爆炸，引发的大火烧到了下面的甲板。第二颗炸弹落在烟囱附近，摧毁了锅炉引风机，没有了可用的垂直管道，轮机舱内的 6 台锅炉有 5 台熄火，轮机也停止运作。“约克城”号的速度降到了 6 节，到 12 点 20 分，它已经在水中瘫痪。第三颗炸弹深入船内，在第四层甲板爆炸，但引发的进水和美军二氧化碳的使用阻止了附近汽油和弹药的爆炸。不过，由于第二颗炸弹破坏了岛式舰桥的通信系统、雷达和绘图室，弗莱彻将军在13点15分将旗舰换为附近的重巡洋舰“阿斯托利亚”号，并下令“波特兰”号拖曳“约克城”号。好在“约克城”号的锅炉仍然完好无损，通风机也修复了，到13点40分，它6台锅炉中有4台在运转，它正以20节航速移动。甲板上的地勤人员开始给更多的战斗机加油，看起来好像“约克城”号又恢复了正常的运转。

与此同时，在13时31分，“飞龙”号派出了它的第二攻击波：10架鱼雷机和6架战斗机。飞机数量少主要是因为空袭中途岛时遭到了一些损失。和之前一样，“筑摩”号的5号侦察机引导“飞龙”号的攻击机群杀向“约克城”号。虽然美军防空炮火猛烈，战斗机顽强抵抗，日军还是知难而进，拼死攻击。美军防御屏障的雷达又捕捉到了即将到来的攻击机群，“约克城”号准备了12架战斗机去拦截来袭的敌机。然而，尽管10架攻击机损失了5架，6架战斗机损失了3架，意志坚定的日军飞行员还是突破了美舰的防空火网和美机的拦截。14点30分，2枚鱼雷击中“约克城”号的左舷，引发了爆炸和火灾。“约克城”号左舷的燃料箱被破坏，船舵卡住了，电力系统也中断，它开始向左倾斜。该舰的困境尤其严重，因为在珍珠港接受紧急维修时，它的水密完整性没有得到完全修复。艾略特·巴克马斯特（Elliott Buckmaster）舰长下令在大约15点时弃舰。船员中有2270人生还，都被驱逐舰救起。

弗莱彻将军决定放弃“约克城”号，并与斯普鲁恩斯将军会合。因为他们想为次日的战斗做准备，并且避免在未被发现的日军第5艘航母露面时遭到攻击，第16和第17特混舰队在午夜前一直向东撤退，随后掉转船头就位，准备从东北方向保护中途岛。驱逐舰“休斯”号在6月4日—5日晚间被派往“约克城”号旁，它报告说“约克城”号可能有救，因而扫雷舰“绿鹃”号被从法国护卫舰浅滩派去尝试拖曳。之后，驱逐舰“格温”号也加入了拖曳的行列。“约克城”号虽然左倾25度，且船首比船尾吃水略深，但仍漂浮在海上，因此弗莱彻和巴克马斯特决定挽救它。驱逐舰“哈曼”号、“鲍尔奇”号、“贝纳姆”号带着一队救援人员，奉命设法将它带回珍珠港。“哈曼”号位于“约克城”号的右舷方向，将一队抢救人员送到“约克城”号上，同时4艘驱逐舰组成反潜防卫圈，在距离它2000码处保护它。

然而，这些保护都是徒劳的。7点，一架日军侦察机发现了“约克城”号，并报告了它的方位和状况。山本派遣伊-168号潜艇（曾在6月5日炮击中途岛）前往“约克城”号的方位。潜艇避开了驱逐舰组成的屏障，在13点30分发射了4枚鱼雷：一发没有击中，两发从“哈曼”号船底穿过，击中了“约克城”号，最后一发与“哈曼”号呈直角，击中其舰体中部。“哈曼”号在3分钟内沉没，而顽强的“约克城”号最终在6月7日6点时沉没[2]。

中途岛海战的尾声

很难想象山本的旗舰——“大和”号上的情景。在短短几小时内，四艘曾驰骋大洋，从夏威夷到印度洋都完好无损的巨型航空母舰突然就折戟沉沙了。当接到南云损失了“赤城”“加贺”和“苍龙”的报告时，山本大将愣住了。直到听说“约克城”号已经被击沉，“飞龙”号仍在海面上，完好无损，正在向美军反击，他才暂时重拾希望。他起先对发现美军航母感到惊讶，随后日军掌握的情报使他相信美军只有两艘航母，所以“飞龙”号甚至还有胜算。而且，强大的第二舰队和联合舰队主力很快就会赶到战场。因此，在他看来，日军尚未满盘皆输。

6月4日12点20分，山本命令阿留申第二机动部队和近藤的第二舰队于6月5日12点在中途岛西北与他的主力会合，并下令运载着中途岛攻略部队的舰艇编队暂时撤到西北部。然而随着时间的推移，情报变得越来越准确，他对局势的看法也越来越悲观。他现在知道打从一开始美军就有3艘大型航母，17点后不久，他又得知自己的大型航母已经无法再进行作战了。即便如此，他也是逐渐放弃作战。19点15分，他用无线电通知手下的军官，称敌军正在向东逃跑，应该追击敌军，将其消灭；日军所有中途岛作战部队将和联合舰队一起奇袭中途岛，并将其占领，之后全军在6月5日3点会合[3]。南云中将在21点30分回报说他已经转移到“长良”号上，正在守卫毫无防备的“飞龙”号，抵御附近的敌舰（他认为其中至少有两艘航母）。他还补充说，如果美军航母发动新的攻势，那么他的部队将无法抵挡，而且他无法在夜战中配合山本的联合舰队主力作战。随后，南云一边不停地向西北航行，一边保护“飞龙”号。山本一接到南云的这条消息，就在0点55分让近藤接替南云指挥机动部队，因为他觉得南云太过保守[4]。近藤仍然奉命在当晚炮击中途岛。

近藤在接到炮击中途岛命令之前就已经开始冲向中途岛。为了攻击该岛，并找到美军舰队，他将他的8艘重巡洋舰、1艘轻巡洋舰和10艘驱逐舰排成一字战斗队形，舰与舰之间相隔4英里，向东北航行。轻巡洋舰“神通”号和10艘驱逐舰位于近藤部队不远处。南云的2艘战列舰、2艘重巡洋舰和12艘驱逐舰距离近藤只有125英里。[5]在这些部队后面跟着的是2艘高速战列舰“比叡”号和“金刚”号。近藤将第7战队（“铃谷”号、“熊野”号、“最上”号、“三隈”号）划归栗田健男指挥，命其于2点炮击中途岛。但山本的部队距离航母攻击部队太远，而且近藤也发消息说他要到3点才能开始炮击。之后只要过一小时，他的部队就将暴露在美军航母的白昼空袭之下（山本有充分理由相信美军航母就在附近）。近藤自己的主力正急速前去支援他的先头部队第7战队，届时也将遭到空袭。日军只有两艘轻型航空母舰（总共搭载31架飞机），所以不会让决战在夜里打起来，但将面临一场美军舰载机和日军水面舰只之间的白昼遭遇战。6月5日2点55分，山本不情愿地下令全军撤退，各作战单位将在中途岛西北方向某处集合。近藤的部队（除第7战队外）于8点15分加入主力部队，在13点与南云的部队会合[6]。MI作战就此取消，再也没有重启。

美国这边，斯普鲁恩斯在晚上如履薄冰。他的飞机已经消耗殆尽，就算日军已经损失了4艘航空母舰，他也无意让第16和第17特混舰队（水面舰只的防护水平非常差）去和日本舰队交战。他的航母在夜战中毫无用处，因为他的飞行员还没有完善夜间在航母降落的技术。所以为了避开山本大部队设下的陷阱，他在晚上早早地就向东撤退。晚上，他掉转了航向，假如次日爆发战斗，那么他准备从东北方向保护中途岛。

在山本下令全军撤退的时候，日军第7战队（带着驱逐舰“荒潮”号和“朝潮”号）距离中途岛只有80英里[7]。但麻烦还在后面，因为仍有3艘美军潜艇在中途岛以西待命。美国潜艇“河豚”号已经看到栗田的部队向中途岛进发。栗田折返时，日军舰队在1点18分发现了一艘美军潜艇，便打开信号灯，发出了“红－红”的信号（意思是“紧急左转45度”）。当时日军巡洋舰——“熊野”号、“铃谷”号、“三隈”号和“最上”号是排成单列纵队。“最上”号的领航员认为“最上”号距离“三隈”号太远，便让军舰略微向右转，以填补缝隙。但他看到的并不是“三隈”号，而是“铃谷”号，于是“最上”号的左舷撞上了“三隈”号。起初看起来像是“最上”号遭到了更严重的损伤，因为它的船头往后到1号炮塔都几乎向左呈90度角弯曲，全舰燃起了大火，而“三隈”号只是左舷和舰体中部的油箱破裂。栗田将军把2艘驱逐舰和“三隈”留在后面守卫受创的“最上”号，自己则继续全速向约定的会合点进发。“最上”号的速度降到了12节，但更为严重的是，“三隈”号正拖着油迹[8]。

回到中途岛。黎明时，美军将所有“卡特琳娜”水上飞机（PBY）派到250英里外去执行搜索任务，后面跟着12架美国陆军航空队的B–17轰炸机。伊–168潜艇已经对中途岛炮击了数小时，美国潜艇“河豚”号在3点报告说日军几艘重巡洋舰正在向东朝中途岛驶来，因此，中途岛正在防备日军可能发动的进攻。6点30分，一架“卡特琳娜”水上飞机发来消息，称有两艘漏着油的战列舰正在向东行进，距离中途岛125英里。几架B–17轰炸机奉命立即对它们发动攻击，却没找到攻击目标。中途岛的第二海军陆战队航空联队司令部立刻派出海军陆战队剩下的飞机：6架“无畏”式俯冲轰炸机、6架“拥护者”俯冲轰炸机。7点45分，他们发现了海面上的一层浮油，这片油迹直接将他们引向了受创的日本军舰。8点05分，空袭开始，“无畏”式俯冲轰炸机进行了俯冲投弹，“拥护者”俯冲轰炸机进行了下滑轰炸。日舰的防空火力猛烈而精准。美机只投下了6枚近失弹，但一架已经严重受损的“拥护者”俯冲轰炸机撞上了“三隈”号的后炮塔。燃起的大火蔓延到甲板，被吸入右舷轮机舱的通风机，烧死了轮机舱的船员。这时，“三隈”号的速度降到了“最上”号的程度。“最上”号、“荒潮”号和“朝潮”号都没有伤亡报告。8点28分，8架B–17轰炸机发现了这支编队，但没有击中任何一艘舰船。

斯普鲁恩斯将军仍然以小心谨慎为行动方针，因为早先接到报告称栗田的巡洋舰部队正在向东行进，距离中途岛90英里，这表明战斗可能又要重新开始。PBY“卡特琳娜”水上飞机发来的残缺不全的情报称“飞龙”号正在燃烧，这使他相信日军尽管有航母受损，但在该海域可能仍有2艘重型航母。当美军飞行员在6月4日最后一次看到“飞龙”号时，他们遭到了零式战机的攻击。这些攻击者实际上是“无舰可归”的“飞龙”号空中巡逻机，但斯普鲁恩斯少将不确定它们是否来自另一艘航母。6月5日6点，他将他的部队部署在中途岛东北130英里处；3小时之后，他转向西面，开始仔细考虑可能的攻击目标——如果洋面上还有日军航母，那它们就是首要目标。15点43分，他从“大黄蜂”号上放出了26架俯冲轰炸机，又从“企业”号上派出32架。机群向西北做了30英里的扇形搜索，但一无所获。但在返航时，它们发现了“谷风”号，后者是日军派来查看“飞龙”号是否还漂浮在洋面上；“谷风”号当时正在返回航母攻击部队。它这天过得挺不容易的——已经分别遭受过两架B-17轰炸机的攻击，现在还被56架俯冲轰炸机袭击。然而，凭借高超的躲避战术，该舰再度免遭伤害，甚至还用防空炮成功打下了一架俯冲轰炸机[9]。

斯普鲁恩斯少将最终放弃了找到和攻击山本主力的希望，但两艘受创的日本巡洋舰几乎是他的囊中之物。20点40分，他向西航行，准备在6月6日早晨攻击它们。8点，26架俯冲轰炸机和8架战斗机从“大黄蜂”号上飞向空中。10点45分，“企业”号的31架俯冲轰炸机、3架鱼雷机和12架战斗机紧随其后。随后在13点30分，“大黄蜂”号放出了第三轮攻击：24架轰炸机和8架战斗机。

在9点45分的第一轮攻击中，“最上”号被命中两次，其中一颗炸弹落在5号炮塔，炸死了所有操炮的炮手。12点30分，第二轮攻击袭来，“最上”号又被命中两次，燃起大火。14点45分的第三轮攻击炸死了一间轮机舱内的全部90名船员。尽管遭受了这些损伤，该舰还是在6月14日到达了特鲁克。只不过它在日军的船坞里一直躺到了1943年7月[10]。

虽然和“最上”号属同级战舰，“三隈”号却没有挺过美机的轮番攻击。它在最初两波攻击中遭到重创，于是舰长下令弃舰。由于高温的缘故，“荒潮”号无法和它靠得太近，所以“三隈”号的舰员跳入水中，再由驱逐舰救起。14点45分，第三波攻击袭来，引爆了“三隈”号的鱼雷[11]。此后两艘驱逐舰便立即抛弃了“三隈”号，后者在夜间沉没。次日，“荒潮”号奉命回来查看“三隈”号是否还浮在海面上，但除了再救起一个人，就只看到大片的油污和残骸。“三隈”号定员888人，其中有240人获救[12]。它的具体伤亡数字已不可考，但至少有300人阵亡。

虽然日军主力舰队外的几乎所有舰船都曾在6月4日—7日间遭受过空袭，但这些攻击都没有造成致命创伤和重大人员伤亡。战列舰“榛名”号就在6月6日17点遭到俯冲轰炸，但没有人员伤亡[13]。

中途岛海战就这样结束了。本来用于攻占中途岛的一木清直大佐①的海军特别登陆部队被送回塞班，而2艘巡洋舰（“羽黑”号和“妙高”号）、3艘驱逐舰（“朝云”号、“峰云”号和“夏云”号）以及水上飞机母舰“千岁”号则被派往威克岛进行无线电欺骗。日军的计划是引诱斯普鲁恩斯及其航母部队前往威克岛，在那里，后者将遭到“千岁”号和威克岛陆基飞机的攻击[14]。与此同时，联合舰队则返回日本帝国领海。日军没有向日本公众通报损失4艘航母的消息。为了不让外界知道这次日本海军败得有多惨，幸存船员都不准上岸，新闻记者也在船上被关了一段时间。日本民众只能逐步了解到这场决战的损失。日军的损失是惨重的：2200名舰员丧命，损失的234架飞机的大部分飞行员战死（而正在训练的，培养有素的飞行员很少），4艘航空母舰和1艘重巡洋舰被击沉。

中途岛海战确实是太平洋战争中的一场决战。倘若日军取胜，单凭这次胜利当然不可能击败美国，但必定会延长战争持续的时间。然而，这场决战的失败，注定了日本海军的覆灭，日本的最终战败也不可避免。它在武器和装备上永远都无法与美国的生产能力匹敌，即便拥有南洋的资源，它的后勤补给线也极易遭到海空封锁。

为何山本会在中途岛失败？一个指挥官和他的参谋应该利用已有的全部情报来评估战局。如果情报不足或准确性值得怀疑，那么他们应该做最坏的打算。然而，山本只设想了一个有利的形势，并据此制订作战计划。他根本的错误在于，毫无根据地假设中途岛附近没有美军航母，因为在珊瑚海海战中他的飞行员报告说“列克星敦”号和“约克城”号已经被击沉。一个指挥官自然不能根据这

① 译注：此人亦为卢沟桥事变的始作俑者。七七事变，就是由他领导的第1联队第3大队以“士兵失踪”为借口挑起的。向宛平城开炮，向卢沟桥守军发动首次攻击的都是这个部队。

样的情报来指挥作战——他必须有证据，而山本没有确凿的证据证明“约克城”号已经被击沉。山本又假定“大黄蜂”号和“企业”号仍然在西南太平洋。虽然他不知道己方的JN–25密码被美军破译了（这也是美军航母能赶回珍珠港的原因），但这并不能为其开脱。不管出于什么原因，他都应该假设美军航母回到了珍珠港，并能在6月4日前被派往中途岛海域。诚然，他确实在入侵中途岛前试图去打探珍珠港的情况，但K号作战失败了，并最终在5月30日被取消，使他没有掌握任何有关珍珠港内舰船的可靠情报。他没能派伊型潜艇去抢先建立警戒线是不可原谅的错误，而潜艇未能通报中途岛海域的特混舰队更会让他坚信那里没有或不可能有美军特混舰队。因此，他在评估形势时设想了最佳的状况，但并没有得到事实数据的证实。

根据山本的假设，日本海军对多支部队进行了灾难性的错误部署。南云舰队将先摧毁中途岛的防御力量，然后再对付中途岛附近的任何美军舰船。如果入侵中途岛需要更多支援，近藤强大的编队可以炮击中途岛，并掩护一木大佐的5000名海军特别登陆部队入侵。山本确信美国太平洋舰队最终（或许很快）会试图反击。他的联合舰队此时已经在南云的攻击部队和近藤强大的攻击部队之间绵延500英里，日本海军的所有部队都将被集中起来，他们有望在一场舰对舰的夜战中，轻而易举地消灭美国海军派来的舰队。

南云是严格按照山本对战局的判断来作战的。根据战斗资料，我们可以推断出他没有料到珍珠港附近会有敌军航母。这里有个奇怪的地方，就是日军的文件上写着“南云因为无线电接收器的缺陷，无法接到K号作战在5月30日取消的消息”——然而，在战斗中，他却一直用无线电与山本进行通信联络。或许没人觉得有必要通知南云不会再有K号作战了。不管怎么说，南云想当然地认为K号作战仍在进行，这让他更加笃信中途岛附近没有美军航母。

南云的空中侦察也做得很不够。他只派了4艘巡洋舰弹射飞机去进行例行的搜索。在空袭中途岛前，他本可以等侦察机实施一次全面的搜索，在没有发现任何敌舰的情况下再攻击中途岛。正如我们看到的那样，中途岛的飞机没有给他的舰队造成任何损伤。在“利根”号的4号侦察机发现敌人的一艘航空母舰后，飞机更换武器（由炸弹换成鱼雷）时的混乱也是由效率低下的通信系统引起的。

日军未能集中使用所有航空母舰（包括轻型航母“龙骧”号和“隼鹰”号）也是一个错误。山本本该将重型航母集中在一个地方，轻型航母集中在另一个地方，或者说他本可以分散轻型航母，让它们去实施空中侦察。中途岛海战是一场势均力敌的战斗，有 4 艘甚至 2 艘轻型航母就有可能翻盘。我们不禁要问当山本指挥的联合舰队处于所有美军飞机航程之外时，他为何认为轻型航母“凤翔”号要和他的联合舰队一起行动。同样，既然南云和近藤相距 200 英里，为何近藤需要轻型航母“瑞凤”号？

相当具有讽刺意味的是，山本这个航母奔袭的开山鼻祖，居然还表现出极为浓厚的战列舰情结。他似乎认为无论南云做了什么，只有占领中途岛，并在一场夜间的决战中击败美军才能给日军带来胜利。

但这里也要为山本讲几句话。他在终止作战时表现出了勇气和作为指挥官的责任感。因为如果他坚持不撤的话，就会在没有足够的航母部队保护的情况下，在白天迎战美军的两艘航母。那么结果可能会是一场更大的灾难。现在有人怀疑，当“飞龙”号损失的消息坐实的时候，山本就已经知道这场战争输了。然而，作为帝国忠实的仆人，他给自己定下了任务：用残存的兵力竭尽所能打出最好的结果。于是，联合舰队班师回国，在 7 月 10—14 日间进行了重组，以便制订新的计划，应对新的紧急情况。或许杰出的日本政治学者丸山真男说得对，他在研究日本人的历史潜意识“势”时，解释道：“事情变成这样了”——对日本人来说是可以接受的，而“我（或某人或者某些人）这样做了”——就不可接受了，因为这违背了日本人的逻辑。因此已经发生的事情都是历史注定的，山本大将也仍然是肩负着舰队所有责任的联合舰队司令长官[15]。

兵败阿留申（AL 作战）

AL 作战主要是一场牵制行动，即便它不能引来任何美国海军主力部队北上，它仍然会让美军感到一丝疑虑和惊慌。这次作战行动由细萱戊子郎中将指挥，他在千岛群岛最北面的岛屿幌筵岛附近将他的重巡洋舰“那智”号和 2 艘驱逐舰留作支援部队。角田觉治少将是北方部队（第五舰队兼第二攻击部队）的司令官，该部队包含 2 艘轻型航空母舰（“龙骧”号和“隼鹰”号）、2 艘重巡洋

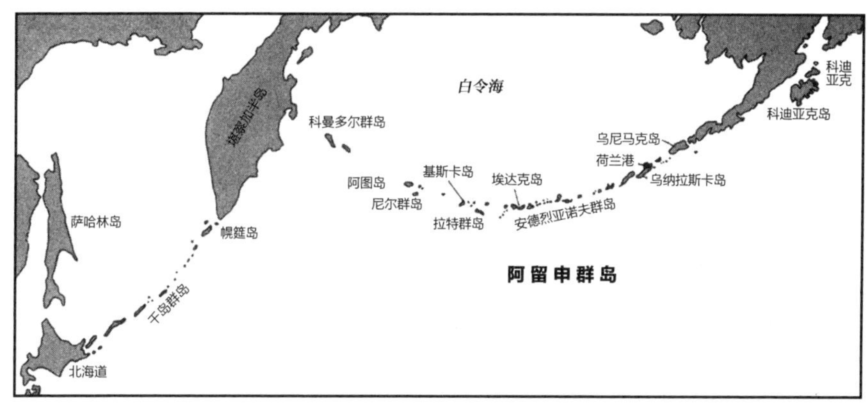

^ 北太平洋手绘示意图

舰和 3 艘驱逐舰。角田于 5 月 28 日午后班期间从本州主岛北端的大凑出发，计划于 6 月 3 日对阿留申群岛的荷兰港进行空袭。一同起锚的还有攻略阿图岛（AQ 作战）和基斯卡（AOB 作战）的入侵部队。

6 月 2 日，袭击荷兰港的部队开始向目标进发，途中没有被美军发现[16]。荷兰港的海军发展和军队建设还处于初级阶段——它有一个隶属于美国陆军航空队的机场、燃油贮存库（储油 25000 桶）和一个无线电台。那里还坐落着一个陆军军营——米尔斯堡（Fort Mears）、一艘搁浅的仓库船（“西北”号）、一家医院以及一个 PBY“卡特琳娜”水上飞机基地（停着水上飞机母舰“吉利斯”号）。6 月 3 日，港内又来了一艘驱逐舰“塔尔博特”号、一艘潜艇 S-27 号、一艘海岸警卫队快艇和两艘陆军运兵船。在海上守卫阿留申岛链的是西奥博尔德少将的第 8 特混舰队（旗舰“那什维尔”号）。他有 2 艘重巡洋舰、3 艘轻巡洋舰和 4 艘驱逐舰。6 月 5 日，它们位于日军北区部队东南偏南 500 英里处。

6 月 3 日 3 点，角田的部队在那里常见的浓雾弥漫的恶劣天气中前进，此时位于荷兰港西南部大约 180 英里处。“龙骧”号从这里起飞了 14 架攻击机，由 3 架战斗机提供掩护；“隼鹰”号起飞了 15 架攻击机，由 13 架战斗机掩护。由于能见度不良，“隼鹰”号的飞机找不到目标，于是返回了母舰。而“龙骧”号的舰载机中有 9 架攻击机和 3 架战斗机在 8 点 08 分突然发现了下面的荷兰港军事设施。水上飞机母舰“吉利斯”号通过雷达侦测到日军飞机正在逼近。战斗警报已经响起，但没有一艘舰船能够在攻击时离开港口。美军防空炮火猛烈，日军的攻击机群也遭遇了少量P–40战斗机。他们返航向角田报告说他们在马库欣湾（Makushin Bay）发现了2艘潜艇和5艘驱逐舰。到8点30分，日军的空袭结束。油库被点燃，燃起大火，医院和米尔斯堡遭到轰炸，港内的几架PBY“卡特琳娜”水上飞机被摧毁。一架日军的轰炸机被防空炮火击落。

角田又立即对马库欣湾内的5艘驱逐舰发动攻击。这次袭击发生在9点45分，由14架攻击机、15架轰炸机、12架战斗机外加4架侦察机实施。阿留申变幻多端的天气把马库欣湾掩藏了起来，以至于日军的攻击机群什么都没看到，只得在10点50分返回母舰。但它们又遇到了一些P–40战斗机，战斗中一架零式战机被击落。在12点回收飞机后，日本舰队转向西南方向。

山本随后命令角田对埃达克岛（Adak）实施入侵前的炮火准备，但天气实在太差，以至角田选择对荷兰港进行第二次空袭（对埃达克岛的入侵随后取消）。这次他又能在雾中起飞飞机，躲开美军侦察。6月5日16点04分，他派出9架战斗机、11架轰炸机和11架战斗机。此时的晴天再度让荷兰港变得易于攻击。油库这回被彻底摧毁，医院又被命中，岸上的“西北”号也遭到了一些破坏。日军对荷兰港的两次空袭共杀死了32个美国人。在空袭进行的时候，角田的航母部队被发现，遭到了B–17和B–26轰炸机的攻击。后者只投了几枚近失弹，没有造成损伤，反倒是损失了两架飞机。实施空袭的日机在战斗中只损失了一架战斗机，随后返回了母舰。

正当飞机着舰的时候，角田收到了山本（此时正在中途岛陷入困境）的无线电消息，称“AL作战暂时推迟”。在6月24日回到日本领海前，角田部队在基斯卡岛西南偏南600英里处待命。日军分别在6月5日、7日兵不血刃地占领了阿图岛和基斯卡岛。西奥博尔德少将和第8特混舰队从未与日军在AL作战中有过接触。对双方来说，阿留申作战是一场徒劳无益的行动，它既没有将尼米兹的注意力从中途岛引开，攻占阿图岛和基斯卡岛也没有给日军带来任何益处，最终只是白白损失了宝贵的舰船和人员。

第四篇

防卫圈的过度扩张

第十二章
巴布亚半岛和瓜达尔卡纳尔岛

第十三章
第一次所罗门海战

第十四章
第二次所罗门海战

第十五章
瓜达尔卡纳尔——痛苦加深

第十六章
瓜达尔卡纳尔——战役扩大

第十七章
第三次所罗门海战

第十二章

巴布亚半岛和瓜达尔卡纳尔岛

1942 年

6 月中旬	日军开始在瓜达尔卡纳尔岛建造机场
7 月 4 日	盟军飞机发现正在建造的瓜达尔卡纳尔岛机场
7 月 21 日	日军攻占布纳
7 月 29 日	日军攻占科科达
8 月 7 日	美国海军陆战队第一师进攻瓜达尔卡纳尔和图拉吉
8 月 9 日	美国海军陆战队消灭图拉吉的日军
8 月 24 日	日军入侵米尔恩湾路易西亚德群岛的拉比岛（“来”作战）失败
9 月 6 日	“来”作战取消
9 月 18 日	日本陆军将注意力从巴布亚转向瓜达尔卡纳尔
12 月 12 日	最后一支日军船队到达布纳

1943 年

1 月 3 日	日本陆军在布纳和戈纳的部队被消灭

日军在中途岛的惨败和 4 艘宝贵一线航母的损失使大本营海军部感到震惊。日本海军指挥机关甚至一连几周都在担心美军会马上在本土海域发动反攻。因此，日本帝国海军在 7 月里都忙于布置防务。日军的“胜利病”已经蜕变为突如其来的绝望所产生的焦虑。由于在决战中失败，日本海军也必须做出调整。它还没准备承认战争已经失败。日军重整了舰队以便支援正在进行的作战行动，

同时开始为打赢决战研究新的作战方案。

然而，战争有它自己的发展势头。即便是以消耗越来越多的日本军舰为代价，阿图岛和基斯卡岛也必须一直进行补给并坚守。菲律宾群岛的扫荡作战也必须继续进行。莱城和萨拉莫阿必须保持补给。陆军和海军都意识到了麦克阿瑟将军在澳大利亚日益增强的力量给日军造成的威胁，但他们在遏制他的方法上存在分歧。海军想通过攻占萨摩亚和斐济（FS 作战）切断其补给线。为此，他们计划首先攻占瑙鲁和大洋岛（这两个岛屿最终在 1942 年 8 月 25—26 日被日军拿下，但从未充当过 FS 作战的跳板）。

但海军和陆军之间潜藏着龃龉，在大本营中更强势的陆军制订作战计划的态度一直都是这样的：好像日本海军仍旧像战前那样完好无损似的。他们想当然地认为海军有足够的舰只为运输船护航，为部队提供补给，为进攻提供火力掩护。事实上，即便在中途岛海战之后，陆军策划作战行动的态度依然给人这样一种感觉：好像海军在中途岛的损失无关紧要似的，正是这样一种态度加速了日本海军的最终战败。陆军反击麦克阿瑟的战略是扩大日本的防卫圈，甚至把澳大利亚北部都包括进去。因此，莫尔兹比港仍旧是一个紧迫的目标，为了从东面为 MO 作战提供保障，陆军双管齐下，发动了对巴布亚半岛和瓜达尔卡纳尔岛的进攻。

“只在空中掩护下进军”已经成为日军的标准军事准则。但这一次他们将不得不在空中掩护范围之外，对莫尔兹比港发动直接进攻。为此，他们要首先攻占米尔恩湾（位于新几内亚南端巴布亚半岛）里的岛屿，这些岛屿将为掩护莫尔兹比港作战提供机场。同样，图拉吉岛和附近的瓜达尔卡纳尔岛将提供东侧的机场。在策划这次扩大防卫圈的作战时，日军大本营犯了一个致命的逻辑错误——米尔恩湾和瓜达尔卡纳尔岛的军事行动都处在足够的空中掩护范围之外，而用于支援这些战役的海军力量都极度脆弱，因为中途岛已经极大地消耗了日军航母舰载机的实力。

甚至早在日本陆军在瓜岛上修建机场，促成瓜岛战役前，他们就开始策划和准备于 8 月底在瓜岛和巴布亚半岛两地发动一场大型的连锁军事行动。可莱城和萨拉莫阿都无法提供进攻莫尔兹比港的必要途径。于是，日本陆军想出了

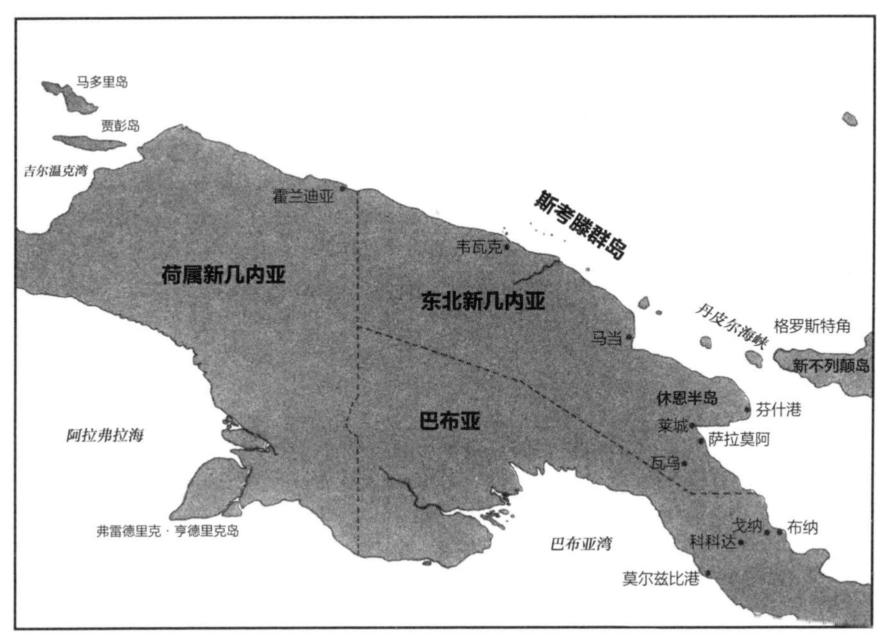

^ 新几内亚手绘示意图

一个新的作战方案（代号为“RI”）：攻占位于科科达小道起点东面的布纳（和附近的戈纳），然后沿着科科达小道翻越 7000 英尺高的欧文斯坦利山脉，直接攻入莫尔兹比港。为此，2000 名日军于 7 月 21 日在布纳西面登陆，到 7 月 29 日时，他们已经攻占了科科达小道。到布纳的船队包含两艘高速运输船、轻巡洋舰“龙田”号、布雷舰“津轻”号以及驱逐舰“朝凪”号、“夕月”号和“卯月”号。到 8 月 21 日，日本陆军已有 13500 人登陆，准备从陆路进攻莫尔兹比港。

日本陆军发现任务有点超出他们的预期。因为天气不良，莱城和萨拉莫阿的机场无法提供足够的空中掩护，与此同时，日军的补给线遭到了来自澳大利亚、米尔恩湾和莫尔兹比港的空袭。他们的作战条件也极为恶劣，炎热、潮湿、暴雨、淤泥、痢疾和热带疾病交织在一起，使入侵者大量减员，那些还活着的人也被营养不良和疾病弄得虚弱不堪。麦克阿瑟将军对巴布亚区域的威胁马上做出了反应，到 9 月中旬，莫尔兹比港已经得到两个旅的强力增援。澳大利亚部队在科科达小道也是寸土必争。8 月中旬，一个澳大利亚旅被派往米尔恩湾去保护那里的机场。[1]

日本海军在支援日本陆军时，被迫过度地分散了它的力量。8 月 24、25 日海军打了一场东所罗门海战，企图将增援部队送上瓜岛，与此同时，一支入侵部队［代号“来”（RE）作战］也被送上米尔恩湾（位于新几内亚南端）的路易西亚德群岛中的拉比岛（Rabi Island）。萨马赖岛（Samarai Island）后来也被定为入侵目标。陆军急切地需要空中掩护来支援 RI 作战，并对莫尔兹比港和澳北机场进行轰炸。最初用于攻击米尔恩湾的舰只是轻巡洋舰“天龙”号和“龙田”号，驱逐舰“夕月”号、“追风”号、“浦风”号、“浜风”号和“谷风”号。

“来”作战是一次灾难[2]。在接近至拉比岛东北大约 50 英里处时，从莫尔兹比港起飞的 10 架轰炸机攻击了“南海丸”，炸死 20 人，炸伤了舰船。不过在 8 月 25 日 23 点 30 分，1202 名海军特别登陆部队（SNLF）分成三个支队，还是在机场以东几英里处成功入侵拉比岛。增援部队很快使上岛的日军人数增加到了 2400 人。经过激烈的战斗，日军曾一度接近机场，但澳军发动了反击，使日军的军事行动一败涂地。官方数字称在撤出的 1318 人中有 312 人严重受伤。在岸上估计有 311 人被击毙，700 人失踪。在支援作战的过程中，驱逐舰“浦风”号有一名舰员阵亡，3 人受伤[3]。

日军派了更多军舰前来支援，包括驱逐舰“岚”号、“弥生”号和“矶风”号。9 月 5 日，拉包尔的外南洋部队司令部用无线电下令：“设法将他们撤出来。”与此同时，它向瓜岛而非拉比岛派遣了增援部队。9 月 6 日，“来”作战被取消，在最后一名日军士兵被消灭前，拉比岛和邻近岛屿的战斗贯穿了整个 9 月。

当拉比岛的战斗正在进行时，别处又发生了一段鲜为人知的故事，在这个故事里日本海军耗费了生命和更多舰船。月冈支队奉命探查巴布亚南端的岛屿，寻找能建造通信站和气象站的良好地理位置。它于 8 月 24 日分乘 7 艘小船离开拉比岛，并于 8 月 25 日在古迪纳夫群岛的陶波塔岛（Taupota）登陆。争夺拉比岛的战役失败后，月冈支队便没有必要再留在陶波塔岛。而且它现在也陷入了麻烦，因为这支部队在离开陶波塔岛后，被一架澳大利亚的飞机发现。8 月 25 日，10 架从莫尔兹比港起飞的战斗机在古迪纳夫岛袭击了月冈支队，使其丧失了在野外通信的能力。

最终在 9 月 10 日，日本海军将驱逐舰“矶风”号和“弥生”号从拉包尔派往古迪纳夫群岛执行搜救任务。次日 13 点，这些驱逐舰在诺曼比岛（Normanby Island）的东部遭到美国陆军航空队一支 B–17 和 B–25 轰炸机编队的攻击。这支部队以澳大利亚为基地，是麦克阿瑟的空中力量，由肯尼（G.C.Kenney）少将指挥。战斗中，“弥生”号船尾被击中，舵机被毁。它之后又连续遭到多轮空袭，最终在 9 月 11 日 17 点 15 分沉没。“矶风”号也遭到了攻击，被近失弹炸伤。一接到“弥生”号正在下沉的消息，它便全速开往后者发出无线电的方位，但所见只有油污和残骸——水中并没有生还者。但并非所有船员都跟着“弥生”号沉没了，有些舰员还是成功到达诺曼比岛。“弥生”号的幸存者后来被敌军的侦察机发现。最终，在数次救援失败后，“矶风”号和“望月”号驱逐舰于 9 月 25 日离开拉包尔，在诺曼比岛北岸登陆。他们从“弥生”号上救下了 83 人。

月冈支队遇到了更大的麻烦。9 月 2 日，它派小分队分乘 2 艘冲锋舟，设法到达布纳，以便在古迪纳夫岛东边向友军报告自己的方位。冲锋舟一到达，这支小分队就得到了空投补给；然而，澳军随后登陆了 800 人去扫荡月冈支队，于是双方爆发了激烈战斗。10 月 1 日，“伊 –1”号潜艇离开拉包尔，在 10 月 3 日救起了月冈支队的 71 人，并将 13 名在战斗中阵亡的将士的骨灰送回国。它之后又被派出海，但在遭到轰炸后，日军意识到潜艇救援不切实际，因此把正在瓜岛执行任务的轻巡洋舰“天龙”号召回，尝试用它进行下一次救援。10 月 22 日，该舰离开拉包尔，到达可以被理解为会合点的地方，但遭到了岸上 200 名澳军的轻武器射击。由于无法确定月冈支队的具体方位，“天龙”号返回了拉包尔。得知月冈支队的新方位后，“天龙”号又在 10 月 26 日做了最后一次努力。它以最高速度到达维雷岛（Île Uéré），接走最后一批人。月冈支队 353 人中总共有 261 人获救[4]。

在科科达小道，日本陆军距离莫尔兹比港已经不到 32 英里。9 月 28 日，澳军第五旅攻击了在他们看来是日军前线阵地的地方，但发现阵地已被放弃——日军已经撤退，并在布纳和戈纳建立了防御阵地，将最后一条防线设在库姆西河（Kumusi River）。

当日本陆军在9月18日决定将作战重点转向瓜岛时，驻守在布纳和戈纳不断减员的日军就注定要灭亡。这并不意味着日军要立即彻底抛弃这两个地方，但运送部队的船队遭到十分猛烈的空袭，对驱逐舰和运输船造成了破坏，给人员和物资造成进一步的损失，所以第18军不得不把布纳和戈纳的防务丢给已经在那里的部队。

随后日军又尝试于11月17日派出两支运输船队。第一支船队载有1000名士兵，由驱逐舰“风云”号、“卷云”号、“夕云”号、“亲潮”号和“阳炎”号负责护航。它顺利地到达布纳，卸下了人员和物资。第二支船队装载500人，在驱逐舰“亲潮”号、“海风”号和“江风”号的护送下，于次日2点离开拉包尔，在17点到达布纳。到19点45分，卸载工作完成。然而，当天夜里月光明亮，日军舰船遭到了猛烈空袭，“海风”号和“江风”号均有受创[5]。

随着日军沿着科科达小道逐步撤到其在布纳和戈纳的基地，库姆西河成了他们最后一道重要防线。而随着布纳的库姆西河战斗的升级，日军增援了更多的部队和枪炮，也派来了炮兵和机场建设工兵。日军决定让第21旅团主力在布纳登陆。驱逐舰“白露”号负责装运部队，“峰云”号、“夕云”号和“风云”号则负责护航。11月28日，船队离开拉包尔，次日遭到了无可避免的空袭。“白云”号舰首被一颗炸弹直接击中，虽然伤亡不大，但航速降到了10节。“卷云”号挨了若干发近失弹，起了火。2艘受创的驱逐舰撤回拉包尔，只有“风云”号和“夕云”号带着最低限度的补给成功到达布纳[6]。

日军试图对布纳再实施一次增援补给，准备将太田支队约642人送往那里。12月12日，5艘驱逐舰“荒潮”号、“风云”号、“夕云”号、“电”号和“矶波”号装上部队，离开拉包尔，到达库姆西河战场西北约30英里处的登陆点。盟军的空袭再度开始，“矶波”受轻伤。船队随后被召回。有591人上岸并到达他们的部队，而另外51人虽然上岸却不幸殒命。从这以后，布纳和戈纳只得到过零星的增援和补给，通常都是由驳船带来，海军再也没有组织过船队来进行增援。日本陆军已经将布纳和戈纳的部队抛弃，任由他们自生自灭，这意味着他们最终将全军覆没。

日军放弃布纳和戈纳，是因为瓜岛上正在进行的生死决斗吸引了他们太多的注意力，以至于相对次要的巴布亚半岛已经无力挽救了。1943 年 1 月 3 日，日军在半岛上的最后一人被消灭，他们始终没有投降。日军士兵死伤约 12000 人（连同海军的阵亡和负伤人员）。澳大利亚损失了 5800 人，美国损失了 2800 人[7]。当日军大本营让部队在远离空中掩护的地方登陆时，它就已经打破了迄今为止给它带来胜利的原则。这样做使日军回到了将他们引向最终失败的道路上。从那时起，盟军就在陆基飞机的空中掩护下作战。而且在巴布亚半岛和瓜岛，日本海军被迫在没有己方航母舰载机支援的情况下冒着敌军的空袭作战，开始陷入它无法维持的消耗战。日军的驱逐舰正在它们并不适用的作战中被牺牲掉。

瓜达尔卡纳尔岛

在 1942 年七月和八月，日本海军的兵力可谓捉襟见肘：它既要提供军舰保护他们在大东亚共荣圈的航运，又要为前往缅甸、菲律宾、莱城和萨拉莫阿这些地区的运兵船提供护航。日本的军队领导人预计，麦克阿瑟最终将经由新几内亚，向菲律宾发动反攻，作为他进军东京的军事行动的一部分。他们也看到了经由中太平洋反攻（尼米兹攻势的一部分）所带来的威胁。然而，他们没有预见到 5 月 2 日攻占图拉吉岛将打开通往日本的第三条道路：向北经所罗门岛链到达拉包尔。而日军将防卫圈扩展至图拉吉，把它建成为一个水上飞机基地，并在后来攻占瓜岛，以便在岛上建造机场，这些都是常规军事行动，也是其大战略的一部分。美军对此最初的反应也是其保护到澳大利亚生命线的惯常措施。双方都不知道即将发生的斗争会有多么激烈。正如中途岛是战争在海上的转折点，瓜达尔卡纳尔将成为陆上的转折点。

瓜岛是一个位于所罗门群岛岛链底部的多山小岛，面积 2500 平方英里。这里气候恶劣，炎热、潮湿、暴雨不断，茂密的丛林里有携带疟疾的蚊子和许多疾病肆虐。欧洲人在那里生活的唯一理由就是在一个英国人所有的种植园从事椰干的生产。但这个岛周围的水域在接下来的 6 个月里将成为战场，日军和盟军舰队之间的战斗在这里几乎没有停过。超过六次大规模海战在这些水域爆发，大部分都是舰对舰的夜战。最初只是偶然，之后是出于自尊心，到最后则是在走投无路的情况下，瓜岛成为日军不惜一切代价想要守住的地方。日本人要设

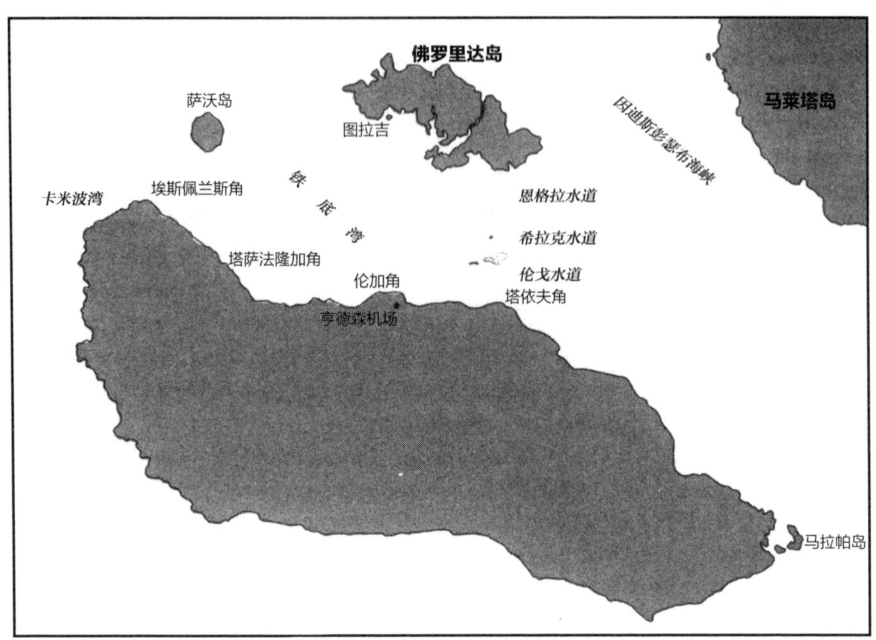

︿ 瓜达尔卡纳尔岛手绘示意图

法守住瓜岛并将岛上的美国海军陆战队赶走，但这样做让他们在一场不可能获胜的消耗战中严重削弱了自己的舰队，损失了不止一艘的战列舰、航母、巡洋舰，尤其是驱逐舰。当日军最终决定在“开”作战中撤出他们在瓜岛的剩余兵力时，日本海军的实力已经遭到严重削弱，再也无力阻止美军从南太平洋北上了。在瓜岛周边海域以及后来退往拉包尔的许多战斗中，日本海军确实打得漂亮，也表现出较高的作战效能。诚然，日军在许多遭遇战中都是胜利者，但他们承受不起舰船的损失，美国人可以。日军即使没有损失一艘驱逐舰，也不得不推迟对舰艇的彻底检修，这降低了驱逐舰的作战效能。

瓜岛周边海域和所罗门群岛的海战损耗了日本海军的实力，使他们没有机会在一场决战中消灭美国太平洋舰队。美国海军舰船不但在数量上得到补充，还引进了新的装备：他们改进雷达，最终开发出了由雷达控制的火炮。即便如此，日本的军舰（尤其是驱逐舰）仍然可以在一段时间里抵消这些优势，因为日军

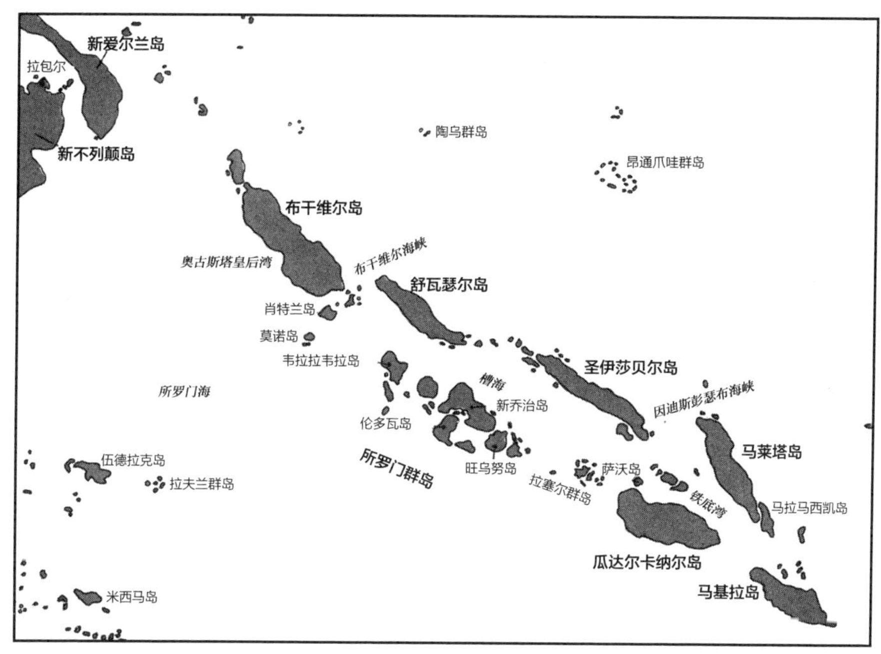

^ 所罗门群岛手绘示意图

的瞭望员有好眼力和卓越的光学器具，日军的鱼雷也大大优于盟军的鱼雷。日军从他们的作战经验中总结出了出色的战术：如果可能就先使用鱼雷，除非必要，否则不要暴露舰船的方位。少用探照灯，多依靠水上飞机投下的照明弹。

图拉吉岛很快被日军建成一个水上飞机基地。直到 6 月中旬，他们才开始关注瓜岛。当时，日本人开始派运兵船载着劳工队去建造机场。日军守备部队主要集中在图拉吉岛上，瓜岛的 2000 人大部分都是工兵和劳工队。由于盟军的反击看起来并不紧迫，因此修建机场跑道的工程进展缓慢。

日军攻占图拉吉并在那里修建水上飞机基地，在某种程度上也惊动了美国。但直到 7 月 4 日发现日军正在瓜岛建造机场后，美国才受到刺激采取行动，旨在阻止日军获得这样的优势。早在战争初期，美国就考虑过攻占所罗门群岛南部的某个岛屿。麦克阿瑟的计划是沿着新几内亚北上，穿过俾斯麦海，重返菲律宾，所以他现在视拉包尔为自己的眼中钉。而且美国已经为快速两栖登陆战役特地训练了人员——美国海军陆战队，麦克阿瑟请求调拨正规陆军，结果只得到一些新征召的部队，而两个师的海军陆战队却处于闲置状态。

因此，在1942年7月2日，美国参谋长联席会议（以下简称“参联会”）决定用已经在去努美阿路上的海军陆战队第一师（以下简称“陆战一师”）在“瞭望塔”行动中收复瓜岛和图拉吉岛。不过参联会下达的作战指令却宽泛得多，并不仅仅只是占领瓜岛和图拉吉岛。它还计划攻占新不列颠岛、新几内亚，最终夺取拉包尔。而且第一步是攻占圣克鲁兹群岛、图拉吉以及周边区域。至于瓜岛，参联会连名字都未曾提到[8]。美军迅速集结了将要实施瞭望塔行动的部队，对于这样快速组织起来的军事行动，我们可以预料会出现以下问题：部队组成不均衡，后勤规划不充分，以及缺乏足够的舰船为进攻的海军陆战队提供护航。实际情况也确实如此。

在进攻瓜达尔卡纳尔岛和图拉吉岛的军事行动中，美国海军有一支空中支援部队，该部队由3艘重型航母“萨拉托加”号、“企业”号、“黄蜂”号，以及战列舰“北卡罗来纳”号、5艘重巡洋舰、1艘轻巡洋舰、16艘驱逐舰、3艘油船组成。陆战一师分乘15艘运兵船，由8艘巡洋舰和一些驱逐舰提供密接掩护。

1942年8月7日，美国海军陆战队大约一万人对瓜达尔卡纳尔岛发动了进攻。到夜里，他们已经占领了日军的营地和未建成的机场，并迫使2500名日军劳工部队和150人的守备队四散逃逸[9]。陆战一师剩余的部队（6000人）则被送上大部分日本正规军所在的图拉吉岛，直到在日军战至最后一人的恶战中取胜，美军才于8月9日零时夺取了该岛。

南太平洋后方的美军部队和美国公众欢欣鼓舞，因为这是美军在战争中首次从日军手里夺得领土。然而在战场的远征军中弥漫着一股焦虑感，人虽然上了岛，补给却还没有卸完。美国海军军官也忧心忡忡，因为他们很清楚日军的空中力量能摧毁己方的水面舰只。这种情绪甚至蔓延到了距离瓜岛120英里左右的航母掩护编队。指挥空中支援部队的弗莱彻少将曾许诺，会待在瓜岛附近48小时为岛上部队提供空中掩护，以防日军必将到来的空袭。然而，他只提供了36小时的掩护，在8月8日18点07分就撤到了岛的东南部。瓜岛两栖登陆部队总司令里奇蒙德·特纳（Richmond Turner）少将预计，他需要 4 天时间来卸载岸上海军陆战队的补给物资。然而，现在不要说 96 小时了，连 48 小时都没有，弗莱彻只给了他 36 小时的空中掩护。

外南洋部队第八舰队总司令三川军一中将有责任驱逐入侵的美国海军陆战队。拉包尔可以投入作战的部队装备精良，并做好了战斗装备，但已经被派往拉比岛作战。三川利用他所掌握的一切——分乘两艘运输船的 519 名士兵，对美军的进攻做出了回应。两艘运兵船于 8 月 7 日 22 点出航。但在 8 月 8 日 12 点 55 分，鉴于攻占瓜岛机场的美军海军陆战队实力强大，日军船队奉命返回了拉包尔。在返航途中，“明洋丸”号于 21 时 25 分在圣乔治角（Cape St.George）附近被美军 S–38 潜艇的鱼雷击中，5 分钟后沉没，有 373 人阵亡[10]。

三川刚刚获悉 8 月 7 日的事态，就奉山本之命投入所有可用的陆基轰炸机，对瓜岛和图拉吉岛的舰船发动攻击[11]。虽然遭到美军空中支援部队的战机拦截，日军飞行员还是让运输船乔治·埃利奥特（George F.Elliot）起火燃烧（最终沉没），并使驱逐舰“贾维斯”号[12]随后沉没。日军的空袭一直持续到 8 月 8 日，到 8 月 9 日，他们没有再遭到美军飞机的拦截。

与此同时，三川正集结他的军舰，准备向美军运输船和护航军舰发动攻击。在拉包尔，他有重巡洋舰“鸟海”号（他的旗舰）、轻巡洋舰“天龙”号和“夕张”号、驱逐舰“夕凪”号。8 月 7 日早晨，重巡洋舰“青叶”号、“加古”号、“衣笠”号、“古鹰”号已经从卡韦恩出击，三川命令它们与他的 4 艘军舰在布干维尔岛以东会合[13]。他的其他军舰则在开往布纳的船队中。8 月 7 日 14 点，三川的各路舰队完成集结，然后向南行驶，计划在一场夜战中与盟军军舰交战，并消灭入侵者的运输船。三川只能召集到一艘驱逐舰，这清楚地表明日本海军守卫辽阔的防卫圈担子有多么重。

为攻占瓜岛提供掩护的美军舰船明白，日军将很快用飞机、潜艇进行反击，很可能还会把特混舰队派过来。所以，一些舰艇编队 8 月 8 日一整天都在进行空中侦察。三川的部队首先在 10 点 26 分被澳大利亚飞行员发现，被误认为包含有 3 艘巡洋舰、3 艘驱逐舰和 2 艘水上飞机母舰。11 点 01 分，它在南下穿过布干维尔海峡时再度被发现（而且又出现辨识错误）。由于糟糕的措辞和不准确的描述，特纳少将无法推断出两份报告提到的是同一支部队。各类搜索机一直让日军舰船保持在视野范围内，包括海军的 PBY“卡特琳娜”水上飞机、B–17 轰炸机、“哈德逊”轰炸机、麦克阿瑟的 B–17 轰炸机，以及弗莱彻航母部队的侦察机（在他离开前放出的）。但美军对某一块区域侦察得并不充分，它是最有可能被日军反击舰队利用的，被称为“槽海”（Slot）——美国海军给舒瓦瑟尔岛、新几内亚和圣伊莎贝尔岛之间海域取的名字。

因为某种原因，没有人告知特纳空中支援部队没有搜索过“槽海”海域。他只知道一支包含水上飞机母舰的日本舰队正位于北方某处。特纳猜得很对，这样一支部队不会发动夜袭。他只是没有从澳大利亚和空中支援部队那里得到正确的情报（实际上是被不可原谅地延误了）。因此他对三川的进逼完全没有警惕。特纳之所以相信 8 月 8—9 日没有夜战不是因为对情报不重视或缺乏预防措施。人们常常指责特纳分散了舰船，这是不公正的。鉴于特纳所掌握的情报，3 个编队对于当晚可以预计到的夜战来说是恰当的（即便在完全没有警觉的情况下）。

运输船在图拉吉岛把守瓜达尔卡纳尔岛的伦加角（Lunga Point）正东方向，支援部队则被分成三部分，每支编队都受命巡逻一块区域。南区部队由重巡洋舰“澳大利亚”号、“芝加哥”号以及“堪培拉”号，驱逐舰“帕特森”号和“巴格利”号组成。它的巡逻区域从伦加角的运输船延伸到萨沃岛，距离大约是到图拉吉岛的一半。这样部署该部队为的是阻止敌军从埃斯佩兰斯角（Cape Esperance，瓜岛最北端）和萨沃岛之间的区域进来。北区部队包含重巡洋舰“文森斯”号、“阿斯托利亚”号、“昆西”号以及驱逐舰“赫尔姆”号、“威尔逊”号，以方格形航线进行巡逻。它的东部边界从运输船向北到图拉吉以西，并从该线向西北延伸至萨沃岛。北区部队将封锁瓜岛和佛罗里达群岛形成的海湾的西部通路。东区部队负责巡逻伦加角和图拉吉岛之间界线以东的区域，由防空轻巡洋舰“圣胡安”号、轻巡洋舰“霍巴特”号和驱逐舰“蒙森”号、“布坎南”号组成。它将对付任何从东面进来的敌人。驱逐舰“布鲁”号及“拉尔夫·塔尔博特”号在瓜岛和图拉吉岛的西北部设立了警戒线。两者在这条警戒线的外边界上相距 20 英里。负责支援部队战术指挥的是来自英国皇家海军的克拉奇利

（V.A.C.Crutchley）上将。

美军计划整晚都进行运输船的卸货工作。特纳少将坐镇位于伦加角的运输船“麦考莱”号，对航母编队的提前撤离感到震惊，遂在20点32分将克拉奇利从他的旗舰“澳大利亚”号上召来开会商议。克拉奇利早就要求召开这样的会议，来厘清混乱的局面。他没有坐小船开20英里去赴会，而是坐的“澳大利亚”号（这样便削弱了南区部队），并让“芝加哥”号的霍华德·波德（Howard D. Bode）上校负责战术指挥。波德预计这位英国上将要到午夜才回来，便上床睡觉，导致支援部队没有了战术指挥官。而且，全军所有将士——从将军到水手——都被过去两天的战斗、混乱和高温搞得精疲力竭，因而支援部队仅处于二级战备，只有一半的值班人员。所以，在三川逼近的时候，美军的战术指挥官睡着了，支援部队也散得很开，舰船无法立即投入作战。从10点26分接到存在日军水上母舰的报告时起，美军在瓜岛周围的支援部队就一直以为黎明时会有空袭[14]。

第十三章

第一次所罗门海战

（美方称萨沃岛海战）

1942 年

8 月 9 日　　第一次所罗门海战

8 月 17 日　　日军开始对瓜岛进行增援，并对亨德森机场进行轰炸

就在三川的舰队于 8 月 9 日晚的夜色中穿过断断续续的风飑时，他也有自己的顾虑，因为他并不知道弗莱彻的航母部队已经离开，他需要知道最新的情报，比如自己会在伦加角和图拉吉遇到什么。为此，他的巡洋舰从早晨到黄昏一整天都在放出侦察机。8 月 9 日 0 时 43 分，三川的舰队以长达 2 英里的单列纵队向东南偏南方向前进，由旗舰“鸟海”号率领，后跟“青叶”号、“加古”号、“衣笠”号、“古鹰”号，轻巡洋舰“天龙”号和“夕张”号以及驱逐舰“夕凪”号。一分钟后，舰队在正南方向大约 5.5 英里的地方发现了美国驱逐舰“布鲁”号。

日军舰艇编队的所有火炮都指向了警戒线上的驱逐舰“布鲁”号，并向左转 3 度。不过，当“布鲁”号没有表现出发现日军舰队的迹象时，三川又转向了原来的航向。早在 23 点，“鸟海”号就弹射了一架侦察机提供照明；“加古”号也在 3 分钟后放出了侦察机。23 点 08 分，“古鹰”号放出一架飞机进行照明，并在战斗中充当炮击观测机。随后，三川在 1 点 08 分发布命令，从萨沃岛南边进入海湾。1 点 25 分，他下令“各自为战”，随后在 1 点 31 分又下令“全军突击”。在接下来的 7 分钟里，7 艘军舰以 26 节航速跟随“鸟海”号前进。它们在距己方左舷 8 英里处发现驱逐舰“拉尔夫·塔尔博特”号正在进行警戒巡逻。但日舰的一字纵队仍然没有被美军发现。三川接报称已经发现第三艘美军驱逐舰。“鸟

海”号在下达进攻命令后，马上发现了重巡洋舰“堪培拉”号（澳大利亚皇家海军）和“芝加哥”号的舰影。10点38分，它在5000码的距离上向后者发射了4枚鱼雷，并下令所有日舰开火。刚发射完鱼雷，日军就见到了盟军其他军舰的舰影。三川命令照亮战区。他的所有军舰都在发射鱼雷，这是日军重巡洋舰独有，而美军巡洋舰欠缺的武器。

位于“鸟海”号纵队正前方的是南区部队的“堪培拉”号、“芝加哥”号以及驱逐舰“巴格利”号和“帕特森”号。直到1点43分，“帕特森”号才发现许多日本军舰正在向它们逼近。随后战斗警报响起，但一切都已经太迟了。美军北区部队位于日军舰队左舷正横方向约5000码处，正在进行它们的方格形线路巡逻（事实上，要是他们知道有敌舰在那儿，就可以用“T字横切”对付三川）。南区部队现在已经完全被日军水上飞机投下的照明弹照亮，并遭到了“鸟海”号、“青叶”号和“古鹰”号的集火。1点43分，正当“帕特森”拉响战斗警报时，两枚鱼雷射入“堪培拉”号的右舷，紧接着又是毁灭性的炮火齐射。“堪培拉”号还没来得及发射两枚鱼雷、打几发炮弹就在水中失去了动力，开始倾斜。它的舰体喷出火焰，船员们开始奋力抢修使它不继续下沉。它几乎没来得及意识到有战斗发生就退出了战斗。

南区部队剩下的巡洋舰是“芝加哥”号。在战斗已经进行了几分钟后，掌握战术指挥权的军官——睡着的“芝加哥”号波德舰长才被唤醒，将他的军舰投入战斗，但已经太迟了。1点47分，一枚鱼雷击中了“芝加哥”号的舰首，将这部分削去。正当波德胡乱挣扎着进入战斗时，一发炮弹击倒了他巡洋舰的前桅。“芝加哥”号却找不到日本军舰，因为后者此时已经向右急转弯去追击北区部队了。波德完全错估了三川舰队的方位，转向错误的方向，让他的军舰脱离了战斗，且没有用无线电给北区的部队发警报。“巴格利”号则从未参加战斗。于是，整支南区部队在战斗开始六分钟之内就被日军消灭了。

1点44分，在夜战的一片漆黑中，“古鹰”号脱离了其他日军军舰。为了避免相撞，“鸟海”号全速向北转，其他军舰也紧跟其后。9分钟后，日军组成了新的战斗队形：“古鹰”号和“天龙”号组成一队，“夕张”号则紧靠它们的左舷。右侧编队是“鸟海”号、“青叶”号、“加古”号和“衣笠”号，与“古

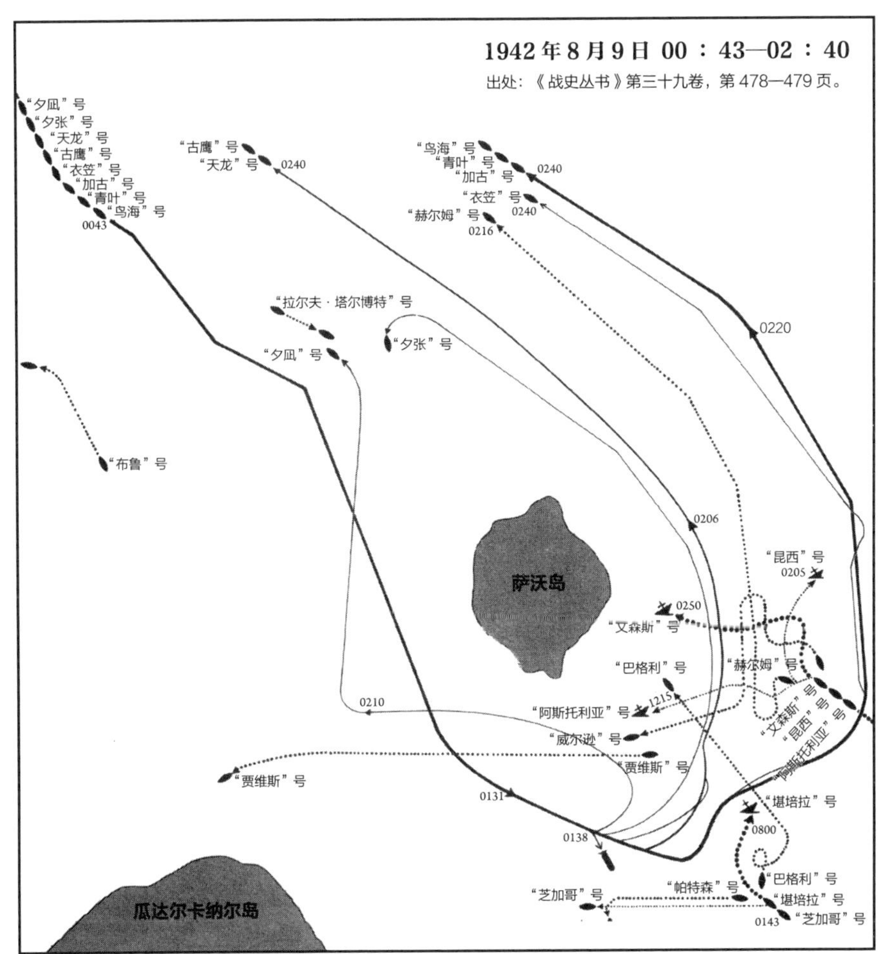

^ 第一次所罗门海战

鹰”号的编队相距大约1000码，最终扩大到7500码。三川将军担心的是他之前发现的3艘盟军驱逐舰，所以他在1点38分让“夕凪”号调整到最初的航向，为的是保护自己的后方。“夕凪”号和两艘盟军驱逐舰谁也没发现谁，2点10分，“夕凪”号向“贾维斯”号发射了鱼雷和炮弹，但没有命中[1]。不过“贾维斯”号早在8月8日的空袭中就已经中弹，最终在返回澳大利亚的途中沉没。

日军两支编队现在直接朝北区部队杀去，后者此时仍在进行方形线路巡逻。两支纵队行进路线所形成的两条直线将完全包围北区部队。当“帕特森”号发现日军纵队左转90度时，它也跟着左转与之平行，接下来发生了一边倒的炮战。“帕特森”号被击中Y炮塔，起火；同时三川的军舰驶出了它的射程范围。“巴格利”号当时并没有做好战斗准备，等到它可以发射鱼雷时，日舰已经离得太远了。

虽然有点难以置信，但日军投下的照明弹、“帕特森”号发出的警报以及南区部队周围的闪光和大骚动居然都没有引起北区部队的警觉，它仍然在整齐地走着方形巡逻路线。“鸟海”号在转向后看到前方有3艘敌人的巡洋舰，于是向它们杀了过去。它率领的其他巡洋舰打开了探照灯，用主炮向北区部队轰击。1点47分，日舰右纵队在大约4000码的距离上开火，并发射鱼雷，当距离与敌舰拉近时，高射炮和机枪也跟着一起射击。大约1点57分，重巡洋舰“阿斯托利亚”号舰体中部受到“鸟海”号一发8英寸炮弹重重一击，大火从船头烧到船尾。“阿斯利托亚”号总共只进行了11次齐射，其中一次击中了“鸟海”号的操作室，但并未造成大的破坏。“阿斯托利亚”号的舰长在遭到日舰袭击时正在睡觉，过了一会儿才意识到他的船处于战斗当中。在他下令开火前，“阿斯托利亚”号已经被击中4次，甚至在这个时候，他还以为自己在向友舰开炮。

在“阿斯托利亚”号前面的重巡洋舰“昆西”号也被打得够呛，主要是挨了“青叶”号的打击。“青叶”号用探照灯把“昆西”号照亮，使它在黑夜中显现出来。然而，鉴于海面上燃烧的舰只照出了北区部队舰船的影子，日军又关掉了它们的探照灯，所以“昆西”号无法识别敌舰。由于担心伤及友军，“昆西”号的舰长在进行两轮齐射后，又下令停止开火，并右转舵，使得该舰只能使用后炮塔。过了一会儿，它又开始射击，但在那时，它遭到了两支日舰编队的射击，舰上燃起熊熊大火，船体正在下沉——“昆西”号已经失去了战斗力。

带领整支巡洋舰编队的重巡洋舰“文森斯”号也误判了局势。它的舰长直到1点50分自己的船被“加古”号的探照灯照亮后，才确信一支敌人的舰队就在眼前。“加古”号的炮弹很快就不偏不倚地命中了“文森斯”号舰体中部，使它搭载的飞机起火。“文森斯”号决定靠近并攻击三川的左路纵队，但只造成轻微损伤，自己却在连番遭到炮弹和鱼雷的攻击后，最终于2点50分沉没。

北区部队的掩护驱逐舰“威尔逊”号给美军增加了一艘驱逐舰所能提供的火力，但只对敌造成轻微损伤，并且没有被日军巡洋舰注意到。它在2点追逐着一艘“敌舰”，直到这艘“敌舰”表明自己的身份是“巴格利”号，“威尔逊”号便停止了战斗。驱逐舰“赫尔姆”号一直未发现任何敌舰，在2点以前一直保持原先的航向。东区部队一直未参加战斗，战术指挥官诺曼·斯科特（Norman Scott）少将对自己在夜晚不停的雨飑中所看到和听到的那点动静完全摸不着头脑。他最终派出了4艘驱逐舰，但只让它们停在一个远离实际战斗的地方。运输船在战斗时停止了卸载，但岸上的人对正在发生的战斗也并不清楚。

三川军一现在要做一个重要的决定。他应不应该冲向此时已经完全暴露在自己面前的美军运输船？一旦做这样的战术部署，会让他进入敌军的水域，在天亮以后容易遭到飞机攻击。他并不知道弗莱彻已经带着航母撤走了；实际上，他甚至都不知道附近还有多少敌人的舰船[2]。因此，他在2点后不久就下令撤退，先向北，到2点14分又转向西北。三川的舰队此时已经分散了，“青叶”号本身位于舰队的最右边。在这样的坏天气下，重新集结舰队对三川来说是最难的。现在问题又来了，如果当初他决定摧毁运输船，切断岸上的美国海军陆战队的补给会怎么样，美军还能够固守瓜岛吗？

正当三川尝试重整队形，向西北前进时，美军一艘充当警戒线的驱逐舰“拉尔夫·塔尔博特”号误打误撞闯入了战斗。它已经听到了“帕特森”号的警报，也在远处隐隐约约观察了这场战斗，只是并不了解到底发生了什么。2点15分，它被“天龙”号发现，后者用探照灯将它照亮。“古鹰”号和“夕张”号也立即加入到对“拉尔夫·塔尔博特”号的攻击中，在3000到4000码的距离内和“天龙”号一起炮击“拉尔夫·塔尔博特”号，击中了它的鱼雷发射管装置。“拉尔夫·塔尔博特”号的海军少校约瑟夫·卡拉汉（Joseph W. Callahan）少校被眼前的状况完全搞糊涂了，打开了自己的识别灯，他觉得自己正在被友军的炮弹轰击。这一招一定也让3艘日舰摸不着头脑，因为他们暂时停止了射击。但“夕张”号很快又用一只探照灯照上了“拉尔夫·塔尔博特”号，向它再度开火。这艘美国驱逐舰中弹四次，燃起了大火，开始发生倾斜。与此同时，它只能发射4枚鱼雷，结果无一命中。走运的是，它躲进了另一场雨飑，日军则在

2点23分停火。如果说“拉尔夫·塔尔博特”号对这场战役有什么贡献的话，那就是促使三川过早做了撤退的决定，因为他仍然不知道附近可能还有多少其他的盟军军舰。

第一次所罗门海战就这样结束了。“堪培拉”号瘫痪在水中，已经不可挽救。在幸存的船员撤空后，它于8时被友军用鱼雷击沉。拯救“阿斯托利亚”号的努力失败后，该舰于12点15分沉没。“昆西”号在2点05分沉没，“文森斯”号是在2点50分。“拉尔夫·塔尔博特”号受损严重。这是美国海军遭受过的最惨重的失败：1023人战死，709人受伤[3]。

而日军这边的损失如下：

“鸟海”号：34人战死，32人受伤；舰体和武器装备多处受损。

“青叶”号：2号鱼雷发射管装置被直接击中，使1号管和2号管无法打开。一枚鱼雷受损。鱼雷舱起火。摩托艇严重受损。

“衣笠”号：受轻伤。一艘摩托艇严重受损，4人战死，1人受伤。

“夕张”号：一发4.5英寸炮弹击穿舰体，但没有爆炸。

“古鹰”号、“加古”号、“天龙”号和“夕凪”号：均未受伤[4]。

重巡洋舰“鸟海”号的作战报告如下：

（要对上世界时区时间，需加上2小时。）

日期：8月9日，地点：图拉吉岛附近

作战名称：图拉吉岛附近夜战

作战细节：8月9日。在清晨进行空中侦察，同时在早晨行动以便隐藏我们的作战计划。11点30分，向图拉吉锚地进击。21点，弹射1号侦察机照亮锚地。

22点40分：“准备进攻！”

22点46分：下令“行动”，安全规避敌人驱逐舰（DD，原文如此）的警戒线。

23点31分：命令“全军突击”。接下来，到8月9日0点23分全军开始撤退时，5艘英国或澳大利亚的大型巡洋舰被炮火或鱼雷击沉。

5点40分：到达拉包尔，进行图拉吉海峡夜间作战活动。（作者注：为了和世界时区时间对应，要在拉包尔这里的日本帝国海军时间基础上再加1小时。）

弹药消耗：

主炮：302发。主炮防空弹（AA）：6发。6.12毫米舰炮：120发。24毫米舰炮（原文如此——想表达的意思无疑是25毫米）：500发。93式鱼雷：8发。降落伞照明弹：15发。海上标志弹：10发。7.7毫米枪弹：96发。

战斗结果：

击沉2艘英国巡洋舰、3艘美国巡洋舰。

受损情况：

战死：34人。受伤：32人。舰体和武器装备有数十处中弹[5]。

“鸟海”号高估了日军给盟军造成的损失，这样的事情经常发生，尤其是在夜战当中。在调和所有报告的分歧后，上级部门会对战果统计做出相应修正[6]。

虽然在1942年8月9日的战斗中几乎毫发无伤，三川的舰队却并不是完好无损地回到拉包尔。8月9日，重巡洋舰“加古”号离开三川舰队向卡维恩驶去。8月10日8点10分，在距离卡维恩70英里处，“加古”号的右舷被美军潜艇“S-44”号潜艇发射的3枚鱼雷击中。它于8点15分沉没，71人死亡（包括一名平民）[7]，15人受伤（包括1名平民）。在取得辉煌的胜利后，“加古”号死在一艘老式的“S”型潜艇手上也是极为讽刺的。

三川中将经常因为放跑了失去保护的美国运输船而遭到批评，因为这些运输船当时已是他的囊中之物。然而，事后诸葛亮无法重现当时三川所面临的局势。他小心是因为他不知道该地区的其他敌军舰船是什么，他担心舰队在白天会遭到能够给日舰造成巨大损伤的航母舰载机的袭击。山本大将没有责备三川，而是给他发去一条正式的嘉奖消息，以表彰他给敌人造成的沉重打击。

虽然美军遭到了惨败，但特纳少将还是让运输船的卸货工作持续到当天下午的晚些时候，然后起锚，最终撤出了他的剩余船只。这样一来，美军共有15000名海军陆战队员上岸，大部分都在瓜达尔卡纳尔岛，而日军在图拉吉的抵抗力量已经被完全肃清。他们有一个月的食物补给，但现在依赖美国海军让补给线保持畅通。美军开始修建亨德森机场，并建造了一条长 5 英里的防线抵御瓜岛上的日军。

争夺瓜达尔卡纳尔岛的关键战役即将打响。日美双方都不愿意放弃瓜岛，却都无法把对方赶下海。盟军非常了解该岛在战略上的重要性；日军也是如此，并在 9 月 18 日后将夺回瓜岛的优先级置于南太平洋的所有其他军事行动之上。这场僵持许久的可怕厮杀将持续差不多半年，使双方在生命和物力上都付出了巨大的代价。日美都没能预见到在瓜岛的这场战役中需要付出什么样的代价，因为他们都愿意为胜利倾其所有。两头牛头犬要决一死战了。

日军认为他们必须增援瓜岛，并守住该岛，这意味着他们必须掌握其周围的制海权。美军必须消灭岛上的日本陆军部队，为岛上的守军提供援兵和补给。但最重要的是，通过修建和使用亨德森机场及周边一些小机场，美军掌握了长久的制空权，可以阻止日军的增援行动，并对日本海军的炮击和空袭进行反击。

瓜岛的美军于 8 月 15 日重新建立了与后方指挥所的联系，在这一天，4 艘运输船（APD，由驱逐舰改装而成）送来了航空汽油和弹药。然后在 8 月 20 日，3 艘运输驱逐舰带来了 3 天半的粮食补给，并安全撤离。8 月 12 日，亨德森机场降落了第一架飞机，从 8 月 17 日起，这里就可以在干燥的天气下使用了。接下来，从各个地方调来的飞机都飞到瓜岛，第一批是 19 架“野猫”式战斗机和 12 架来自“长岛”号护航航母甲板的“无畏”式俯冲轰炸机，接下来在 8 月 22 日是一个中队的 P-400 战斗机[8]。两天后，“企业”号将它的俯冲轰炸机调入瓜岛，并留在了该岛南部，待在日军飞机的航程之外，以便把更多的飞机部署到亨德森机场。虽然亨德森机场一开始的损失率很高，但此后一直都得到了稳定的补给。有时候美国人的问题不是无机可飞，而是无油可用。到 8 月底，瓜岛已经成为一艘不沉的航空母舰（虽然是固定的）。美国人已经用碎珊瑚把亨德森机场建成了一个可全天候使用的机场。拥有机场使他们掌握了制空权，并因此进一步掌握了瓜岛周边海域白天的制海权。到了夜间，美军就会坚守不出，日军就又重新掌握了制海权。这确实是海战中的一种新奇现象。

日军第一批增援部队在 8 月 17 日到达，一支 113 人的海军特别登陆部队小分队在塔萨法隆加角（Tassafaronga）平安登陆。这些部队由驱逐舰“追风”号、“睦月”号、“卯月”号护送。次日晚上，一木支队的前卫先遣部队在23点登陆[9]。日军将他们从德鲁克调过来，装在3艘用于快速突入瓜岛海域实施登陆的高速船只上，由驱逐舰“海风”号、“山风”号、“江风”号、“凉风”号、“浦风”号、“谷风”号、“浜风”号提供护航。有两支攻击部队伴随运输船队，在顺利登陆后，驱逐舰“荒潮”号、“萩风”号和“阳炎”号对图拉吉岛的水上飞机基地进行了炮击，同时“岚”号驱逐舰对亨德森机场进行了炮击[10]。但炮击编队逗留的时间太久，8月19日，“萩风”号在肖特兰群岛附近遭到从圣埃斯皮里图桑托岛起飞的两架B-17轰炸机的攻击，它的扇状船尾在12点15分被3枚炸弹击中。有33人被炸死，13人被炸伤。“萩风”号随后在“岚”号的护送下撤回了特鲁克[11]。一木支队没等后续增援部队到达就立即投入了战斗，在8月20—21日的泰纳鲁河（Tenaru River）之战中几乎被全歼，有777人战死，30人受伤。一木清直大佐身披旭日旗，在带头冲锋时战死[12]。

拉包尔的陆军司令部依然决心迅速夺回瓜岛和图拉吉岛，但令人费解的是，它似乎没有意识到美国海军陆战队有15000人在固守瓜岛。于是，接下来司令部只派了第38旅团的川口支队1500人进行支援。但如果说日军低估了瓜岛上美国海军陆战队的人数，那么他们对可能对川口支队发动攻击的盟国海军力量可没有小视。特鲁克的联合舰队正在接管第8舰队，准备与盟军舰队大战一场，不仅要保护运输船队，而且要击败和消灭盟军的海军力量，以免今后日军的增援遭到威胁。于是一场新的海上大战又开始酝酿了。与此同时，随着更多的日本飞机飞到拉包尔，日军正将所有可以投入作战的航空兵用于对瓜岛实施频繁的空袭。夜间，日军驱逐舰南下“槽海”，带来了少量部队。它们几乎每晚都实施这样的输送，额外的价值就是提供了有关瓜岛海域盟军舰船的情报[13]。一般情况下，驱逐舰在完成运输任务后，都会对亨德森机场和海军陆战队的营地进行炮击。而美军对此基本无能为力，因为他们知道日本联合舰队正在策划着某个军事行动，盟军必须集中起来，应对任何可能出现的情况。

尽管如此，盟军仍然必须采用各种方法把给养运送给瓜岛的海军陆战队。8月21日，“布鲁”号和“亨利”号驱逐舰护送两艘运输船向瓜岛进发。两船开在前面，希望能撞见日军的登陆行动，同时为盟军船队接近瓜岛做好侦察。舰队很快进入了瓜岛和图拉吉之间的“铁底湾”（Iron Bottom，美军后来给此地取的名字，因为这里沉没了大批舰船）。8 月 22 日 3 点 30 分，两艘驱逐舰开始进行巡逻，使用的是性能低劣的 SC 型雷达。3 点 55 分，“布鲁”号用雷达和声呐进行了通信联络，随后在 3 点 57 分，一枚鱼雷猛地击中了“布鲁”号的船尾。日军驱逐舰“江风”号发现了“布鲁”号[14]，当时它刚刚把支援部队送上岸，正向拉包尔返航。很明显，日舰瞭望哨锐利的眼神胜过了美军的 SC 雷达。不过日美这两艘驱逐舰都付出了代价，美军飞机在肖特兰群岛附近追上了“江风”号，于 7 点 30 到 7 点 40 分之间对它进行了攻击，造成轻微损伤。但是，“布鲁”号在即将到来的战斗开始前已经无法被拖出图拉吉岛，美军只得在 8 月 23 日奉命将其凿沉。

对日本人来说很明显一场大战正在酝酿着。山本大将在第一次所罗门海战结束后给予三川中将正式嘉奖时所表现出来的自满情绪，已经开始被忧虑所替代，因为日本陆军还没有把美国海军陆战队赶下海，而美军现在已经拥有一个全天候机场，能够保障他们白天的制海权。因此，日军必须花大力气，摧毁美国海军陆战队的海上生命线。特鲁克的日本联合舰队开始调动舰队，去实施日本争夺瓜岛的大战略，并终结美军对巴布亚半岛和拉包尔的威胁。

第十四章

第二次所罗门海战

（美方称东所罗门海战）

1942 年

8 月 23 日　日本联合舰队出击保护大型运输船队，以重占瓜岛，并消灭美军西南太平洋舰队

8 月 24 日　航母战斗

8 月 25 日　美军飞机攻击，并驱离了日军船队

日本人为第二次所罗门海战集结了一支包含 85 艘舰只的强大舰艇编队和 177 架航母舰载机。而美国海军这边，虽然只有 30 艘舰船，飞机却有 259 架。不过在 8 月 23 日，美军在飞机数量上的优势被削弱了：载有 83 架飞机的“黄蜂”号重型航母被派往南方补充燃料，无法参加战斗。这样一来，日军有 177 架飞机，而美军有 176 架。这是一场不同寻常的战斗，好像两个极度小心谨慎的国际象棋棋手之间的比赛：一位选手损失了马和兵，却威胁到了另一位选手的皇后，随后两位选手都退出了比赛。

山本在筹备这场战役的时候脑中想的是两个目标。日本陆军在瓜岛的形势岌岌可危，亟需大规模增援。而只要美国太平洋舰队存在于西南太平洋，日军增援瓜岛就势必要冒大风险。美国海军也在为亨德森机场增援飞机，供给燃料；为海军陆战队提供补给，调拨援兵。所以，山本的第一个目标就是消灭瓜岛海域的美国太平洋舰队，这将通过南云的航母舰载机摧毁美国航母来实现。阿部弘毅少将的前卫部队能够保护“翔鹤”和“瑞鹤”，抵御敌军航母的打击。之后，日军航母舰载机将先在前卫部队，后在近藤中将强大的支援部队主力的协助下

肃清所有美国海军的残部。接着，南云的飞机和军舰就能够永久地瘫痪瓜岛的亨德森机场。

他的第二个战略目标是阻止美军对日军运兵船（载有支援瓜岛的 1500 人）的袭击。为此，第八舰队的 4 艘重巡洋舰将对瓜岛的美国守军实施猛烈炮击，同时，田中少将将把运输船带进塔萨法隆加角。为了协助完成第二个目标，“龙骧”号轻型航空母舰及其支援舰船将被部署在南云重型航母以西 100 英里，以及瓜岛东北 190 英里的地方。它的飞机可以从那里攻击到亨德森机场。（莫里森在他的第五卷美国海军战史中推断“龙骧”号被日本海军设成诱饵，故意让美军航母搜索和攻击到，这样就会暴露它们的方位。但没有证据表明日本海军有此意图。“龙骧”号有日本海军最新式的重巡洋舰和两艘优良的驱逐舰作掩护。日军很可能是想冒一次有备之险，以为“龙骧”能够保全自己。）

在这一战略的指导下，山本大将又采用了在很大程度上导致他兵败中途岛的分兵之策。他似乎不太会制订一个简单的作战计划，把他在数量上占优的舰船集中起来对付美国太平洋舰队。坐镇珍珠港的尼米兹和美军西南太平洋司令部（COMSOPAC）都充分意识到，山本将带着他能投入作战的大部分军舰出战。因为深知这将会是一场大战，美国海军也开始搜罗所有可以投入作战的舰只。

8 月 23 日早晨，日本海军舰队向东南偏南方向进发，与所罗门群岛东部岛链恰好平行。美国海军舰队也于同一天早晨在马莱塔岛以东 150 英里处向东北偏北方向行驶。和所有航母对战一样，日美双方都显得小心翼翼。

美军率先发现了日军，9 点 50 分，圣克鲁斯群岛派出的一架飞机报告发现一队运兵船。弗莱彻将军下令“萨拉托加”号的舰载机找到并攻击侦察机报告的船只。14 点 45 分，“萨拉托加”号起飞 31 架轰炸机、6 架鱼雷机。瓜岛的美军也同样得到了发现日军船队的情报，派出 27 架飞机前去“猎杀”。但美军的两支飞行编队都一无所获，因为田中少将在知道自己被美军发现后，已经掉转航向，而且天气和能见度都比较差。18 点，另一支日军舰队也掉转了航向。

弗莱彻少将的第61特混舰队在8月23日白天绕着马莱塔岛漫无目的地游弋。8 月 24 日 6 点，日军部队再次开始南下。美军这天又率先发现了日军：9 点 05 分，恩德尼岛（Ndeni Island）的一架巡逻机发现“龙骧”号编队正在南下，距离第

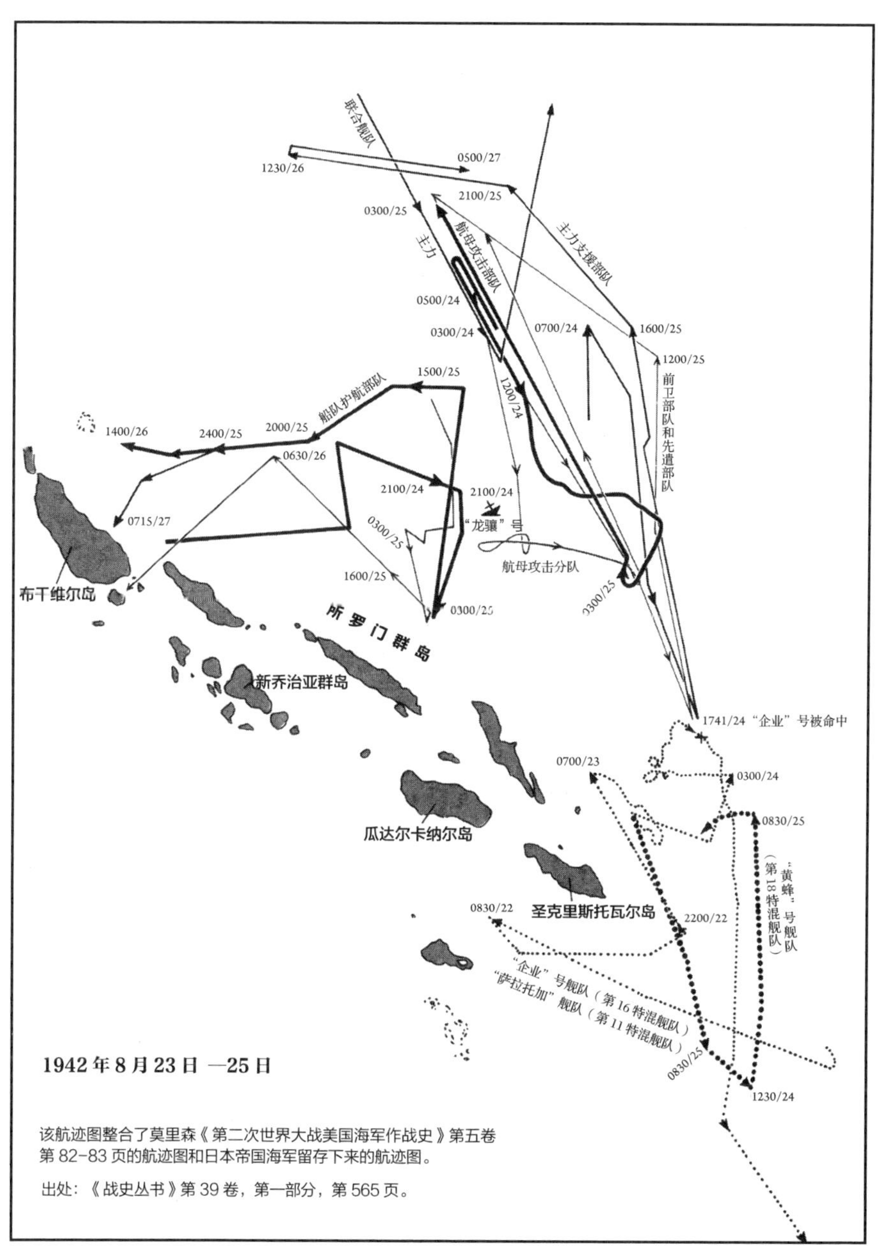

︿ 第二次所罗门海战

联合舰队
1230/26
0500/27
2100/25
0300/25
主力
航母攻击部队
主力支援部队
0500/24
0300/24
0700/24
1600/25
1200/25
前卫部队和先遣部队
1500/25
1200/24
船队护航部队
1400/26
2400/25
2000/25
0630/26
2100/24
2100/24
“龙骧”号
0715/27
0300/25
航母攻击分队
1600/25
0300/25
0300/25
布干维尔岛
所罗门群岛
新乔治亚群岛
1741/24 “企业”号被命中
0700/23
0300/24
0830/25
瓜达尔卡纳尔岛
“黄蜂”号舰队（第18特混舰队）
圣克里斯托瓦尔岛
0830/22
2200/22
“企业”号舰队（第16特混舰队）
“萨拉托加”舰队（第11特混舰队）
0830/25
1230/24
1942年8月23日—25日
该航迹图整合了莫里森《第二次世界大战美国海军作战史》第五卷
第82-83页的航迹图和日本帝国海军留存下来的航迹图。
出处：《战史丛书》第39卷，第一部分，第565页。

61特混舰队大约260英里。11点28分，“龙骧”号在更南面的地方再次被发现，这回比之前近了35英里，并且距离仍在缩短。但在11点左右，弗莱彻知道他的舰队也被日军的四发水上飞机窥探到了。于是，他命令“企业”号在12点30分起飞23架飞机，实施250英里（跨越200度）的长途奔袭。

弗莱彻在早上也遇到了麻烦，而且他的麻烦不仅仅只是有时让接收的无线电信息无法识别的天气状况。更糟的是，他的飞机编队在空中因为飞行员无意义的闲聊而混乱不堪。虽然他陆续接到了一些新的目击报告：14点，在“龙骧”号东北方向60英里处发现一艘航母；14点30分，“瑞鹤”号和“翔鹤”号被发现；14点40分，阿部的舰队被发现。然而，弗莱彻对前天攻击机群未能找到侦察机报告的船队一事记忆犹新，因而变得有些迟疑不决。事实上，他可能从来没有获得过日本海军所有部队的完整而准确的航线图。但经过深思熟虑之后，他认为自己不能再对接到的发现附近日军轻型航母的报告熟视无睹，于是下令“萨拉托加”号起飞了30架轰炸机和8架鱼雷机。倘若此时一艘日军重型航母派飞机对他的舰队进行攻击，那么弗莱彻的处境就危险了，因为他能用作反击的只有14架轰炸机和12架鱼雷机。但他记得珊瑚海海战的教训，谨慎地留下了一支空中巡逻力量——54架“野猫”式战斗机。

与此同时，“龙骧”号到达了预定位置。12点20分，它起飞了6架攻击机和6架零式战斗机，作为第一攻击波直扑瓜岛，在那里这些飞机将与拉包尔起飞的一些双引擎飞机一起破坏亨德森机场。12点48分，“龙骧”号又起飞第二攻击波共9架战斗机[1]。当“龙骧”号的飞机开始出现在特混舰队的雷达屏幕上时，这一情报被“企业”号的搜索部队获得，于是，它们杀向了前方100英里处的“龙骧”号机群，而不再冲向这些飞机的航母。此后不久，弗莱彻少将开始收到来自PBY“卡特琳娜”水上飞机和“企业”号 机群的情报——“龙骧”号位于200英里外，还有一艘大型航母位于“龙骧”号以北60英里处，随后在14点30分，“瑞鹤”和“翔鹤”被查明在200英里外。十分钟后，日军的前卫部队被找到。但弗莱彻的大部分飞机已经被派了出去，他已经没剩下足够的飞机来实施一次强有力的攻击。他试图引导“萨拉托加”的飞行编队将注意力从“龙骧”转到“瑞鹤”和“翔鹤”上，但没有成功。由于通信困难，他无法指挥和控制已经起飞的飞机。

“龙骧”号舰长加藤唯雄此时的行为就让人费解了。在放出飞机后，他向北行驶了 1 小时，随后在 13 点 30 分转向西面。不久以后，他又再度调转航向向东前进，以便在预定会合点回收他的飞机。在此期间，“龙骧”号把剩余的 9 架战斗机都留在船上，即便它的瞭望哨在 13 点 41 分报告发现一架侦察机时，也还是这样。随后，13 点 51 分，一架 B–17 轰炸机从云层中出现，企图攻击“龙骧”号。该舰这才有所反应，派出 6 架战斗机追了 B–17 几分钟，然后又返航掩护航母。它在 14 点 55 分又遭到若干 B–17 轰炸机的轰炸，不过没有被炸弹命中。“天津风”号驱逐舰（负责掩护“龙骧”号）舰长原为一称“龙骧”号有 7 架本可以用于防空巡逻的战斗机，但对付 B–17 时，它只派出了 2 架，而且这 2 架随后又返回了航母。这 7 架飞机在“龙骧”号被美军舰载机攻击时均未升空[2]。14 点，“龙骧”号的攻击机机群发来消息称，已经成功对瓜岛实施了轰炸，攻击机群损失了 2 架战斗机和 3 架轰炸机。另一架无法回到“龙骧”号的飞机奉命在恩德尼岛降落，飞行员在那里被“望月”号驱逐舰救起[3]。

但“龙骧”号不会浮在海面上回收飞机，因为“企业”号的飞行编队已经找到了它。“龙骧”号没有足够的飞机来进行有效的空中巡逻。15 点 57 分，来自“萨拉托加”号的 30 架俯冲轰炸机发动了第一波攻击。根据加藤舰长（在这场战斗中幸存）的报告，“龙骧”号躲掉了除近失弹外的所有炸弹，但被鱼雷击中船尾左舷[4]。负责掩护的“利根”号也遭到俯冲轰炸机和鱼雷机攻击，但没有受伤。“龙骧”号的舵机被卡住了，导致它在原地转圈，整艘船都在燃烧，并很快发生严重倾斜。它的舰载机此时还在瓜岛上空，它们奉命降落到布卡岛，但它们已经没有足够的油料飞到那里了。“天津风”号在“龙骧”号“弃舰”的消息发出后，奉命到它旁边待命。共有 300 名幸存舰员上船，加藤是最后一位。“龙骧”号正常的编制是 924 人。“天津风”号的处境危如累卵，因为如果“龙骧”号沉没的时候它正好在旁，那么航母会把这艘驱逐舰也拖下水，因为“天津风”在航母上扣了抓钩，船员正通过木板转移到驱逐舰上。“龙骧”号最终在 2 点沉没。它的 14 架舰载机不久后抵达母舰位置，在舰队其他军舰上空盘旋一阵后，最终降落在海上，有 7 名飞行员获救[5]。

现在轮到日军反击了。自从“筑摩”号的侦察机与美军舰队发生首次接触后，第61特混舰队就一直处于日军的不间断侦察之中。在“翔鹤”号的队长机下面，“翔鹤”号和“瑞鹤”号于14点55分开始派出飞机：有18架轰炸机和4架零式战斗机从“翔鹤”号上起飞，9架轰炸机和6架零式战斗机从“瑞鹤”号上起飞。美军的两艘航母组成两个防卫群，相距10英里：防卫圈周长2英里，由1艘战列舰、2艘巡洋舰和6艘驱逐舰组成，“企业”号位于中间；美军对“萨拉托加”号的部署也类似于此，该舰由2艘巡洋舰和5艘驱逐舰提供掩护。在25英里外的空中还有53架“野猫”式战斗机进行空中战斗巡逻。16点38分，“企业”号遭到日军俯冲轰炸机和攻击机的同时袭击。护航的日军战斗机阻止了大部分“野猫”式战斗机对己方俯冲轰炸机的拦截。日军飞机面对猛烈的防空火炮，仍然顽强地发动了攻击。命中“企业”号的第一枚炸弹落在后甲板升降机上，炸弹拆开了两层甲板，一直到第三层甲板才发生爆炸。第二枚炸弹与第一枚的落点非常近。然后在16点45分，第三枚炸弹正中航母岛式舰桥后部的要害，但爆炸只造成了轻微损伤。虽然“企业”号在日军攻击结束的时候燃烧着熊熊烈火，它的舰体却并未受损。不过它还是损失了74人，还有95人受伤。尽管航母正在发展新的防护技术，拥有更多的防空炮火、更多的空中巡逻飞机，但“企业”号的防护仍然是不足的。战列舰“北卡罗来纳”号也吸引了日军攻击机群的注意力，但没有受到损伤。在这一阶段的战斗中，美军没有发现携带鱼雷的日本攻击机。

16点，两艘日军航母发动了第二波进攻，但第二攻击波的飞机自始至终没有发现第61特混舰队，因为飞行队指挥官把后者的航线图画错了，可能正是这个错误拯救了“企业”号。“企业”号把速度逐渐提高到24节，并开始回收飞机。但由于它受损严重，多米诺骨牌效应也开始出现——一个故障导致另一个故障发生，最终航母的舵机被卡住，使友舰完全无法拖带。如果日军第二攻击波发现了它，那它将没有任何回旋余地。最终，“企业”号恢复了转向控制，于是弗莱彻转向南面，撤出了战斗。“企业”号的大部分飞机降落在瓜岛上，以便进一步强化岛上的防空力量。“黄蜂”号则在加完油之后北上，与弗莱彻会合。这样瓜岛即便没有“企业”号给亨德森机场补充飞机，也仍然有防空力量和补充飞机的手段。

当日军第一攻击波的机群向北返航时，空中仍然有飞机（13架轰炸机和12

架鱼雷机）散落着。来自“萨拉托加”号的5架鱼雷机攻击了近藤的前卫先遣部队主力，但未取得战果。两架俯冲轰炸机则幸运得多，在17点40分，他们发现了几乎没有装甲防护的水上飞机母舰“千岁”号。几发近失弹引燃了它的飞机，让配流盘出现松动，使左舷轮机舱停止工作。然而，船员的果敢行动挽救了它，该舰经由特鲁克回到日本进行修理[6]。近藤中将仍然希望继续作战，于是在16点30分加入了他的前锋部队，向南搜寻，希望找到美舰进行夜战。23点30分，他在一无所获后向北撤退。第一阶段的战斗就这样结束了。

但引发战斗的诱因仍然存在，那就是驶往瓜岛的载有1500人的日军船队。离开肖特兰群岛后，这支船队在8月25日2点23分被美军水上飞机发现。天气不利于日军执行任务，因为月光明亮，只有稀疏的几片云朵。和瓜岛上的大多数夜晚一样，这天晚上也是艰苦的一晚。从掩护田中船队的巡洋舰上弹射出的飞机已经用杀伤人员的碎裂弹（被海军陆战队员戏称为“滚地球”）对亨德森机场和海军陆战队军营进行了轰炸[7]。7点40分，当日军运兵船接近塔依夫角（Taivu Point）时，轻巡洋舰“神通”号正在与驱逐舰“阳炎”号、“矶风”号、“江风”号和“弥生”号会合（这4艘驱逐舰也在对亨德森机场进行炮击）。4架从稀疏的云层中冒出来的飞机对它进行了攻击，一架舰载机的炸弹落在了A炮塔和B炮塔之间的地方。它的通信室被摧毁，因而舰上的军官也无法指挥作战。起先，日军以为这些飞机是“友军”，所以没有一艘军舰进行还击。“神通”号的舰员担心火灾会蔓延到前端弹药库，所以舰长下令向弹药库注水。火势很快得到控制。

就在“神通”号忙着解决自己的问题时，其他问题也正在产生。8点07分，另一队敌机发起攻击，位于船队中央的“金龙丸”被一枚炸弹命中，并遭到猛烈扫射。它立即被火焰包围（装载的弹药更助长了火势），减低了航速。“神通”号的指挥官马上命令“弥生”号、“睦月”号和1号、2号巡逻舰前去救助运输船。与此同时，他命令另外两艘运输船“波士顿丸”和“第一大福丸”在驱逐舰“江风”号、“海风”号以及34、35号巡逻舰的掩护下撤退。

当“睦月”号正在救助“金龙丸”的船员时，3架B-17轰炸机袭击了日军的舰艇编队。“睦月”号的引擎室被击中。“金龙丸”和“睦月”号的幸存人员（包括“睦月”号舰长）被其他舰船救起（主要是被“弥生”号搭救，它将重伤员紧急送往拉包尔的海军医院）。“睦月”号随后在10点53分被己方的鱼雷击沉，以阻止其落入美军之手。

“神通”号和“阳炎”号、“凉风”号驱逐舰亲自担任护卫，将船队带出敌军的空中打击范围。不久以后，“神通”号接到命令立即回特鲁克修理，并将将旗转移到“凉风”号上。山本大将看到了船队面临的危险，命令“瑞鹤”号在3艘驱逐舰的伴随下提供空中掩护；与此同时，22架陆基飞机和13架零式战斗机攻击了瓜岛。船队安全抵达肖特兰群岛后，山本下令立即将运输船的部队用更小更快的船送回瓜岛。与此同时，外南洋部队司令部命令2艘驱逐舰在夜间对瓜岛进行炮击。

山本在这次战斗中的想法让人难以理解。他已经派出了一大批军舰，也已经损失了“龙骧”号，看到了“千岁”号受损，而他的两艘航母依然毫发无伤。只是最后一波攻击机群的航向错误夺走了日军的一次更激动人心的胜利。然而，山本谨慎地把他的主力部队撤到了北面，而没有回去攻击美军。如果他正寻求在一场战斗中歼灭西南太平洋的美军舰队，并且起初就已经冒着损失两艘航母的危险这样做了，那么在他得知“企业”号遭到重创，而且飞行员报告称这是美军剩下的唯一一艘大型航母后，他为什么还要撤退呢？

山本的前卫部队确实和近藤的主力部队一起冲向南面，准备打一场夜战，但随后就立即返航了。对美军战术的研究想必已经提醒日军，当疑似被敌舰搜索时，美军航母在夜间倾向于避战。美军舰队航母无法在夜间使用它们的舰载机，并且易受到舰炮的攻击，而且他们的掩护军舰在数量上也不如日本人。然而，第八舰队的4艘巡洋舰却并没有炮击瓜岛，只是把它们携带照明弹的水上飞机派出去飞了一圈。田中的船队当时没有受到保护，因而遭到了重创。难道想到中途岛就让山本束手束脚了么？

美军这边也存在怯战的问题，但他们这样做还是有充足理由的。至少要有一艘航母在瓜岛南面充当踏脚石来为亨德森机场补充飞机。美国海军在此战中最糟糕的地方就是和在中途岛一样，缺乏适当的飞行管制以及飞行员之间糟糕的通信纪律。弗兰克·杰克·弗莱彻将军的参谋们从来没有机会指挥天空中的飞机。第61特混舰队离开战场时受创轻微，运气确实非常好。

第二次所罗门海战日美双方部队编制表

联合舰队（山本大将）

支援部队、主力

战列舰：“大和”号

护航航空母舰：“大鹰”号

驱逐舰：“曙”号、“潮”号[8]

第三舰队、航母攻击部队、机动部队、主力（南云忠一中将）

重型航空母舰：“瑞鹤”号、“翔鹤”号

驱逐舰：“风云”号、“夕云”号、“卷云”号、“秋云”号、“初风”号、“秋月”号

第三舰队、航母攻击部队分遣队、机动部队、主力（原忠一少将）

轻型航空母舰：“龙骧”号

重巡洋舰：“利根”号

驱逐舰：“天津风”号、“时津风”号

第二舰队、支援部队（近藤信竹中将）

前卫部队、航母攻击部队的密接支援部队（阿部弘毅少将）

战列舰：“比叡”号、“雾岛”号

重巡洋舰：“熊野”号、“铃谷”号、“筑摩”号

轻巡洋舰：“长良”号

驱逐舰：“野分”号、“谷风”号、“舞风”号

支援部队、主力（近藤信竹中将）

水上飞机母舰：“千岁”号

重巡洋舰：“爱宕”号、“摩耶”号、“高雄”号、“妙高”号、“羽黑”号

轻巡洋舰：“由良”号

驱逐舰：“黑潮”号、“亲潮”号、“峰云”号、“早潮”号、“夏云”号、“朝云”号

预备队

改装航空母舰：“隼鹰”号

辅助船队支援部队

战列舰：“陆奥”号

驱逐舰：“春雨”号、“五月雨”号、“村雨”号

第八舰队、外南洋部队、增援部队（三川军一中将）

密接掩护部队（三川中将）

重巡洋舰：“鸟海”号、“青叶”号、“衣笠”号、“古鹰”号

运输船队护航部队（田中少将）

轻巡洋舰：“神通”号

驱逐舰：“阳炎”号、“睦月”号、“弥生”号、“矶风”号、“江风”号、“凉风”号、“海风”号、“卯月”号

运输船部队

载有1500人的3艘运输船

4艘巡逻艇[9]

第二次所罗门海战的美国海军参战部队

第61特混舰队（弗莱彻少将）

第11特混舰队

重型航空母舰：“萨拉托加”号

重巡洋舰：“明尼阿波利斯”号、“新奥尔良”号

驱逐舰：“菲尔普斯”号、“法拉格特”号、“戴尔”号、“沃登”号、“麦克多诺”号

第16特混舰队

重型航空母舰：“企业”号

战列舰：“北卡罗来纳”号

重巡洋舰：“波特兰”号

轻巡洋舰：“亚特兰大”号

驱逐舰：“鲍尔奇”号、“贝纳姆”号、“莫里”号、“埃勒特”号、“格雷森”号、“蒙森”号

第 18 特混舰队

重型航空母舰：“黄蜂”号

重巡洋舰：“圣·弗朗西斯科”号、“盐湖城”号

轻巡洋舰：“圣胡安”号

驱逐舰：“费伦霍特”号、“亚伦沃德”号、“布坎南”号、“朗”号、“斯塔克”号、“斯特瑞特”号、“塞尔弗里奇”号

第二次所罗门海战日军航母舰载机参战数量[10]

主力部队

第一攻击波

	战斗机	航母舰载轰炸机
动用飞机数量	10	27
空中被击毁的飞机	3	17
海上坠毁和损失的飞机	3	1
总损失	6	18
返回航母	4	9

第二攻击波

	战斗机	航母舰载攻击机
动用飞机数量	9	27
空中被击毁的飞机	0	4
海上坠毁和损失的飞机	0	1
总损失	0	5
返回航母	9	22

空中巡逻战斗机

	战斗机
动用飞机数量	35
空中被击毁的飞机	1
海上坠毁和损失的飞机	1
总损失	2

支援部队（“龙骧”号）

攻击瓜岛

	战斗机	航母舰载攻击机
动用飞机数量	15	6
空中被击毁的飞机	2	3
海上坠毁和损失的飞机	1	1
总损失	3	4

空中巡逻机（“龙骧”号）

	战斗机
动用飞机数量	7
空中被击毁的飞机数量	0
海上坠毁和损失的飞机数量	0
空中巡逻总损失	0

所有航母损失的飞机数量

31 架战斗机

29 架轰炸机

8 月 26 日仍然适合作战的飞机数量

41 架战斗机

25 架航母轰炸机

34 架航母攻击机[11]

第十五章

瓜达尔卡纳尔——痛苦加深

1942 年	
8 月 28 日—9 月 2 日	日军增援部队 4700 人在瓜岛登陆
9 月 12—16 日	日军向亨德森机场发动进攻，但没有成功
9 月 15 日	“伊 -19”号潜艇击沉重型航母“黄蜂”号
9 月 17 日	日军大本营决定派日本陆军第 17 军①增援瓜岛
9 月 18 日	日本陆军决定将瓜岛战役的优先级置于巴布亚之上
9 月 18 日	美国海军陆战队第七陆战团增援瓜岛守军
10 月 9 日—15 日	日本陆军派夜间船队对第 17 军进行补给
10 月 11—12 日	埃斯佩兰斯角海战
10 月 13 日	美国派“亚美利加师”的 164 团增援瓜岛

日军大本营仍然大大低估了美国海军陆战队在瓜岛的兵力，他们猜测那里最多只有 4000 美军。日本人仍然要面对一个老问题：增援瓜岛，消灭美国海军陆战队并控制机场。8 月 25 日降临在日军船队的灾难表明昼间船队无法挺过亨德森机场飞机的攻击，因此必须在晚上才能向瓜岛派遣足够的士兵。

而在瓜岛南面总是驻扎着至少一艘重型航母的美军，必须为瓜岛和图拉吉岛上不断增加的海军陆战队员提供补给，在必要时增援他们，并阻止新的日军

① 译注：此处原文为第十七师团，不符合史实，应为作者笔误。

部队登陆，还要将已经上岛的日军赶下海。在接下来的一个月左右时间里，美军掌握着 250 英里范围内（刚好是瓜岛上“无畏”式俯冲轰炸机的航程）的日间制空权。补给、汽油和飞机都由飞机或船运来。携带补给的小规模增援部队也到过瓜岛，只是损失通常都相当大。的确，日军飞机几乎天天在轰炸瓜岛，有时候规模还挺大。不过，尽管日军能摧毁美军的飞机和补给，空袭也炸死了一些美国人，但要夺回瓜岛还远远不够。而且日军也正在损失大量的舰船、飞机和飞行员[1]。

美国海军陆战队在瓜岛上岌岌可危地坚持到了 8 月的最后一天。在这场僵局中，日军有两个选择，要么在夜晚增援足够的兵力和装备从岛内攻占岛屿，要么必须再打一场大海战，将美国海军赶走，这样就能阻断它在瓜岛发挥的补给和保护作用。他们最终决定先试着在夜间运入足够的增援部队。8 月 26 日 23 点，一支 350 人的增援部队带着补给，在 3 艘驱逐舰（“海风”号、“江风”号和“矶风”号）的护送下在塔依夫角以东登陆。第二支增援部队的 128 人也于次日在塔依夫角西北部成功登陆。

在拉包尔，日军正在拟定更大规模的增援计划。8 月 28 日，首次登陆行动向瓜岛的日本陆军增援了 1250 人；然后第二次登陆行动定于 8 月 29 日进行，将 750 人用 3 艘驱逐舰运到瓜岛，并由若干驱逐舰护航。8 月 30 日，第三次登陆行动又将 1000 人送上瓜岛。次日晚上，日军将实施第四次登陆作业，将由川口清健少将指挥的 650 人送上岸。川口也将成为瓜岛日军的新任总司令。然后在第五次，也是最后一次登陆行动中，将有 1080 人被送上瓜岛。这样一来日军在瓜岛的兵力总共将增加 4700 多人。所有的登陆作战都由若干驱逐舰护航。将人员送上岸后，军舰将实施对亨德森机场的炮击。

日军在大规模增兵过程中的首次登陆尝试表明船队不应该太早离开肖特兰集结地。船队在 8 月 28 日起航，当日 17 点时遭到首次空袭。在 18 点 20 分到 47 分之间这段时间里，从亨德森机场起飞的 10 架“无畏”式俯冲轰炸机袭击了驱逐舰“天雾”号、“朝雾”号、“夕雾”号和“白云”号。“朝雾”号遭到致命一击，几乎在顷刻之间沉没，有 62 人战死，弹药和补给也随之损失。“夕雾”号的烟囱吃了一颗炸弹，后甲板遭到扫射，但和“白云”号一样只受到中度损伤。

但“夕雾”和“白云”这两艘驱逐舰都必须在其他舰船的协助下才能返回肖特兰基地，其中“白云”号由“天雾”号拖曳。

虽然“青叶”号重巡的水上飞机在13点报告称美军的2艘运输船、1艘巡洋舰和2艘驱逐舰停泊在图拉吉港口（一小时后又停在了伦加角），第八舰队司令部迟疑片刻后，还是允许日军第二支运输船编队起航，在5艘驱逐舰（“吹雪”号、“白雪”号、“初雪”号、“江风”号、“海风”号）的掩护下于23点30分到达伦加角，并卸下增援部队。

下一场必定要发生的战斗开始酝酿时的局势是这样的：日本飞机每天（通常是在中午）都空袭亨德森机场、海军陆战队的营地以及任何漂浮在瓜岛海域上的东西。8月30日，日军为掩护川口支队在夜间登陆，进行了一次声东击西式的空袭。在这次空袭中，日机成功捕捉到一艘改装驱逐舰“科尔霍恩”号。即便美机掌握了白天大部分时间的制空权，送到美军手里的补给物资也不太够用，而且瓜岛还常常缺少航空汽油。

到了夜里，日军运输船和驱逐舰则从肖特兰基地猛冲到塔依夫角，卸下人员、火炮、反坦克炮、弹药和军粮，接着炮击亨德森机场，然后又火速返回肖特兰基地。双方都缺人缺补给。海军陆战队在亨德森机场周围建立防卫圈遇到了困难，而日军要夺取机场也缺少人手，他们的增援部队数量从来都不足以改变平衡。而且，日本陆军为了躲避白天的空袭转移到内陆去了，结果发现兵力被丛林疾病和营养不良损耗。8月31日，日本陆军将瓜岛列为主要的作战目标，把巴布亚方向的作战置于次要地位。最终，日军在9月18日决定只集中力量于瓜岛一个方向[2]。瓜岛战役逐渐成为日军大本营没有预见到的怪物。

在日军陆基飞机的航程外，有3艘美军航母在防备得到日本舰队支援的常规登陆作战行动，并给亨德森机场补充飞机。但亨德森机场也不安全。8月31日，大约7点46分时，日军潜艇“伊-26”号向“萨拉托加”号发射了6枚鱼雷，其中一枚击中了它的右舷、船体中部。虽然损伤并不严重，因为舰内的泡形罩吸收了鱼雷爆点的冲击波，但航母不得不返航进行修理。

起初，日军驱逐舰的负担还不重。它们一艘接着一艘地退出现役，返回特鲁克和日本进行现代化改装，包括拆除原来的X炮塔（两门5英寸炮），用2

座 3 联装 25 毫米炮替代。然后在驱逐舰上加装了 13 到 21 座机枪和额外的 13 毫米炮。每艘驱逐舰又装备了 4 个深水炸弹投掷器以及 36 颗深水炸弹。（之前，日军已经把深水炸弹从两个深水炸弹架上的扇尾中移除。）而且，它们的布雷和扫雷装备也都被移除。

虽然这些驱逐舰原本是被造出来用于水面作战的（而且在接下来一年里确实会有许多水面战斗），但越来越大的空中和水下威胁迫使它们使用新式武器，甚至在老式武器还需要被用到的情况下也不得不将其换下。随着争夺瓜岛和“槽海”的战斗持续进行，日军的驱逐舰正进行危险的超负荷工作。它们全都需要进行彻底的翻修，但紧急的战况又不允许它们那样做，因此它们的速度和效能都开始逐渐下滑。

下一场海战发生在 9 月 4 日到 5 日晚上。夜间的部队输送任务由装载更多川口支队人员的快速运输驱逐舰〔被美军戏称为“东京快车”（Tokyo Express）〕承担，负责护航的是“夕立”号、“初雪”号和“丛云”号。但它们并不是该海域唯一的舰船。美国海军的运输驱逐舰“利特尔”号和“格雷戈里”号正在瓜岛和图拉吉岛之间执行巡逻和渡运任务。9 月 5 日 10 点，3 艘日军驱逐舰向瓜岛开火。“利特尔”号和“格雷戈里”号认为驱逐舰的炮击只是让人讨厌的潜艇炮击那样的小打小闹，于是从伦加角附近的阵位出发前去调查，它们相信自己的雷达将使任何大型舰只无所遁形。但对两舰来说不幸的是，已经看到日军开火的一架 PBY“卡特琳娜”水上飞机射出了照明弹伞，将美军舰船照得通亮，随后“夕立”号开火，它那更强大的武装在顷刻之间就击沉了美军的 2 艘驱逐舰。日本驱逐舰在 1 点 35 分满意而归[3]。

现在对拉包尔的日军司令部来说越来越明显的是，瓜岛及其机场必须从岛内夺取，之后日本海军才能有行动自由。为此，川口少将通过驱逐舰在夜间的高速运输以及小船、驳船在岛与岛之间的缓慢输送来加强他的部队。第 35 旅团的大部分人员采用这种方式在 8 月 29 日到 9 月 7 日这段时间登陆，支援一木支队的残部。川口少将带着大约 3500 人在 9 月 12 日做了徒劳无功的进攻，意图击败海军陆战队，并攻占亨德森机场，但这次进攻到 9 月 16 日时已经失败了，给日军造成了 1100 人的伤亡[4]。所以“东京快车”又得加班加点地送来补充兵员。

鉴于一木和川口的惨败，日军大本营在 9 月 17 日决定让第 17 军①向瓜岛调遣一整个师团。日军大本营和拉包尔的司令部仍然大大低估了海军陆战队的实力，以为只有 7500 人——实际上有 11000 人[5]。

但由于伤亡和疾病造成的损失，美国海军陆战队也缺乏足够的兵力，来发动一场歼灭性攻势肃清岛上的日军，而且美军还需要部队去维持亨德森机场周围 5 英里长的防卫圈。受到这些因素的影响，海军陆战队可用的部队就分得很散。美军最终决定将陆战第七团调入瓜岛。该团于 9 月 14 日在几艘巡洋舰和驱逐舰的护航下，乘坐6艘运兵船离开圣埃斯皮里图桑托岛。为了保护船队，重型航母“大黄蜂”号和“黄蜂”号在南面 100 英里处提供远程掩护。“黄蜂”号既要保护船队，也要保护它自己的分遣队（由“北卡罗来纳”号、3 艘巡洋舰和 7 艘驱逐舰组成）免遭日军的空袭和潜艇攻击。

到 9 月 14 日下午，美军的船队已经被一架日军水上飞机窥探到。接着在 9 月 15 日大约 14 点 30 分，“伊 19”号潜艇向“黄蜂”号发射了 4 枚鱼雷，有 3 枚击中——2 枚命中右舷前部，还有 1 枚几乎射中舰体中部。大火立刻在甲板上蔓延开来，“黄蜂”号受到了致命创伤。然后在 14 点 52 分，“伊 –15”号潜艇的鱼雷又击中了“北卡罗来纳”号的左舷前部。片刻之后，又一枚鱼雷“啪”一声撞在了驱逐舰“奥布莱恩”号上，炸掉了它的舰首。15 时，“黄蜂”号发生了一次巨大的爆炸，20 分钟后，舰长下达了“弃舰”命令。鉴于这艘航母已经回天乏术，“兰斯多沃内”号向其发射了鱼雷，它最终在 21 时沉没。不过，它的 24 架舰载机却因为在“大黄蜂”号上降落而得以保全。由于“北卡罗来纳”号上没有火灾，它成功地回到了珍珠港。但“奥布莱恩”号在圣埃斯皮里图桑托岛和努美阿稍事修理后，于 10 月 19 日在回美国途中（距离被鱼雷击中处 2800 英里的地方）沉没。

掩护舰队遭难后，虽然运送第七陆战团的船队在 9 月 15 日夜间撤离，但里

---

① 译注：众所周知，二战日军的军事编制在列强当中独树一帜。比如日语中的“军”就相当麻烦，日本人通常把它对应为英文的 Army——集团军，而不是 Corps——军。但日本的“军”管辖的是师团，Corps 管辖的也是师，因此笔者采用的对应标准是日本的“军”仍然对应中文的“军”。

奇蒙德·凯利·特纳（Richmond Kelly Turner）上将又把船队拉了回来，因为他判断瓜岛的局势已经非常严峻，需要冒险实施一次大胆的作战行动。由于天气不良，再加上麦克阿瑟的飞机对拉包尔实施猛烈空袭，日军飞机都停飞了，美军船队因而得以安全抵达伦加角。9 月 18 日 5 点 50 分，美国海军陆战队开始在驱逐舰“蒙森”号和“麦克多诺”号的炮击支援下上岸。运输船在返回基地时也没有遭到日军攻击[6]。

在南边保卫瓜岛的美国海军舰队正处在绝境当中：它们只有 1 艘舰队航母、1 艘战列舰，日军则有 2 艘重型航母、若干轻型航母，许多战列舰、巡洋舰和驱逐舰。但非常奇怪的是，虽然日军实力明显占优，他们在美军船队进入瓜岛时却远在天边。

山本在这时候的想法并没有被正式记录在案，也不容易推断。他知道美国海军在南太平洋的实力不如自己的联合舰队；但他也知道在美国后方的船坞中，有 20 多艘几近完工的重型航母，还有大量战列舰、巡洋舰、驱逐舰和潜艇，这些全都在以日本工业无法匹敌的速度被建造出来。于是，我们只能推测他想保存主力舰队留待决战使用。然而，这样的决策却给他那些已经超负荷工作的驱逐舰带来了更沉重的负担。

随着瓜岛上的陆战在 9 月和 10 月上旬陷入僵局，日本海军虽然不愿意派联合舰队从特鲁克南下再参加一场大战，但还是加大了对亨德森机场和海军陆战队所在方位的炮击力度，陆军则继续给瓜岛运来新的部队、武器、弹药和食物。渐渐地，急切想要瘫痪亨德森机场的日本人把越来越多、越来越大的军舰投入到夜间炮击舰艇编队中。鉴于日军正向瓜岛投入大量增援部队准备决战，同时美军也急着准备应对日军必将发动的进攻，所以可以预期这样的局势又将引发一场大海战——这场海战在 10 月 11—12 日确实爆发了[7]。

埃斯佩兰斯角海战

日本不仅希望消灭瓜岛的美军部队，还想把图拉吉岛、伦内尔岛以及圣·克里斯托瓦尔岛的美军一网打尽。为此，日军从中国、荷属东印度以及菲律宾调来部队，经由特鲁克派往拉包尔和肖特兰，准备用“东京快车”进行夜间运输。

第18军总司令百武晴吉中将接替川口少将掌握了指挥权。

日本海军也采取了以下措施进行配合：调来新的部队，用夜间炮击破坏亨德森机场和尽可能多的飞机，加大空袭力度，阻止美军增援。只要把美军的空中威胁铲除，山本大将便能任意地“捕捉并消灭”所罗门海域的美国海军部队。事实上，关键因素就是亨德森机场——只要机场正常运转，250英里范围内的日军部队在白天就会遭到空袭，这使得日本海军无法对瓜岛进行持续炮击。

美军理解了敌人的意图，因为日本陆军的援军大量涌入瓜岛，夜间炮击烈度增强，日军新锐航空部队的参战也使空战升级。显而易见，美军也必须调来新的部队。10月上旬，美国参谋长联席会议决定，把2800人的亚美利加团（Americal Regiment）调来加强瓜岛的防御。

美军知道日军会用军舰和飞机来拦截船队。为了把亚美利加团送上瓜岛，美国海军舰队被分成4个编队。重型航母“大黄蜂”号的远程掩护部队位于瓜岛西南180英里处，战列舰“华盛顿”号则位于马莱塔岛以东50英里处。诺曼·斯科特（Norman Scott）少将的第64特混舰队位于伦内尔岛附近，由以下军舰组成：重巡洋舰“旧金山”号（旗舰）、“盐湖城”号，轻巡洋舰“博伊西”号、“海伦娜”号，以及驱逐舰“费伦霍特”号、“布坎南”号、“拉菲”号、“邓肯”号、“麦克卡拉”号。它们为第四支舰艇编队（由2艘运输船和8艘改装驱逐舰组成，归特纳少将节制）提供密接支援。面对有着潜在压倒性优势的日本联合舰队，美军的增援也采取和“东京快车”类似的做法——它们快速冲向瓜岛，在夜间卸货，以尽可能减少部队暴露在空袭下的时间。10月9日，运输船从努美阿起航。

10月9日，日军轻巡洋舰“龙田”号和9艘驱逐舰开始把百武将军的部队和他本人送到瓜岛上来。运输行动持续了一个星期，共把22000人，连同充足的装备和给养送上了瓜岛[8]。这次大规模增兵动用了11艘驱逐舰。“X日”（即旨在将美军赶出瓜岛的大规模攻势发起日）被定在了10月14日。

亨德森机场在竭尽所能回击日军船队。10月10日，日军集结的舰船回到肖特兰群岛后，遭到42架美军轰炸机和鱼雷机的攻击。虽然日军舰船没有遭到大的破坏，但这次空袭使三川军一更加坚定了瘫痪或摧毁亨德森机场的决心。因此，他在10月11日派五藤存知少将率领一支特混舰队前去轰击机场，并为夜间运输船队提供掩护。这支特混舰队包含重巡洋舰“青叶”号、“衣笠”号、“古鹰”号和驱逐舰“初雪”号、“吹雪”号。这些军舰将为一支载有日本陆军第二师团相当大一部分兵力的大型运输船队提供掩护[9]。

日本人并不知道斯科特的第64特混舰队的存在，也不知道它正向瓜岛运送的增援部队。然而远程侦察已经使斯科特掌握了有关两支日军部队具体方位和预计到达时间的准确情报。因此，斯科特是占优势的一方，萨沃岛海战的形势在此时倒转了过来。斯科特小心翼翼地设置他的陷阱。22点28分，第64特混舰队位于埃斯佩兰斯角东北偏东，与其相距14英里，正开往萨沃岛。斯科特打算让他的4艘重巡洋舰各放出一架“翠鸟”侦察机（King fisher），这些飞机将在适当的时候找到并照亮日军舰船；但他只成功地放出了两架。22点35分，他把舰队组成单列纵队，由3艘驱逐舰担当前卫，2艘驱逐舰跟在4艘重巡洋舰后面。五藤的3艘重巡洋舰也组成单列纵队，向东南偏南方向前进，领头的巡洋舰左右各有一艘驱逐舰。斯科特既有老式雷达，也有新式雷达，但这两种雷达都因为靠近陆地变得不可靠了。相反，五藤倒是有出色的瞭望哨，其中一人注意到一架发生故障着火的“翠鸟”式侦察机。但五藤没有料到美第64特混舰队会在那儿，直到战斗开始都没有理会这些蛛丝马迹。

22点50分，“翠鸟”式侦察机在距离萨沃岛6英里处发现了日军增援船队中的3艘舰船。像往常一样，夜战前的场面十分混乱。23点08分，轻巡洋舰“海伦娜”号的新型雷达捕捉到了五藤的部队，但它直到23点23分才报告后者的位置和航向。“翠鸟”式侦察机也帮不上什么忙，因为引擎发生故障，它在23点30分迫降，剩下的飞机又报告说只发现了日军增援群。斯科特继续在萨沃岛和埃斯佩兰斯角之间巡航，准备截击日军的炮击群。美军舰队在这里发生了一个典型的故障：旗舰“盐湖城”号无法判读在23点42至52分收到的各种语义含混不清的消息，而这些消息恰恰是通知它五藤舰队的航向和距离。斯科特知道日军舰队就在附近，但后者可能在135弧度范围内的任何地方。而且由于他在23点32分正好让舰艇纵队进行高难度的反向运动，他的驱逐舰分散开了。“邓肯”号驱逐舰舰长通过火控雷达知晓了五藤舰队的位置，并认为其他所有美舰也已经知道，便指挥他的驱逐舰以30节的航速向前猛冲——但实际上没有

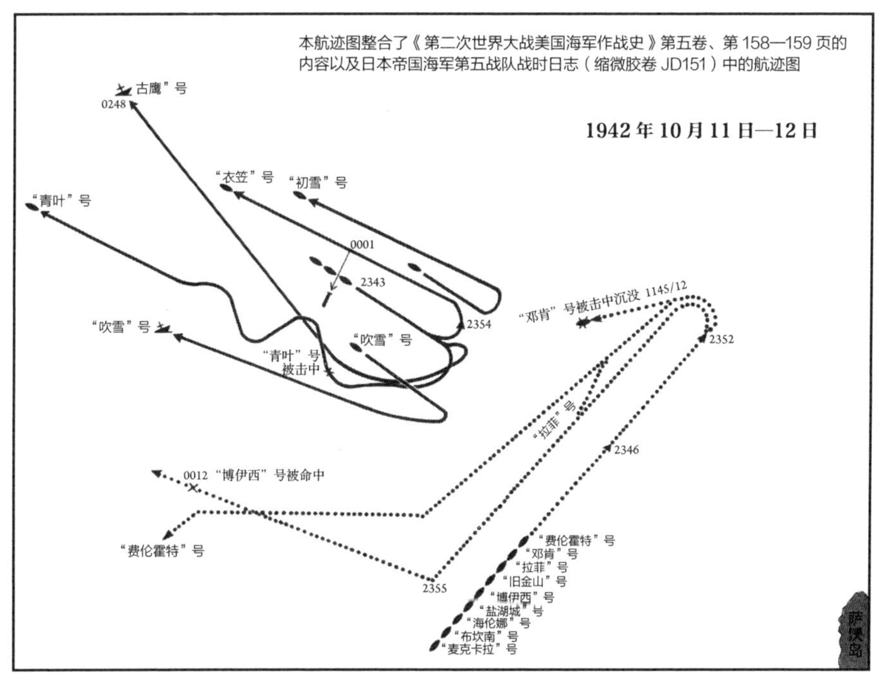

^ 埃斯佩兰斯角海战，1942 年 10 月 11—12 日

一艘友舰跟随他。最终，正在用雷达进行追踪的“海伦娜”号告诉斯科特少将在 5000 码距离上发现敌舰。23 点 46 分，“海伦娜”号舰长打开探照灯，用 5 英寸和 6 英寸舰炮向仍然毫无戒备的武藤少将开炮。

同样在 23 点 46 分，由驱逐舰“费伦霍特”号、“拉菲”号，4 艘巡洋舰以及跟在后面的“布坎南”号、“麦克卡拉”号组成的美军舰队正以单列纵队向东北方向运动。“邓肯”号驱逐舰位于斯科特舰队东北约 4 英里处，距离“衣笠”号巡洋舰不到 500 米。“邓肯”号开火时，向重巡洋舰“古鹰”号打了几轮齐射，然后又和“初雪”号进行了较量。然而，“邓肯”号的轮机舱没过几分钟就中弹了，在多次中弹后，它退出了战斗，最终于次日沉没。

就在“海伦娜”号开火的时候，第 64 特混舰队实际上正在占据“T”字横切阵位（以约 90 度航线交角横穿五藤纵队前方）。日军舰艇编队的阵形和航向都没有变。“青叶”号的舰桥在战斗开始的几分钟里就被击中，五藤少将也受了致命伤。看到敌方占据“T”字横切位后，五藤曾试图向右掉转航向，使他的舰队脱离不利挨打的位置，但这样仍然使他的舰队被“T”字横切，还让前炮塔变得无用武之地。对“古鹰”号来说，掉转航向已经太迟，它刚掉转就挨了数轮齐射，这其中就包括来自“邓肯”号的炮火。“古鹰”号深陷大火，但仍在开炮还击，挣扎着向西北方向驶去。

“青叶”号继续受到反击，但只要主炮还能射击就仍然向美军开火还击。“衣笠”号和“初雪”号误解了五藤发出的信号，左转 180 度，而正因为这样，两舰都躲过了重创，并能够继续用后炮塔射击。按照五藤的命令进行转向的“吹雪”号在一段时间里没有被美军察觉。但被美军发现后，它被探照灯照亮，第 64 特混舰队的大部分舰艇都向它开火，很快将其击沉。

午夜后不久，斯科特将军完成了对舰队的重新集结，组成和之前一样的单列纵队（只是缺了“邓肯”号和“费伦霍特”号），于此时对日军发动追击。但“衣笠”号仍然充满斗志（而且在一段时间里还可能得到了“青叶”“古鹰”和“初雪”的帮助）。24 点时，它在 8000 码距离上向“盐湖城”号重巡洋舰开火，炮弹正好落在后者的船尾。日军一枚鱼雷险些击中正在重返编队的轻巡洋舰“博伊西”号。然后，它在 0 点 12 分挨了一轮齐射，舰体有四处被炮弹击穿。“衣笠”号也向它射了 4 分钟。最终，“盐湖城”号打破队列，插入攻击它的日舰和“博伊西”号之间。双方的交火一直持续到 0 点 16 分，“盐湖城”号被击中两次。“博伊西”号也再度受到损伤：一发 8 英寸炮弹射入它水线下的前端弹药库，引发了一次大爆炸，炸死了前端炮塔、发射药作业处理室以及弹药库的所有舰员。

“古鹰”号在最终沉没前挨了不少炮弹。它的《作战报告》称在 1 点 49 分，3 号炮塔被击中；1 点 51 分，2 号鱼雷发射管中弹；1 点 54 分，一轮齐射击穿了该舰的右舷前端引擎室；一分钟后，它的左舷后部引擎室被打中。2 点 05 分，它的主炮塔再也不能使用，而且左舷前端引擎室也挨了炮弹，海水涌入舰内。2 点 20 分，舰长下达了弃舰令；2 点 48 分，“古鹰”号在距离萨沃岛 22 英里处沉没。日军没有给出伤亡数字，不过它正常的编制人数是 604 人。虽然“丛云”号和“白雪”号驱逐舰从水里救起了 400 人，但“丛云”号在返回肖特兰途中遭到空袭重创，有些人就在这个时候毙命。据“青叶”号的《作战报告》记载，它的 2 号炮塔和 3 号炮塔被炮弹直接命中，3 号炮塔发生爆炸开始着火。但日军重巡洋舰采用坚固的材料建成，“青叶”号虽然吃了 40 发 6 英寸和 8 英寸炮弹，但仍能以 30 节航速撤退。“衣笠”号受到的创伤只是舰上的 2 艘摩托艇，它在 10 月 14 日又回来对图拉吉岛进行炮击。“初雪”号的舰体也被命中两次，受了轻伤。而在美军这边，1 艘轻巡洋舰受重伤，1 艘重巡洋舰中度破损，1 艘驱逐舰被击沉，1 艘驱逐舰“费伦霍特”号中度破损（被敌舰和友舰都击中过）。

斯科特少将在 2 点停止追击。与此同时，日军船队在塔萨法隆加角卸下部队和货物，却没有遭到第 64 特混舰队的干扰。但该船队在 10 月 12 日早晨返回肖特兰基地途中遭到 70 架飞机攻击，“夏云”号被击沉，“丛云”号受重伤，最后被凿沉[10]。

造成日军损失的原因主要是五藤少将盲目确信瓜岛周围没有美军特混舰队。这场战斗也是少数几场日军没有表现出明显优势的夜间冲突之一。

如果把击沉和瘫痪的舰船吨位进行总计的话，此战可以说是美军的胜利。然而，美方混乱的通信，没有立即传递关键情报的失误，以及美国海军舰队的单列队形导致这场战斗没能让日军惨败。而且和萨沃岛海战一样，日军入侵的船队得以完成任务并返回。但特纳少将在 10 月 13 日，也成功把亚美利加师的第 164 团送上岸。这样一来，瓜岛的僵局就更难打破了，而且势必再次爆发一场大的海战——因为陆战能否获胜取决于海军的炮击、海战和空中优势，而战斗的升级只会延长双方的争斗，使其变得更加激烈[11]。

埃斯佩兰斯角海战部队编制表

第八舰队（五藤存知少将）

外南洋舰队、炮击部队

重巡洋舰：“青叶”号、“古鹰”号、“衣笠”号

驱逐舰：“初雪”号、“吹雪”号

船队护航舰队（城岛高次少将）

水上飞机母舰：“千岁”号、“日进”号

驱逐舰：“秋月”号、“朝云”号、“夏云”号、“山云”号、“丛云”号、“白雪”号[12]

美国海军部队编制

第 64 特混舰队（诺曼 · 斯科特少将）

重巡洋舰：“旧金山”号、“盐湖城”号

轻巡洋舰：“博伊西”号、“海伦娜”号

驱逐舰：“费伦霍特”号、“布坎南”号、“拉菲”号、“邓肯”号、“麦克卡拉”号[13]

第十六章

瓜达尔卡纳尔——战役扩大

1942 年

10 月 13—15 日	日军开始进行猛烈的昼间空袭，日军战列舰和重巡洋舰开始实施夜间炮击。盟军形势危急
10 月 15 日	日军船队试图在白昼登陆，结果船只、部队和给养都遭受严重损失
10 月 23 日	日军重新在陆上发动攻势
10 月 25—27 日	为了支持瓜岛的陆战，日本联合舰队寻机与美国海军舰队战斗。圣克鲁斯群岛航母对战爆发
10 月 26 日	日军要求增兵

一俟百武晴吉将军的陆军主力在埃斯佩兰斯角海战期间被送上瓜岛，日军就下定决心要结束瓜岛和南所罗门群岛战役。总的计划要求在陆上发动一次大规模协同进攻，从美军手中夺取亨德森机场。为此，日军做了如下准备：在布干维尔岛南端的布因修建一座新的机场，以便更好地保护日军轰炸机群。轰炸亨德森机场使其在白天无法使用，这样运输船队就能给瓜岛运来部队、重炮以及其他所有能确保在即将到来的陆战中取胜的必要军用物资。与此同时，海军将使用弹壳较薄的新式高爆杀伤弹（APHE）来加强在晚上对亨德森机场的炮击。这种炮弹是为战列舰的 14 英寸舰炮轰击机场和海军陆战队阵地而设计的。为了消灭美军在陆上的部队和海上的舰队，取得瓜岛战役的最终胜利，山本大将的联合舰队于 10 月 11 日从特鲁克出击，在瓜岛北面游弋，静候陆军攻占机场的佳音。

10 月 13 日，亨德森机场的状态并不差，它有 90 架飞机，俯冲轰炸机和战斗机各有 45 架[1]。然而，灾难在中午降临了，日军 24 架在高空飞行的轰炸机对机场实施了非常精准的轰炸，留下一大堆弹坑。2 小时后，又有 15 架轰炸机对机场造成了进一步破坏。美国海军修建营怀着愤怒的心情，成功地在夜幕降临时将弹坑填满了。但这边刚一完工，那边日军就开始用两门 8 英寸榴弹炮（在埃斯佩兰斯角海战期间带到瓜岛）在机场制造新的弹坑（虽然 3 艘美军驱逐舰的反击曾让它们沉寂了一会儿）[2]。最坏的还在后面呢！午夜过后，战列舰“金刚”号和“榛名”号停在岸炮射程外，用新开发的高爆杀伤弹向亨德森机场和海军陆战队阵地轰击了一个半小时。轻巡洋舰“五十铃”号，驱逐舰“亲潮”号、“黑潮”号、“早潮”号、“海风”号、“江风”号、“凉风”号后来与这两艘战列舰会合。“榛名”号的主炮发射了 483 发炮弹，副炮打了 21 发；“金刚”号的主炮发射了 430 发炮弹，副炮打了 33 发[3]。炮击结束后，亨德森机场被燃烧的汽油和飞机烧成一片火海；到天明时，只有 7 架俯冲轰炸机和 35 架战斗机还能使用，而且岛上已经没多少燃料可供它们运转了。

栗田健男中将决定不给美国人以喘息之机。12 点，亨德森机场遭到一轮空袭，一小时后又 是一轮。当天空和海洋看上去都被日军牢牢控制住时，日军一支大型船队载着陆军第二十师团的剩余兵力，在 10 月 14—15 日以 14 节航速沿“槽海”南下，直扑塔萨法隆加角。一共有 6 艘运兵船，提供护航的是驱逐舰“白雪”号、“有明”号、“夕立”号、“时雨”号、“秋月”号、“春雨”号、“五月雨”号和“村雨”号。到 6 点 45 分，它们抵达了卸载点[4]。

当天晚上，三川将军的旗舰——重巡洋舰“鸟海”号，连同“衣笠”号和驱逐舰“天雾”号、“望月”号一起，从 1 点 49 分到 2 点 16 分在海上把 5 英寸、6 英寸和 8 英寸炮弹射到机场上[5]。10 月 15 日拂晓时，亨德森机场守军看到了停泊的日军运兵船距离己方仅 10 英里。当时亨德森机场只有 4 架轰炸机和 10 架 P–40 战斗机，没有一滴航空汽油。美军经过疯狂的寻找，在丛林中找到了足够的汽油，让剩下的飞机能朝得到驱逐舰防空炮和战斗机掩护的日军船队飞一个来回。

美军在 10 月 15 日的境况确实是令人绝望的，但他们充分利用了自己拥有的一切物资。午后不久，来自圣埃斯皮里图桑托岛的运输机带着汽油来到瓜岛，之后又有一些 B-17 轰炸机飞入机场。日军则持续对瓜岛实施猛烈空袭。15 点 45 分，30 架日机空袭了机场；18 点 45 分，又有 30 架日机实施了第二次空袭。但亨德森机场的防空火力既准又狠，击落了 17 架日机。随着时间的流逝，日军开始发现，即便做了精心策划，付出了巨大努力，即使瓜岛的天空几乎完全被日军掌握，这里对昼间船队的运输行动来说还是太危险。

首先，一架 B-17 轰炸机在 7 点轰炸了塔萨法隆加角的船只。尔后，船队在 9 点 30 分到 10 点 45 分之间遭到了 25 架航母舰载机的攻击，1 艘运输船被击中起火。12 点 20 分，又有一架 B-17 轰炸机对船队实施“炸了就跑”的攻击。从 11 点 40 分到 12 点 30 分，美军航母舰载机向日军发动了更多的空袭。虽然卸货很快，但还是损失了很多部队、弹药和补给。由于面临越来越多的空袭威胁，2 艘运输船起锚，开始向北退却。美军的最后一波空袭，20 架飞机在 13 点 15 分到达。此后不久，“九洲丸”因弹药发生爆炸而搁浅。虽然没有完全卸载完，3 艘未受伤的驱逐舰还是奉命在 23 点撤退。百武将军为 X 日已经把所有部队都集结到了岸上，但他们缺乏许多必要的补给物资。

与此同时，亨德森机场仍在忍受煎熬。重巡洋舰“妙高”号于 10 月 16 日 0 点 27 分开始用主炮向瓜岛发射了 465 发炮弹，“摩耶”号的主炮也发射了 450 发炮弹。驱逐舰“海风”号、“江风”号和“凉风”号充当补给船，而“长波”号、“卷波”号和“高波”号则提供掩护，并加强巡洋舰的火力。1 点 20 分，该部队向北撤退[6]。

虽然欧洲战区要比西南太平洋战区优先获得人员、舰船、飞机和补给，罗斯福和美军参谋长联席会议还是意识到了瓜岛局势的严重性，开始考虑能有所作为[7]。首先，美军对海军的领导层进行了变更：威廉·哈尔西中将在 10 月 18 日接替罗伯特·戈姆利（Robert L.Ghormley）中将就任西南太平洋战区司令。包括新式战列舰“印第安纳”号(当时还在大西洋)在内的更多舰艇被派往西南太平洋。驻扎在瓦胡岛的美国陆军第 25 师奉命南下。中太平洋的 48 架战斗机奉命前往危险区域，24 艘舰队潜艇被派往南方，更多的 B-17 轰炸机被调拨给了圣埃斯皮里图桑托岛的奥勃雷·费兹中将。已经得到修复的“企业”号奉命全速去与“大黄蜂”号会合。最后，罗斯福总统命令参谋长联席会议守住瓜岛，他补充说：“我对南太平洋战区的切望就是确保所有合适的武器都被运到那里去守住瓜岛[8]。”

不论华盛顿高层做了什么决策，在瓜岛的美军正每天为了活命而战斗。日本陆军的总攻于10月22日发起，对亨德森机场实施了两翼包围，“X日”（进攻发起时间）被定在次日（10月23日）。日军虽然在人数上超过机场守军，但所处的战术阵地更糟。他们将冒着瓢泼大雨，在没有道路的密林中作战，进攻美军的固定防御阵地。西翼日军在10月23日的进攻失败了，而东翼的日军在10月24—25日甚至已经冲进了机场最后一处美军防御阵地。这场攻势是太平洋上最残酷的陆上战斗之一。双方饱受疾病折磨的虚弱士兵都在几乎难以忍受的条件下，以狂热的斗志和无畏的勇气进行战斗[9]。

10月26日早晨，日军终于停止了总攻，并打电话请求更多的增援。他们将在11月的某个时间里再试一次。第38师团被要求投入战斗。同时，田中的“东京快车”继续进行运输。瓜岛上其实什么都没变，日美双方意志都很坚定，但也变得更疲惫、更缺人手，士兵病得也更厉害了。

在战斗期间，双方海军都损失了在瓜岛周围运送补给或作战的舰船。美国海军损失了驱逐舰“梅瑞狄斯”号和舰队拖轮“绿鹃”号，运载弹药的驱逐舰兼水上飞机母舰“麦克法兰”号也受到损伤，不得不由其他舰船拖到图拉吉岛。10月20日，“切斯特”号重巡洋舰被日军伊–76潜艇的鱼雷重创。

在瓜岛陆战进行期间，“东京快车”的夜间运输也一直在继续着。日本陆军已经许诺在10月25日攻占亨德森机场。为了给图拉吉的美军航运最后一击，同时协助陆军部队的作战，日本海军组建了由驱逐舰“晓”号、“雷”号、“白露”号构成的第一攻击部队（“敷波” 号驱逐舰也隶属于这个编队，但只是充当运输船队的护卫舰）。为了让瓜岛的美国守军陷入日本陆上部队和海上炮击的夹击，第二攻击部队作为后续部队被派到了“槽海”海域[10]，由轻巡洋舰“由良”号和驱逐舰“秋月”号、“村雨”号、“春雨”号、“夕立”号组成。

第一攻击部队正好在10点后进入图拉吉港，与美军2艘布雷舰交战，未分胜负。它们只击沉了1艘舰队拖轮和1只巡逻艇，并在伦加角附近占据了一个适当的位置，开始向美军阵地轰击。日舰在火力上又输给了美军岸防炮，“晓”

号和“雷”号都中弹了。第一攻击部队的3艘驱逐舰不得不施放烟幕撤退。坐镇拉包尔的外南洋部队司令三川中将以为亨德森机场很快会落入日军之手，因而下令发动攻击。

但“由良”号率领的舰艇编队从未到达目的地。在因迪斯彭瑟布海峡（Indispensable Strait）的时候，它们就遭到了6架B-17轰炸机的空袭，“由良”号和“秋月”号中弹。把“由良”号的船员转移到“村雨”号后，“春雨”号和“夕立”号于18点20分将“由良”号击沉。随后，第二攻击部队向北撤退[11]。

为何日军会冒险在白天向瓜岛派两支部队？档案记录无可置疑地表明海军完全相信了陆军的报告，以为亨德森机场到10月25日拂晓已经掌握在日军手里。第一次突击任务（并没有预料到会有反击）计划在肃清瓜岛海域的美舰后，对岛上的零星抵抗力量进行炮击。而第二突击群将给予陆军炮火支援，并卸下增援部队。一直在北面等候陆军佳音的山本在听到陆军没有按承诺的那样交付亨德森机场时一定气坏了。他生气也是有道理的，因为陆军从未发消息通知海军它没能攻占机场。

圣克鲁兹群岛海战

由于陆军没能夺回瓜岛并“消灭敌人”，山本已经没有耐心去执行大本营发给海军的命令了。他再次派强大的联合舰队南下，去消灭支援瓜岛的美国海军舰队。美军这边，新上任的西南太平洋战区司令哈尔西中将也决心守住他的阵地，命令“进攻！重复一遍！进攻！”。日美这两只斗牛犬都寸步不让。

山本对军舰的部署表明他仍然信奉分兵战略。不过这次他将航母攻击部队置于后方，让战斗舰队充当前卫，希望美军的航母舰载机去袭击战斗舰队而非航空母舰。像往常一样，山本本人仍然坐镇位于特鲁克的“大和”号。

美军的作战计划和之前一样：两支特混舰队由坐镇努美阿的南太平洋舰队司令威廉·哈尔西中将全权指挥。第16特混舰队由托马斯·金凯德（Thomas C. Kinkaid）少将指挥，下辖舰队航母“企业”号以及由“南达科他”号战列舰、“波特兰”号重巡洋舰和“圣·胡安”号防空巡洋舰组成的支援舰队，另有8艘驱逐舰提供掩护。第17特混舰队由乔治·穆雷（George D.Murray）指挥，拥有舰队航母“大黄蜂”号，重巡洋舰“北安普顿”号、“彭萨科拉”号，以及2艘防空巡洋舰“圣迭戈”号和“朱诺”号，另有6艘驱逐舰掩护。

威利斯·李（Willis A.Lee）少将指挥的第64特混舰队担任战列线①，拥有战列舰“华盛顿”号、重巡洋舰“旧金山”号、2艘防空巡洋舰“海伦娜”号和“亚特兰大”号及6艘驱逐舰。

山本在10月25日派他的舰队南下时，部署如下：阿部少将的舰队位于南云的机动部队主力以南60英里处，航线将经过马莱塔岛东部。前卫先遣部队在西面护卫南云的航母，“隼鹰”号航母编队则仍然位于更西面的地方。菲奇少将的B–17轰炸机和PBY“卡特琳娜”水上飞机都做了良好的侦察，已经发现日军的数支舰艇编队正向南行驶。山本对此一清二楚，他担心有诈，便在10月25日命令攻击部队转向北面，并让没有掉转航线的前卫部队继续待在航母的南面。他从自己的侦察机那里得知，一支美军特混舰队正位于伦内尔岛以东以及圣克鲁兹的恩德尼岛以北，但他不知道这支舰队里有多少航母——他对“企业”号已经返回该区域的事并不知情。

18点，日军攻击部队再度转向南面，但日军担心的是美军在等什么。令日军愈发焦虑不安的是，2点50分，“瑞鹤”号被一颗炸弹打了个措手不及，这颗炸弹落在距离右舷约1000英尺处，是一架它没有觉察到的飞机投掷的。（在接下来的两天里，天空满是积雨云，这对飞机来说是良好的掩护，对舰船来说却很危险。）4点时，所有日军舰队再度掉转航向，转向北面。

美军这边，第16和第17特混舰队在夜间向西北航行；到拂晓时，它们位于恩德尼岛东北偏北约30英里处，距离南云的几艘航母220英里左右。“捉迷藏”的游戏又开始了。虽然金凯德在5点12分时就知道了“瑞鹤”号的方位，这回掌握优势的却是日本人。金凯德等待着巡逻机的进一步报告。

一架PBY“卡特琳娜”侦察机在3点报告称发现了南云的航母，但这条消

---

① 译注：海战中作战舰队的一个作战术语，意指作战舰队排列成一长条的线型阵型。一国海军中，一艘有足够实力加入战列线进行会战的舰船，便被称为“战列舰”。

息直到5点12分才送到金凯德少将手里。正是因为不知道这份情报，他在5点从“企业”号上派出了16架分别携带500磅炸弹的“无畏”式俯冲轰炸机（SBD），执行搜索攻击任务，覆盖向北200英里的扇形区域。这支飞行编队的2架飞机在6点17分发现了日军的前卫先遣部队，并向金凯德报告了它的方位；它们在6点30分又发送了一份日军舰队的方位报告，并继续向北飞行，但没有找到日军航母。在6点50分，这支飞行编队又有2架飞机确实看到了日军航母部队，并向金凯德报告了它的方位。它们遭到了航母编队的空中巡逻机攻击，但躲进了高耸的积雨云中。“企业”号的两个飞行员收到了日军舰队的方位坐标，在7点40分对毫无戒备的日军轻型航母“瑞凤”号进行了俯冲轰炸。一颗炸弹重重地砸碎了它船尾的飞行甲板，炸出一个50英尺大的大洞。由于“瑞凤”号已经无法再回收飞机，它在放出飞机后奉命返回了特鲁克。就这样，起初只是作为侦察任务的一次出击在战斗刚开始就报销了日军1艘轻型航母。两架飞机组成的又一个飞行编队在6点26分攻击了“利根”号重巡洋舰，但没有命中目标。

6点50分，1艘日军巡洋舰放出的飞机发现了美军的航空母舰；南云立即准备好了他的飞机。7点55分，第一波攻击部队62架飞机分别从“瑞鹤”“翔鹤”和“瑞凤”上起飞，一起出击的还有一队空中巡逻机。“翔鹤”号在8点10分又放出了24架飞机，连同“瑞鹤”号在8点45分派出的20架组成了第二波攻击部队，后又有来自“瑞凤”号的29架飞机加入其中。

“大黄蜂”号直到7点30分才让第一波打击力量——29架飞机升空。“企业”号在8点放出19架飞机紧随其后，接着在8点15分，“大黄蜂”号又派出了25架飞机。金凯德少将留下38架战斗机为两艘美军航母进行空中掩护。于是，在同一时间里，日军是用135架飞机发动攻击，美军则是73架。双方的攻击机群相互打了个照面——有时候是井水不犯河水，有时候则陷入缠斗。“企业”号攻击机群在与日军战斗机的缠斗中损失了8架飞机，而它们距离目标只有不到一半路程了。

8点59分，美军的空中巡逻机在17000英尺高空发现了日军的俯冲轰炸机。但美军战斗机距离太近，飞得也太低，因而无法给予航母最大限度的保护。军舰组成的防卫圈也无法阻止日军机群的突入。日军攻击机对“大黄蜂”号发动

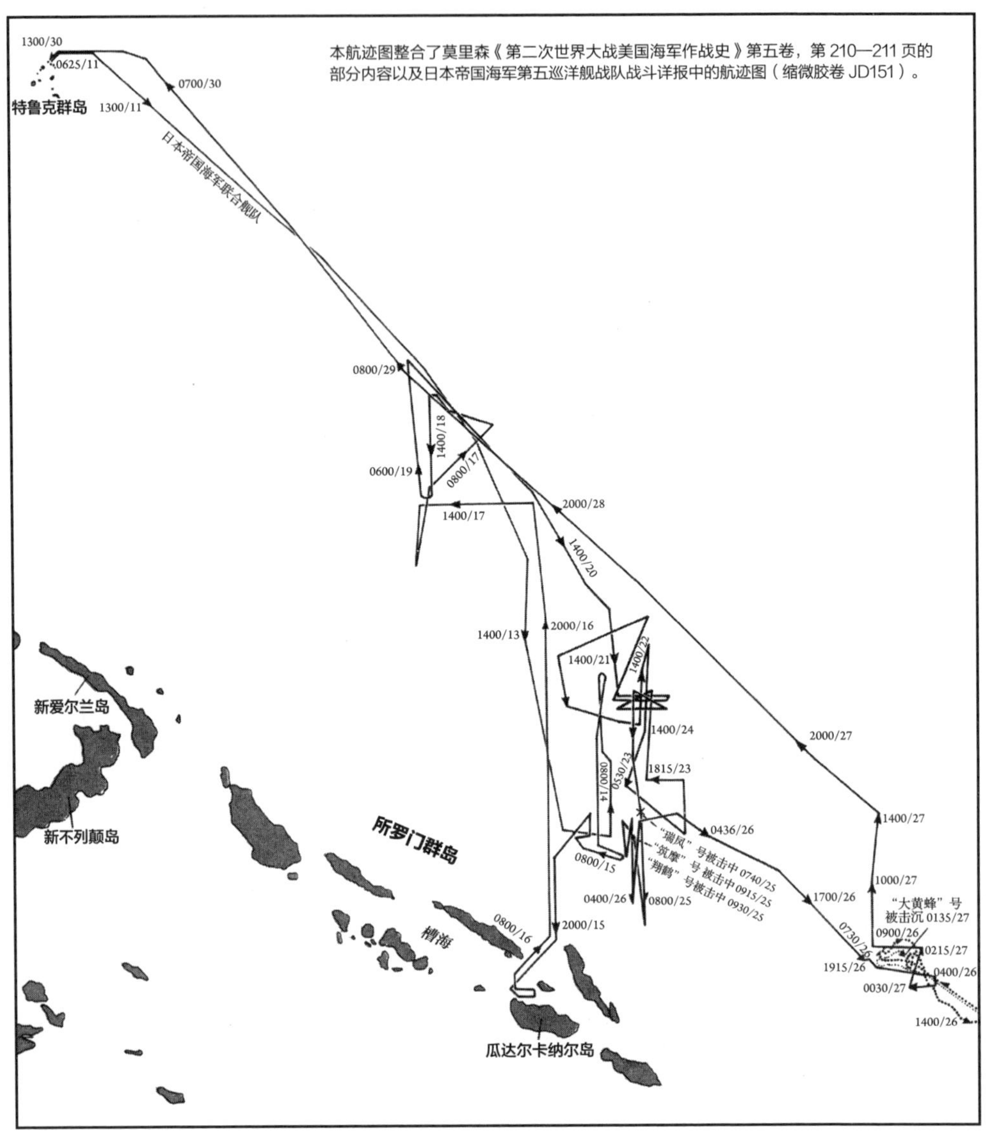

△ 1942 年 10 月 26 日的圣克鲁斯海战，以及日本帝国海军在 1942 年 10 月 11—30 日的相关运动轨迹

了集中攻击。（“企业”号被暴风雨掩藏了起来，因而近藤相信该海域只有 1 艘航母。）9 点 10 分，“大黄蜂”号的飞行甲板首先中弹，炸弹落在了右舷船尾处。随后一位日军飞行员驾机向“大黄蜂”号撞去，飞机撞到了烟囱，最后一头扎进了飞行甲板，机上携带的两枚炸弹也在那里爆炸。攻击机的鱼雷两次击中了该舰的引擎室。“大黄蜂”号失去了动力，瘫痪在水中，随后又被 3 枚炸弹狠狠击中——一颗砸在飞行甲板上，另外两颗穿透 4 层甲板后爆炸。另外一架飞机撞到了它的舰首，破坏了前升降机井。日军的攻击只持续了十分钟。到 10 点时，“大黄蜂”号已经扑灭了大火，由其他军舰拖曳前进。

当时，日机已经可以看到“企业”号，所以该舰也遭到了俯冲轰炸机的轰炸，但由于它和它的护卫舰都新安装了防空炮，因此日机只命中两枚炸弹和一发近失弹。第一枚炸弹正好击中舰体前端，落入舰内深处爆炸；第二枚炸弹落在船尾的前端升降机井中，在机库甲板和下面一层甲板中爆炸。近失弹则使右舷船尾的配流盘出现松动。大约 10 点 30 分，14 架携带鱼雷的攻击机向“企业”号发动突击，但无一命中。不过“史密斯”号驱逐舰的舰首遭到一架鱼雷机的撞击，“波特”号也在 10 点 02 分被一艘日军潜艇的鱼雷命中。“肖”号驱逐舰把“波特”号的船员救过来以后用炮火将其击沉。

“隼鹰”号的打击于 11 点 21 号降临，但只有一发近失弹擦到了“企业”号。不过，“南达科他”号和“圣·胡安”号倒是被日机击中遭创。至此，日军的空袭终于结束。“企业”号回收飞机有困难，将它的轰炸机派往埃斯皮里图桑托岛，并于 14 点向南撤退。

美军拖曳“大黄蜂”号的尝试没有成功，除了重要人员外，其余舰员均在 14 点 40 分奉命离舰。来自“隼鹰”号和“翔鹤”号的飞机在 15 点 20 分再度用鱼雷对“大黄蜂”号实施了攻击，使其受创的引擎室进水。15 点 40 分，“大黄蜂”号遭到了俯冲轰炸；接着在 15 点 50 分的又一轮俯冲轰炸中，它右舷后部的飞行甲板吃了一枚炸弹。17 点 20 分，“隼鹰”号的轰炸机给了已经清空的机库甲板最后一击。入夜时，美军已经放弃了“大黄蜂”号。驱逐舰“马斯廷”号、“安德森”号各用 4 发鱼雷击中了它，但它仍然不愿沉没，剩下的美军舰队便向南撤退，任由它在大海上熊熊燃烧。（“大黄蜂”号最后在次日被日军前卫部队的驱逐舰“卷云”号和“秋云”号击沉。）

“大黄蜂”号52架飞机实施的首轮打击兵力分散，美军对这波攻击的部署也很糟糕。当美军在9点18分发现“翔鹤”号和正在着火的“瑞凤”号时，“大黄蜂”号的攻击机群已经被击落了15架“无畏”式俯冲轰炸机，那些在之前的缠斗中没有被击落的飞机也都走散了。不过，美军的俯冲轰炸机还是以云层为掩护，俯冲闯过了日军战斗机的拦截，成功把4颗1000磅重的炸弹丢在了“翔鹤”号的飞行甲板上，迫使它退出了战斗。日军这支3航母编队继续向西北航行，只有“瑞鹤”号还能作战。但在西面60公里处，“隼鹰”号仍在战斗，并正向南云的航空母舰靠拢。

幸存的美军飞机已经一片混乱。“大黄蜂”号的鱼雷机找不到“翔鹤”号，在9点31分，虽然它们确实找到并攻击了前卫部队的“铃谷”号，却没有击中它。“大黄蜂”号的第二波攻击机群找到的也是日军的前卫部队，而不是航空母舰。9点02分，“筑摩”号重巡洋舰突然遭到6架鱼雷机袭击，不过它成功躲过了它们发射的鱼雷。但在9点15分，它再度遭到21架飞机（其中俯冲轰炸机9架）的攻击，舰桥的左右两边都直接中弹，舰桥内的大部分人员被炸死。9点39分，它又遭到3发近失弹的破坏，一些金属碎片溅到了甲板上。在美机的攻击结束前，它又被两颗炸弹直接命中，其中一颗穿透甲板到达轮机舱。鉴于伤情严重，“筑摩”号向特鲁克方向撤退，舰上有190人阵亡，154人受伤。“利根”号（当时隶属于前卫部队）的《作战报告》提到在8点57分到10点这段时间，有大约51架美军飞机来袭；其中在9点51分到55分，有10架鱼雷机向日军发动了攻击。前卫部队其他舰只的《作战报告》显示它们也都遭到了空袭，其中“照月”号驱逐舰舰体受轻伤，人员伤亡倒不严重。

从早上6点到下午3点左右，日军机动部队的航母都朝着西北方向航行。南云在19点30分把他的将旗转移到“岚”号驱逐舰上。12点30分，“瑞鹤”号带着一支掩护舰队与另外2艘受伤的航母分开，再度转向东南方向（南云最终在10月27日15点30分登上“瑞鹤”号），这个航向一直保持到日落。然后，这艘航母突然退出了战斗，穿过因迪斯彭瑟布海峡撤退了。0点55分，它的一艘护航驱逐舰“照月”号险些被一架PBY“卡特琳娜”水上飞机的炸弹击中，有7人因此阵亡。

11点，“隼鹰”号转向东南，但在2点又掉转航向，向北航行，在夜间与“瑞鹤”号会合。大约11点时，前卫部队转向东南方向，并一直保持这个航向到18点30分。在做了方格形搜索后，阿部少将向北退却。最后击沉“大黄蜂”号的，正是他的两艘驱逐舰。近藤的先遣部队与前卫部队航向平行，在后者的更南端走方格形搜索线路，位于“大黄蜂”号南面60英里处[12]。

圣克鲁斯海战就这样结束了。美国海军损失了1艘重型航母、1艘驱逐舰；受伤的有1艘战列舰、1艘重型航母、1艘重巡洋舰、1艘防空轻巡洋舰。但“企业”号的损失并不严重，因为“大黄蜂”号的飞机都降落到了它的飞行甲板上，所以它在撤退时航空力量几乎完全恢复。但话又说回来，美军的航母确实遭受了打击。美军撤回“企业”号是因为它现在是唯一一艘可以为派往瓜岛的飞机充当中途补给基地的美军航母。来自后方陆上基地的飞机可以通过在“企业”号上加油到达瓜岛。

日军也遭受了重大损失：1艘轻型航母中度破损，1艘重型航母严重破损，1艘重型航母受轻伤，2艘驱逐舰受伤，1艘重巡洋舰受重创。山本决定向北撤退，因为他已经被美军特混舰队越来越猛烈的防空火力打下了100多架飞机。他的飞行员虽然和以前一样勇敢，但已经不如之前那么熟练，因为一大批最优秀的飞行员已经战死。但这一次他离真正的胜利只有咫尺之遥。要是他能加强进攻，或许就可以干掉美军在太平洋上仅存的航空母舰——能够给亨德森机场补充飞机的“企业”号。但他麾下2艘完好无损的航母实在没有足够的飞机继续战斗了。而且，山本担心的不只是下落不明的“企业”号，还有埃斯皮里图桑托岛上的飞机，这些飞机都表现出了良好的搜索和攻击能力。这场战斗的一个决定性因素便是新服役的美舰上更多的防空火力，不只是防空炮的数量增加，而且美军海军开始使用经过自己改装的瑞典“博福斯”（Bofors）2联装和4联装40毫米防空高射炮。这次海战再一次证明空中战斗巡逻机无法阻击意志坚定的日军轰炸机及其护航战斗机，部署在航母周围的环形防卫圈也没起什么作用。不过大多数美军舰船在不久后都竖起了新式防空炮，提供空中掩护的战斗机数量也将增加。因此，今后被击落的日军飞机数量将大大增加。

虽然日美双方的侦察行动都做得很漂亮，但糟糕的通信还是给美军特混舰队指挥官带来了不便；美军掌握了他们首次成功打击所需要的所有情报，但这些情报都没有传达给最需要它们的人。虽然日军巡洋舰和战列舰弹射的飞机没有 PBY“卡特琳娜”水上飞机和 B–17 轰炸机那样的航程，但他们通讯良好，战斗情报也准确无误。

现在，海上和瓜岛上的战局仍然僵持不下。美军没有足够的地面部队继续发动进攻；在海上，虽然新的航母和战列舰正在增援途中，可眼下他们仅有一艘受伤的航空母舰可用。日本海军孤立瓜岛的企图再度失败，双方即将在陆上和海上进行最后的较量。

圣克鲁斯海战参战部队编制表
日本联合舰队（山本大将坐镇“大和”号）

第三舰队、航母攻击部队、机动部队、主力（南云忠一中将）

重型航母：“翔鹤”号、“瑞鹤”号[13]

轻型航母：“瑞凤”号

重巡洋舰：“熊野”号

驱逐舰：“天津风”号、“初风”号、“时津风”号、“雪风”号、“岚”号、“舞风”号、“照月”号、“山风”号

第二舰队、先遣部队（近藤信竹中将）

重巡洋舰：“爱宕”号、“高雄”号、“摩耶”号、“妙高”号

轻巡洋舰：“五十铃”号

驱逐舰：“江风”号、“卷波”号、“凉风”号、“高波”号、“海风”号、“长波”号

第二舰队、密接支援部队（栗田健男中将）

战列舰：“金刚”号、“榛名”号

驱逐舰：“春雨”号、“阳炎”号、“村雨”号、“五月雨”号、“亲潮”号、“夕立”号

第二舰队、前卫部队、主力（阿部少将）

战列舰：“比叡”号、“雾岛”号

重巡洋舰：“铃谷”号、“利根”号、“筑摩”号

轻巡洋舰：“长良”号

驱逐舰：“秋云”号、“矶风”号、“风云”号、“夕云”号、“卷云”号、“谷风”号、“浦风”号、“照月”号

第二舰队、航空战队（角田觉治少将）

轻型航母：“隼鹰”号

驱逐舰：“早潮”号、“黑潮”号

潜艇 12 艘

辅助船队

驱逐舰：“野分”号

油船 4 艘

第八舰队、外南洋部队、瓜岛攻击部队

（三川军一中将乘重巡洋舰“鸟海”号坐镇肖特兰群岛）

袭击部队

驱逐舰：“晓”号、“雷”号、“白露”号

炮击部队（高间完少将）

轻巡洋舰：“由良”号

驱逐舰：“秋月”号、“春雨”号、“五月雨”号、“村雨”号、“夕立”号[14]

美国海军参战部队编制

南太平洋舰队（威廉·哈尔西中将坐镇努美阿）

第16特混舰队（托马斯·金凯德少将）

重型航空母舰：“企业”号

战列舰：“南达科他”号

重巡洋舰：“波特兰”号

轻巡洋舰：“圣胡安”号

驱逐舰：“波特”号、“马汉”号、“库欣”号、“科宁厄姆”号、“威廉·普勒斯顿”号、“史密斯”号、“莫里”号、“肖”号

第17特混舰队（乔治·穆雷）

重型航空母舰：“大黄蜂”号

重巡洋舰：“北安普顿”号、“彭萨科拉”号

轻巡洋舰：“圣迭戈”号、“朱诺”号

驱逐舰：“安德森”号、“博顿”号、“休斯”号、“莫里斯”号、“拉塞尔”号、“马斯廷”号[15]

第十七章

第三次所罗门海战

（美方称瓜达尔卡纳尔海战）

1942 年

11 月 13 日　第一阶段：日军舰队（两艘战列舰、若干巡洋舰和驱逐舰）与美军第 67 特混舰队第 4 大队发生野蛮的近距离混战。双方都遭受了惨重损失；日军战列舰“比叡”号沉没。美军特混部队阻止了日军对瓜岛的炮击

11 月 14 日　第二阶段：日军 3 艘巡洋舰和 2 艘驱逐舰炮击亨德森机场

11 月 15 日　第三阶段：美日战列舰对决。日军凿沉受伤的“雾岛”号

11 月 15 日　田中少将用 11 艘高速运输船运来第 38 师团的剩余兵力，但导致了舰船、部队和补给更惨重的损失

对双方来说，瓜岛的战局正变得越来越难以忍受。美国海军拖着损耗严重的舰队和遭到重创的航母，仍决意把急需的步兵调来打破陆上的僵局。为了阻止日军采取同样的措施，哈尔西开始集结部队，阻击日军的增援部队。由于日军频繁的大规模空袭以及紧接着发生的大规模空战，亨德森机场还需要持续不断的增援，但飞机和飞行员已经够了。哈尔西仍然让“企业”号留在瓜岛南面待命，运载正帮它修复损伤的民间工人。

运载第 38 师团是坚韧不拔的田中少将及其“东京快车”面临的下一个任务。日本海军孤立瓜岛的决心并不亚于美军。鉴于双方都有类似的目标，那么接下来一场新的更大规模的海战将不可避免。

在 8 月 7 日到 11 月 12 日这三个多月时间里，美日双方都继续在瓜岛大规模

集结部队。（具体见下表）

8月7日—11月12日瓜岛美日兵力对比

	日军	美军
8月7日	2200	10000
8月20日	3600	10000
9月12日	6000	11000
10月23日	22000	23000
11月12日	30000	29000[1]

在圣克鲁斯海战结束后的两个星期里，瓜岛局势依然紧张，双方本来就不屈不挠的决心也变得更加坚定了。美军在日间运来部队和补给，有时候炮击日军的陆上阵地；而日军在夜间输送部队，并炮击亨德森机场。在11月2日到10日间，日军出动驱逐舰65艘、巡洋舰2艘，全部用来装运部队，将第38师团送上瓜岛。在这段时间里，双方偶有冲突。一艘美国运输船被伊-20潜艇的鱼雷击中，于11月7日搁浅；11月12日，“布坎南”号驱逐舰被友方的防空炮火击伤，而“旧金山”号重巡洋舰尾部遭日军飞机撞击受伤。11月7日，驱逐舰“长波”号和“高波”号都在空袭中受损；次日夜晚，“望月”号被鱼雷快艇的鱼雷击中[2]。

日军夺取了即将爆发的战斗的主动权。这将又是一场大规模的持久战；山本计划于11月14日—15日用11艘得到良好护航的高速“丸”字号运输船南下将人员和补给送到塔萨法隆加角，由近藤将军的攻击编队提供支援。在此之前，日军战列舰、巡洋舰和驱逐舰将分别于11月12日—13日和11月13日—14日对亨德森机场进行两次炮击。哈尔西知道日军正在集结这些舰队，他也用每一艘能用的舰船去迎敌。与此同时，他又不得不为“企业”号提供充分的保护，并设法将尽可能多的部队送上瓜岛。

特纳少将成功到达了瓜岛，并在11月12日将大部分部队和给养卸下；当得知日军舰队正向南驶来后，他清空了运输船。虽然丹尼尔·卡拉汉（Daniel J.Callaghan）少将知道他的第67特混舰队第4大队在火力上不如日军，因为守卫“企业”号的2艘战列舰都距离太远而无法提供支援，且哈尔西也不会冒险让“企业”号北上，但美军支援编队还是继续停留，以阻止日军的夜间炮击。

从阿部炮击部队的部署和他的大型舰只弹药库里的炮弹准备可以很明显地看出，他的主要任务是对亨德森机场和海军陆战队阵地进行毁灭性炮击。不过他知道特纳的运输船或许也在这一地区，且有军舰保护；因此，他准备冒一定的风险：先实施炮击[3]。

当阿部的舰队在15点30分南行时，它进入了一场猛烈的热带风暴。直到11月12日24点靠近萨沃岛时，该舰队仍然被坏天气所笼罩。阿部命令他的军舰掉转航向向北，因为风暴已经严重影响了能见度，但掉转航向打乱了他对舰队原定的部署。

一等天气在0点40分转好，阿部便命令舰队再次转向南面。当炮击部队在绕了萨沃岛一圈后靠近瓜岛时，轻巡洋舰“长良”号和战列舰“比叡”号、“雾岛”号组成了一字中央纵队。位于中央纵队右正横处的是驱逐舰“雷”号、“电”号和“晓”号，驱逐舰“夕立”号、“春雨”号位于纵队的前端，纵队左正横处则是“天津风”号、“照月”号、“雪风”号，后跟“朝云”号、“村雨”号以及“五月雨”号。两次180度掉转航向已经打乱和分散了阿部的驱逐舰，大部分日本军舰并不知道其他友舰的方位。

日军炮塔里装的仍然是高爆杀伤弹，14英寸的穿甲弹则位于弹药库的后面（在弹药库外面），储存在高爆杀伤弹后面。显而易见，阿部正计划炮击亨德森机场。

1点42分，“夕立”号突然发现了敌舰。日军必须立刻将高爆杀伤弹送到下面的弹药库，同时将其他高爆杀伤弹移除，堆起来，以便找到穿甲弹，将其送入炮塔。有那么8分钟，局势一度十分危急，颇像南云中将在中途岛将飞机的炸弹换成鱼雷时的情景。倘若一发敌人的炮弹击中了炮塔，划出一道向后波及弹药库的闪光，那么这艘军舰就彻底完蛋了。但随着日美两支舰队以40节航速彼此接近，美国人给了阿部这8分钟。

美舰的阵形也有问题，它们是单列纵队，没有驱逐舰掩护，也就没有机会实施大规模的驱逐舰鱼雷攻击；于是美军又重蹈了以前夜战的覆辙。1点30分，美舰纵队正处在由西北朝正北转向的半途中。驱逐舰“库欣”号、“拉菲”号、“斯特瑞特”号、“奥邦农”号，轻巡洋舰“亚特兰大”号和重巡洋舰“旧金山”

号已经完成了转向。“波特兰”号重巡正在转向，但轻巡洋舰“海伦娜”号、“朱诺”号以及驱逐舰“阿伦·沃德”号、“巴顿”号、“蒙森”号、“弗莱彻”号仍在向西北航行。1点50分，一场战争中交战距离最近，同时也是最混乱、最可怕的水面战斗开始了[4]。

早在1点24分，“海伦娜”号就已经发现了敌舰，它搭载了经过改进的雷达索敌系统，但被置于纵队的后方。卡拉汉下令舰队微微向右转，以便与日军短兵相接，但这样一来他的舰艇编队便处于被“T”字横切的位置。发现敌舰的报告被不停地发送给卡拉汉，但联络不畅导致他只能读懂部分情报。舰船间的通信已经严重过载，因为它既要传达战术管理讯息，又要传递情报需求。

阿部少将可能已经得到足够的时间更换弹药，但他的舰队仍然处在混乱当中，各舰都不知晓多数姊妹舰的方位。战斗最终于1点50分打响，当时“晓”号驱逐舰和“比叡”号战列舰照亮了“亚特兰大”号，并向其开火；同时“晓”号还发射了鱼雷。美军纵队正好开始前冲，它们冲到了阿部舰队的中间。“亚特兰大”号用左舷和右舷的炮塔进行还击，击中了“晓”号的探照灯。“比叡”号已经左转，用它全部8门14英寸大炮，朝着对战列舰来说已经是平射的距离（4500码）开火。第一轮齐射将“亚特兰大”号的上层建筑撕碎，炸死了斯科特少将和舰桥上几乎所有的人员。随后“晓”号的鱼雷撞上了“亚特兰大”号，使其减低了航速。“亚特兰大”号只齐射了一次，炮弹都落在2000码的距离上，没够到“比叡”号。

“比叡”号和“晓”号也为使用探照灯付出了代价。“比叡”号立刻招来4艘领头的美军驱逐舰，在300到2000码距离内向它开火。驱逐舰的主炮和机关炮把“比叡”号的干舷部位打成了马蜂窝，甲板上还发生了火灾。阿部少将被己方的炮火遮挡了视线，已经搞不清自己作战部队的行踪，因此在接下来的战斗里便不怎么做出指示了。“比叡”号的炮火招致了美军舰射程范围内几乎所有炮火的齐射，这其中就包括“旧金山”号的8英寸大炮。阿部随后命令他的战列舰向北退却；“雾岛”号最先转向，“比叡”号紧随其后。之后美军倾泻的炮弹很快破坏了“比叡”号的通信系统。

“晓”号驱逐舰遭到“旧金山”号和一艘美军驱逐舰（很可能是“奥邦农”号）

的交叉射击，立即沉没，几乎所有的船员都随舰沉入海底。与此同时，“旧金山”号开始向一艘未被识别的军舰开火，但很可能是友舰“亚特兰大”号。意识到“旧金山”号可能是在向自己人射击，卡拉汉少将命令它在1点55分停止射击。数秒钟后，位于“旧金山”号左前方的“雾岛”号用14英寸主炮开火，命中数弹，随后位于“雾岛”号右正横处的驱逐舰“电”号和“雷”号也加入进来。3艘日舰的联合齐射削平了美军旗舰的舰桥，将包括卡拉汉少将在内的所有舰员都炸死了。

到目前为止，战事已经完全失控。阿部少将不发出命令，“比叡”号正在为自己的生存而战，两位美军将领都已战死，战斗演变成6号码头的斗殴。美军纵队继续向西北前进，靠近“比叡”号和“雾岛”号，分别从前者的左边、后者的右边经过。由于阿部舰队的阵形分散，而美舰依然保持一字纵队航行，日军各舰不得不独自与美军军舰决斗，要识别单艘军舰几乎不可能。

大约1点50分，第二艘前卫驱逐舰“夕立”号转向南面，沿着美舰纵队快速前进。它向西切入美舰队列，几乎与“阿伦·沃德”号相撞，随后在西北部与美舰平行。在前进过程中，它向“波特兰”号发射了8枚鱼雷，有一发或多发命中该舰，使其船尾的配流盘发生弯曲，只能挣扎着原地打转。“夕立”号最终在2点20分被美舰击中，遭到重创，瘫痪在水中。舰上的生还者为“五月雨”号所救。

“天津风”号和“雪风”号也转向南面，先寻找旗舰“长良”号，然后从它身旁经过，扑向敌舰纵队（但“雪风”号又掉头向“长良”号靠近）。“晓”号（此后马上就被击沉了）、“雷”号、“电”号三舰加入“天津风”号，一同杀向美舰。“长良”号发射了照明弹，为3艘驱逐舰照出轮廓。“天津风”号在美舰纵队里发现了5到6艘军舰，在3000码左右的距离上发射了8枚鱼雷，有几枚击中了“巴顿”号，后者于1点59分沉没。“天津风”号接下来发现了“朱诺”号，该舰正与“夕立”号鏖战。虽然火力不如敌舰，但“天津风”号的一击使这艘美轻巡洋舰起火。“天津风”号随后转向西北，朝“比叡”号驶去，在2点13分突然遇到了“旧金山”号，该舰由于被“雾岛”号敲掉了所有8英寸炮塔，已经沉默无声。“天津风”号用机枪对它进行扫射，又发射了4发鱼雷，但由于发射距离太近，鱼雷在击中“旧金山”号后无法起爆（这型鱼雷至少要航行500码左右的距离才能起爆）。“旧金山”号此时已经严重受创，从头到尾都陷于火海。然后，“天津风”号和“海伦娜”号展开了较量，后者一发炮弹击中了前者的射击指挥室，另一发炮弹打进了它的无线电室，正好位于舰桥下面。“天津风”号的液压系统被摧毁，炮塔和船舵遭到破坏。它开始转圈，后又被近失弹炸伤，燃起火来，有43名船员阵亡。“海伦娜”号突然停止了射击，“天津风”号采取手动操舵，控制住了火势，以20节航速撤离。

但当驱逐舰“朝云”号、“丛云”号和“五月雨”号最终参加战斗时，“海伦娜”号的麻烦就更多了。这3艘日舰起初担当前卫，但到1点50分时却位于后方。“海伦娜”号在后来的决斗中遭到重创。

战斗在2点结束。“雾岛”号被一发8英寸炮弹击中，提前和“长良”号一起撤出了战场。“长良”号还引导了大部分幸存驱逐舰的撤离。“比叡”号挨了30多发炮弹，向西绕过萨沃岛。它燃着熊熊大火，几乎难以前进，由驱逐舰“时雨”“白露”“夕暮”以及“照月”伴随，后“雪风”号也加入其中[5]。瘫痪在海上的“夕立”号被抛弃在铁底湾，后来被“波特兰”号击沉。“雷”号驱逐舰被一发炮弹正中船头，共19人战死。“村雨”号的前端锅炉房被击中，“晓”号被击沉，舰员全灭（正常定员是200人）。阿部少将炮击亨德森机场的计划因此受挫。

但美国人也遭受了大量损失。驱逐舰“巴顿”号和“拉菲”号被击沉，“亚特兰大”号重巡被14英寸炮弹和鱼雷炸得千疮百孔，一片狼藉，最终在11月13日黄昏被凿沉。残破不堪的“波特兰”号和“阿伦·沃德”号被拖曳到图拉吉岛，而被废弃的还在着火的“库欣”号和“蒙森”号最终在13日下午被击沉。

“比叡”号正好位于萨沃岛北面；即便它的舵机失灵，日本人还是不愿放弃它。但它在次日遭到来自亨德森机场和“企业”号的俯冲轰炸机、鱼雷机及B-17轰炸机的轰炸，到14点30分，这艘船已经无法再前进一步了。“比叡”号的舰员于18时被撤出，该舰在此后不久沉没——这是日本海军在战争中损失的第一艘战列舰。幸存的美军舰船“海伦娜”号、“旧金山”号、“朱诺”号、“奥邦农”号、“斯特瑞特”号、“弗莱彻”号穿过因迪斯彭瑟布海峡撤退。11点

01 分，“朱诺”号被伊 -26 的鱼雷打了一个措手不及，中雷后马上就沉没了。

虽然阿部没能炮击亨德森机场，并且损失了一艘战列舰，山本还是执意把第 38 师团送上瓜岛。他命令当时还驻扎在昂通爪哇环礁（Ontong Java Atoll，距离拉包尔以东 500 英里左右）的近藤攻击部队主力前去救援“比叡”号，并在 11 月 14 日—15 日炮击亨德森机场。虽然“比叡”号已经沉没，但近藤还是继续向南航行，护送运输船队（预定于 14 日太阳落山时到达目的地），在途中还接收了 6 艘阿部舰队的舰船。三川中将的外南洋部队也将参加对亨德森机场的第二次夜间炮击，它从肖特兰基地出发向南进击，经过“槽海”以东。

第16特混舰队带着“企业”号，继续待在瓜岛南部搜寻日军航母，但没有找到。（改装航母“隼鹰”号的位置太靠北，因而没有被美军侦察到，它也没有参加战斗。）“企业”号原本能够支援亨德森机场，但托马斯·金凯德少将即使在这样的危急关头，仍然拒绝将航母调往更北处。威利斯·李少将指挥的第 64 特混舰队（下辖 2 艘战列舰和 4 艘驱逐舰）因距离过远，无法阻挡三川的舰队。于是，瓜岛便任由日军进行夜间炮击，三川于 0 点 30 分正好抵达萨沃岛北面；从 1 点 28 分到 2 点 05 分，他的重巡洋舰“鸟海”“摩耶”和“铃谷”（各舰都装备有 8 英寸火炮，使用高爆杀伤弹）在驱逐舰“望月”和“天雾”的协助下向机场倾泻了 1370 发炮弹。与此同时，三川舰队的其他舰只则在西面担任掩护。

两支舰队在 8 点重新会合，它们在几分钟内遭到了从亨德森机场起飞的俯冲轰炸机的袭击。8 点 36 分，“衣笠”号前端炮架被一颗炸弹直接击中，又被数枚近失弹击伤，舰上发生火灾，舰内开始进水。一小时后，当它恢复平衡，扑灭了火灾后，又遭到 3 架俯冲轰炸机的攻击。近失弹使它的引擎熄火，失去动力，在海上漂流。日军将“衣笠”号抛弃，最后于 11 点 22 分在伦多瓦岛以西 15 英里处沉没，有 51 名舰员阵亡。“鸟海”号也被扫射和近失弹弄伤，而“摩耶”号被一架飞机撞上，一门高射炮、两盏探照灯和一具鱼雷发射管受损，37 人战死。“五十铃”号被近失弹炸得无法航行，开始进水，它先被拖到肖特兰，后被拉回特鲁克。“满潮”号也受到损伤，并有人员伤亡[6]。

炮击亨德森机场并没有产生预计的效果，但瓜岛仍须增援，11 艘运兵船预计在当晚进行运送。山本决定通过对亨德森机场再次发动猛攻，来保护至关重要的运输船队，这一次用的是近藤攻击部队主力的一击重拳，由阿部的幸存舰船提供增援。

美国海军同样决心阻止日军的运兵船队和日军对亨德森机场的再度炮击。依靠准确的空中侦察，哈尔西对日军部队的规模、登陆地点和作战目标都了然于胸。他拆分了他的舰队，把第16特混舰队的航母“企业”号留在了南部，而把李少将指挥的第64特混舰队派去阻止近藤和运输船队。到21点，李的2艘新型战列舰（装备16英寸大炮）、4艘驱逐舰在瓜岛西面9英里处等候近藤的舰队和运输船队[7]。

近藤中将知道自己会遭到阻击。在接近萨沃岛时，他已经派轻型巡洋舰“川内”号及其下属的3艘驱逐舰在远处进行掩护。22点10分，舰长位于萨沃岛东北10英里处，几乎朝正南方向行驶；也就在这时，“川内”号在距离它舰首左舷大约5英里处，发现李的第64特混舰队正向东南方向行进。指挥扫荡部队的桥本信太郎将军派出“绫波”号和“浦波”号绕到萨沃岛西边进行搜寻，并可能要发起攻击，挺身炮击部队则跟在“川内”号后面几英里处。近藤一接到“川内”号的报告，就分派“长良”号和4艘驱逐舰向差不多正南方向前进，以便它们经过萨沃岛西部。他自己指挥的部队——1艘战列舰、2艘重巡洋舰和2艘驱逐舰依然向东南方向航行了几分钟，随后转向南面。

李的战列舰队由以下舰只组成：驱逐舰“沃克”号、“贝纳姆”号、“威廉·普勒斯顿”号和战列舰“华盛顿”号、“南达科他”号。它们正被“川内”号和“敷波”号追踪，而“浦波”号和“绫波”号还设下了埋伏。22点52分，李下令全队向右转（正西方向）。23点，性能更优异的“华盛顿”号雷达系统探测到了距离自己16000码的“川内”号，并一直对它进行追踪，直到23点12分，美军用肉眼发现了它。23点17分，“华盛顿”号在相距11000码时用9门16英寸大炮进行了一次齐射。“川内”号施放烟雾，和“敷波”号一起向北撤退。

“绫波”号、“浦波”号被“沃克”号、“贝纳姆”号和“威廉·普勒斯顿”号发现时正绕过萨沃岛而来。23点22分，美舰在距离日舰10000码时开火。23点35分，在“凌波”号和“浦波”号北面1600码处与之平行的“长良”号及其4艘驱逐舰遭到“格温”号炮击。5艘日本舰船很快用炮火和鱼雷予以回击，

"格温"号不久后就被击中引擎室和船尾。但它在"华盛顿"号的保护下依然能够继续航行，"华盛顿"号稍稍转向，插入到"格温"号和攻击它的日舰之间。

与此同时，"浦波"号、"绫波"号以及为近藤提供近距离掩护的军舰都发射了鱼雷。"沃克"号遭到炮火的反复洗礼，开始向左减速。然后在23点38分，"沃克"号被一枚鱼雷刺入，在4分钟后沉没。"长良"号与"威廉·普勒斯顿"号打了几分钟，但后者不是日军轻巡洋舰的对手。"长良"号发射的炮弹穿透了"威廉·普勒斯顿"号的轮机舱，炸掉了它后面的烟囱，削平了从舰桥到船尾的甲板，使它着火。最后"威廉·普勒斯顿"于23点46分沉没。"贝纳姆"号也严重受损，船头被鱼雷炸飞，它向西撤退。没有一艘美军驱逐舰成功发射了鱼雷。到23点40分，木村将军的掩护部队掉头向东，经过萨沃岛，与之相距几百码。到此时为止，唯一受伤的日本军舰是"绫波"号，该舰在午夜时分被凿沉。"浦波"号转移了它的舰员，随后向北退却。

在这一阶段的战斗中，2艘美军战列舰都在寻找更大的猎物。"华盛顿"号把它的副炮对准了"长良"号，但没有一发炮弹命中。接着第63特混舰队又撞了一次霉运。23点33分，"南达科他"号的断路器跳闸，使其在3分钟时间内没有电力打开探照灯，也无法让雷达和炮塔运转。等到电力恢复时，它已经找不到"华盛顿"号了，因为它向左转，而它的姊妹舰向右转。两舰都不得不改变航向，以绕开美军受伤的驱逐舰。这样一来，"长良"号又有了一次攻击机会，它向"南达科他"号发射了8枚鱼雷，但无一命中。

当然，近藤当时的意图还是炮击亨德森机场。从23点16分到23点40分，承担这一任务的部队正以方格队形朝萨沃岛西北方向航行。突然，"长良"号下辖的驱逐舰打开探照灯照在"南达科他"号上，给了炮击部队的炮弹和鱼雷一个攻击目标。"南达科他"号立马被"雾岛"号的14英寸大炮和附近其他日舰的炮火击中。然而由于把注意力都放在了"南达科他"号上，日舰忽略了"华盛顿"号，该舰在大约8000码的距离上与日舰平行。0点05分，"华盛顿"号用16英寸大炮的致命齐射压制了"雾岛"号，"南达科他"号也把更多的16英寸炮弹倾泻到"雾岛"号上。到0点12分，"雾岛"号已经奄奄一息，舰上起火，舵机失灵，船内很快进水。"高雄"号和"爱宕"号也在美舰炮火形成的火网中受伤，后来撤回吴市。“长良”号轻巡洋舰也受到损伤，被送回日本修理，在两个多月时间里无法参加战斗。日军总共有 249 人战死，84 人受伤[8]。

0 时 30 分，近藤取消了炮击，一边施放烟雾，一边向东北方向行驶。同时，驱逐舰“朝云”号、“照月”号和“五月雨”号收留了“雾岛”号的幸存者。日军没有去挽救“雾岛”号，而是打开了它的通海阀；3 点 23 分，该舰在萨沃岛西北以西 7 英里处沉没。

鉴于船队中余下的船只还需要尽可能多的保护，田中少将派遣“阳炎”和“亲潮”去攻击塔萨法隆加角附近所有的敌舰。0 点 39 分，两艘驱逐舰向“华盛顿”号发射了鱼雷，但无一命中。不管怎样，第 64 特混舰队的残部正在向南撤退，因为“南达科他”号已经严重受损，必须返回本土进行维修。它被“雾岛”号、“爱宕”号、“高雄”号击中 40 多次。

作为海军史上规模最大、最惨烈的海战之一的第三次所罗门海战，就这样结束了。日军为保护田中的船队而瘫痪亨德森机场的企图再次受挫，但山本和田中仍执意要将第 38 师团和船队运进瓜岛。船队一直在肖特兰群岛附近停滞不前，直到 11 月 14 日才开始向南进发。

航程可以到达田中船队位置的所有美军航空队都知道田中正向瓜岛杀来，包括瓜岛上的海军陆战队飞行员、将亨德森机场用作中途停留地的“企业”号飞行员、埃斯皮里图桑托岛上的费奇少将的 B–17 轰炸机飞行员。12 点 50 分，8 架 B–17 轰炸机、17 架 SBD“无畏”式俯冲轰炸机、8 架 TBF“复仇者”轰炸机和 8 架战斗机攻击了田中船队，炸沉两艘运输船，炸伤一艘。受伤的这艘运输船艰难地返回了肖特兰基地。驱逐舰从运输船上移走了士兵和补给。然后在 14 点 30 分，由 24 架“无畏”式俯冲轰炸机和 8 架 B–17 轰炸机组成的第二攻击波又让另一艘运输船起火；该船的士兵也转移到了驱逐舰上。美军第三攻击波（5 架“无畏”式俯冲轰炸机、8 架 B–17 轰炸机）于 15 点 30 分杀到，击沉 2 艘运输船。17 架“无畏”式和 4 架 B–17 组成的最后一波攻击在 17 点 15 分又命中一艘运输船，使其发生火灾。最终，日军只剩下 4 艘运输船，有 400 人阵亡。

田中犹豫不决，迟疑了片刻。7 点 30 分，他开始向东北撤退，但在 20 点又改回东南偏南方向；他在 2 点 15 分时位于塔萨法隆加角。这是一个明亮的夜晚，他立即开始卸载人员和给养。但他的船队马上遭到了来自伦加角炮火的轰击和美军飞机的空袭，4艘驱逐舰全部中弹起火搁浅，然而不可思议的是，没有一艘驱逐舰遭到重创。它们在黎明时离开。美军的炮兵、空袭部队，加上“米德”号驱逐舰的炮火都开始集中向田中卸在岸上的日军部队和补给发动攻击。船队的失利让拉包尔的日本陆军司令部感到绝望，因为在他们看来，这些运输船承载的是整个17军的壮志。第38师团和辅助部队被送上瓜岛的是2个步兵联队、1个大队、1个工兵联队和军需部的剩余人员——一共2000人（满编大约10000）登陆。被送上瓜岛的还有1500袋大米（四天的补给配额）和260发山地榴弹炮炮弹。（弹药库也在同一天被美军飞机炸毁[9]。）

日军付出的代价非常之高：2艘战列舰、1艘重巡洋舰、3艘驱逐舰和11艘运输船被击沉，总吨位达77606吨。日本人付出的代价还包括若干军舰受损，许多飞机在试图提供空中支援时被击落，以及本来有7000人的第38师团损失了5000人。

日军大本营在控制瓜岛的进程中未进尺寸之功，但很明显动用联合舰队的主力既不能击沉“陆上航母”亨德森机场，也不能摧毁哈尔西集结的海军力量。日本海军已经输掉了为争夺瓜岛而打的最后一次大海战，陆军只能靠自己了。然而，日军大本营仍然希望挽救瓜岛，虽然没有再集结大规模船队，但几乎每晚都将零星的人员和给养通过“槽海”南下运到瓜岛。

山本根本不希望因为动用联合舰队袭击瓜岛和“企业”号而冒损失航母和其他主力舰的风险。这样的袭击本来很可能取得成功，但自1942年8月开始，联合舰队军舰参加的战斗就总会给日本海军带来严重损失，尤其是驱逐舰。1941年12月7日那个大胆的山本已经变成一个相当谨小慎微的将领。所以，他仍然期待打一场海上的决战，这场决战本应该在瓜岛周围打；然后，如果日军赢了海战，那么陆战也能获胜。但山本明显没有把瓜岛看作他所预想的那种决战的地方。而且作为一名海军军人，虽然他配合大本营设法将陆军部队送到瓜岛，但他很可能从未理解瓜岛的真正意义。而接下来发生的事件则恰恰证明了这些战斗的重要性。从第三次所罗门海战开始，日本武装部队的退却一直要持续到日本最终投降。

第三次所罗门海战日军参战部队编制（分成三天）

1942 年 11 月 12—13 日

第三舰队、先遣部队、挺身部队

（炮击部队——挺身攻击队，由阿部少将指挥）

（注：这是日本海军首次使用“挺身攻击”这样的名称。从字面意思上来说，这个合成词“ていしん”表示“勇敢地献出身体”或“自愿进攻”。这个词的使用很好地体现出了日本对战争心态的变化。之前日军连战连捷，现在海员们却被要求寻死，预示着“神风”战术思想即将出现。）[10]

战列舰：“比叡”号、“雾岛”号

轻巡洋舰：“长良”号

驱逐舰：“晓”号、“电”号、“雷”号、“天津风”号、“雪风”号、“照月”号、“朝云”号、“春雨”号、“村雨”号、“五月雨”号、“夕立”号、“时雨”号、“白露”号、“夕暮”号

1942 年 11 月 13 日—14 日

外南洋部队、炮击部队（西村少将）

重巡洋舰：“摩耶”号、“铃木”号

轻巡洋舰：“天龙”号

驱逐舰：“风云”号、“满潮”号、“卷云”号、“夕云”号、“望月”号、“天雾”号

外南洋部队、支援部队、主力

重巡洋舰：“鸟海”号、“衣笠”号

驱逐舰：“荒潮”号、“朝潮”号

1942 年 11 月 14 日—15 日

攻击部队、主力（负责炮击亨德森机场）（近藤少将）

战列舰：“雾岛”号、“比叡”号

重巡洋舰：“爱宕”号、“高雄”号

轻巡洋舰：“长良”号

驱逐舰：“照月”号、“电”号、“朝云”号、“亲潮”号、“白雪”号、“初雪”号、

"五月雨"号、"阳炎"号

扫荡部队（桥本信太郎）

轻巡洋舰："川内"号

驱逐舰："浦波"号、"敷波"号、"绫波"号

运输船部队

11 艘高速运输船

护航驱逐舰队（田中少将）

驱逐舰："早潮"号、"亲潮"号、"阳炎"号、"照月"号、"天雾"号、"海风"号、"江风"号、"长波"号、"凉风"号、"高波"号、"卷波"号

机动部队、先遣部队

改装航母："隼鹰"号[11]

支援部队、主力

战列舰："金刚"号、"榛名"号

重巡洋舰："利根"号

驱逐舰："初雪"号、"白雪"号[12]

美军参战部队编制

第 67 特混舰队

第 67.1 特混大队（运输船编队）

运输船："麦考利"号、"新月城"号、"亚当斯总统"号、"杰克逊总统"号

第 67.4 特混大队（支援编队）

重巡洋舰："旧金山"号、"波特兰"号、"彭萨科拉"号

轻巡洋舰："朱诺"号、"海伦娜"号

驱逐舰："巴顿"号、"蒙森"号、"库欣"号、"拉菲"号、"斯特瑞特"号、"奥

邦农”号、“布坎南”号

第62.4特混大队

轻巡洋舰：“亚特兰大”号

驱逐舰：“阿伦·沃德”号、“弗莱彻”号、“拉德纳”号、“麦克卡拉”号

3艘武装货船

第64特混大队

战列舰：“华盛顿”号、“南达科他”号

驱逐舰：“沃克”号、“贝纳姆”号、“格温”号、“威廉·普勒斯顿”号[13]

第五篇

日本帝国海军的战败

第十八章
在瓜岛和阿留申群岛的溃败

第十九章
从新几内亚和所罗门群岛撤退

第二十章
外防卫圈的崩溃

第二十一章
日军大势已去

第二十二章
残阳末日

第二十三章
战争回顾

第十八章

在瓜岛和阿留申群岛的溃败

1942 年	
11 月 30 日	伦加角海战（美方称塔萨法隆加角海战）中，田中少将的“东京快车”击败了第 67 特混舰队。日军成功将给养和部队送上岸
12 月 31 日	大本营决定撤出瓜岛（“开”作战）
1943 年	
2 月 2—3 日	日军撤出第一梯队
2 月 4—5 日	日军撤出第二梯队
2 月 7—8 日	日军从瓜岛撤出后卫部队
3 月 26 日	阿图岛战役（美方称：科曼多尔群岛海战）
5 月 11 日	美国成功登上阿图岛
7 月 28 日	日军成功从基斯卡岛撤出部队（同样被称作“开”作战）

由于人员和舰船损失惨重，1942 年 12 月 12 日，日本海军提议从瓜岛撤退。这并不意味着要立即放弃，田中将继续向瓜岛运送给养和小股部队。但陆军将领反对这个撤军的建议。此时，负责指挥第 17 军 5 万生力军的今村将军到达拉包尔，准备在 2 月 1 日进行增援。但在 12 月 31 日，日军大本营同意从瓜岛撤退，它决定倚仗一条在新几内亚建立 的新防线[1]。

与此同时，田中向瓜岛运来了用橡胶包裹的铁桶（捆绑在驱逐舰船尾）。快速到达塔萨法隆加角后，他就会切断绳子，让补给品要么自己漂流到岸上，要么被会游泳的士兵带上岸（或者被美军飞机、鱼雷快艇和炮火击毁）。其间，由于疾病肆虐和食物、弹药的匮乏造成了巨大伤亡，日本陆军在瓜岛的形势每天都急剧恶化。不过，美军在 11 月 19—22 日发起的攻势被日军阻止，双方战线在第二年 2 月以前一直保持不变。直到 2 月，日本陆军的幸存者才被海军接走。

对美军来说，形势也在发生变化。最初的海军陆战队分遣队经过 4 个月的奋战，被新的陆战队员和陆军的几个团接替。到 12 月 9 日，美军在瓜岛上已经有 4 万人，而日军只有 25000 人。亨德森机场得到扩建，还增建了卫星机场。图拉吉岛被建成一个鱼雷快艇基地，驻有 15 艘快艇和它们的补给船。

但哈尔西不能假定日军不会再发动一次大规模进攻。11 月 24 日后，他接到情报称在肖特兰群岛、布因（Buin）和布干维尔岛南端有日军舰船（其中还包括电机驱动的驳船）集结。哈尔西怀疑这可能预示着日军企图再次增兵瓜岛，便集结了第 67 特混舰队，该舰队由新抵达战区的巡洋舰和驱逐舰组成。事实上，日军并没有策划什么作战行动，只是每隔四天由田中在塔萨法隆加角附近留下补给和少量人员。当哈尔西获悉在日军集结区域发现驱逐舰 8 艘和运输船 4 艘，并且这些舰船将在 11 月 30 日到达瓜岛附近海域时，他命令第 67 特混舰队截击并消灭这支日军舰队。

在瓜岛附近发生的最后一次海战中，美军有着巨大的舰船优势。日军补给部队由攻击部队和运输部队组成。攻击部队包括驱逐舰"长波"号（旗舰）、"高波"号；运输部队包括驱逐舰"卷波"号、"阳炎"号、"黑潮"号、"亲潮"号、"江风"号和"凉风"号[2]。第 67 特混舰队由卡尔顿·莱特（Carleton H.Wright）少将指挥，被分成第 67.2 和第 67.4 两个特混大队。前者包括重巡洋舰"明尼阿波利斯"号、"新奥尔良"号、"彭萨科拉"号和"北安普顿"号以及轻巡洋舰"火奴鲁鲁"号。后者包括驱逐舰"弗莱彻"号、"德雷顿"号、"莫里"号、"铂金斯"号，后来又加了两艘驱逐舰"拉姆森"号、"拉德纳"号作为后卫。

莱特决心不再犯美军在之前损失惨重的战斗中所犯下的错误。他给每一支巡洋舰编队都配置了一艘装载改进型雷达的军舰。而且，他要求舰船之间的通信不再使用模糊不清的代码，电路只能被用于发布命令。他还设计了新的战斗队形，摒弃了老式的单列纵队，让战斗舷上的编队使用雷达，一发现日军舰船就发射大量鱼雷，然后剥离巡洋舰舰炮的伪装。巡洋舰将在敌舰行进至12000码距离以内前开火。战斗时不使用探照灯，而是让从图拉吉起飞的巡洋舰水上飞机照亮日军舰队。对莱特来说不幸的是，他对指挥和归他指挥的军舰都不熟悉，后来的战斗并没有按照他的计划展开。

伦加角海战
（美方称：塔萨法隆加角海战）

11月30日，田中的8艘驱逐舰正向南行驶，向塔萨法隆加角靠近。突然，“长波”号报告说发现敌舰。当时，日军驱逐舰正接近预定放下补给桶和载人小艇的地方。一直都保持警惕的田中少将立即命令他的舰船准备战斗。几分钟后，“高波”号突然转向，掩护左舷[3]。

22点38分，美军编队同时向西转。第67.4特混大队的4艘驱逐舰正位于左前方，距离旗舰“明尼阿波利斯”号只有3500码，而不像计划的那样充当先遣哨兵线。后面2英里处是两艘姗姗来迟的附属于第67.4特混大队的驱逐舰（即拉姆森”号和“拉德纳”号）。23点06分，莱特少将的雷达在13英里的距离上捕捉到了田中的掩护部队。在靠近铁底湾时，莱特命令图拉吉岛上的水上飞机起飞[4]。

23点16分，“弗莱彻”号请求准许向其左前方的日军舰船发射鱼雷。尽管莱特在之前下达的指令中要求一发现目标就发动攻击，但令人难以理解的是，这时他却等了4分钟才回答“同意”。到这个时候，“弗莱彻”号不得不用船尾的火炮攻击日军驱逐舰（此时至少分成了4个编队），这样一来，鱼雷将航行更远的距离。“弗莱彻”号和“铂金斯”号在23点21分进行了一轮鱼雷齐射，而“莫里”号却找不到目标，“德雷顿”号遇到了同样的困难，但它实施了两次鱼雷齐射。随后美军这些驱逐舰并没有打开炮口，而是向主队靠拢。

23点20分，“明尼阿波利斯”号和“新奥尔良”号齐射发出的火光被田中的舰船发现，这就给了日本人攻击目标。田中并没有中美国人的埋伏，他的驱逐舰凭借长期训练和经验灌输给它们的本领做出了反应。作为掩护舰的“高波”号离目标最近，它立刻实施了一轮鱼雷齐射，但马上就遭到了8英寸炮弹的回击；

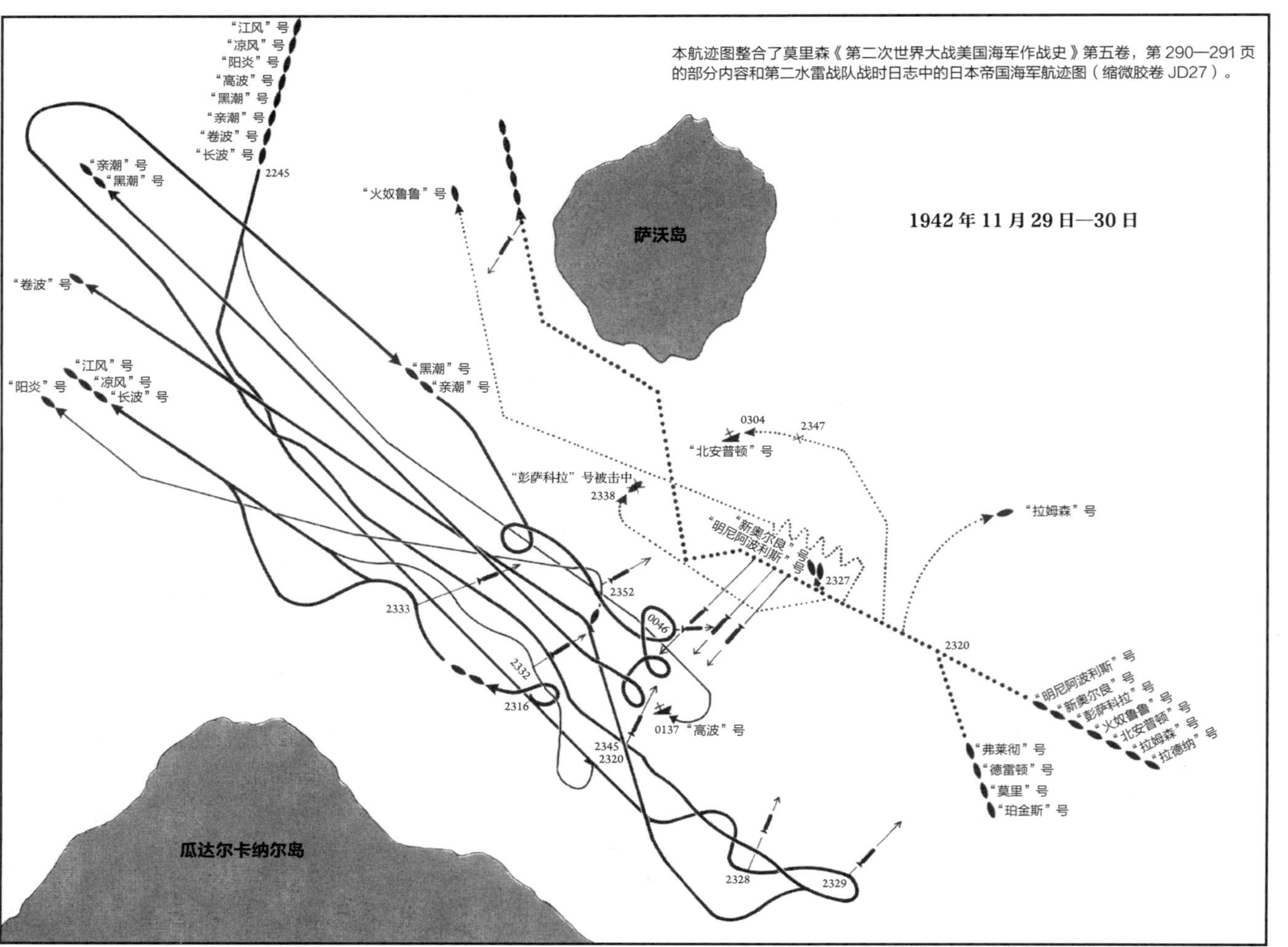

∧ 伦加角海战（美方称：塔萨法隆加角海战），1942 年 11 月 29—30 日

它随后向右掉转船头。在美军军舰的雷达屏幕上，它是一个孤零零的“光点”，距离最近，体积也最大，因此遭到了整排美军军舰的炮击。当它回击时，就被更精确地锁定。它承受不了这样的集中攻击，转向后没过多久就沉没了。在下沉前，它将一艘装满士兵的小艇放下水，这艘小艇在瓜岛安全靠岸。然而该舰还是损失了 211 人。

当时从最远处到东南方向依次是“阳炎”“卷波”“黑潮”和“亲潮”四舰，它们都抛掉了货物，掉转船头，与美舰平行。23 点 29 分，“黑潮”号在转向时发射了 4 枚鱼雷，两分钟后又打出 4 枚；与此同时，“亲潮”号在 23 点 30 分一次齐射了 8 枚鱼雷，后声称击中 2 枚。“阳炎”在向南航行时已经于 23 点 20 分与美舰交火，180 度转向后发射了 4 枚鱼雷。“卷波”号也如法炮制，然后这对驱逐舰便向东北方向撤退。“江风”号和“凉风”号完成卸货后也加入了战斗。“江风”号航向东南，从 23 点 30 分开始总共发射了 9 枚鱼雷，“凉风”号则用主炮发射了 11 发炮弹。正在撤退途中的“长波”号于 23 点 33 分实施了一次全鱼雷齐射，它的烟囱也被弹片击中，造成少量伤亡。

23 点 27 分，水中的 55 枚日军鱼雷中的前两枚击中了“明尼阿波利斯”号——一枚击中船头、一号炮塔前部；一枚命中 2 号引擎室。该舰舰首前倾 60 英尺，航速减低。它后来又进行了 3 次齐射，之后前端炮塔就哑火了。它退出了战斗，最终被拖回图拉吉。

美军纵队的下一艘是“新奥尔良”号。为了避免与“明尼阿波利斯”号相撞，它做了紧急转向，恰好撞上了一枚鱼雷，这枚鱼雷戳进了弹药库，将船炸成两截，2 号炮塔前的舰首部分从余下舰体旁漂了过去，军舰的主体部分则起火燃烧，速度也慢了下来。不过，美军的损管使它不至于下沉，它依靠自己的动力成功逃回了图拉吉。

纵队 3 号舰“彭萨科拉”号向左转以避免和它前面两艘受重伤的舰只相撞，但它也没能幸免于难。23 点 38 分，一发鱼雷撞上了它的左舷，命中船腹，导致其后锅炉舱进水，3 个炮塔哑火，甲板上喷出的大火给干舷部造成了巨大破坏。后来它也艰难地驶入了图拉吉。

接下来的“火奴鲁鲁”号一直让受伤的舰只处在它和日军鱼雷之间，因而逃过一劫。美军纵队的最后一艘军舰是“北安普顿”号。23 点 47 分，两枚鱼雷击中了它，产生巨大的破坏，舰上发生火灾。它在 1 点 50 分被美军遗弃，最终于 3 点 04 分沉没。

前卫驱逐舰没有受创，但它们忙于救援和掩护“火奴鲁鲁”号，因此都游离于战斗之外。两艘后卫驱逐舰没有收到第 64 特混舰队发出的识别灯信号，一打开错误的灯，就遭到了友军炮火的攻击。它们随后向东前进，直到田中离开，最后奉命返回协助救援工作。

田中又一次创造了奇迹。他的 6 艘驱逐舰不仅将货物（每艘 200 个圆桶）和部队顺利送达，还同它们的掩护舰一起与一支兵力占优势的敌军舰队交战，且击沉 1 艘重巡洋舰，重创 3 艘，而自己只损失 1 艘驱逐舰。由于田中的舰船使用的是 24 英寸鱼雷而不是火炮，因而它们对美国人来说就像是幽灵一样来无影去无踪。美军的悲剧是多种原因共同导致的结果，田中的战术有效地利用了这些东西。在 1942 年 11 月，美国海军仍然没有受过良好的夜战训练。而且受到半个地球外的局势所迫，无法集中使用舰船，舰队使用的是糟糕的驱逐舰战术和品质低劣的鱼雷。雷达的使用也无甚帮助，因为这样会导致美军舰船把所有重炮都瞄准最近的日舰——“高波”号，而置其他日舰于不顾。

尽管日军大本营已经做出了从瓜岛撤军的决定，并正在组织撤退行动，但已经在岛上的日军依然亟需食物、药品和弹药，不容忽视。因此，不论运输任务多么困难，代价多么巨大，田中都仍须干下去。在 12 月 3 日指挥 10 艘驱逐舰运输时，他暂时有了空中掩护，这次运输没有出现状况。12 月 7 日，他用 11 艘驱逐舰为夜间船队进行护航，“野分”号遭到空袭，受轻伤。在埃斯佩兰斯角附近，日军舰艇编队遭到了鱼雷艇的攻击，在 1 点，“照月”号被两发鱼雷击中，受损非常严重，于 4 点被凿沉。驱逐舰“岚”号和“长波”号卸下了 155 人，救起了“照月”号的 138 名船员（正常定员是 290 人）。12 月 7 日，日军也开始使用潜艇将援兵和补给运到瓜岛。

第八舰队只有在晚上没有满月的时候才派出这些船队。它们为田中开辟了一条新的路线——取道肖特兰和蒙达（Munda）——来给予他更多的空中掩护。尽管如此，瓜岛的部队必须得等上 3 个星期才能等到田中的下一次补给。（日军在12月20—26日曾采用空投的方式进行补给，但由于糟糕的通信，只有半数的物资被瓜岛日军成功拿到。）[5]

与此同时，日军舰船的损失仍在继续。12月18日20点15分，为入侵马当（Madang，位于新几内亚芬什哈芬北面）护航的轻巡洋舰“天龙”号在距离马当10英里处被美军潜艇“长鳍金枪鱼”号的鱼雷击中。这艘名望甚高的老巡洋舰在23点带着23名船员沉入海底。12月25日，“卯月”号与中雷的“南海丸”相撞，舰内进水。12月26日，“有明”号在“槽海”海域遭到空袭，一发近失弹将其引燃，导致28人阵亡，40人受伤。在12月的最后几天，拉包尔港口中用于瓜岛撤退行动［“开”（KE）作战］的舰船招来了麦克阿瑟的B-17轰炸机。“太刀风”号驱逐舰遭到轰炸，失去了舰首，其他3艘驱逐舰也被炸伤。“龙凤”号轻型航母在11月11日离开横须贺后，于次日被鱼雷击中，不得不退回干船坞；然后在1943年1月10日，美国潜艇“扳机”号用鱼雷击中了“冲风”号，在横滨附近将其击沉[6]。

1943年1月2日，就在田中重操旧业，指挥10艘运载给养和弹药的驱逐舰跑运输时，他的军舰遭到了B-17轰炸机的空袭。“凉风”号被一发近失弹擦伤，由一艘驱逐舰带回肖特兰；与此同时，田中率领8艘驱逐舰继续向南前进。他一到，就遇到11艘美军鱼雷艇，这些鱼雷艇向他的军舰发射了18发鱼雷，凭借灵巧娴熟的驾船技术，他躲过了鱼雷——不过抛入海里的油桶还是被鱼雷艇破坏了。1月5日，猎潜舰艇在卡米波湾（Kamimbo Bay）卸下了1200名陆军士兵和1200袋2磅重（约0.9千克）的米。1月10日，田中的8艘驱逐舰又运送了250个装粮食的油桶，并击退了1次鱼雷艇的攻击，击沉了2艘鱼雷艇，而“初风”号驱逐舰只受了轻伤。

1月14日，“开”作战开始。在9艘驱逐舰的护航下，田中正把松田支队600人往瓜岛送去，这些部队将为瓜岛的撤退行动殿后。在回去的路上，“岚”号、“谷风”号、“浦风”号和“浜风”号都被亨德森机场的“无畏”式俯冲轰炸机炸成轻伤，因为田中在瓜岛待的时间比通常情况下要长。

日军撤退行动分别在三个晚上展开。2月2—3日，1艘轻巡洋舰和20艘驱逐舰在埃斯佩兰斯角和卡米波湾运走了第一批4935人。在撤退工作进行时，船队遭到了鱼雷艇的攻击，所幸没有舰船受伤。但“卷云”号在萨沃岛附近触雷，“夕云”号试图拖曳它，但赶到时它已经沉没，这是瓜岛撤退行动中日军损失的唯一一艘舰船。2 月 4—5 日晚上，第二次撤退由 1 艘轻巡洋舰、20 艘驱逐舰实施，在同一地点又接走 3921 人。这支部队遭到大约 30 架飞机的空袭，“舞风”号受伤，被“长月”号拖回肖特兰。最后一支撤退船队在 2 月 7—8 日从瓜岛和拉塞尔岛撤走了 1796 人。这支船队中的 18 艘驱逐舰到瓜岛接人，2 艘到拉塞尔接人。在向南行进途中，舰队遭到 35 架飞机的攻击。“矶风”号中度破损，10 人阵亡，但“开”作战至此结束——总共从瓜岛救出 10652 人[7]。

这次作战确实是不可思议的壮举，几乎无法解释。如此众多的日军舰船居然只遭到美军飞机和鱼雷艇的抵抗。日军仅有 1 艘驱逐舰沉没（因为触雷），2 艘驱逐舰中度破损。要是日军在救人时遭受不可接受的损失，他们完成整个撤退还会如此容易吗？事实上，美军地面部队直到 2 月 9 日 16 点 25 分才意识到，岛上已经没有任何日军部队了。

日本海军也准备好了主要的抵抗力量。在瓜岛北面驻扎着一支攻击部队，由 6 艘重巡洋舰、2 艘轻巡洋舰、1 艘布雷舰、11 艘驱逐舰以及“瑞鹤”号（其战斗机将拦截攻击撤退船队的美机）组成。轻型航母“瑞凤”号和“隼鹰”号也各就各位[8]。

至此，虚弱不堪、精疲力竭的日军总算不用吃苦了。根据日军的记录，陆海军共有 31358 人登上瓜岛，最后只有 10652 人被撤出。剩下的不是战死，就是病死或被列为失踪。1943 年 1 月 21 日，在布纳、戈纳以及新几内亚的战斗结束，但那里没有撤退行动——14000 多名日军部队在那里战斗到了最后一人[9]。

要是没有“东京快车”指挥官田中赖三的天才指挥，日军不可能据守瓜岛那么长时间，也不可能成功地从那儿撤离。然而不幸的是，田中的丰功伟绩并没有得到嘉奖——他是在办公室中迎来战争的结束，先是在新加坡，后来在缅甸。

日本不可能再维持最初计划的防卫圈规模。美军必然会向新的目标进军，一直打到冲绳，在这个过程中，美军将采用战争初期给日军带来过巨大成功的战术。美军在太平洋上的调遣和进军都将在陆基飞机和航母舰载机的掩护下进行。虽然还有几场日军将输掉的残酷海战尚未开始，但日军的防卫圈已经被破坏，麦克阿瑟将通过新几内亚、所罗门群岛向北进军，尼米兹将穿过中太平洋向西进攻，不停地压缩和蚕食日军的防卫圈。瓜达尔卡纳尔岛和新几内亚的战役是转折点，因为这以后日军就不再进攻了。日本过度分散了自己的力量，这为其带来了灾难性的后果。

阿留申群岛

日军对阿图岛和基斯卡岛的占领开辟了一个新的战场，但这并未给他们带来优势。对日军来说，这 并非通向入侵阿拉斯加的新道路，他们也从来没有这样打算过。但美国的领土被占领——不论多么微不足道——还是会伤害美国人的自尊心，引起美国的过激反应。双方在这块靠近北极圈的荒地消耗了本能被更好地用于其他地方作战的舰船、人员和补给。但这正是一种战争期间的心理：双方都认为必须攻占任何已知的敌方据点。然而，阿图岛和基斯卡岛对美国来说威胁并不大，除了例行的侦察外，本可以置之不理。

基斯卡岛和阿图岛都位于世界上天气最糟糕的地区，人们必须应对常年的寒冷、雾气、狂风（威利瓦飑）和几乎完全不适合建造机场的地形，以及根本不适合飞行的天气。但日军大本营却不得不为驻扎在这两个荒岛上的日军提供补给。阿图岛的日本守军不到 3000 人，基斯卡岛上有大约 5000 人，岛上的人员必须得到给养、弹药以及用于修建机场的工程队和工具，还需要获得保护以免遭美军攻击。这两个岛处于美国海军轰炸机和陆军航空队轰炸机的攻击范围之内，空袭使得日本守军苦不堪言[10]。

日军舰船的损失通常都是由美军潜艇造成的。7 月 4 日，“子日”号在护送水上飞机母舰“上川丸”时，于阿加图岛（Agattu）附近被“法螺”号发射的一枚鱼雷击中右舷舰体中部沉没，正常编制的 228 人中只有 36 人获救。翌日，美军潜艇“咆哮者”号发射了 4 枚鱼雷，在基斯卡岛附近击沉了“霰”号驱逐舰，重创了“不知火”号和“霞”号。在 10 月 16 日美国陆军航空队对基斯卡岛的空袭中，一颗炸弹正好击中“胧”号驱逐舰，该舰发生爆炸沉没，舰上人员无一生还。“初春”号则遭到重创。

双方都竭力改善他们在下一回合战斗中的态势。日军徒劳而又辛苦地建造了机场，加强了基斯卡岛和阿图岛的防御。美军主动出击，于 1942 年 8 月 30 日攻占了埃达克岛。到 9 月 14 日，他们在那里已经有投入使用的机场和水上飞机基地，可以在美国陆军航空队空袭基斯卡岛时提供空中战斗机掩护。接着在 1943 年 1 月 12 日，美军攻占了距离基斯卡岛只有 60 英里的阿姆奇特卡岛（Amchitka），那里有一个良港和适于建造飞机跑道的地形。

阿图岛海战
（美方称：科曼多尔群岛海战）

日军认为基斯卡岛将是美军的第一个入侵目标，所以他们的船队不顾冬季寒冷的天气给这里送来了人员和补给。而美军决定拦截这些船队，派出了一支特混舰队进入到堪察加半岛和阿图岛之间的海域（科曼多尔群岛以南）。与此同时，细萱戊子郎中将也向这一区域进发，在北方部队所辖第五舰队集结的所有舰只的护航下，给阿图岛守军带来了 3 艘“丸”字号大型运输船。接下来便是持续将近 4 个小时的老式远距离舰对舰决斗。

1943 年 3 月 26 日 5 点，一支由 8 艘军舰和 2 艘运输船组成的日军单列纵队向北进发。处在前卫的是重巡洋舰“那智”号和“摩耶”号，后面依次跟着轻巡洋舰“多摩”号和“阿武隈”号，驱逐舰“若叶”号、“初霜”号、“雷”号，2 艘丸字运输船及“电”号驱逐舰（负责殿后）。距离日本舰队东南大约 20 英里，与之平行的是分成两列的美军第 16.6 特混大队：一列纵队是驱逐舰“科赫兰”号、轻巡洋舰“里士满”号、驱逐舰“伯雷”号和“戴尔”号，在它们右边 5 英里处是重巡洋舰“盐湖城”号、驱逐舰“莫纳亨”号。5 点，美军两艘军舰上的雷达在北面距离 7 到 12 英里处捕捉到了至少 5 艘军舰的信号。美军舰艇编队立刻开始组成单列纵队，依次为“伯雷”号、“科赫兰”号、“里士满”号、“盐湖城”号、“戴尔”号和“莫纳亨”号。

在拂晓前几个小时，日军舰队就已经提心吊胆得犹如惊弓之鸟。负责殿后的“电”号驱逐舰报告说在 4 点时发现舰影。细萱最初以为它发现的军舰是“薄云”号和第三艘丸字运输船，按理说它们应该与自己的船队相遇。到“那智”号的瞭望哨在 5 点 08 分也上报了侦察结果后，其他发现敌舰的报告很快便纷至沓来。5 点 15 分，“阿武隈”号向各舰传达了有关附近敌舰的具体情报。日军指挥官们此时明白他们已经免不了与美军一战了。运输船在“电”号驱逐舰的掩护下悄悄溜到西北部。5 点 30 分，“阿武隈”号和它队伍里的驱逐舰向右转，充当掩护。5 点 42 分，“那智”“摩耶”和“多摩”也向右转，与“阿武隈”的编队平行。同时，第 16.6 特混大队（此时队伍中有 2 艘巡洋舰，两各有 2 艘驱逐舰提供掩护）开始全队向西转，追击日军运输船。

5 点 42 分，双方在大约 20000 码的距离上同时开火。两分钟后，“那智”号实施了 2 轮鱼雷齐射（每次 4 发）。此后不久，日军巡洋舰分成 3 组。首先“阿武隈”号转向西南，在美舰左后方与之平行。然后在 5 点 47 分，“多摩”号也采取了同样的航线，靠近“阿武隈”号左舷。“摩耶”号和“那智”号依然保持原来的航向，日美两支舰队相距 24000 码，这样一来，便封闭了美军返回他们基地的退路。

由于是远距离作战，这场战斗成了重巡洋舰之间的决斗。“那智”号和“摩耶”号先向射程不如日军的“里士满”号进行了一次齐射，之后集中火力攻击“盐湖城”号；其间，细萱用少量部队就可以反制美军巡洋舰的任何进攻。而美军的战术指挥官麦克莫里斯（C.H.McMorris）少将则面临一个两难的困境，因为他在军舰数量和火炮的重量上都不如日军。但他没有退缩，5 点 42 分，这支编队向左转，取西南航向行进。当时，“盐湖城”号与“摩耶”号及“那智”号在相距 20000 码左右时展开炮战。两艘日军重巡洋舰继续向左做长距离转弯，试图切断美军舰队与它的基地之间的联系，但这样的机动让“摩耶”和“那智”处于不利的境地，它们落到了美舰后面追击美军。5 点 50 分，“盐湖城”号击中了“那智”号的舰桥，2 分钟后，又命中了它的鱼雷管。然而，“盐湖城”接下来势必要在这种一边倒的决斗中付出代价。6 点 10 分，“摩耶”号以一发 8 英寸炮弹击中了它舰体中部的弹射飞机。6 点 20 分，它的后甲板也被击中，炮弹可能来自“那智”号。

“多摩”号试图接近美舰纵队，但它的《作战报告》中没有提到发射过鱼雷和炮弹。它朝西北方向撤退，使自己处在美国舰队和日军运输船之间。“阿武隈”号也向美军的右边靠近，但随后便选择以弧线运动转向西北方向。它在 6 点 53 分和 7 点 07 分遭到炮击。细萱选择谨慎行事，既想保护他的船队，又要设法消

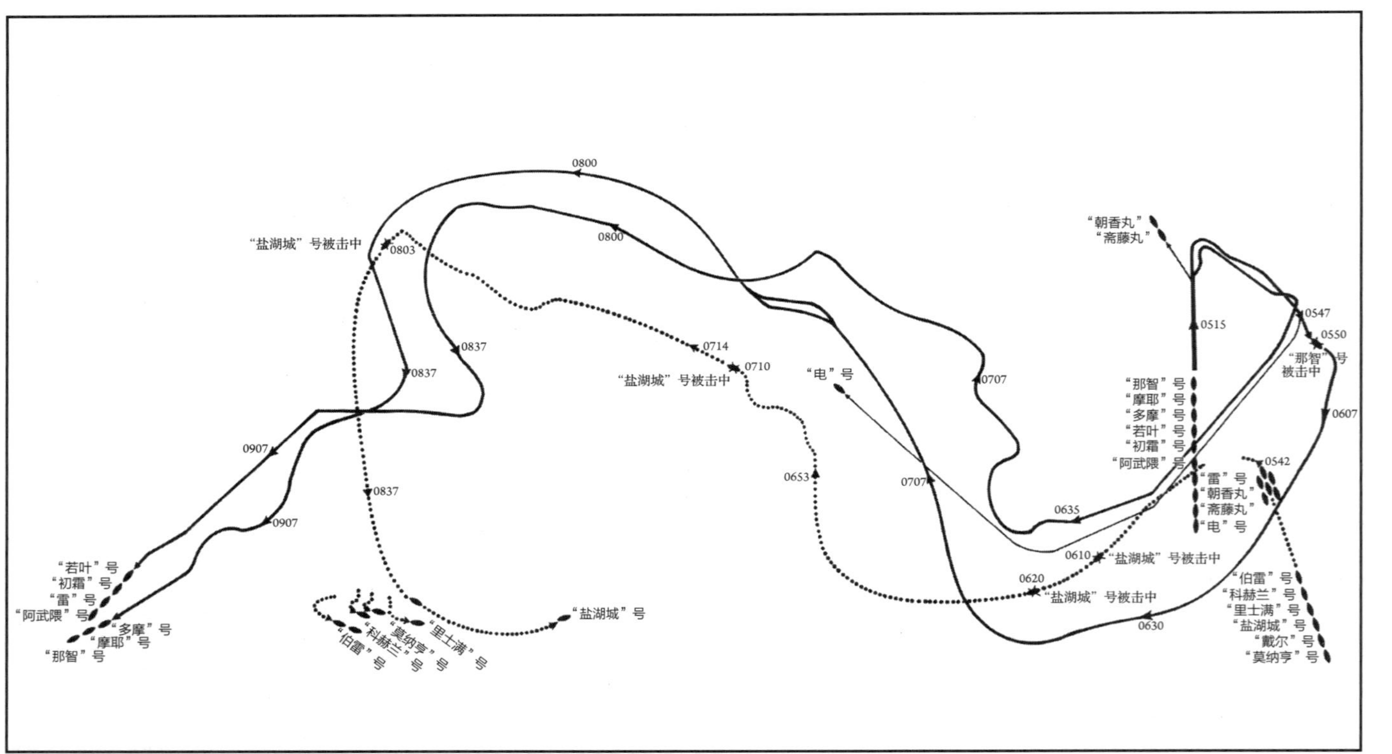

∧ 阿图岛海战（美方称：科曼多尔群岛海战），1943 年 3 月 26 日

灭美军舰队。为此，他继续让自己的 2 艘重巡洋舰和 4 艘驱逐舰右转，直到 6 点 57 分，才改向西北方向航行。虽然“摩耶”号和“那智”号舰龄较新，速度较快，但两船走得太近迫使它们不得不做“之”字形运动，以给尾部的炮塔让出射界，并防止撞上鱼雷。因此，它们也无法靠近美军舰艇编队。7 点 07 分，“摩耶”和“那智”位于“盐湖城”号以东 21800 码处，阻止了麦克莫里斯染指运输船。但麦克莫里斯的注意力很快就转到了救助“盐湖城”号上，7 点 02 分，它开始失去方向控制，因而无法继续航行，在 7 点 10 分它又吃了来自“摩耶”号的第三发炮弹，这发炮弹直接穿透主甲板到达水线以下部分的舰体。

“盐湖城”号处于困境当中，请求施放烟幕进行掩护。7 点 18 分，它的驱逐舰有效地满足了这一要求。8 点 03 分，“阿武隈”号最后一次打中“盐湖城”号，破坏了它的后端陀螺仪，使后部轮机舱进水。随着海水灌进锅炉舱，它的速度终于慢了下来，到 8 点 55 分，它的轮机已经停止工作。到这时候，它已经向后转向东南方向。虽然“盐湖城”号在那时已经几乎不可见，但几乎处在它正后方向的“阿武隈”号仍然试图从远处打中它。同样，“初霜”号在 8 点 57 分向“盐湖城”号发射了 5 枚鱼雷，“若叶”号则向“盐湖城”号的掩护舰发射了 5 发鱼雷，该舰位于“盐湖城”号的右后方，正向东前进。然而，日军的鱼雷没有一发命中目标。“盐湖城”号最终在 10 点恢复了动力，但到那时，战斗已经结束了。细萱的舰队向西南方向前进掩护运输船返回幌筵岛[11]。

由于这场战斗在远距离上打了将近 4 个小时，日美两支舰队的航迹图互相对不上也就不足为奇了。日军的航迹图没有显示“盐湖城”号在最脆弱的时候已经减低航速了，也没有记录“伯雷”号、“科赫兰”号和“莫纳亨”号实施过的一次鱼雷攻击。美军的记录显示，“伯雷”号右舷被击中过两次，分别在 9 点和 9 点 03 分，一发炮弹穿入发电机；随后在 9 点 03 分，它射出了 5 枚鱼雷后向东转，并命令其他两艘驱逐舰跟上它。

根据“摩耶”的《作战报告》，它并没有受伤，但它的炮管发生的爆炸让舰上的一号水上飞机起火。“阿武隈”号和“多摩”号没有受伤。但“那智”号却承受了美军的大部分火力，主要来自“盐湖城”号。该舰的《作战报告》记载它中弹两次，分别在 5 点 55 分和 8 点 48 分。“初霜”号、“电”号和“若叶”号没有被击中[12]。

虽然细萱戊子郎中将担心他的运输船情有可原，但他实在是多虑了。即便在兵力上有着决定性的优势，他所受的损失也几乎和美军相当。他从未缩短距离与受重伤的“盐湖城”及保护它的轻型舰只一决雌雄。他的轻巡洋舰并未发动过全面攻击，他的驱逐舰也没有实施过一次典型的日式鱼雷攻击。日军本来可以轻易获得这场战斗的胜利。一个月后细萱戊子郎便从海军退出现役。

在这场战斗中，麦克莫里斯表现出的勇气多于判断力。他虽然没有接触日军的运输船，却使己方一艘重巡洋舰转危为安，并阻止了日军对基斯卡岛的增援。

当美国陆军跳过基斯卡岛，于 1943 年 5 月派 11000 人在阿图岛登陆，遭到大约 2500 名日军抵抗时，太平洋战争的阿留申阶段就结束了。阿图岛的战斗打得很激烈，在 5 月 29 日结束，除 28 人被俘外，日本守军被全歼。鉴于阿图岛已经丢失，日本大本营决定在基斯卡岛再实施一次“开”作战[13]。这次撤退行动开始于 5 月 26 日，使用 13 艘“伊”型潜艇。但在损失 7 艘潜艇后，行动被终止。由于已经不能承受再来一次“东京快车”式的损失，日军决定用船从基斯卡岛撤兵。借由良好的气象预报工作和娴熟的执行力，日军在美军毫不知情的情况下，将部队从基斯卡岛上撤了出来。因为得到建议称雾天可以为靠近基斯卡岛提供掩护，日本一支特混舰队便在 7 月 21 日离开幌筵岛，于 7 月 28 日 17 点 40 分溜进基斯卡港（这在雾天是一项危险的任务），2 艘巡洋舰和 6 艘驱逐舰在 55 分钟时间里接走了 5183 名守军，随后踏上了回幌筵岛的路途[14]。

由于对日军的撤退行动一无所知，一支大约 35000 人的美军进攻部队于 8 月 15 日在基斯卡岛登陆，经过两天的扫荡和搜寻，他们只找到 4 条被日军遗弃的狗。尽管如此，美军在这次事态发展的过程中仍然学到了重要的经验，即跳过日军的据点后，某些岛屿只要通过有计划地孤立就能夺取。他们在新几内亚和所罗门群岛也正在学习这一课。

第十九章

从新几内亚和所罗门群岛撤退

1943 年	
3 月 3—4 日	俾斯麦海海战。美军第五航空队使用新的跳弹战术消灭了大批前往莱城途中的日军
4 月 7—16 日	山本的“伊”作战，旨在通过空袭破坏西南太平洋地区的美军机场，但没有成功
4 月 18 日	美国陆军航空队的 P–38 战斗机在卡西里岛（Kahili）截杀了山本五十六。古贺峰一继任联合舰队司令长官
6 月 21 日	盟军开始对新几内亚的蒙达发动进攻
7 月 6 日	在所罗门海域爆发库拉湾海战
7 月 13 日	在所罗门海域爆发科隆班加拉海战
8 月 6—7 日	在所罗门海域爆发韦拉湾海战

由于丢失了布纳、戈纳、瓜达尔卡纳尔、阿图岛和基斯卡岛，日军的战略不得不更偏重防御。日军必须加强所罗门群岛和新几内亚的守军，为他们提供补给，必须组织船队将原材料运到日本，再把部队和物资运给陆军的堡垒和海军的基地。只有缅甸还持续着进展缓慢的进攻作战。山本仍然想打“决战”，但在 1943 年，他已经没有可靠的计划来实施。胜利病已经消退，但武士道精神还没有。现在，日军在思考战略时满脑子都是这样一种想法：除非让敌人付出巨大代价，否则寸土不让。“百年战争”成了全国流行的标语。

而对于美国，也是时候重新部署和规划向东京进军了。麦克阿瑟打算经由新几内亚和俾斯麦群岛重返菲律宾。手里掌握海军陆战队和陆军部队的尼米兹将通过所罗门群岛前进，将日本逐出拉包尔和特鲁克。他也将遵循以前的“第五号彩虹计划”的战略：重占先前在中太平洋地区丢失的岛屿，然后穿过马绍尔群岛，到达马里亚纳群岛和加罗林群岛。在美国，大量的新式航母、其他军舰和潜艇正在投入使用，而且美国军队不是苟延残喘，他们很快就可以逐步在陆地、海上和空中扼杀日本陆军和海军。更多更好的飞机、训练有素的飞行员和大批装备了经过改良的鱼雷的优良潜艇正在抵达太平洋。

美军的飞机就算没有超过日军的飞机，也很快就能与它们不相上下。虽然日军的飞机产量一直都是充足的，但飞机的性能却没有明显改进，而且日军缺乏有效的后备飞行员训练计划，导致飞行员的能力水平急剧恶化。真正熟练的飞行员几乎已经被消灭殆尽，在珊瑚海海战、中途岛海战、瓜岛战役和新几内亚战役中，日军飞行员的伤亡率都太高了。穿过“槽海”海域的经历让日本人明白，一支船队面临的最大危险来自飞机，如果要补给边远的守军，那么船队的护航驱逐舰就需要飞机提供更多的保护。而且在 1943 年，日军驱逐舰已经丧失了它们对美军潜艇的优势，美军潜艇不久就开始对从南洋到日本以及从船队到日本守军的生命线发动致命的袭击。山本五十六一直很清楚，日本对付不了美国的工业实力。日军仍然靠狂热和本领在战斗，但付出了从长期来看无法承受的代价。

俾斯麦海海战

日本陆军决心守住新几内亚的莱城（Lae）和萨拉莫阿（Salamaua），把两者视作保护拉包尔乃至菲律宾的西部支柱。当澳大利亚人在米尔恩湾修建海军基地，并开始在莱城西南 40 英里处的瓦乌（Wau）建造机场时，日本陆军的反应很典型——向莱城又增援了一个联队。为了更好地保护新几内亚，日本陆军 10000 人于 1943 年 1 月 19 日在韦瓦克（Wewak）登陆。三个月后，它向霍兰迪亚（Hollandia，今天的查亚普拉）派遣了援军，并开始修建一条从马当到芬什港的道路。为了运输部队和补给，陆军又弄来可以靠岸航行的大型驳船在夜间行动，以此躲避空袭。

第 18 军总司令今村将军不容许瓦乌仍然存在澳大利亚的基地，因为后者的空中力量让莱城和萨拉莫阿的日军难以防守。但他在萨拉莫阿只有 3500 人，大

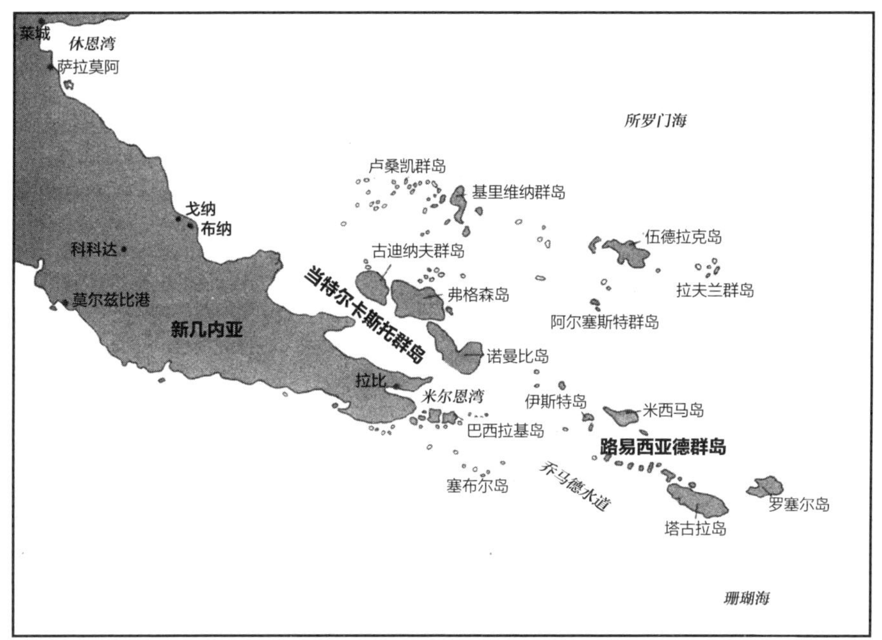

^ 新几内亚东部手绘示意图

部分都得了病，并且得到的补给不足以驱逐澳大利亚人。日军判断必须再增援6000人，这意味着必须要一支大规模运输部队冒着遭到空袭的危险跑260英里。日军吸取了使用“东京快车”的经验，对护航行动进行了精心谋划。飞机将对运输船航程内的盟军机场实施大规模空袭，并且船队所走的大部分路程都有战斗机掩护。船队将等一个锋面[①]，这样一路上至少可以得到云层的掩护。最后，日军小心翼翼地往船上装载补给品，而且和部队分开运输，这样一艘船被击沉就不意味着会人员物品皆失。船队由8艘运输船组成，总排水量超过28000吨，由8艘军舰提供护航，都是给瓜岛跑过运输的老手，它们是驱逐舰“时津风”“雪风”“荒潮”“朝潮”“白雪”“浦波”“敷波”和“朝云”。

① 译注：两个性质不同的气团之间有狭窄而又倾斜的过渡带，带内气象要素和天气变化剧烈。

但不论事先筹划得多么好，日军的计划在指挥船队的木村昌福实施时却漏洞百出。船队于 2 月 28 日从拉包尔出发，次日在锋面的掩护下绕过了新不列颠岛北岸。尽管有锋面的掩护，船队在 16 点还是被一架 B–24 轰炸机发现。空中掩护不能持续不断地保护 16 艘舰船；而且，锋面也掩藏了澳大利亚的机场，使预定实施的大规模空袭没什么效果。最糟的是，乔治・肯尼（George Kenney）中将的第五陆军航空队（VAAF）得到了大大加强，尤其是新装备了 B–25 轰炸机——美军的新战术就是针对它设计的。装在被腾空的圆锥形机头里（里面本来坐的是投弹手）的 8 门 50 口径机枪将扫射目标船只（甲板上装的是日军部队），而安装了 5 秒延时引信的 500 磅炸弹会跳进船里，最好是在船体中部。延时引信会给 B–25 轰炸机时间逃出爆炸范围，而在船体附近爆炸的炸弹将炸裂船水线以下的部分。

美军把日军船队盯得很牢，后者刚驶入丹皮尔海峡，就在 3 月 3 日 10 点 15 分遭到 34 架升到 5000 英尺的美军重型轰炸机轰炸。日军为船队提供掩护的空中战斗巡逻力量不足，因而无法阻止 2 艘运输船被炸沉，1 艘被炸伤。木村少将对危险做出了反应：命令“雪风”号和“朝云”号救起生还者，并载着他们全速前往莱城。驱逐舰执行了命令，于夜晚到达莱城，卸下 950 人，并在次日早晨返回船队。

虽然木村的部队伤亡惨重，但他依然保持原定航向继续前进。3 月 4 日，对运输船的屠杀仍在继续。肯尼将军派出 B–17 和 B–25 轰炸机、A–20 攻击机以及澳大利亚的“博福特”（Beaufort）鱼雷攻击机进行攻击，由 16 架 P–38 战斗机提供掩护。首先，“博福特”鱼雷攻击机降到日军舰船甲板的高度，用机炮扫射挤满了物资和人员的甲板，从船头扫到船尾。接下来是 B–25 和 A–20 攻击机前来进攻。本来日军的驱逐舰舰长已经学会窍门——转向机群来袭的方向就能躲开炸弹。但第八航空队的战术已经考虑到了日军的这种机动策略，中型轰炸机每两架对付一艘舰船，再用机枪扫射船的上层建筑，并投下炸弹掠过水面，然后撤退。在头顶上，日军战斗机疲于应付 P–38 战斗机，故而无法提供支援。各处的舰船都突然着起火来，原本整齐有序的船队很快变成混乱的灾区，舰船烧的烧，炸的炸，沉的沉。在 5000 英尺高空，B–17 轰炸机悠闲地从瘫痪在海里的舰船的头顶飞过。空袭持续了 1 小时 45 分钟，到中午时，日军所有的 6 艘运输船和 4 艘驱逐舰（“荒潮”“朝潮”“白雪”以及“天津风”）不是正在下沉就是已经被炸沉。剩下的 4 艘驱逐舰尽可能多地把落水的幸存者接上船，然后向北面撤退[1]。此战之后，日军驱逐舰对大型飞机的炸弹便心有余悸。在那以前，它们最害怕的是俯冲轰炸机。俾斯麦海海战是日军最后一次派运输船去往敌方空中力量覆盖的区域。此后如果日军要对莱城和萨拉莫阿进行补给，就必须从格罗斯特角（Cape Gloucester）和新不列颠派船过去。对瓦乌的进攻自然被取消了，莱城和萨拉莫阿的防御力量由于缺乏援军、食物、药品和弹药开始弱化。俾斯麦海海战的死亡人数对日军来说是高昂的代价。加上船员，船上一共运载了 5954 人，但只有 2734 人生还。

新乔治亚海战

即使在日军支援莱城失败之后，为了守住防卫圈而做的挣扎，使防卫日军所有南洋据点的责任还是都落在了已经超负荷运转的日本海军驱逐舰和航空兵上。日军在拉包尔有 4 个机场，在布卡（正好在布干维尔岛北端附近）、卡西里岛（位于布干维尔南端）、巴拉利（Ballale, 位于布干维尔岛南端附近）、科隆班加拉岛的维拉湾、蒙达（位于新乔治亚的西北端）以及圣伊莎贝尔岛的拉卡塔湾（Rekata Bay）也各有一个机场。要削弱拉包尔，美国就必须瘫痪这些要塞。美军内部也达成共识，哈尔西将军将把他进攻蒙达的攻势与麦克阿瑟将军的旨在把日军逐出新几内亚休恩半岛的战役相协调。1943 年 5 月被暂时定为两个战役发起的时间。在筹备这次重要的攻势时，美军对日军的机场进行了空袭，其间夹杂了巡洋舰和驱逐舰对蒙达的炮击，但这些火力准备产生的效果和日本海军炮击瓜岛机场一样微乎其微。日本飞机也尽可能多地发动空袭还以颜色。

日本海军的任务是主要通过驱逐舰把补给送到不断扩张的航空基地去。但他们在某次运输任务中撞上一支美军炮击部队的可能性越来越高。优势在美国海军一边，因为它有能够报告日本海军舰队南下的远程侦察机和海岸瞭望哨。同时，日本人则很可能发现不了从努美阿出发的美国海军舰队。而且，日军运送补给的都是小股部队，而美军炮击部队包含的军舰更多，吨位也更大。山本

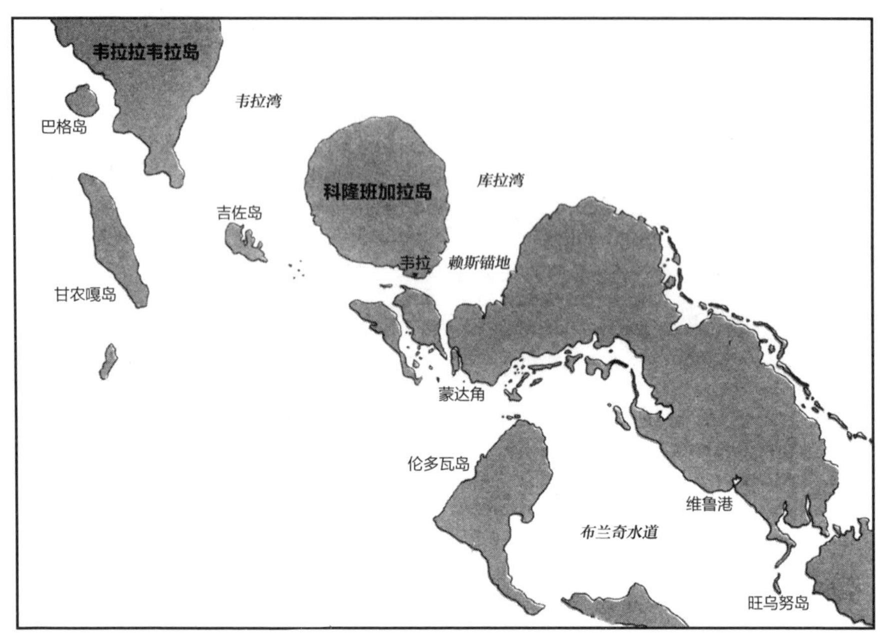

∧ 新乔治亚群岛手绘示意图

五十六这时候越来越舍不得派军舰去所罗门群岛执行任务，因为他还要考虑其他战线，他正在为越来越渺茫的“决战”节约自己的军舰。

当驱逐舰“峯云”号和“村雨”号于3月5日19点10分离开肖特兰，开往维拉港进行例行的补给作业时，第一场灾难降临在日军头上。这两艘军舰离港时被美军发现，在通报时被误认为两艘轻巡洋舰。它们穿过维拉湾和布莱克特海峡（Blackett Strait），到23点30分，它们已经卸完货，正返回基地。它们并不知道，有一支美军的炮击部队出现在科隆班加拉岛和新乔治亚岛之间，正向东北方向航行，它包含：轻巡洋舰“蒙特利埃”号、“克里夫兰”号、“丹佛”号以及驱逐舰“康韦”号、“沃勒”号、“科尼”号。“峯云”号和“村雨”号刚刚通过布莱克特海峡，正向西北方向前进。10点01分，“村雨”号的瞭望哨发现了亮光，这是在右前方约10000码处的敌军炮火。美舰第一轮齐射用6英寸炮弹对“村雨”号形成了跨射。不到一分钟，它就结结实实地挨了一炮，随后被“沃勒”号的一枚鱼雷击中。“村雨”号发生爆炸，于1点15分沉没，无人生还。它的正常编制人数是200人。

“峯云”号此时被困，向北作“之”字形航行。美国军舰在1点06分开火，它进行了回击，但新开发的雷达控制火炮使得战斗毫无悬念。“峯云”号被多次击中，在1点30分沉没。虽然它被日军遗弃，但正常编制的180人当中有174人成功游到了科隆班加拉岛[2]。美舰没有受到任何损伤，它们继续炮击蒙达。

为了阻止（或者说至少拖延）盟军明显为进攻所做的集结，山本大将下令实施“伊”（I）作战，要求对瓜岛和位于莫尔兹比港、奥鲁湾（Oro Bay）和米尔恩湾的麦克阿瑟基地进行大规模空袭。美军第五陆军航空队在新几内亚的活动尤其令日本人烦恼。4月2日，美军抓到了一支卡韦恩的船队，击中了重巡洋舰“青叶”号船尾，使其受到重创，退出了现役。该舰有36人阵亡，75人受伤。“文月”号驱逐舰也不得不返回横须贺进行维修。

“伊”作战需要陆基飞机的增援，这些飞机从驻扎在特鲁克的第三舰队4艘航母上飞到陆地上。数百架飞机分别在4月7日对瓜岛，11日对奥鲁湾，12日对莫尔兹比港，14日对米尔恩湾实施了大规模空袭。但日军的大动干戈只换来寥寥的战果，只击沉了1艘驱逐舰和4艘辅助船只。这次作战于4月16日结束，日军航母舰载机实力遭到严重削弱，剩下的残破不堪的航母舰载机都飞回了各自的母舰。

这次作战行动成为山本五十六指挥的最后一次战役[3]。山本为鼓舞部队的士气，计划对前沿基地进行视察。美军一直在监听日军的密电，已经掌握了山本的一系列行程安排，并为他设下了埋伏。4月18日，山本离开拉包尔，前往卡西里岛，像平常一样严格守时。16架油料已经用到极限的P-38战斗机被派去截击他的飞机。9点35分，一架美军战机击中了山本的座机，使它坠落在热带丛林中——日本帝国海军的象征死了[4]。联合舰队的指挥权被移交给了古贺峰一大将。盟军的指挥官们或许感到他们已经报了珍珠港的一箭之仇，消灭了敌军的一位天才指挥官，但古贺的战略和山本如出一辙。即便如此，自中途岛战败以来，山本就显得不那么果决和富有闯劲了。实际上，他好像已经明白战争已经输定了。

由于美国海军正在筹备5月的攻势（后推迟到6月），美军舰艇除了炮击机场外不再被派往“槽海”执行封锁行动。但他们开始在卡西里湾和布干维尔岛周围水域用飞机投放水雷，在布莱克特海峡则是用船敷设。水雷给日军造成的伤亡损失如下：

“风云”号：4月3日在卡西里湾受轻伤。

“亲潮”号：5月8日起火，瘫痪在水里。次日被飞机炸沉。35人战死，225人游往科隆班加拉岛。

“阳炎”号：5月8日起火，瘫痪在水中。次日被飞机炸沉。18人阵亡，36人受伤。

“黑潮”号：5月8日在布莱克特海峡被炸沉。

5月8日在布莱克特海峡里的日军舰艇编队就剩下“满潮”号。它奋力挽救2艘驱逐舰并救助它们的船员，但自己也遭到了空袭，最后带着重伤艰难地返回了母港。在5月8—9日，第二水雷战队第15驱逐队的四分之三舰只被消灭了[5]。

从日本帝国领海到俾斯麦群岛屏障，数量不断增长的以珍珠港和澳大利亚为基地的美军潜艇正在给日军舰船造成重大损失，这进一步加大了日军找到舰船去支援所罗门群岛基地的难度。从1月到4月，有4艘驱逐舰——“叶风”号、“冲风”号、“大潮”号、“矶波”号——被美军潜艇击沉[6]。

日本承受不了这样的损失，它的海军在开战时有110艘驱逐舰，但到1943年5月1日，海军只增加了14艘驱逐舰，损失却达到了35艘，其他的都在船坞进行维修。

新乔治亚群岛

盟军在所罗门群岛的第一次大型攻势开始于1943年6月21日，目标直指占领蒙达机场。如果蒙达陷落，那么日军将退回布干维尔岛，布干维尔以南的所有日军都将遭到持续不断的空袭。蒙达和维拉港遭到频繁的空袭已经有一段时间了，到6月21日，日军只能进行零星的抵抗，或者说已经毫无招架之力。盟军进攻蒙达的第一步是要夺取周边岛屿的滩头阵地，最终在赖斯锚地（Rice Anchorage）和新乔治亚群岛对蒙达发动陆上进攻。因此，现在落在海军身上的重担是把部队送到科隆班加拉岛南端的维拉港，来增援蒙达。

第十一航空舰队司令草鹿任一中将①没有足够的飞机来阻止美军占领新乔治亚及其附近的滩头阵地，因此，他的抵抗较为微弱也不起作用。但蒙达必须得到迅速增援，于是大约4000名日军计划在维拉港登陆。第一梯队在6月5日被装上驱逐舰“新月”号（装备雷达）、“夕凪”号和“长月”号[7]。三艘日军驱逐舰在靠近科隆班加拉岛时，美军的炮击舰队刚刚完成对维拉港和梅勒王港（Bairoku Harbor）的炮击。0点15分，三艘日舰使用“新月”号的雷达，在距离美舰11英里处进行了鱼雷攻击。“拉尔夫·塔尔波特”号驱逐舰于0点40分侦测到了西北方向的舰只，但美舰还没来得及做出反应，一枚鱼雷就击中了“斯特朗”号驱逐舰，该舰在一小时后沉没。美军司令部对“斯特朗”号炸裂的原因感到困惑，他们无法相信一枚从己方雷达显示的距离上射出的鱼雷会是罪魁祸首。3艘日军驱逐舰没有选择与美军的轻巡洋舰和驱逐舰纠缠，而是载着部队返回布因，美舰雷达屏幕上的光点也随之消失了。

库拉湾海战

炮击维拉港结束后，在撤退途中的沃尔登·安斯沃斯（Walden L.Ainsworth）少将的第36.1特混大队于7月5日收到情报，称日军一支驱逐舰编队正在离开布因。组成第36.1特混大队的舰船包括轻巡洋舰“火奴鲁鲁”号、“海伦娜”号、“圣·路易斯”号和掩护驱逐舰“尼古拉斯”号、“奥邦农”号、“雷德福”号、“詹金斯”号。全队掉转船头，向北穿过因迪斯彭瑟布海峡，要与日本舰队一决雌雄。日军增援部队被分成支援群（驱逐舰“新月”号、“凉风”号、“谷风”号）、第一运输群（驱逐舰“望月”号、“三日月”号、“浜风”号）、第二运输群（驱逐舰“天雾”号、“初雪”号、“长月”号、“五月”号）。尽管美军在吨位和火炮上占据优势，且日军必须带着要运到岸上的部队进行战斗，但日军通常也有自己的优势——对此类战斗的经验以及破坏力巨大的24英寸鱼雷。

---

① 译注：原文写的是草鹿龙之介，此人是草鹿任一的堂弟，但他从未担任过第十一航空舰队的司令官，所以作者应该是把两人搞错了。

当日军舰队左边紧挨着科隆班加拉岛，向北航行时，秋山辉男少将分派驱逐舰“望月”号、“三日月”号和“浜风”号去维拉港把部队卸下。然后在1点43分，他派第二运输群向南作弧线运动折返（也是为了卸货），而驱逐舰“新月”号、“凉风”号和“谷风”号组成单列纵队继续向北行进。美军舰艇向西北航行，日军舰队位于其西南方向，与之相距23000码。双方在7月6日1点36分接战。安斯沃斯少将以为他达成了突然性，但“新月”号的雷达在1点06分就捕捉到了美军舰船。秋山的任务是卸载部队，这就是他在1点43分命令第二运输群掉头转航向的原因。但当秋山看到敌人的规模时，他知道自己需要帮助，虽然运输驱逐舰上还载着部队，但他在2点时还是命令运输船再度掉转船头参加战斗。

1点42分，安斯沃斯命令全队同时向左转，缩短接敌距离。这时两支舰艇编队仍然没有开火。8分钟后，第36.1特混大队再度全队回转，向西北航行。美军又在犯先前的错误，现在距离已经缩短到不足11000码，双方却仍然一炮未打，一雷未射。日本人像往常一样企图实施鱼雷突袭而避免开炮，因为开炮会暴露它们的位置。

战斗终于在1点57分打响。日军鱼雷射入水中，美军的6英寸大炮开火。凭借火控雷达（或者说是由于火控雷达的缘故），所有美舰的炮火都集中在领头的“新月”号上，它多次中弹，遭到重创，在几分钟之内就沉没了。“凉风”和“谷风”在战斗开始后几分钟内各进行了一次8枚鱼雷的齐射，并向西作90度转弯以避开“新月”号，随后又施放烟雾，继续向西北航行，两舰只受了轻伤。“凉风”号的探照灯和鱼雷发射架被击中，舰体受轻伤，“谷风”号则吃了一发哑弹，受了轻伤，而“天雾”号从南面冲杀过来，被击中4次，它的电力和无线电舱瘫痪，有10人战死。

2点03分，安斯沃斯少将命令美舰转向西南偏南。1分钟后，第一发日军鱼雷就击中了“海伦娜”号，从舰首往后一直到2号炮塔的部分被切掉。在接下来的两分钟里，又有2枚鱼雷击中了它，使舰体中部发生弯曲。

“火奴鲁鲁”号和“圣・路易斯”号在2点21分再度开火，在日军第二运输群面前抢占了T字阵位。只受了点轻伤的“天雾”号放出烟雾，紧急向右转，并发射了鱼雷。在“天雾”号后面的“初雪”号吃了3发哑弹，干舷部和轮机舱遭到严重破坏，舰体被炮弹打出两个破洞，6 人阵亡。它用 5 英寸火炮向美舰发射了 20 发炮弹还以颜色，随后撤退与第一运输群会合。“长月”号遭到直击，但仍能够跟着“五月”号南行。但它在距离维拉港 5 英里的地方搁浅。“五月”号试图拖曳它，但在 4 点时绝望地放弃了，只得返回布因，把“长月”号的舰员留在了他们的船上。

到 2 点 35 分，两支舰队都被严重分散了。“海伦娜”号已经被击沉，但它的舰首部分仍然浮在海面上。安斯沃斯少将认为战斗已经结束，便下令全队撤往图拉吉——他的旗舰“火奴鲁鲁”号、“圣・路易斯”号、“奥邦农”号和“詹金斯”号开始执行这一命令。但战斗并未结束。驱逐舰“雷德福”号和“尼古拉斯”号向西北跑了一个小时后，正在营救“海伦娜”号的生还者。与此同时，在 14000 码外，“天雾”号正在救助水中的“新月”号船员。“凉风”号和“谷风”号往西北方向航行了一段长长的距离后，又回来打扫战场，结果什么都没看到，便撤回了布因。“天雾”号和“尼古拉斯”号互相看到了对方，于是中止了营救作业，互相进行鱼雷齐射。随后在 5 点 34 分，它们动用了火炮。“天雾”号被击中，于是施放烟雾撤退，抛下了“新月”号。“新月”号大约有 300 人阵亡。第一运输群的“望月”号决定经由库拉湾到布因去，而“尼古拉斯”号和“雷德福”号再度停止营救工作，向日军开火。不过这次遭遇战没有任何一方有损伤。

现在，优势在美军这边。“海伦娜”号的幸存者可以获救，“长月”号的生还者却不能。“长月”号搁浅在岸上，舰员最终离舰，在 10 点的时候它遭到了美军飞机的攻击。在火灾和爆炸的折磨下，“长月”号最终于 7 月 6 日晚上沉没。其间，受伤的“初雪”号成功逃回了布因。

日军本打算让部队在维拉登陆，但官方的记录显示 2600 名援兵中只有约 850 人成功登陆，剩下的都被运回科隆班加拉岛。日美双方遭受的损失相差无几——1 艘轻巡洋舰（美）对 2 艘驱逐舰（日）。掌握着火力优势的美军舰队本应该轻而易举地获胜，然而指挥官的优柔寡断和迟疑不决引发了混乱，让美军丧失了主动权。而且美军仍然依赖使用烟火药的火炮，而不是鱼雷，而日军恰恰很有效地使用了它们的鱼雷。

日军在夜战技巧上的优势在一周后（7 月 13 日）的科隆班加拉海战中又一

次展露无遗。是役，安斯沃斯少将带着 3 艘轻巡洋舰和 10 艘驱逐舰，与伊崎少将的军舰在同一片海域进行了缠斗。日军舰队护送 4 艘充当运输船的驱逐舰，由“神通”号领头，后跟驱逐舰“三日月”号、“雪风”号、“浜风”号、“清波”号、“夕暮”号。日军的侦察（它们现在能够探测到美军军舰上的雷达）、鱼雷、夜战战术又一次胜过美军。日本人虽然损失了“东京快车”中的老兵——老资格的“神通”号和全部舰员，但他们的鱼雷击沉了“格温”号驱逐舰，并击伤了安斯沃斯的轻巡洋舰“利安德”号（Leander，新西兰皇家海军舰艇）、“圣路易斯”号和“火奴鲁鲁”号。因而很明显，日军即便在执行增援任务时也能打出出色的夜战。但他们还是承受不起舰船的损失，美国人却在不停地建造越来越多的军舰。这些战斗对日军来说是两场皮洛士式的胜仗①。

日军守卫新乔治亚的战役是瓜岛战役的重演，只不过规模更小。日美双方都对最初的部队进行了增援，但在这一过程中，日军——已经失掉了制空权并且还要面对实力日益增长的美国海军舰队——依然遭受了更多不可承受的损失，他们在此过程中已经无法提供足够的部队和物资去守住岛屿。经过一场丛林里的殊死搏斗，蒙达在 8 月 5 日陷落。到 9 月 20 日，岛上的所有日军要么已经战死，要么被撤出，要么被俘虏[8]。

美军沿“槽海”继续进攻

海战继续非常有规律地进行。与此同时，麦克阿瑟的飞机和哈尔西的舰载机分别对拉包尔和所罗门群岛的其他机场发动了越来越猛烈的空袭，削弱了日本海军的空中掩护力量。7 月 17 日，200 多架美机对卡西里进行空袭，虽然造成的损害不大，但还是击沉了已经受重伤的“初雪”号，使 82 人战死。为了说明日本海军所面临的困境，我们可以看下面这个例子：草鹿少将决定在 7 月 19—20 日派遣一支大规模部队乘坐 3 艘运兵驱逐舰南下，而他舰队的其他舰只

① 译注：皮洛士是古希腊伊庇鲁斯国王，曾率兵至意大利与罗马交战，付出了惨重代价后，才打败罗马军队，由此以“皮洛士式的胜利”来形容以惨重的代价取得的得不偿失的惨胜。

则等待美军巡洋舰和驱逐舰沿“槽海”可能发动的攻击。日本舰队在 7 月 19 日 21 点 48 分被 2 架装备雷达的“卡特琳娜”水上飞机（PBY）发现，包括重巡洋舰“熊野”号、“铃谷”号、“鸟海”号，轻巡洋舰“川内”号，以及 9 艘驱逐舰。日军舰船掉转航向以便对局势进行评估，但遭到了鱼雷机和轰炸机的攻击。2 点 46 分，“熊野”号右舷被一枚鱼雷击中，一枚哑弹打在了右舷正横处。它的舵机失控，但还是能够挣扎着返回基地。但是，这一轮空袭却逮住并击沉了“夕暮”号和“清波”号，两舰总共损失了 468 人。

新乔治亚群岛陷落以后，许多日军舰船在试图应对预料中的美军下一轮攻势时被击沉。7 月 22 号，水上飞机母舰“日新”号在运送部队到肖特兰时，于布干维尔海峡被击沉，舰上全员阵亡。实际上，由于损失率太高，日军海军开始使用大型的自行驳船，这些驳船能够在夜间航行，在日间能紧挨着水湾移动，把部队运到上所罗门群岛加强那里的防御力量。7 月 15 日，美第五陆军航空队布下的一枚水雷轻微炸伤了“长良”号轻巡洋舰的舰尾。（它在特鲁克进行了维修，并于 8 月 1 日归队。）7 月 27 日，运送部队加强图鲁乌（Tuluvu，即 Cape Gloucester）、新不列颠守军的驱逐舰“有明”号和“三日月”号在格罗斯特角附近搁浅，翌日被美第八航空队炸成碎片。8 月 2 日，第五陆军航空队的飞机又在拉包尔重创了驱逐舰“秋风”号，使它在 11 月份之前都无法参加战斗[9]。

韦拉湾海战

接下来一场大型的遭遇战发生在8月6—7日。4艘日军驱逐舰“荻风”号、“岚”号、“江风”号以及“时雨”号（前面三艘都运载着部队和给养）正按照它们平常的路线向科隆班加拉岛驶去。该船队于16点30分在布卡岛附近被美军发现，日方预计会有夜战。在这场夜战中，他们将和美军的第31.2特混大队——邓拉普”号、“克雷文”号、“莫里”号、“朗”号、“斯特瑞特”号、“斯塔克”号——交手。没有一艘美军巡洋舰参战，这是首次驱逐舰对驱逐舰的战斗。美军驱逐舰不必为巡洋舰进行掩护，因而将有 6 比 4 的数量优势。

日舰纵队于 21 时进入布干维尔海峡，到 23 点 20 分时，舰队位于韦拉拉韦拉岛的东北面，它在那里把航向改为东南偏南。日军航海令规定，4 艘军舰按顺序前进时，间距 545 码，但“时雨”号的引擎已经超负荷工作，导致它落后了 1500 码。由于已经被美军飞机发现，它格外忧心忡忡，把舰上的鱼雷发射管对准左边，因为它右边的韦拉拉韦拉海岸边上没有一艘船。科隆班加拉岛一片漆黑，能见度只有 2200 码。23 点 44 分，“时雨”号的瞭望哨发现了若干军舰。

美军舰艇编队被分成两列纵队：邓拉普”号、“克雷文”号、“莫里”号在左边，“朗”号、“斯特瑞特”号、“斯塔克”号在右边，两列纵队向东北偏北方向航行。23 点 33 分，邓拉普”号的雷达在北面 10.5 英里处发现了军舰。优势又在美军一边，因为只要它们继续保持既定航向，就能缩短距离，在与日舰相距 6000 码时实施左舷鱼雷攻击。23 点 41 分，“邓拉普”号、“克雷文”号、“莫里”号发射了 24 枚鱼雷，“时雨”号在三分钟后才发现。就在“时雨”号齐射了 8 枚鱼雷时，3 枚鱼雷击中了“岚”号的引擎室，令它着起火来。几分钟以后，它又被炮火和另一发鱼雷击中。“江风”号也在美军 3 艘驱逐舰之前的鱼雷齐射中吃了一发鱼雷，弹药库发生爆炸，整个前舱燃起大火。“荻风”号也着起了火，它被击中两次，已经失去了动力。“江风”号在 23 点 52 分沉没，“岚”号于 0 点 17 分沉没，接着在 0 点 18 分，“荻风”号也沉到了海底。“时雨”号差点被鱼雷击中，好在它有时间转向并搜寻鱼雷的航迹。但“时雨”号自己发射的鱼雷也没有击中任何美舰。在穿过“岚”号和“荻风”号的残骸后，它掉转船头，施放烟雾，于 23 点 45 分向北面撤退。

23 点 44 分，第 31.2 特混大队的左列纵队向东转以躲避日军的鱼雷，随后又在 23 点 52 分朝南面转向，去扫射仍然漂在水面上的日舰。右列纵队在 23 点 52 分向西转，也对日舰开火。两列纵队随后重新调整了队形，向南撤退。日军残破的驱逐舰上射出了零星的炮火，没有对美舰造成任何损伤。日军损失了 1210 名士兵和海员，只有 310 人被科隆班加拉的日军所救[10]。

这次失败给日军造成了严重损失——3 艘驱逐舰被击沉，1000 多人阵亡。而且，这让对自己的作战记录——尤其是夜间鱼雷战——非常自豪的日军驱逐舰舰员们感到耻辱。此战也表明，当美军驱逐舰没有受到掩护大型舰船的任务掣肘时，它们也能赢得夜战的胜利。

第二十章
外防卫圈的崩溃

1943 年	
6 月 30 日	日军丢失拿骚湾（Nassau Bay），使莱城和萨拉莫阿陷于孤立
8 月 15 日	日军丢失韦拉拉韦拉以南的巴拉克莫湾（Barakoma Bay），使科隆班加拉岛的日军陷入孤立无援的境地
8 月 17 日	为了撤出被美军绕过的科隆班加拉岛上的部队，日军在韦拉拉韦拉以北的霍兰纽（Horaniu）建立了驳船基地
8 月 18 日	霍兰纽海战
9 月 14 日	日军丢失萨拉莫阿
9 月 15 日	日军丢失莱城
10 月 2 日	日军丢失芬什港
10 月 6 日	韦拉拉韦拉海战
10 月 6—7 日	日军从韦拉拉韦拉撤出最后一批部队
11 月 1 日	美国海军陆战队从奥古斯塔皇后湾进攻布干维尔岛
11 月 2 日	瞪羚湾海战（美方称：奥古斯塔皇后湾海战）
11 月 5 日	拉包尔遭到从两艘美军航母起飞的舰载机的大规模毁灭性空袭。拉包尔已经丧失了海军基地的功能
11 月 11 日	拉包尔遭到美军两艘航母的第二次空袭
11 月 26 日	所罗门群岛的圣乔治角附近发生海战。这是所罗门群岛附近的最后一次舰对舰海战

蒙达失守后，距离美军最近的日本军队在科隆班加拉岛上。和在阿图岛一样，美军的战略要求绕过日军把守的岛屿，让他们自生自灭。6 月 30 日，麦克阿瑟将军创造了该战略的一个变体——占领萨拉莫阿以南 17 英里处的拿骚湾，这样便切断了外界对它和莱城的援助。在所罗门群岛，韦拉拉韦拉南端的巴拉克莫湾在 8 月 15 日被美军占领。韦拉拉韦拉位于维拉港西北 40 英里、巴拉利（位于布干维尔岛正南方）以南 60 英里处。从某种意义上说，跳岛就像玩一场跳棋游戏[①]，而科隆班加拉岛已经被跳过。美军的进攻部队遭到了空袭，但更强大的美军空中力量也猛烈攻击了肖特兰群岛的水上飞机基地，为从瓜岛出发，航行 200 英里的两栖进攻舰队提供了有效的空中掩护。这次军事行动再度验证了一个原则——谁掌握了制空权，谁就掌控了海洋和陆地。

美军的这一步棋又打了日军大本营一个措手不及。后者不想重蹈让日军部队在韦拉拉韦拉北部登陆的覆辙，决定在布干维尔岛加强拉包尔防卫圈，撤出科隆班加拉岛的日军部队。在韦拉拉韦拉，日军将为科隆班加拉的撤军行动建造驳船停泊基地。为此，他们在 8 月 17 日将陆军和特别海军登陆部队用 20 艘驳船从布因运了过来。这次行动由 4 艘驱逐舰负责掩护，分别是“涟波”号、“浜风”号、“时雨”号以及“矶风”号。作为回应，美军驱逐舰“尼古拉斯”号、“奥邦农”号、“泰勒”号以及“希瓦利埃”号向北航行，意图消灭日军的驳船和军舰。

霍兰组海战

当日军驱逐舰和驳船在 8 月 17 日南下时，它们分别在 20 点 38 分和 24 点遭到轰炸。日军没有伤亡，但掩护驱逐舰的队形在战斗开始时已经有点混乱了。

驳船正向韦拉拉韦拉东北端的霍兰组驶去，距离目的地仍有 15 英里远。在东北方向大约 3.5 英里处，驱逐舰“涟波”号、“浜风”号正朝西北方向前进。更远处则是驱逐舰“矶风”号和“时雨”号并排航行，试图重新组织它们的队列。

---

① 译注：西洋跳棋是一种两人玩的棋，棋子沿斜角走，可跳过敌方的棋子并吃掉它。

0 点 29 分，美军舰队的雷达在其西北方向 11 英里处探测到敌舰。0 点 40 分，美军驱逐舰急转向西，这使它们的航向与驳船的相冲突。日军驱逐舰——此时也在向西前进——已经在 0 点 29 分发现了美军舰艇编队，伊集院松治少将下令准备发射左舷的鱼雷。由于他的主要职责是保护驳船，因此不得不把自己的舰队开到美军驱逐舰面前，以吸引美军的火力。于是，日军驱逐舰在 0 点 50 分转向东南偏南。“时雨”和“浜风”已经在 0 点 46 分发射了鱼雷，但在超过 12500 码的距离上，没有取得任何战果。

与伊集院的预期相反，美军驱逐舰对战斗的兴趣大于屠杀驳船。所以美军指挥官托马斯·瑞恩（Thomas J. Ryan）上校转向日军驱逐舰，他的军舰互相并排航行，使日军的鱼雷攻击发挥不了作用。随着距离的拉近，美军驱逐舰在 0 点 56 分转向正西方向。伊集院的回应是命令他的驱逐舰向南转。这样一来，在 1 点钟时，日美两支舰艇编队在 9500 码的距离上相向而行。

0 点 55 分，“涟波”号射出鱼雷，1 分钟后，“浜风”和它一起开火。然而，由于距离过远，日舰的炮火没有命中目标。美军舰队也在“希瓦利埃”号射出 4 枚鱼雷后，于 0 点 59 分用舰炮进行了回击。“时雨”和“矶风”在大约 9.5 英里外还在向西航行，但在 0 点 50 分又转向南航行，位于“涟波”号和“浜风”号的内侧。在准备第二次鱼雷攻击时，“时雨”和“矶风”开始吸引近距离火力。两舰施放烟雾，开始曲折前进，在 1 点钟用舰炮进行了还击，并实施了第二次鱼雷攻击。虽然双方即将耗光弹药，并搅动了许多海水，但都还没有让对方流过血。随后，“浜风”号的雷达操作员突然觉得自己探测到南边出现了一支强大的美军舰队。根据这一信息，伊集院在 1 点下令向西北撤退。美军驱逐舰继续向北追击，终于在 1 点 12 分向“矶风”号打出一发近失弹，炸伤了若干人员，引发了一些小火灾。1 点 11 分时，“矶风”号进行了一次撤退前徒劳无功的鱼雷齐射。“浜风”号被近失弹擦到，只受了点轻伤，“时雨”号和“涟波”号毫发无伤。战斗就这样结束了，双方都没有击中对方，也没有给对方留下深刻的印象。双方在对驱逐舰来说极远的距离上打了一仗，而伊集院少将则完成了为驳船吸引火力的任务。在战斗中，由于驳船已经散开，美军舰队只击沉了 2 艘。到 8 月 19 日，驳船搭载的 390 人已经开始在韦拉拉韦拉建造一个驳船基地[1]。

9 月 14 日，霍兰纽被盟军占领。600 名日军及劳工被留在了西北端，等待撤离。他们最终在 10 月 6—7 日的海战中成功撤退。驳船将科隆班加拉岛的日军撤到了布干维尔岛，途经桑比角（Sumbi Point）和舒瓦瑟尔岛。通过这种方式，日军有将近 10000 人成功撤离，美国海军对此却无可奈何。日军在拉卡塔湾、圣伊莎贝尔岛、吉佐和加农加（Ganongga）的据点也被撤空。如此一来，日军的下一道防线便是布干维尔岛，在舒瓦瑟尔岛也仍然盘踞着一支守军。

日军在韦拉拉韦拉的霍兰纽驳船基地进行的最后一次撤退行动又引发了另一场海战，这场战斗是日军获胜。即便是在撤退中，日军驱逐舰仍然展现了高超的夜战技巧。

韦拉拉韦拉海战

被困在韦拉拉韦拉的 600 名日军不容忽视。为了把他们撤出来，伊集院组织了一支支援舰队，由驱逐舰“秋云”号、“矶风”号、“风云”号、“五月雨”号、“时雨”号以及“夕云”号组成。他又组织了一支运输部队，包括驱逐舰“文月”号、“松风”号、“夕凪”号，以及大约 20 艘驳船和登陆小艇组成的独立编队。日军从拉包尔起航（驳船从布因出发），在 10 月 6 日下午被美军发现并通报。当时，美国海军只有 6 艘驱逐舰可战，他们组成了两个 3 舰编队，一队是“塞尔弗里奇”号、“希瓦利埃”号、“奥邦农”号，另一队是“拉尔夫·塔尔博特”号、“泰勒”号和“拉瓦莱特”号。弗兰克·沃克（Frank R.Walker）上校的第一队在哈罗德·拉森（Harold B.Larson）指挥官指挥的南部编队前面，相距 20 英里。22 点 35 分，日军驳船正向东南航行，距离它们的目的地大约还有 20 英里。在西南方向保护它们的是由驱逐舰“秋云”号、“矶风”号、“风云”号以及“夕云”号组成的纵队，其航向为东北。在西面 8 公里外的地方则有“时雨”号和“五月雨”号，两舰正向南前进以便和伊集院的主队会合。伊集院分散了自己的舰队，希望以此迷惑美军，使其无法判断他的真正实力。

沃克知道他的部队已经被日军发现，他预计自己会撞上一支规模庞大的日军驱逐舰舰队。但他决定不等拉森，而是带着纵队里的 3 艘驱逐舰“塞尔弗里奇”号、“希瓦利埃”号和“奥邦农”号继续推进。22 点 31 分，美军雷达探测到在东北偏东方向 10 英里处有舰只活动。美军捕捉到的是日军的运输部队，该部队根据侦察报告，正在撤离战场。当日美两支舰队在互相搜索对方时（战场能见度很差），伊集院的舰队也被这样一份侦察报告所误导——一支由 4 艘巡洋舰和 3 艘驱逐舰组成的舰队正在靠近。

22 点 30 分，“矶风”号认为它发现了 3 艘敌舰；该报告于 22 点 38 分被“风云”号和“秋云”号证实，只不过距离被夸大成 11000 码。22 点 35 分，伊集院命令他的 4 艘驱逐舰向左急转弯，到 22 点 38 分，舰队正在向南航行。如果日舰保持这种航向，那么沃克就会被 T 字横切。但沃克依然保持他的航向不变，以便接近敌人。伊集院随后实施了一系列复杂的机动，令他丧失了最初的优势。22 点 45 分，他命令全队同时左转 45 度，3 分钟后，又命令左转 90 度。他就这样向美军驱逐舰的西北方向撤退，以“夕云”号为战列线的左翼，把其他 3 艘驱逐舰遮挡了起来。“夕云”号突然掉队，向美军编队冲去。双方在 22 点 56 分开始用炮火和鱼雷进行攻击，“风云”号和美舰之间已经没有了遮挡，这时也能开火了。

“夕云”号的一枚鱼雷让美军流下了第一滴血，它在 23 点 01 分击中了“希瓦利埃”号的左舷舰首，鱼雷穿透弹药库，炸掉了船头到舰桥的部分。随后美军队列的下一艘驱逐舰“奥邦农”号与“希瓦利埃”号相撞。“奥邦农”号能够后退，但退出了战斗。美军的鱼雷和炮火几乎立即给“希瓦利埃”号报了仇，将“夕云”号撕裂，“夕云”号在几分钟内就沉没了。伊集院看到“夕云”号的困境后便下令其他日军驱逐舰向南转，组成一列纵队，并施放烟雾。

现在，“塞尔弗里奇”号独自继续向日军运输部队靠近，最后绕到北面。这使它被卷入了和“时雨”以及“五月雨”的战斗。“塞尔弗里奇”号的舰炮不停地近距离跨射“时雨”和“五月雨”，而日军这两艘驱逐舰也已经射出 16 枚鱼雷，现在正用炮火回击。23 点 06 分，一枚鱼雷击中了“塞尔弗里奇”号的左舷前端，它没有发生火灾，但沃克的舰队已经失去了战斗力。由于日军仍然担心一支更为庞大的美军舰队会向北杀来，于是所有驱逐舰都撤退了。当拉森指挥官到达时，除了水上的残骸和人员，他其他什么都没有看到。“希瓦利埃”号的 301 名船员被“拉瓦莱特”号带走了 250 人，之后该舰被用鱼雷击沉。“塞尔弗里奇”号和“奥邦农”号安然回到图拉吉[2]。

与此同时，这场海战的真正起因——日军的驳船——抵达了霍兰纽，撤走了所有部队，并将他们安全送回北面。除了“夕云”号，日军其他驱逐舰都没有受伤。日军再一次证明他们仍是夜战的能手。沃克上校本应该等待拉森的驱逐舰，但他身上似乎也有那么一股“万岁冲锋”的劲头。

新几内亚

麦克阿瑟将军计划取道新几内亚突破俾斯麦群岛的屏障。为此，美军必须攻占莱城、萨拉莫阿和芬什港。鉴于只有一小部分海军力量（而且没有航母）分配给他，他不得不依靠陆基飞机去掩护这次进攻，并通过轰炸莱城、萨拉莫阿、芬什港、韦瓦克以及马当的日军机场（有时候也会大规模空袭拉包尔），来瘫痪日军的空中力量。另一方面，日本海军则掩护陆军部队从格罗斯特角转移到芬什港，由驳船将他们运往南方。

美军对萨拉莫阿实施了多兵种联合进攻，既有飞机空袭，又有海军炮击，既发动陆上攻击，也进行两栖作战。在美军优势兵力的压迫下，萨拉莫阿于 9 月 14 日失守，莱城则在次日陷落[3]。两地日军都无法实施撤退行动。芬什港也同样在 10 月 2 日被美军攻陷。在夺回芬什港的尝试失败后，日军大本营将作战重点转向对布干维尔的防御[4]。这就使美军第五陆军航空队可以腾出手来，开始对拉包尔的防御力量进行猛烈空袭，首轮打击始于 10 月 12 日，动用了 349 架飞机。直到 1944 年拉包尔丧失了海军基地的功能后，美军对这里的空袭才停止。

布干维尔岛

盟军的下一个目标是布干维尔岛，这是所罗门群岛里最大的岛屿，面积 3380 平方英里。它被森林覆盖，地形崎岖不平，是一个多山的岛屿，气候常年多雨湿润。当地人口稀少，只有大约 43000 人，且都极度原始。如果盟军能攻占这个岛，那么距它北端 170 英里的拉包尔就无法抵御美军的空中力量——陆基飞机和舰载机的攻击。假如盟军控制了布干维尔岛，就能使日军在卡西里、布因、卡哈拉(Kahara)、基埃塔（Kieta）、特内考（Tenekau）、布卡和博尼斯（Bonis）和肖特兰（位于巴拉利）的机场丧失作战效能，并使法伊西（Faisi）、特雷热里群岛（Treasury）

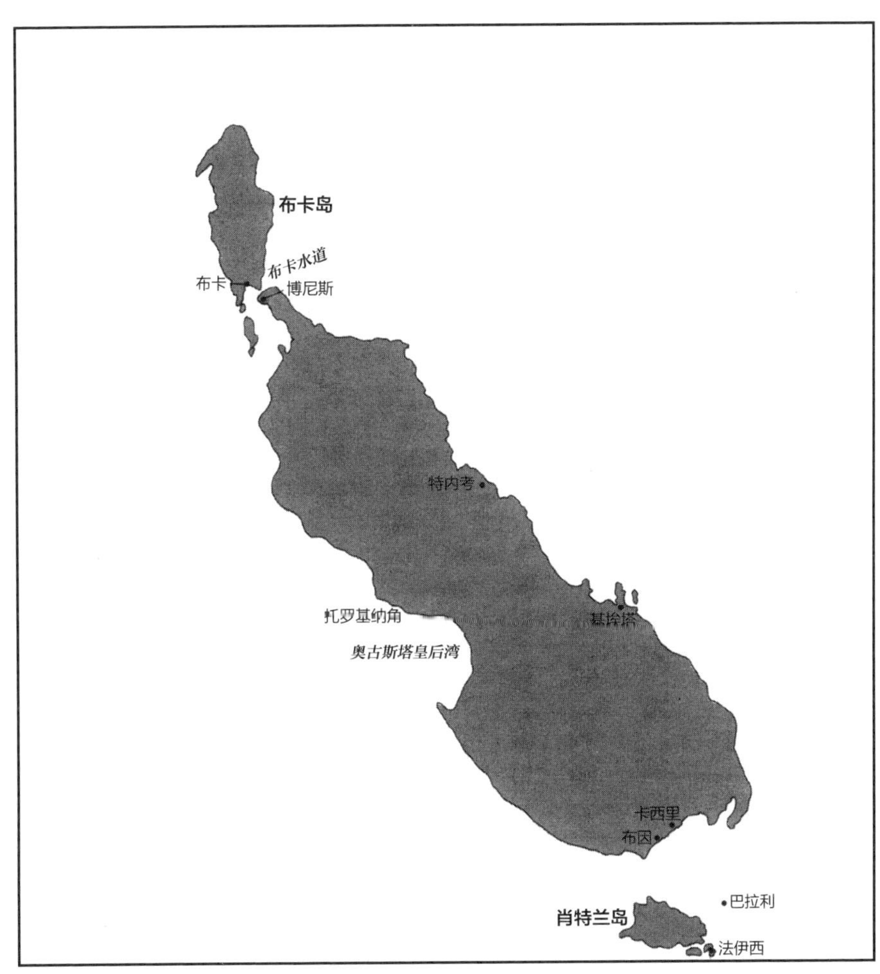

∧ 布干维尔岛手绘示意图

和舒瓦瑟尔岛的水上飞机基地失去作用。两栖登陆作战总是存在风险，但尼米兹上将准确地推断出，由于中太平洋攻势将在 11 月中旬开始，因此古贺峰一大将不会派联合舰队及其航母去干扰哈尔西在西南太平洋的作战行动。

日军有 50000 多人防御布干维尔岛，但美军在奥古斯塔皇后湾选定的滩头阵地只有不到 3000 日军据守。美军第三陆战师于 11 月 1 日在托罗基纳角登陆，该地由 270 名日军和一门野战炮防守。入夜，14000 名海军陆战队员上岸。美军预计会立即遭到日本海空力量的袭击，因此除 4 艘只卸载了部分货物的运输船外，其余运输船全部驶离了滩头阵地。

瞪羚湾战斗
（美方称：奥古斯塔皇后湾海战）

大森仙太郎中将 10 月 30 日碰巧在拉包尔，他已经护送一支船队来为鲛岛具重（第八舰队司令）提供额外的船只。大森中将很快得到古贺峰一的批准，将他的舰队和鲛岛中将的舰队进行整合，以便护送 1000 名日军士兵到奥古斯塔皇后湾实施步兵反击，而日本海军舰队则攻击并摧毁美国海军的运输船和支援舰队。大森的运输船没能及时准备就绪，但他获准向托罗基纳角（Torokina Point）进发，并在那里等候他的运输船，随后攻击美军运输船（他认为也在那里）。大森开进圣乔治海峡等候运输船，但当它们抵达时，他发现对自己的作战行动来说运输船的速度太慢，于是在 19 点 30 分将它们留在了圣乔治海峡。来到北面迎击大森的是艾伦·梅里尔（Aaron S. Merrill）少将的第 39 特混舰队，该舰队刚刚在 10 月 31 日炮击布卡机场后返回基地。

接战前，日本舰队位于托罗基纳角西北偏西大约 19 英里处，分成三列纵队。左边是轻巡洋舰“川内”号率领的驱逐舰“时雨”号、“五月雨”号、“白露”号。在它们右边 10000 码处是中央纵队——重巡洋舰“妙高”号和“羽黑”号。再往右边 5000 码则是轻巡洋舰“阿贺野”号，带着驱逐舰“长波”号、“初风”号、“若月”号。这支舰队的航向为东南方向。

第 39 特混舰队的 4 艘轻巡洋舰组成单列纵队正向北航行，在它们的右边 1000 码处有前卫驱逐舰提供掩护，左边则由追踪驱逐舰进行掩护。在首次接战时，日本舰队与美第 39 特混舰队相距约 20000 码。

大森中将在这场战斗中指挥得并不好。当天能见度很差，他没有雷达，飞机发来的侦察报告只会使他更糊涂，他试图实施的机动对仓促聚集到一起的舰队来说也太过复杂。而且，他都不知道是哪支美军部队在和自己对抗。首先，他的侦察机报告说在托罗基纳角的美军有 3 艘战列舰，许多巡洋舰和驱逐舰。

接着在1点26分，“羽黑”号弹射了一架侦察机，该机在1点40分又报告说是布雷舰、巡洋舰和3艘驱逐舰，位于大森的舰船以南20英里处。随后大森下令全队作180度转向，可这对他紧密相连，并且完全在黑暗中作战的舰队来说是一个困难的战术动作。他既想迷惑敌人，又想等待后续的空中侦察报告。不久，他下令再次进行180度转向。这回他的舰队队形已经有点乱了，左边的掩护舰队距离主队只有300码左右，“五月雨”号脱离了队伍。没过多久“时雨”号的瞭望哨就发现了敌舰，这让大森始料未及。

第39特混大队正在加速向北进击，“蒙彼利埃”号的雷达已经探测到日本军舰。1点31分，梅里尔将军突然命令他的4艘前卫驱逐舰向左转攻击敌舰。（雷达到目前为止发现的是“川内”号的掩护舰。）8分钟后，梅里尔编队全队同时转向，这使后卫驱逐舰被解放出来，得以进行第二次鱼雷攻击。在“时雨”号发现美舰一分钟后，“奥斯本”号、“戴森”号、“斯坦利”号以及“克莱斯顿”号共发射了25枚鱼雷，随后分成两支部队，前两艘驱逐舰掉头向右，后两者先是做了同样的转向，但随后又持续打转，所以它们和轻巡洋舰距离越来越近。

“时雨”号报告称发现2艘驱逐舰正在撤退，还有两艘驱逐舰与“川内”号平行。“川内”号以向右急转来应对，因为美军的鱼雷可能正向它的舷侧冲来。但早先队形的混乱，这时给日舰带来了麻烦，因为“川内”号的转向幅度比“时雨”号大，两舰差点相撞。“五月雨”号正试图躲开“川内”号，却不幸擦边撞到了“白露”号，对后者的舰体右舷造成了挤压，使其甲板弯曲变形。两舰都退出了战斗，不过“五月雨”号在1点52分仍然成功地射出了8枚鱼雷。

“时雨”号在1点48分进行了一次齐射，射出了8枚鱼雷，“川内”号也在1点50分进行了类似的齐射。但在这个时候，美军的轻巡洋舰已经参战，于1点50分开火。并且像往常一样，美军的舰炮在雷达的指引下，都瞄准了最大的目标。1点51分，“川内”号被4艘重巡洋舰的6英寸舰炮的第一轮3次齐射直接命中。它简直快要被飞来的钢铁风暴所覆盖，舰上火舌喷涌而出。

大森在“妙高”号上惊讶地发现“川内”号就在他的左舷正横处燃烧起来。他原以为“川内”号在他的前面——也就是左前方。他试图重整队形，让日舰紧密地围成一圈向左转，然后向西南偏南方向驶出。与此同时，“阿贺野”号和它的3艘驱逐舰则向美舰逼近。

接到重整队形的命令后，"阿贺野"编队全队向右急转，导致"妙高"和"羽黑"直接闯入了他们的队伍。"妙高"切掉了"初风"号的舰首，还撞碎了这艘驱逐舰的鱼雷管。（"妙高"回到拉包尔的时候，舰首仍然被"初风"号的舰首包裹着。）"羽黑"号也差点与"长波"和"若月"相撞。

梅里尔的轻巡洋舰针对性地实施了一系列复杂机动——包括向北和向南作8字形运动。但当"妙高"和"羽黑"最终向南直行时，美军轻巡洋舰4艘并排向西南方向前进，并逐渐向西偏转，然后以单列纵队朝正北方向进发。最终，日本海军的2艘重巡洋舰和美国海军的4艘轻巡洋舰爆发了炮战。"妙高"号和"羽黑"号在2点15分开火，并遭到美军炮火的跨射。它们在2点18分发射了24枚鱼雷，但没有一发命中目标。2点29分，大森下令撤退。

美军的后卫驱逐舰没有按照预期的让鱼雷冲锋，"富特"号撞上了一枚本来目标为巡洋舰编队的鱼雷，它的船尾被炸飞。不过它被拖到了安全的水域。

显而易见，日本人输掉了这场海战，尽管他们有更重型的火炮。"川内"号很快就沉没了，伊-144潜艇救起了伊集院少将和37名船员，而其他舰员就没那么走运了（"川内"号的正常编制人数是450人）。美军驱逐舰随后用炮火击沉了失去船头的"初风"号。不过除了9人以外，该舰其余船员均被救起。"五月雨"号遭到两次直击，但由于只受了碰撞损伤，它靠手动操舵，和"白露"号一样成功地返回了拉包尔。"阿贺野"号只被近失弹轻微擦伤，"羽黑"和"妙高"的作战报告上也没有提及任何伤亡和损伤。除了"川内"号外，大森指挥的机动及由此导致的碰撞要比5英寸、6英寸炮弹以及射向他舰队的24发鱼雷带来的破坏更大。由于大森被击退，日军已经无法阻止美军对布干维尔的进攻。

在拉包尔与航母舰载机对决

大森失败后，古贺峰一决定对位于拉包尔辛普森港的第八舰队进行增援，毕竟美军在布干维尔岛的立足点是无法容忍的。他向拉包尔派去了第二舰队那些久经考验的老舰："爱宕"号、"鸟海"号、"摩耶"号、"高雄"号、"最上"号、"铃谷"号和"筑摩"号，由轻巡洋舰"能代"号及其下属的4艘驱逐舰提供掩护，负责指挥的是栗田健男中将。

当这个消息传到哈尔西这里时，他已经没有重巡洋舰和战列舰可用了，它们都在中太平洋区域，准备塔拉瓦—马金岛的登陆行动。他手里确实有弗雷德里克·谢尔曼（Frederick C.Sherman）少将的第38特混舰队，该舰队是围绕重型航空母舰“萨拉托加”号和轻型航空母舰“普林斯顿”号组建的快速航空母舰舰队。哈尔西赌了一把，把它们派到了托罗基纳角以南的一个出击点（位于拉包尔东南230英里处），并马上放出了所有飞机，他仰仗的是战术突然性和一小队Airsol（Aircraft Solomons Command, 即所罗门群岛航空司令部）的空中战斗巡逻机。天气有利于第38特混舰队，谢尔曼在云层和雨暴的掩护下向北前进。虽然他的军舰被日军的空中侦察发现，但日军并未识别出这是航空母舰。相反，日军以为这些舰队是被派去掩护布干维尔两栖登陆战的增援战斗群。

11月5日7时许，日军特混舰队抵达拉包尔，与轻巡洋舰“阿贺野”号、“夕张”号以及7艘驱逐舰会合。当时拉包尔天朗气清，是发动突然袭击的理想天气。10点后不久，当空袭警报响起时，大部分日军舰只都不能起航，更别提离港疏散了。“萨拉托加”号和“普林斯顿”号在9点放出了52架“地狱猫”战斗机、23架“复仇者”鱼雷轰炸机以及22架“无畏”式俯冲轰炸机。

美军的这些飞机在10点20分时被拉包尔的日军发现。航母的舰载机在攻击发起前一直保持着紧凑的队形，这样它们在面对日军战斗机的拦截时，直到最后一刻都能得到最大限度的保护。空袭一直持续到10点44分左右，给日军的舰船造成了严重破坏。“爱宕”号被3枚近失弹擦伤，它的鱼雷管被炸掉，船体、武器和机器都受到损伤，有22人阵亡，64人受伤。“摩耶”号已经开始离开港口，但它的弹射飞机甲板被炸弹命中，随后发生了一连串的爆炸和火灾摧毁了它的引擎室，使其无法航行，有70人战死，60人受伤。“鸟海”号轻松离港，它的船体、武器和机器都受了轻伤，它在20点38分还能前往特鲁克，并于11月20日开往埃尼威托克（Eniwetok）。“最上”号在10点37分时离开港口，但在此之前，它已经被命中起火，可能是吃了一发鱼雷，1号和2号炮塔的弹药库进水。10点45分，它关掉了所有的引擎，集中力量进行灭火。当夜，鉴于它的舰首结构受损，“铃谷”号和驱逐舰“玉波”号将其护送至特鲁克。“高雄”号2号炮塔的右舷侧吃了一发炮弹，严重破坏了它的舰体和机器设备。当空袭开始时，正向“鸣门”号开去准备加油的“铃谷”号采取了规避运动，带着轻伤逃离了。3 艘轻巡洋舰“阿贺野”号、“能代”号和“夕张”号都没有受伤。在驱逐舰当中，“藤波”号吃了一发没有爆炸的鱼雷，“天雾”号和“若月”号只受了轻伤[5]。

美军的攻击机群返回母舰时，后者正神不知鬼不觉地向南急行。拉包尔的防空力量已经被打得只剩下不到 12 架飞机。日本舰队刚开始整顿混乱，就又遭到了美国陆军第五航空队 27 架 B–24 轰炸机和 67 架 P–38 战斗机的空袭。第五航空队没有遇到任何日军战机的拦截，因为拉包尔的战斗机和轰炸机都出去搜寻第 38 特混舰队了。不过，这次空袭并未给日本舰队造成更多的损伤。

从 1943 年 11 月 5 日开始，拉包尔就不再是日本的海军基地了。当然，美军还需要多次袭击，才能将日军彻底逐出拉包尔。此前出于某些原因，日本海军的军官和士兵都喜欢拉包尔基地，现在他们唱的有关拉包尔的歌曲已经可悲地具有了讽刺意味：“Saraba,Rabauru–yo,mata Kuru made wa.”意思是，“别了，拉包尔，直到我再次见到你。” 1943 年大部分时间里都在避战的第二舰队的重巡洋舰在拉包尔遭到了重创[6]。4 艘舰船被送回日本进行维修，几个月内都无法投入作战。

第五航空队继续用频繁的空袭向日本海军施加压力。日军为保卫拉包尔损失惨重，但他们的海军仍然极需使用这个基地。因此，古贺峰一从特鲁克的重型航母上又调来了 100 架飞机，这样进一步消耗了他航母的舰载机和飞行员储备。第 38 特混舰队的空袭非常成功，为将来美军航母的袭击确立了范式。这样的空袭也是东条后来说的导致日本失败的三个重要因素之一。

哈尔西计划立即再次实施这样的空袭。他刚刚获得了重型航母“邦克山”号和“埃塞克斯”号，以及轻型航母“独立”号。到 11 月 8 日，他已经组建了以阿尔弗雷德·蒙哥马利（Alfred E. Montgomery）少将为司令的第 50 特混舰队第 3 大队。11 月 11 日，美军 183 架飞机升空，但这一次日军有了准备。他们不但守住了辛普森港，而且还准备对美军航母进行还击。美军舰载机只找到寥寥数个目标。在辛普森港内外停泊着重巡洋舰“摩耶”号，轻巡洋舰“阿贺野”号、“能代”号、“夕张”号，驱逐舰“风云”号、“浦风”号、“铃波”号、“早波”号、“文月”号、“海风”号、“长波”号、“卷波”号、“藤波”号、“天雾”号。日军航母舰载机已经升空，美军的空袭来得没有以前那么准了。不过，“能代”号还是于 8 点 57 分在港口外遭到鱼雷机的攻击，正好这时下起了猛烈的暴风雨。“能代”号避开了鱼雷，但随后遭到扫射，舰桥烟囱被打出几个孔，消磁电缆也被切断。9 点 03 分，它又遭到了一次鱼雷攻击，但美机再度脱靶。“铃波”号被俯冲轰炸机击中，于 8 点 20 分沉没，而“夕张”号、“浦风”号、“浦风”号只受了轻伤。“长波”号被近失弹擦伤，随后一枚炸弹击中了它舰桥后面的甲板，它不得不被拖进港里。美军的第二次空袭只持续了不到一个小时[7]。

12 点，日军派出 100 多架飞机，向第 50 特混舰队第 3 大队发动攻击。然而，美军舰船的空中巡逻战斗机和掩护驱逐舰挡住了这次空袭，日军此次空袭共折损了 35 架飞机，在拉包尔上空又被击落了 20 架。从日军航母上起飞的飞机中只有 52 架回到了特鲁克。日军不仅没能守好拉包尔，而且联合舰队航母还损失了如此众多的舰载机飞行员，以至于古贺在 11 月 20 日塔拉瓦遭到入侵时都无法进行反击。和众多战例的情况一样，日军在守护防卫圈时总是顾此失彼。现在甚至连最初的防卫圈都因为海军支援不足而开始崩溃。

圣乔治角海战

眼看盟军就要控制布干维尔岛，日军开始担心盟军在布卡登陆的可能性越来越大。日军海军的看法是，布干维尔岛不是一块踏脚石，而是盟军将要永久控制的地方。但陆军坚持认为布卡岛才是盟军真正的目标。陆军的观点占了上风，因此日军大本营决定让海军派一支船队把 900 名士兵送上布卡，同时撤出 700 名飞行员，因为美军对布卡机场的持续轰炸使得他们自 11 月 1 日以来便无用武之地。所以日本海军不得不再次集结一支驱逐舰组成的运输部队，去顺从陆军的战略。11 月 25 日的这支运输船队将是最后一趟“东京快车”。

日军布卡增援部队由载有部队的驱逐舰“天雾”号、“夕雾”号以及“卯月”号组成，负责掩护的是驱逐舰“大波”号、“卷波”号。空中侦察发来的情报使哈尔西有所戒备，他从第 23 驱逐舰中队派出了两支驱逐舰分队，去拦截日军的布卡增援部队。它们分别是第 45 驱逐舰分队（下辖“查尔斯”号、“奥斯本”

号、“克莱斯顿”号、“戴森”号）和第46驱逐舰分队（下辖“康弗斯”号、“思朋斯”号）。

“天雾”“卯月”和“夕雾”在布卡岛岸边将部队卸下，然后载上飞行员，于0点45分返航。但2艘掩护驱逐舰已经陷入麻烦。两支美军驱逐舰分队正把守着圣・乔治海峡的入口，如果发动截击战，那么美军的第45驱逐舰分队可以在第46驱逐舰分队的掩护下实施一轮鱼雷攻击。然后两者便可互换角色。美军雷达在1点41分时捕捉到了目标，发现了日军掩护驱逐舰。“大波”号和“卷波”号位于“天雾”号、“夕雾”号以及“卯月”号的右边，向西航行，正好在运输驱逐舰的前面。美军这边，驱逐舰“查尔斯”号、“奥斯本”号、“克莱斯顿”号、“戴森”号是右编队，正向北航行；“康弗斯”号、“思朋斯”号则跟在该队（第45驱逐舰分队）左后方。1点45分，第45驱逐舰分队直接向东转，逼近日本的掩护舰并对其发动攻击。1点56分，该分队的驱逐舰在4500码的距离上发射了鱼雷，随后转向南行驶。

“大波”号在2点时发现了撤退的美军驱逐舰，但在30秒后，它就吃了数枚鱼雷，不一会儿就沉没了。“卷波”号也被数枚鱼雷命中，几乎变形，但还浮在海面上。当时，第45驱逐舰分队的雷达捕捉到了运输驱逐舰，后者距离它们溃散的掩护驱逐舰13000码。这些运输驱逐舰转向北面全速前进，被第45驱逐舰分队穷追不舍。“夕雾”号发射了鱼雷，但没有命中目标。2点22分，第45驱逐舰分队的3艘驱逐舰都用舰首火炮开火，日军的运输驱逐舰进行了还击，双方都被近失弹擦伤。2点25分，3艘运输驱逐舰走散了，突然各自作45度转向分开航行，使阿利・伯克（Arleigh Burke）上校必须选择性地实施追击。他以“夕雾”号为目标，于3点05分击中该舰。但“夕雾”号没有那么容易放弃，转了一圈直面折磨它的敌舰，不停地射出炮火和鱼雷，直到在3点28分被持续不断的炮火击沉。与此同时，第46驱逐舰分队已经收拾了“卷波”号。伯克试图攻击“天雾”号和“卯月”号，对两舰进行追尾，但徒劳无功。美军舰艇编队在4点04分撤退，“天雾”号和“卯月”号幸存了下来，准备来日再战[8]。

在当时可能没有人意识到，这次海战将是发生在所罗门群岛的最后一次海战（第一场是发生在1942年8月9日的萨沃岛海战）。所罗门群岛总共发生了

15 次海战，其中有 12 次是夜间的水面舰只对决。由于航母大战精彩壮观，许多人都把太平洋战争当作是航母战争。但实际上，太平洋战争中的大多数战斗（尤其是发生在所罗门群岛的）都是水面的夜战。日本人至少打赢或者说打平了这些夜战中的 10 场，但这样的战斗削弱了他们驱逐舰的实力（在某种程度上，也削弱了巡洋舰的实力）——已经削弱到日军必须采取更保守的战略，因为日军的防卫圈正在持续不断地被来自新几内亚、阿德米勒尔提群岛以及中太平洋的攻击削弱，而日本海军对此却无能为力。“外南洋部队”已经改名为“内南洋部队”。但在 1943 年 11 月 25 日到 1944 年 6 月（塞班岛陷落之后）这段时间里，日美双方没有发生任何重大的海战。事实上，日本海军的力量——尤其是驱逐舰的实力——已经崩溃，而美国海军的力量正以惊人的速度增长。11 月 25 日以后，这场海上战争的性质已经发生改变。除非能在一场决战中取得奇迹般的胜利，否则日本海军此时是必败无疑，而这样的奇迹也并未出现。

这时候，日本的战略计划开始脱离现实，沉溺于孤注一掷。战争在一方必败无疑的时候都会打很久，日本尤其如此，因为它的军队领导人的思想已逐渐被日本的神话残余所支配。日本从未遭到过入侵，它的人民被认为是神的后裔，日本的国土本身就是神祇伊邪那岐所创，日本是由半神半人的天皇领导。因此，日本不可能被击败，一场“神风”必定会拯救它。所以，战争必须进行到底，这将意味着日本帝国海军的彻底毁灭。

瞪羚湾战役中的日军编制表

托罗基纳拦截舰队

重巡洋舰：“妙高”号、“羽黑”号

港口掩护舰队

轻巡洋舰：“川内”号

驱逐舰：“五月雨”号、“时雨”号、“白露”号

右舷掩护舰队

轻巡洋舰：“阿贺野”号

驱逐舰：“初风”号、“长波”号、“若月”号

美国海军在瞪羚湾战役中的作战序列

第 39 特混舰队（A.S. 梅里尔少将）

轻巡洋舰：“蒙特利埃”号、“克利夫兰”号、“哥伦比亚”号、“丹佛”号

前卫

驱逐舰：“查尔斯·奥斯本”号、“戴森”号、“斯坦利”号、“克莱斯顿”号

后卫

驱逐舰：“思朋斯”号、“撒切尔”号、“康沃斯”号、“富特”号[9]

第二十一章
日军大势已去

1943 年

11 月 20 日	美国海军陆战队进攻塔拉瓦，日军丢失马金岛
11 月 24 日	日军丢失塔拉瓦
11 月 26 日	麦克阿瑟进攻格罗斯特角的新不列颠岛

1944 年

1 月 2 日	美国占领赛多尔，跳过日军占领锡奥
1 月—2 月	日军丢失锡奥岛（Sio）、马当岛和格林岛。美军舰队占领阿德默勒尔蒂群岛的埃米劳岛（Emirau）
2 月 1 日	日军丢失马绍尔群岛的罗伊岛—那慕尔岛
2 月 5 日	日军丢失马绍尔群岛的夸贾林
2 月 10 日	日军放弃了主要的海军基地特鲁克
2 月 17—18 日	大量美军航母舰载机和舰船袭击了特鲁克，摧毁了这个正在运作的海军基地
2 月 21 日	日军丢失埃尼威托克岛
3 月 24 日	日军丢失阿德米勒尔提群岛的洛斯·内格罗斯岛
3 月 31 日	古贺峰一在飞往帕劳途中失踪。丰田副武大将成为新的联合舰队司令长官
4 月 3 日	日军丢失阿德米勒尔提群岛的马努斯岛屿
4 月 22 日	日军丢失新几内亚的艾塔佩（Aitape）

4 月 26 日	日军丢失新几内亚的霍兰迪亚
5 月 21 日	日军丢失瓦克德岛（Wakde）和萨米岛（Sarmi）
5 月 27 日	美国陆军入侵比亚克岛
5 月 31 日—6 月 4 日	日军首次尝试增援比亚克岛
6 月 8 日—9 日	比亚克岛海战
6 月 15 日	美军入侵塞班岛。日本海军将注意力转到马里亚纳群岛
6 月 19—20 日	马里亚纳海战（美方称：菲律宾海海战）。日本海军输掉了第二场“决战”
9 月 1 日	日军丢失比亚克岛、赛多尔

盟军的战略在临近 1943 年年末的时候发生了改变。日军在布干维尔岛、布卡岛、舒瓦瑟尔岛、新不列颠岛和新爱尔兰岛的大批部队没有在战斗中受到攻击。相反，在布干维尔岛的盟军部队建立了一个安全的防卫圈，修建了飞机跑道，切断了日军的食物和弹药供给。拉包尔和布卡岛因遭到持续不断的空袭而变得难以支撑，后者还遭到了地方海军的炮击。布干维尔岛的空中力量在麦克阿瑟穿越俾斯麦群岛时将是非常宝贵的。

在新几内亚，美军最终绕过了位于锡奥的 12000 名日军，并于 1944 年 1 月 2 日在塞多尔登陆将这些日军困住，使其成为可能的是 11 月 26 日在新不列颠岛的格罗斯特角登陆作战。日本守军撤到了拉包尔，被切断了补给，随后陷于孤立。但是，日军直到战争结束也没有拱手交出拉包尔。麦克阿瑟此时控制了维胥兹海峡的两边，打开了通向新几内亚北部和阿德默勒尔蒂群岛（主要是马努斯岛）的道路。日军在锡奥的幸存者向马当进军，而马当的陷落又迫使日军进一步撤退到韦瓦克。距离拉包尔以东 115 英里的格林岛在 1944 年 2 月失守。麦克阿瑟没有进攻日军重兵把守的马努斯岛，而是先取未被日军攻占的埃米劳岛（位于卡维恩角西北 70 英里），接着在 3 月 24 日攻取阿德默勒尔蒂群岛东部的洛斯·内格罗斯岛（Los Negros）。美军在这些地方都修建了机场以便为盟军下一步的进攻提供掩护。随后马努斯岛和韦瓦克也遭到了空袭，经过激烈的战斗，马努斯在 4 月失守。

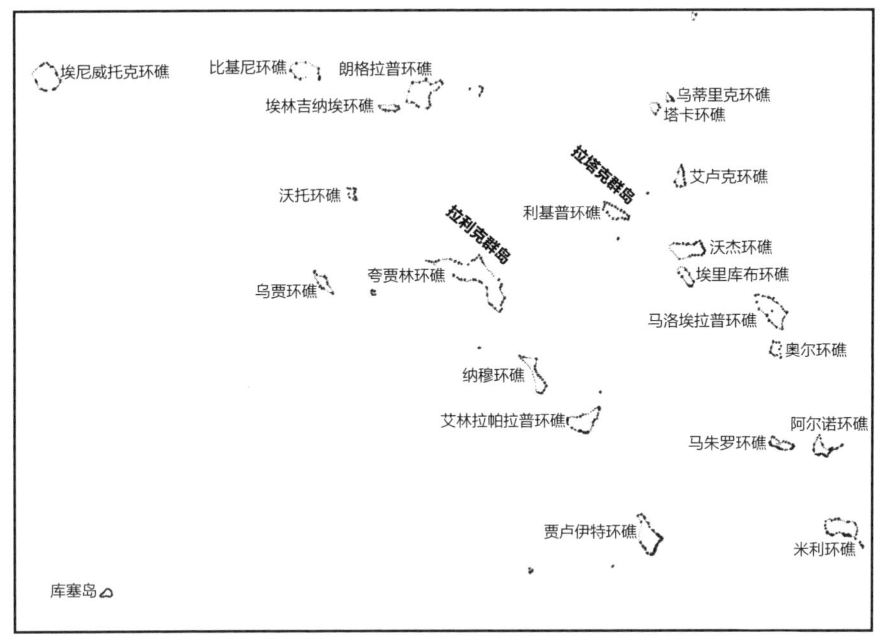

︿ 马绍尔群岛手绘示意图

4 月 22 日，麦克阿瑟作了一次长距离的蛙跳行军，到达艾塔佩，紧接着夺取了距离霍兰迪亚 20 英里的两处滩头阵地，然后在 4 月 26 日攻取了霍兰迪亚。今村将军的第 18 军实际上已经在这些战役中被消灭了，被赶进丛林后，他们要么在战斗中阵亡，要么被疾病和饥饿折磨至死，只有极少数人投降。

麦克阿瑟需要若干航空基地，用于支援对棉兰老岛的进攻，因而于 5 月 19 日在新几内亚海岸附近的韦克德岛 (Wakde) 登陆，经过两天的血战，日本把这个前哨基地也丢掉了。接下来，美军在 5 月 27 日进攻了比亚克岛，但这次作战行动遭到了日军新的抵抗。（古贺峰一无法阻止盟军快速北进，其飞往达沃的座机于 3 月 31 日在风暴中失踪，他不幸遇难。丰田副武接任新的联合舰队司令长官，他决心守住比亚克岛。）

美军在中太平洋地区对日军的进攻始于 1943 年末。马金岛和塔拉瓦在 11 月 20 日遭到了进攻。塔拉瓦经过 3 天的血战后陷落，日本海军特别登陆部队在战斗中战至最后一人，马金岛则在 11 月 24 日失守。

日军在马绍尔群岛的核心力量成了美军的下一个进攻目标。重型航母的打击几乎摧毁了日军在这一区域的所有空中力量，但对陆上进攻无甚帮助。罗伊岛—那慕尔岛在 2 月 1 日陷落，经过猛烈的空袭和战列舰炮击，美军于同一天夺取了夸贾林岛的一处滩头阵地。虽然日军的抵抗还是很坚决，但组成环礁的岛屿还是在 2 月 5 日失陷。

联合舰队无法对西面的威胁做出反击，因为美国海军已经扩大了太平洋舰队所有舰种的规模，这其中就有埃塞克斯级航母、装备了 16 英寸大炮的新式战列舰、巡洋舰、驱逐舰和潜艇。所以联合舰队的舰船在性能和火力上都已经被美国海军完全甩开。与此同时，日本海军在中太平洋面临的这样一个威胁，使它无法前去救援新几内亚岛、阿德默勒尔蒂群岛、新爱尔兰岛和新不列颠岛上被围困的日军部队。丰田大将确实进退两难。在 1943 年 4 月 9 日到 1944 年 2 月 14 日这段时间里，日本海军已经损失了 33 艘舰船——25 艘驱逐舰、5 艘轻巡洋舰、1 艘护航航母、1 艘水上飞机母舰以及 1 艘战列舰。除了这些完全损失的舰船，他们的船坞里也停满了受损的舰艇[1]。日军只补充了 3 艘航母护卫舰、3 艘轻型航母、2 艘轻巡洋舰和 9 艘驱逐舰，以及 2 艘被改装成航空战列舰的战列舰——“日向”号和“伊势”号。

埃尼威托克是美军的下一个目标。它是马绍尔群岛西面最大的岛屿，距离特鲁克 700 英里，塞班岛 1000 英里，波纳佩岛 600 英里。除非距离最近的日军基地被瘫痪，否则到目前为止，向西进攻都要冒一定的风险，所以美军计划用特遣舰队实施打击。但古贺峰一在夸贾林陷落后已如惊弓之鸟，于 2 月 10 日把联合舰队的大部分舰只都撤到了帕劳，仅在特鲁克留下 3 艘轻巡洋舰、8 艘驱逐舰守卫海军基地和运输船。

美军曾担心波纳佩和特鲁克的日军会对他们进攻埃尼威托克的军事行动造成威胁，但其实这种担忧并无道理。不过，第 58 特混舰队在马克·米切尔（Marc Mitscher）中将指挥下于 2 月 17—18 日对特鲁克进行了打击，配合登陆埃尼威托克的军事行动。该舰队被分成 3 个编队：1. 重型航空母舰“企业”号和“约克城”号；2. 重型航母“埃塞克斯”号、“无畏”号，以及轻型航母“卡伯特”号；

3. 重型航母“邦克山”号和轻型航母“考彭斯”号、“蒙特雷”号。这支舰队还有6艘包括“新泽西”号和“艾奥瓦”号在内的战列舰，以及与之伴随的巡洋舰和驱逐舰。特鲁克有350多架日本飞机，港内有55艘各型运输船和护卫军舰。

首先必须瘫痪日军的航空部队，美军也确实做到了这点。在两天的空袭中，300架日机失去了战斗力，大部分还停在地面上。在消除了日军空中打击的威胁后，美军的飞机和战列舰对残存在水面上的一切进行了一次近乎彻底的屠杀。被击沉的日舰包括轻巡洋舰“阿贺野”号、“香取”号、“那珂”号，驱逐舰“太刀风”号、“文月”号、“追风”号和“舞风”号，30艘商船、辅助船只以及2艘运输船[2]。

美军一开始突袭，众多日舰就竭尽所能开动起航。其中一支编队里有轻巡洋舰“香取”号和驱逐舰“野分”号、“舞风”号。“舞风”号勇敢地与“新泽西”号及“艾奥瓦”号进行了一次绝望的战斗，最终在13点43分被重巡洋舰“明尼阿波利斯”号和“新奥尔良”号击沉。它的火炮直到海水漫过了炮塔才停止射击[3]。日军唯一的报复是将一枚炸弹投中重型航母“无畏”号，使其严重受损。

埃尼威托克在2月21日陷落，特鲁克海军基地也被摧毁。之后，日军大本营就有了许多它无法充分解决的问题。盟军只是跳过了马绍尔群岛当中仍然驻有强大日本守军的岛屿，如沃特杰环礁（Wotje）、马洛埃拉普环礁（Maloelap）、米利环礁（Mili）、贾卢伊特环礁（Jaluit），对它们只进行了零星的空袭。马朱罗环礁（Majuro）已经成为美国海军的一个集结地。新的美军战略基于第五舰队（由雷蒙德·斯普鲁恩斯指挥的）的远程航母打击而实施。斯普鲁恩斯下辖马克·米切尔的第58特混舰队。作为一种新的战术，7艘新式战列舰、13艘巡洋舰以及26艘驱逐舰组成战线（威利斯·李少将指挥），被置于航母前面，它们防空火炮的威力也令人生畏。

第58特混舰队四处游弋，以舰载机进行空袭，舰炮进行炮击，甚至还支援了麦克阿瑟主导的新几内亚战役。当拉包尔瘫痪后，三条通往东京的进攻线路已经被合并为两条；而当美国海军和陆军为攻占菲律宾会师后，两条路线合成了一条。在此期间，斯普鲁恩斯和哈尔西轮流指挥第五和第三舰队。

第58特混舰队时常对日军发动突袭，有时候具有很强的破坏力。3月30—31日，得到日本飞机增援的帕劳遭到了袭击。驱逐舰“若竹”号在试图通过港口时被击沉，30 多架日本飞机被毁，28 艘船被击沉，总吨位达 129807 吨[4]。美国飞机还在通往帕劳的航道上布雷。美军对雅浦岛、沃莱艾环礁（Woleai）、瓦克德岛、萨米、霍兰迪亚也发动了类似的袭击，特鲁克也遭到了第二次突袭。

日军决定守住一条纵贯马里亚纳群岛、帕劳、荷属西新几内亚、荷属东印度的内部防线。他们将其命名为“浑”作战。在这条防线后，日军把部队集结起来，部署到受到威胁的地区，又建造了更多的机场，还把联合舰队集中起来。随着美国海军和麦克阿瑟施加的压力不断增大，日军被迫不断地修改“浑”作战。他们认为美军的主攻方向是从新几内亚到棉兰老岛。他们希望在棉兰老岛进行“决战”。但日军无法阻止麦克阿瑟向北的迅猛推进。在 5 月份，萨米、瓦克德岛、距离霍兰迪亚以北 120 英里的新几内亚都受到美军的攻击。麦克阿瑟遭到了激烈抵抗，直到 9 月 1 日，美军才将日军消灭干净。

日军拼命增援试图守住比亚克岛，他们希望陆军的 22300 人最终都能登陆[5]。首先，日军派出了一支特遣舰队，但它很早就被美军发现，于是又被召回。日军决定采用一种新的战术。部队被转移到了重巡洋舰“青叶”号，轻巡洋舰“鬼怒”号和驱逐舰“敷波”号、“时雨”号、“浦波”号、“春雨”号、“白露”号、“五月雨”号上，送到萨隆（Sarong）。

第二增援群在第 23 航空战队的掩护下于 6 月 7 日 0 点从萨隆出发。驱逐舰“敷波”号、“浦波”号、“时雨”号搭载了 600 人，“春雨”号、“白露”号、“五月雨”号则拖曳着满载部队的驳船。日军的移动又被美军发现，克拉奇利（V.A.C.Crutchley, 皇家海军）司令带着一艘巡洋舰和一艘驱逐舰前去截击。与此同时，日军的舰艇编队在 6 月 8 日 12 点 45 分左右遭到空袭，“春雨”号被击沉，“白露”号受伤，“敷波”号和“五月雨”号受轻伤。“春雨”号的船员被救起后，第二增援群再度向比亚克岛进发。

日军于 23 点 20 分与实力占优的克拉奇利舰队发生接触。左近允尚正中将没心情战斗，因为他的船不是装着部队就是拖着驳船，所以他切断了连着驳船的绳索，向北驶去。接下来发生了长距离的追尾决斗。首先，日军驱逐舰没有命中目标。随后，美军驱逐舰于 0 点 18 分在大约 17000 码的距离上开火。（克拉奇利司令已经撤回了巡洋舰，让驱逐舰去和日本人奋战到底。）“时雨”号被命中5次，“敷波”号也有一些伤亡。战斗在0点27分结束，这时美军舰船驶入了第八航空队任意攻击区域（获准可以攻击见到的任何舰船）[6]。于是，比亚克岛没有（也将不会）得到增援。别处发生的事件导致日军取消了“浑”作战，转而支持在加罗林群岛以西打“决战”——即“阿”号作战。在那里，日军舰队将得到陆基飞机的支援。

马里亚纳海战
（美方称：菲律宾海海战）

当美军于6月15日进攻塞班岛时，日本海军实施了全力反击。“阿”号作战现在转为防御塞班岛，因为这里及其邻近岛屿的丢失会使日本本土遭到美国远程轰炸机的猛烈轰炸。然而，日本海军希望“决战”的爆发地点能更靠近西南方向，这是基于两个充分的理由：第一，美军潜艇的活动已经导致日军缺乏成品油，当“阿”号作战启动时，日军没有足够的成品油去遥远的马里亚纳群岛作战。相反，他们不得不使用未经加工的婆罗洲原油，这种石油挥发性更强，因而也更容易引发火灾，而且含有会损伤锅炉的杂质。第二，日本人意识到本国舰队和美国舰队在舰船数量以及有经验的舰载机飞行员数量上都存在巨大的差距，所以海军必须得到陆基飞机的大力支援来打它的决战。日军在最初策划“阿”号作战时已经考虑到了这种需求。

但这仗必须在机会来临的时候打，而机会就在6月15日以后出现了。日本海军在1944年3月1日被重新编组为第一机动舰队，和美国的特遣舰队相似，里面几支独立的部队也有点类似于美军的特遣大队。小泽治三郎中将指挥这支第一机动舰队，于是便有了这样的任务：想办法创造条件抹平日美两支敌对舰队之间的差距，使两者实力接近到能让日军取胜的程度。他寄予厚望的计划是让塞班岛以西的美军航母编队遭到他调到关岛、雅浦岛和罗塔岛的所有陆基飞机的攻击。美国海军只能依靠航母舰载机，而小泽舰载机的航程要比美军舰载机多210英里。因此，他可以待在美军航母舰载机的航程之外放出自己的攻击机群，日机将攻击美军航母（已经被陆基飞机炸伤），然后降落在关岛补充燃料和弹药，在返航时对美军航母实施二次打击。

然而，事与愿违。虽然驻扎在天宁岛（Tinian）的马里亚纳基地航空队司令角田觉治中将向小泽担保，美军第 58 特混舰队的损耗率将使日美双方的飞机和舰船实力对比不相上下，但日军的陆基飞机并没有给美第 58 特混舰队造成损伤。斯普鲁恩斯已经命令航母对硫磺岛和父岛——日军在 6 月 15—17 日南下的集结地——进行了空袭，而他们的周转机场——关岛和罗塔岛将被从 6 月 19 日开始的几乎持续不断的美军战斗机空袭摧毁。这样一来，战斗将在航母舰载机之间展开，而小泽直到这场战斗结束之后才知晓这个情况。斯普鲁恩斯主要担心的是小泽会设法偷偷绕过他的特混舰队，去染指进攻塞班岛的运输船队，但其实这个担心没有必要。小泽仗着角田许诺给他的陆基飞机的支援，正在寻求与美军航母进行决战。

当日军意识到塞班岛是美军进攻的目标时，小泽司令在苏禄群岛最西端的塔威塔威（Tawitawi）集结了第一机动舰队的部分兵力。但小泽的舰队甚至在他从塔威塔威起航前就已经受到损耗。5 月 14 日，美军潜艇“北梭鱼”号在塔威塔威附近击沉了“电”号驱逐舰。接着在 6 月 5 日，“哈德”号潜艇也在同一海域用鱼雷击沉了驱逐舰“水无月”号和“早波”号。6 月 8 日，“哈德”号又击沉了“谷风”号驱逐舰。小泽一路上霉运不断。6 月 14 日，驱逐舰“白露”号在途中躲避假想的鱼雷时与油船“青鹰丸”相撞。“白露”号的船尾被整齐地切掉，舰上的深水炸弹也被引爆，最终在 6 月 15 日 3 点 47 分沉没，104 名舰员阵亡。

小泽舰队选择了一条穿过菲律宾群岛的航线，他一离开圣贝纳迪诺海峡，就在 6 月 15 日被美军潜艇“飞鱼”号发现。小泽的舰队当时正往东南方向移动，在途中与宇垣缠将军的舰队相遇。后者在6月15日晚上从哈马黑拉岛（Halmahera）出发时已经被潜艇“海马”号发现。6 月 17 日中午，日本舰队加了油，取向东北。第二队油船在 6 月 17 日被“棘鳍”号潜艇发现。“棘鳍”号跟着油船，在同一天的 21 点 15 分意外碰到了小泽的机动舰队。美国人心里现在毫不怀疑日军正在求战。虽然斯普鲁恩斯从他的潜艇那里得知了小泽舰队的大致方位，但他的侦察机在 6 月 18 日却没有找到日舰（尽管它们确实发现了日军的水上侦察机）。而小泽尽管非常依赖陆基飞机进行准确的侦察和大规模攻击，却没有从它们那里得到任何情报。倒是他自己的航母舰载机成功地找到了第 58 特混舰队的大部分兵力。他们已经发现了从北到南绵延40英里的美国舰队，给了小泽一个确切的方位。

小泽的计划是始终保持在美军飞机的航程之外，同时进入一个有利的位置发动攻击。斯普鲁恩斯则有不同的战术，他用自己的四个舰艇编队（每个都组成环形防卫圈）在塞班岛阻挡小泽的直接突进，但他仍然担心小泽可能会偷偷绕过他到北面或南面。第58.2特混大队被部署在南面，往北相距12英里的是第58.3特混大队，再往北12英里是第58.1特混大队，而在正东方向12英里的地方则是最后一支编队——第58.4特混大队。第58.3特混大队以西15英里处是组成环形防卫圈的威利斯·李司令的战列舰队，李的西面有一队驱逐舰组成的警戒线。倘若日军航母舰载机要攻击美军航母，它们必须穿过一堵战列舰队搭起的钢铁长城。接着，它们必须以寡敌众，击退航母战斗群的空中巡逻战斗机，还要对付护航舰船的防空炮火。虽然角田一再报告（但内容完全不符合事实），称他削弱了美军航母的力量，并保护了作为补充燃料和弹药中转站的罗塔岛和关岛，但日军的陆基飞机实际上一样都没有做到。

与此同时，小泽做出了他的作战部署。6月18日6点，以他的6艘航母为核心组成的主力舰队取向东北，并在15点40分掉头转向西南偏南方向。21点，他派他的前卫部队——3艘轻型航母，在栗田中将指挥下向东航行，而他的本队则继续向南，直到3点时又转向东北，在9点前抵达攻击发起位置。

在6月18—19日夜间，形势对斯普鲁恩斯来说开始明朗起来。他的潜艇准确地报告了日军的位置，小泽也打破了无线电静默，命令关岛的陆基飞机在拂晓时发起攻击，这就使斯普鲁恩斯的高频定向仪能够测定日本舰队的确切方位。日美两支舰队在20点23分时相距300英里。然而，斯普鲁恩斯选择了掉头而不是接近日军，因为他还是担心自己会不会向西冲得太远，让小泽能绕过他。次日6点30分，斯普鲁恩斯开始作“之”字形航行，大致取西南偏西航向。到这时，关岛只有50架（而不是小泽希望的500架）从特鲁克、雅浦和帕劳群岛飞来的日军飞机。尽管“阿”号作战的成功依赖于关岛有500架飞机这个条件，可角田根本不会让其他这些机场在对抗可能的牵制性袭击时毫无防备。他仍然向小泽报告称关岛安全可靠，物资储备充足，他的飞机正给第58特混舰队造成严重损失。（除了角田需要“挽回面子”这一说法外，目前对这一情报错误还

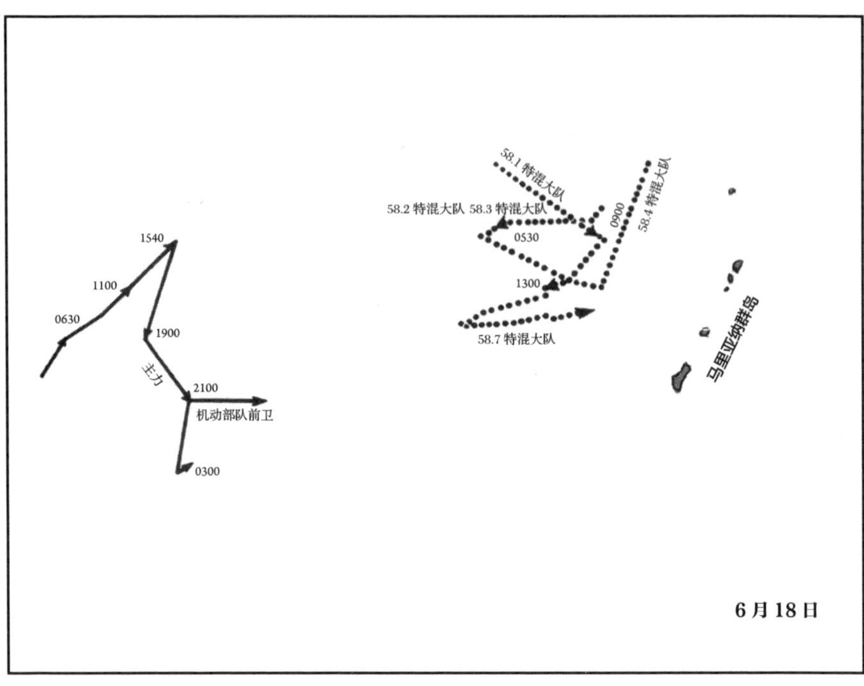
58.1 特混大队
58.2 特混大队
58.3 特混大队
58.4 特混大队
0900
0530
1300
58.7 特混大队
马里亚纳群岛
1540
1100
0630
1900
主力
2100
机动部队前卫
0300
6月18日

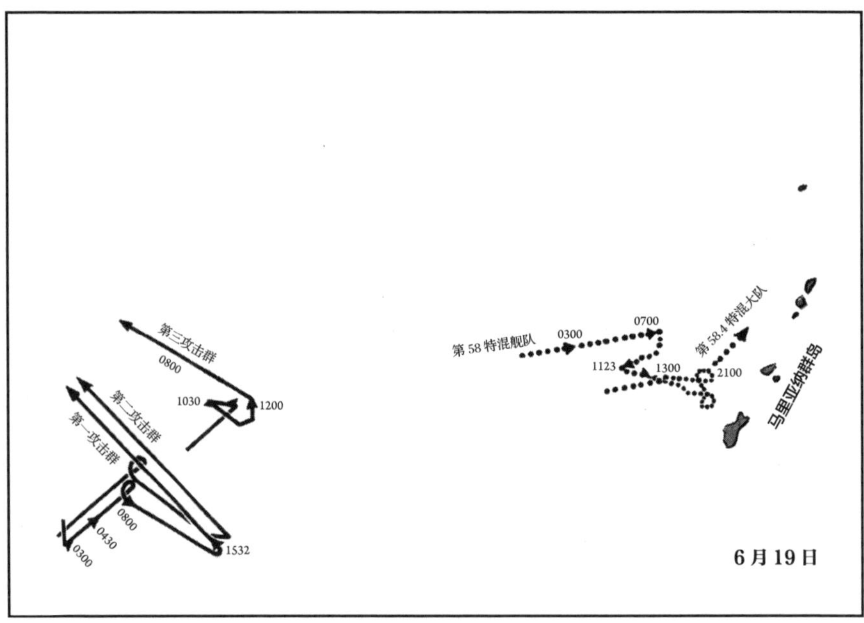
第三攻击群
0800
第二攻击群
第一攻击群
1030
1200
0800
0430
0300
1532
第 58 特混舰队
0300
0700
1123
1300
2100
第 58.4 特混大队
马里亚纳群岛
6月19日

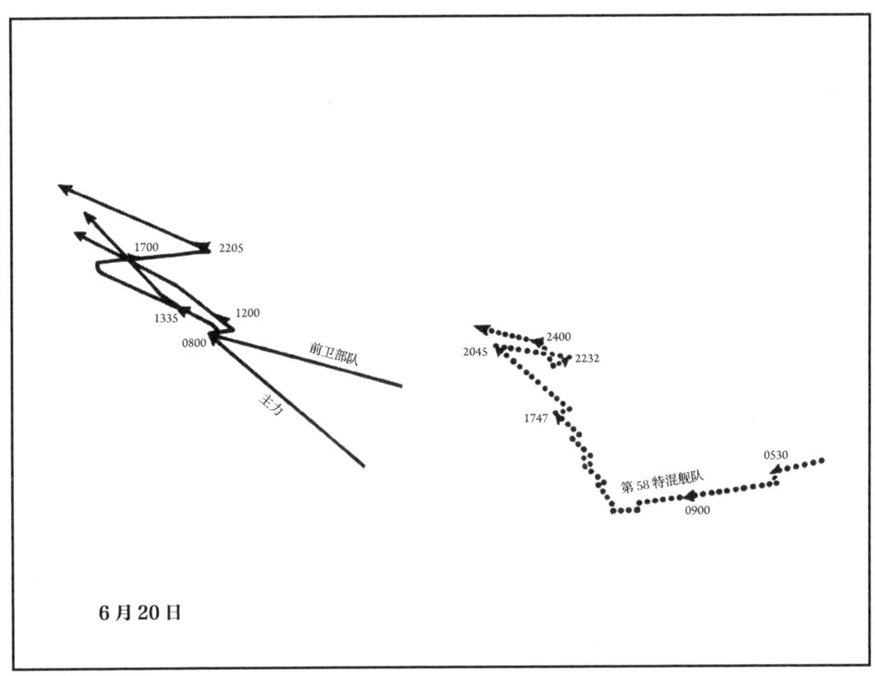

^ 马里亚纳海战（美方称：菲律宾海海战），1944 年 6 月 18—20 日

没有可信的专业解释。）

6 月 19 日，当美军的雷达显示日军机群正在逼近关岛时，斯普鲁恩斯放出飞机先去攻击关岛。对关岛的攻击在 7 点 30 分发起，遭到日军战斗机的激烈抵抗后，“贝洛森林”号、“卡伯特”号、“约克城”号、“黄蜂”号也放出了飞机进行增援。8 点 07 分，雷达探测到又有日军飞机飞向关岛，但数量太少，因此未给美军造成麻烦。

真正的战斗现在才开始。小泽的前卫部队放出了 16 架战斗机、45 架携带炸弹的战斗机、8 架携带鱼雷的攻击机。其间，斯普鲁恩斯从关岛召回了他的飞机。10 点，美军的主力部队雷达发现了日军的第一波攻击机群，10 点 10 分，斯普鲁恩斯命令手头的所有战斗机起飞应战。10 点 38 分，美舰完成放飞，甲板上的轰炸机已被清除，以便让战斗机能够在空中持续战斗。

接下来的空战清楚地显示出美军航母舰载机、航母战斗队形、引导机以及飞行员的进步，也清楚地暴露了训练薄弱的日军新手飞行员驾驶技术有多么拙劣。这场战斗作为实例说明了数量居于劣势的航母舰队以寡击众会出现什么结果（即便已经取得先手优势）。在这波攻击中，日军有 42 架飞机被击落。美军唯一被日机击中的是“南达科他”号（但损伤并不严重）。美军战列舰队和航母舰载机一起有效地破坏了日军的第一波攻击。

9 点，小泽的主力发动了第二波攻击，有 35 架俯冲轰炸机、27 架装备了鱼雷的攻击机、48 架战斗机参与攻击。10 分钟后，灾难降临日本舰队，美军“大青花鱼”号潜艇成功躲过了小泽的掩护舰，在 9 点 10 分用鱼雷击中了“大凤”号右舷靠近储油罐的部位。虽然它的前端升降机无法运转，但舰上并没有发生火灾。如果不是以下两个原因，它本来极有可能得救：舰上未经提炼的燃油散发着危险的油气；舰员又表现出拙劣的判断力，让“大凤”号保持 26 节航速，还把所有电梯井一直打开使航母通风。15 点 30 分，一场爆炸撕裂了“大凤”号，它简直炸裂了。舰上大火的温度高得让救援船都无法靠近。该舰最终在 17 点 28 分沉没，全舰 2150 人中损失了 1650 人[7]。

第二波攻击中的大部分日本飞机都被美军的战列舰队击落。美军唯一的损伤来自擦伤“黄蜂”号的一枚近失弹。只有 2 架日本飞机安全返回关岛和罗塔岛，110 架飞机中只有 31 架幸存。尽管如此，小泽仍然坚持继续进攻，这是“决战”，而他唯一掌握的有关第 58 特混舰队损失的情报来自角田觉治的虚假报告。他在 10 点钟又发动了第三波攻击，包括 15 架战斗机、25 架携带炸弹的战斗机，以及 7 架携带鱼雷的攻击机。由于错误解读了侦察机的报告，日军的攻击机群避开了美军主力舰，从北面切入美军舰队。然后仅仅少数日机找到了目标，所以只有 7 架日机损失。小泽在 11 点 30 分发动了强大的第四波攻击，包括 30 架战斗机、9 架俯冲轰炸机、33 架攻击机以及 10 架战斗轰炸机。他们也受到了非常严重的误导。49 架日机奉命在关岛降落，便向关岛飞去，剩下的日机发现了第 58.2 特混大队，不仅没有对它造成任何损伤，自己反而损失惨重。准备前往关岛的日机丢掉了炸弹开始着陆，但只有 19 架抵达机场，其余的都被美军航母舰载机的扫射破坏。

就小泽自己而言，他确实已经尽力而为，但还是没能重创一艘美军舰船。而且马上又有灾难降临在他头上，12点22分，“棘鳍”号潜艇将4枚鱼雷射入“翔鹤”号。该航母失去了动力，全舰被火焰吞噬。虽然舰员们英勇地对它进行了抢救，火焰还是烧到了弹药库，15点10分，它发生爆炸沉没。（现在“瑞鹤”号成为仅存的一艘参加过珍珠港偷袭的航母。）小泽把他的旗舰换到了驱逐舰“浦风”号，该舰正和其他驱逐舰一起接走“翔鹤”号的船员。

到日军第四波攻击结束为止，第58特混舰队只进行了防御作战，而且因为距离的缘故，它自身并未发动过攻击。在“大凤”号沉没后不久，第一机动舰队向西北退却，后跟前卫舰队。但小泽没有撤退。他的航母只剩102架飞机，可他的飞行员和角田称许多美国航母已经被击沉。而且角田还用无线电告诉他，他的许多舰载机都在关岛安全着陆，这让小泽仍然相信角田正在召集数百架飞机进行攻击。

小泽随后把他的旗舰换成了“羽黑”号，最终又换到了“瑞鹤”号。即便只剩下102架飞机，他仍然认为自己处在战斗当中。斯普鲁恩斯没有实施过夜间侦察，他的舰队正以24节航速向西北航行，而小泽的舰队则以18节的航速蹒跚而行。倘若斯普鲁恩斯晚上发现小泽，白天对他进行攻击，或许可以重创第一机动舰队，但事实上斯普鲁恩斯不知道小泽在哪儿，直到6月20日15点40分他才找到小泽舰队。下午，小泽开始加油，但在16点15分，“爱宕”号对美军发给斯普鲁恩斯的电报进行解读后报告称，第58特混舰队已经发现了日军舰队。

小泽立即停止加油，并加速至24节向西北行进。斯普鲁恩斯现在要做一个艰难的决定。他的飞行员必须飞很长一段距离，待返航时已经天黑，他意识到他的许多飞行员可能飞不回母舰。然而，他还是在16点20分下令舰载机全面出击。到16点36分，85架战斗机、77架俯冲轰炸机以及54架鱼雷攻击机从6艘重型航母和5艘轻型航母上起飞。

日本舰队分成3个编队。第一战斗群包含“瑞鹤”号、“羽黑”号、“妙高”号以及一队掩护驱逐舰。该队西南方向19英里处是第二战斗群，包括改装航母“隼鹰”号、“飞鹰”号，轻型航母“龙凤”号，战列舰“长门”号，重巡洋舰“最上”号和另一队掩护驱逐舰。正南方向 10 英里处是最后一个战斗群，由轻型航母“千岁”“千代田”，重型航母“瑞鹤”，战列舰“武藏”“大和”“金刚”“榛名”，重巡洋舰“高雄”“摩耶”“爱宕”“熊野”“铃谷”“利根”“筑摩”，以及其他掩护驱逐舰。6 艘油船在更多驱逐舰的护航下尾随其后。

小泽在第 58 特混舰队的 216 架飞机抵达前只能放出 80 架左右的飞机。空袭从 18 点 40 分一直持续到 19 点。在此期间，“飞鹰”号被两条鱼雷击中，于 20 点 32 分沉没，2 艘油船也被击沉，油船“玄洋丸”被 3 发近失弹擦伤而无法航行，最终被“卯月”号击沉。航母“瑞鹤”号、“隼鹰”号、“千代田”号以及重巡洋舰“摩耶”号均受损严重。“时雨”号被一枚小型炸弹击中，“榛名”号船尾被一颗炸弹直接击中，还有两枚炸弹命中它的后甲板，并穿透了两层下甲板，导致舰内进水，干舷遭到严重破坏，还有两发近失弹擦伤它的舰艏左舷，使舰体弯曲，炸死 15 人[8]。

日本又输掉了“决战”。但小泽不该因此受到责备。他奉命带着规模只有美军一半的舰队参加战斗。他非常期待角田的 500 架飞机能让这场战斗势均力敌，但实际上他并没有得到这些飞机的支援。小泽最大的过失就是去和火力强大的战列舰队较量，而美军设计这种新的战术编队就是为了把敌机从美军航母那里引开。但那是经验不足的日军飞行员的过错，不能怪小泽。在第三和第四波攻击中，他在第 58 特混舰队的方位问题上受到误导，听信了关岛是避难所的谎言——事实上关岛当时已经是一片墓地。在舰队处于劣势和飞行员经验不足的情况下，很难有人比小泽做得更好。

然而事后回顾起来，就算小泽一切顺利，倘若他能够战胜大量美军航母、得到大批大幅改良的飞机以及火力强大的战列舰队战术，那也是个奇迹了。充其量就是一些美国航母被击伤或击沉，但又会有更多航母打过来。经过两年半的战争，美军的造舰能力已碾压日军，而日本把南洋的原材料运到本土船坞（旨在维持它在战前拥有的同等数量军舰）的工作却遇到了麻烦。而且作为开战一大诱因的宝贵石油也无法方便地被用作舰船的燃料。日本帝国海军现在境况危急，但正如一部希腊悲剧里演的那样，那些无法接受最终失败的人也必须把这部戏演到最后一幕。

马里亚纳海战参战部队编制表

第一机动舰队

机动舰队前卫部队

轻型航空母舰："瑞凤"号、"千岁"号、"千代田"号

战列舰："大和"号、"武藏"号、"榛名"号、"金刚"号

重巡洋舰："爱宕"号、"高雄"号、"摩耶"号、"鸟海"号、"熊野"号、"筑摩"号、"利根"号

轻巡洋舰："能代"号

驱逐舰："朝霜"号、"岸波"号、"冲波"号、"玉波"号、"浜风"号①、"藤波"号、"岛风"号

A 部队

重型航空母舰："大凤"号、"翔鹤"号、"瑞鹤"号

重型巡洋舰："妙高"号、"羽黑"号

轻巡洋舰："矢矧"号

驱逐舰："朝云"号、"浦风"号、"矶风"号、"若月"号、"初雪"号、"秋月"号、"霜月"号

B 部队

改装轻型航空母舰："飞鹰"号、"隼鹰"号

轻型航空母舰："龙凤"号

战列舰："长门"号

重巡洋舰："最上"号

驱逐舰："满朝"号、"野分"号、"山云"号、"时雨"号、"五月雨"号、"早潮"号、"浜风"号、"秋霜"号

3 艘油船，由驱逐舰"初霜"号、"响"号、"栂"号掩护

2 艘油船，由驱逐舰"雪风"号、"卯月"号掩护

24 艘潜艇

---

① 译注：原文如此，应为"浜波"号。

美国海军参战部队编制表

第五舰队、第58特混舰队

第58.1特混大队

重型航空母舰：“大黄蜂”号、“约克城”号

轻型航空母舰：“贝洛森林”号、“巴丹”号

3艘重巡洋舰

2艘轻巡洋舰

10驱逐舰

第58.2特混大队

重型航空母舰：“邦克山”号、“黄蜂”号

轻型航空母舰：“蒙特雷”号、“卡伯特”号

3艘轻型航空母舰

12艘驱逐舰

第58.3特混大队

重型航空母舰：“企业”号、“列克星敦”号

轻型航空母舰：“圣哈辛托”号、“普林斯顿”号

1艘重巡洋舰

4艘轻巡洋舰

13艘驱逐舰

第58.4特混大队

重型航空母舰：“埃塞克斯”号

轻型航空母舰：“兰利”号、“考彭斯”号

4艘轻巡洋舰

14艘驱逐舰

第 58.7 特混大队——战列舰队

战列舰："华盛顿"号、"北卡罗来纳"号、"艾奥瓦"号、"新泽西"号、"南达科他"号、"亚拉巴马"号、"印第安纳"号

4 艘重巡洋舰

13 艘驱逐舰

25 艘潜艇组成的警戒线[9]

第二十二章
残阳末日

1944 年

10 月 23 日	美军潜艇在巴拉望水道伏击了栗田健男中将的 A 攻击部队
10 月 24 日	锡布延海战。栗田损失了战列舰“武藏”号
10 月 24—25 日	苏里高海峡之战。美国海军击败了西村的 C 攻击部队
10 月 25 日	志摩将军的第二攻击部队没有支援西村将军。志摩撤退
10 月 24—25 日	小泽将军的无舰载机航母诱使哈尔西第 38 特混舰队北上，使圣贝纳迪诺海峡防御空虚
10 月 25 日	萨马岛海战。栗田将军的 A 攻击部队被美军飞机和舰船击败
10 月 25 日	恩加诺角海战。小泽的航母舰队被消灭
10 月 26 日	栗田舰队遭到进一步的毁灭性打击
10 月 26 日	日本海军分成两部分：一部分在濑户内海，一部分在新加坡附近
12 月 26 日	栗田司令的圣何塞进攻部队被击败

1945 年

4 月 7 日	战列舰“大和”号被牺牲掉
5 月 17 日	最后的海战。在马来亚的槟榔屿附近，重巡洋舰“羽黑”号被 5 艘皇家海军的驱逐舰击沉

锡布延海战和苏里高海峡之战

塞班岛陷落之后，日军大本营知道几个月内在某个地方将会有一场新的大规模进攻。但进攻的地点还是个未知数，可能是棉兰老岛、台湾，甚至琉球。因此，大本营准备了三套不同的作战方案（仍是为了应对所谓的“决战”）：在菲律宾的“捷一号”作战，在台湾的“捷二号”作战，在琉球的“捷三号”作战。

1944年10月17日，美军开始进攻菲律宾群岛中部，位于塔克洛班（Tacloban）和杜拉格（Dulag，位于莱特岛的西北部）之间的莱特岛。日军立即启动了“捷一号”作战[1]。和之前一样，日军的作战原则要求对各部队进行复杂的部署。至关重要的是菲律宾的陆基飞机要为各舰队提供足够的空中掩护，因为他们的航母已经无法提供掩护了。

但进攻的策划者已经预见到了日军航空力量会这样集结，并会从北面得到增援。美军用来阻止日军集结和增援的办法是调集哈尔西的第三舰队第38特混舰队（由马克·米切尔直接指挥）。其快速航母部队已经扩充到9艘重型航母、

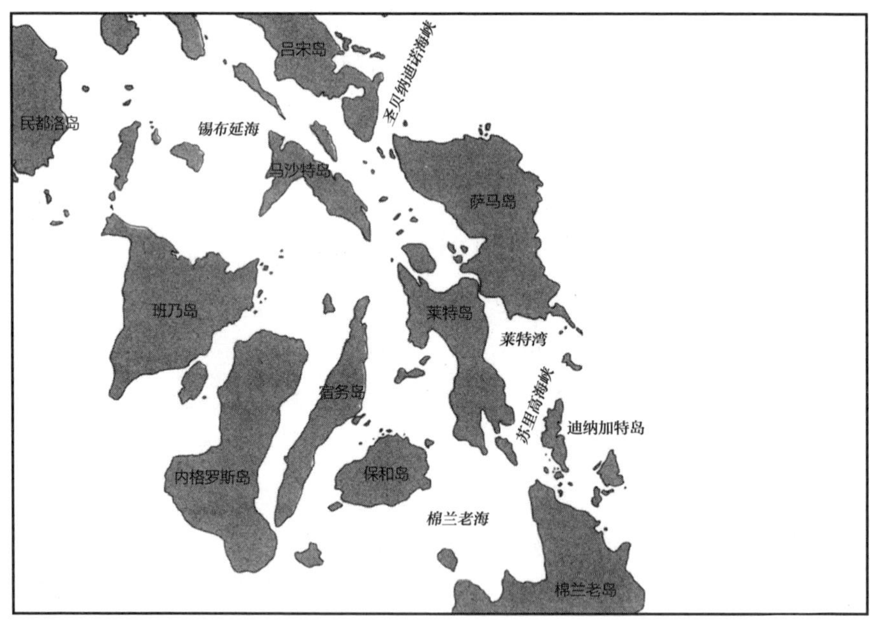

△ 莱特湾手绘示意图

8 艘轻型航母，共搭载 1178 架飞机，由强大的战列舰队提供掩护。尼米兹上将知道日本会投入所有的飞机阻止美军对菲律宾的进攻，在第 38 特混舰队轰炸吕宋岛的机场和海运时，他就命令第 38 特混舰队在 9 月 20—21 日这段时间，继续用飞机进行毁灭性的狂轰滥炸。“五月”号驱逐舰在马尼拉港被炸沉，该舰前端被一颗炸弹命中，舰体中部被击中 2 处。第 38 特混舰队在 10 月 9 日恢复空袭，袭击了台湾的 30 个机场，然后在 12—13 号以及 17—18 号又轰炸了吕宋岛。在日本持续向南补充飞机时，美军航母舰载机不停地将其消灭。当日本舰队在菲律宾海域出现时，负责指挥菲律宾方面陆基飞机的第六基地航空队司令福留繁中将实际上已经无法给予日本各舰队司令任何大本营指望用来阻止美军进攻的空中掩护了。

在“捷一号”作战启动时，日本海军的大部分舰船不是在新加坡附近的林加锚地就是在日本海域。该作战的部队编制表把所有可以投入作战的舰艇分为 5 大集群，总司令丰田副武留在日本的海军指挥部里。

日军的作战计划要求小泽中将的机动部队（其航母几乎已经没剩下任何舰载机），在第 38 特混舰队面前“拖动披风”（即诱敌），日本情报部门推测“公牛”哈尔西中将会追击日军的航母部队，这样就会把所有美军舰载机从栗田这里调走。随后栗田的第一游击部队——A 部队和 B 部队——将组成铁钳的北臂穿过圣贝纳迪诺海峡，攻击美军的运输船。西村祥治的 C 部队将与志摩清英中将指挥的第二攻击部队会合，组成钳形攻势的南臂，穿过苏里高海峡，加入栗田的舰队。“运输船部队”将把小股登陆部队送上莱特岛西边。10 月 25 日被定为进攻发起日。一切都取决于福留繁能否给莱特岛的各舰队提供空中掩护，以及第 38 特混舰队能否被引开。日军的作战任务是找到美军运输船，粉碎美军的进攻，击沉美军的舰船。

10 月 22 日 7 点，栗田的第一游击部队从婆罗洲的文莱湾出发。事实上，由于反击来得太迟，日本海军的舰队也过于分散，等到他们的舰船抵达时，美军的大部分运输船早就离开了。栗田根本无法集结他的舰队，也无法提早做好战斗准备。他选择了要穿过巴拉望水道（Palawan Passage）的一条东北航线。巴拉望水道是一块危险区域，因为此地地形险恶，还有美国潜艇在这狭窄的区域游弋[2]。

事实上确实有两艘美军潜艇在等待日军前来——“海鲫”号和“鲦鱼”号在10月23日跟踪了日本舰队一整天，把他们的情报发给司令部，并设下了埋伏。“海鲫”号在5点24分得到了第一次攻击机会。在美军潜艇攻击时，栗田的第一编队组成的是交错的方形阵，但左舷和右舷都没有负责扫荡的前卫驱逐舰。舰队的第二支部队也是类似的部署，位于第一队后面6500码处。

“海鲫”号首先在1000码的距离上向“爱宕”号重巡洋舰射出了6枚鱼雷，命中两枚。随后它又进行了第二轮齐射，又打中两枚。“爱宕”号甲板被大火席卷，船首开始纵倾。当“朝霜”号和“岸波”号靠近“爱宕”号时，该舰已经被遗弃，在水里的栗田司令官连同其他529名生还者被一起拽上了“岸波”号。栗田当时正从登革热中康复，这次“落水浸泡”没有改善他的健康状况。“爱宕”号在5点53分沉没，有360人战死。

“海鲫”号刚一击中“爱宕”号，就又从船尾发射了4枚鱼雷。有两枚找到了“高雄”号重巡洋舰，一枚撞到它右舷舰桥以下的部位，另一枚击中了船尾。“高雄”号开始倾斜，发生火灾，并且因锅炉房进水而失去了动力，它最后返回了文莱湾，“长波”号驱逐舰护送了它一段路程。现在轮到“鲦鱼”号攻击了。它发射了4枚鱼雷，将“摩耶”号炸裂，后者于6点05分沉没，有336人阵亡（不过在“秋霜”号的救援下，有769人获救）[3]。

栗田现在在“大和”号上，他仍然让舰队按预定航向行驶，在6点30分向北进入了锡布延海。到这时候，美国海军知道日军已经出动作战，因为西村和志摩的舰队也被发现了。战斗的下一阶段将在锡布延海进行，但栗田知道，福留司令的飞行员必须为他把天空清理干净，栗田甚至弹射了他舰队的飞机去加强福留。可这对福留繁来说是不可能完成的任务，因为他在菲律宾只有不到200架飞机。他判断自己掩护栗田的最好方式还是攻击美军航母，而不是为他进行战斗空中巡逻。在三次空袭中——主要针对第38.3特混大队（第38.2特混大队虽然距离栗田舰队更近，但多半被日军忽视了），日军奋力攻击，在10月24日早晨爆发了激烈空战。虽然美军“普林斯顿”号轻型航母被击沉，但大部分日机都被击落，只剩下少数飞机去保护栗田。因此，当栗田在没有空中掩护的情况下西进时，第38特混舰队的飞机分别对他实施了5次空袭。

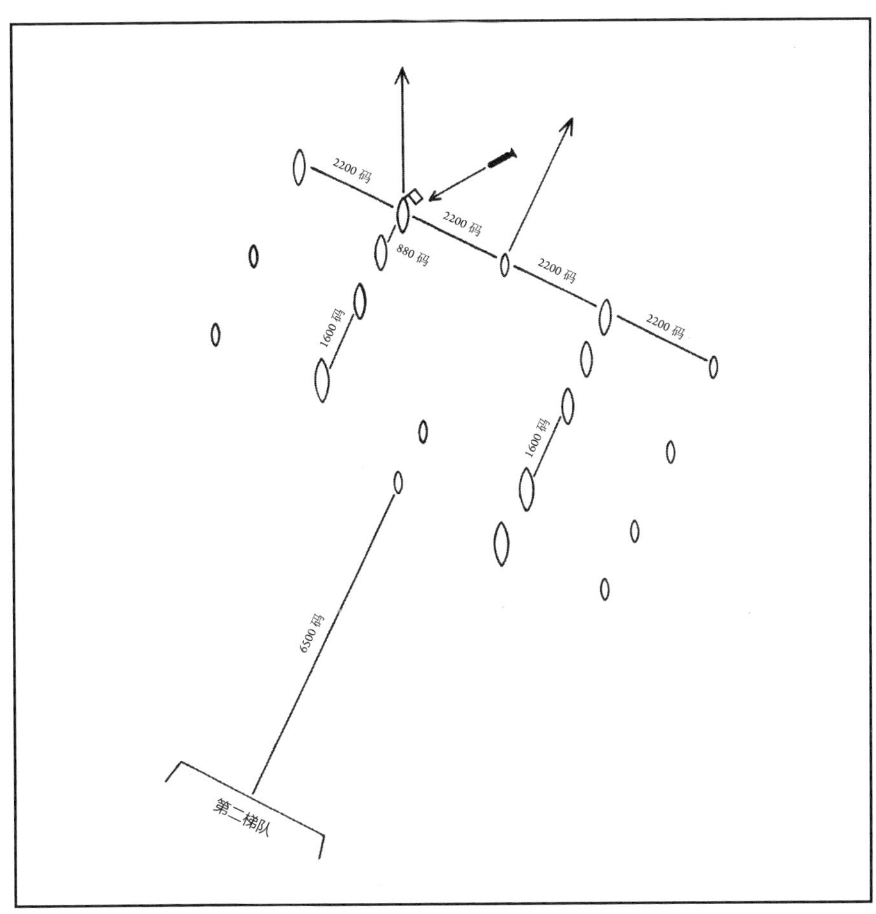

^ 栗田率领的北路部队第一梯队穿过巴拉望水道时所组成的队形，当时“爱宕”号被“海鲫”号潜艇的鱼雷击中

259 架飞机的空袭从上午 10 点左右开始，一直持续到下午。这些飞机集中攻击了“武藏”号，该舰左舷被 13 枚鱼雷、10 颗炸弹击中，右舷吃了 7 枚鱼雷、7 颗炸弹，总共挨了 18 发近失弹。受了致命伤的“武藏”号掉队，落在了栗田舰队后面（最后落后 20 英里），重巡洋舰“利根”号在一旁跟随，直到“清霜”号和“浜风”号来接班。但没有军舰能承受这样的重击，“武藏”号最终在 18 点 35 分沉没。舰上的 2279 名舰员有 991 人阵亡[4]。

“大和”号在13点30分挨了2颗炸弹，造成严重损害的是落在舰首左舷锚泊室的那颗。它进水2000吨，开始发生倾斜，但有效的损管又扶正了船体。14点20分，“长门”号战列舰被两颗炸弹直接命中，一颗穿透它的一号左舷锅炉房，使它减速，破坏了它的4号炮塔，敲掉了4门副炮；另一颗炸弹破坏了2号舰员室。舰员们花了一个小时才让锅炉恢复正常，在此期间该舰的速度降到了21节。重巡洋舰“利根”号在13点18分挨了两颗小炸弹，但其作战效能没有被削弱。“清霜”号在13点15分被炸弹直接击中，并被5发近失弹擦伤。它的电源连接被切断，中部甲板的机关炮被破坏，速度降到了21节。同时，“藤波”号的右舷舰首被近失弹擦伤，它最终在10月27日沉没。“浦波”号驱逐舰挨了一颗近失弹，无线电室被破坏，船体铆钉松动，航速降至28节。

栗田并不知道美军的第五轮空袭将是最后一轮，哈尔西正在召回飞机去追击小泽。因此，栗田要求暂时撤退以逃出美军飞机的攻击范围直到己方飞机能过来支援他也就不足为奇了。他要求自己的水上飞机返回舰船，但福留繁无法（也没有）照做。栗田自作主张调转了航向，在15点到16点14分这段时间一直向西航行。与C部队的会合已经不可避免地要延误，但他又再度转向东面，以便在晚上穿过圣贝纳迪诺海峡。他期望在10月25日拂晓遇到第38特混舰队。

苏里高海峡之战

C部队已经在10月22日15点从文莱湾出发。西村的部队取道棉兰老岛和内格罗斯岛之间的水路，在10月24日9点18分遭到轰炸，战列舰“扶桑”号的所有飞机都被大火烧毁，但西村仍然继续前进。现在回顾起来，有人会怀疑西村是不是真的期待通过苏里高海峡与栗田会合——如果哈尔西回来会怎么样？但对西村来说，命令还是要执行，已经没有时间讨论这些了。他渴望一场夜战，并且很明显期望用他的两艘有着独一无二塔式舰桥的老式战列舰“扶桑”号和“山城”号，连同重巡洋舰“最上”号和4艘驱逐舰去赢得胜利。由于遭到过轰炸，他知道自己已经被美军发现，舰队的航向也已经被测定出来，但令人费解的是，他没有尝试与志摩将军取得联系或等待他。

金凯德司令的第七舰队的战列舰队在等待C部队，该舰队由耶西·奥登多夫（Jesse B. Oldendorf）少将指挥。奥登多夫少将小心翼翼地设置了他的陷阱——沿着海峡部署了39艘鱼雷艇，在北面的保和岛和南面的甘米银岛设置了第一道防线，接着把防线分成11段，一直延伸到东面。28艘驱逐舰将对日军C部队发起挑战，它们粗略地以迪纳加特岛（Dinagat）为界分成南北两队。接下来的防线是战列舰队，左右两侧是轻巡洋舰和重巡洋舰。最后，在西村前方占据了“T”字横切位的是战列舰“密西西比”号、“马里兰”号、“西弗吉尼亚”号、“田纳西”号、“加利福尼亚”号和“宾夕法尼亚”号。

栗田已经通知西村A部队被耽搁了，无法按预定计划准时到达莱特岛的会合点，但这一消息并未阻止西村。他的C部队在22点左右与第一队鱼雷快艇纠缠，并在24点发消息给栗田称他正在通过苏里高海峡，将如期到达莱特湾，他已经见到了敌人的鱼雷快艇，但并未看到其他种类的舰只[5]。西村主力于0点15分进入海峡，“满潮”号领头，在它后面13600码处跟着一列舰艇纵队，分别是驱逐舰“朝云”号，战列舰“山城”号（旗舰）、“扶桑”号以及重巡洋舰“最上”号。在“山城”号战列舰的右前方1500码处是驱逐舰“山云”号，在左前方的则是“时雨”号驱逐舰。它们的速度是20节。

鱼雷艇又一次捕捉到日本舰船，双方在1点02分发射了照明弹。虽然西村受到这队鱼雷艇的夹击，却在1点25分安然无恙地从它们当中穿过。前面开始酝酿一场新的战斗，美军驱逐舰的首次攻击开始于2点。他们计划实施剪刀攻击，2艘在西村的左前方，3艘在右前方。西村的C部队此时开始组成战斗队形：以一字纵列向正北方向行进，4艘驱逐舰担任前卫，后跟“山城”“扶桑”和“最上”。当“时雨”号发现攻击者时，C部队再度发射了照明弹，2点02分日军所有军舰开火。但27条美军鱼雷正从8000到9000码的距离上向西村舰队扑来。射完鱼雷后，5艘美军驱逐舰开始撤退。西村没有采取规避行动，而是继续保持原航向不变——他为此付出了代价。2点07分，“扶桑”号被几条鱼雷击中。它摇晃了几下，着起火来，开始下沉。大爆炸将它炸成两截，残骸漂在海面上燃烧。最终，后半截舰体在一小时后沉入海底。美军和日军都被弄迷糊了，以为是两艘船在海面上燃烧。显然，西村并不知道“扶桑”号已经遭此重击[6]，或许没有参谋军官敢告诉他。

C 部队现在只得遭受更多美军驱逐舰的围攻，这些驱逐舰在 2 点 09 分到 2 点 11 分这段时间里发射了 20 多发鱼雷。西村下令实施规避，同时作了两个右转——但他这样做只是把他的驱逐舰直接置于美舰鱼雷的航道上。2 点 20 分，“山云”号被击中沉没；“满潮”号在 2 点 58 分沉没；“朝云”号被鱼雷炸掉了船头，但仍能撤退；“山城”号也被击中。2 点 30 分，西村向栗田发送了最后一份战斗报告：敌驱逐舰和鱼雷艇在苏里高海峡北口，我方两艘驱逐舰被鱼雷击中，在海面漂移。“山城”号被一枚鱼雷击中，并未丧失战斗能力，它不得不继续战斗，因为另一队美军在 2 点 25 分对它发动了突然袭击[7]。一条鱼雷击中了“山城”号，把它的航速降到了 5 节，3 个主炮塔也被炸掉，但它仍然继续冲向敌人。“朝云”号和正在沉没的“满潮”号也遭到了炮击。西村随后下令所有军舰向敌舰冲锋和攻击。但到这时候，“时雨”号和“最上”号已经从“山城”号的舰首转向，开始撤退了。美军最后一队驱逐舰向“山城”号发射了鱼雷，但都没有命中。接着，当它在 3 点钟左转舵后，又在 3 点 11 分被更多的鱼雷击中。

攻击“山城”号的并非只是驱逐舰。2 点 51 分，美军巡洋舰首先在 15000 码外开火。然后在 2 点 53 分，战列舰队加入了战斗，在 22800 码的距离上开火。最后，6 艘美军战列舰占据“T”字横切位，于 3 点 10 分向西村开火。没有军舰能承受这样的打击——“山城”号烧得像锅炉一样，瘫死在水面上。3 点 19 分，该舰倾覆沉没[8]。

志摩将军的第二游击部队在 C 部队后面大约 40 英里的地方。他一直在监听西村的作战报告，担心最坏的情况发生。4 点 25 分，志摩下令撤退。“那智”号重巡洋舰发现了“最上”号并误以为它不动了，5 分钟后，两舰相撞，“那智”的船尾严重受损。不过，坚强的“最上”号虽然受创着火，仍然保持了 18 节的航速，跟着志摩的舰队航行。然而，奥登多夫派出了“扫荡”分遣舰队，3 艘重巡洋舰与“最上”号交战，多次击中该舰，但它还是没有沉没。美军巡洋舰一进入日军潜艇活动的海域就撤退了。与此同时，一艘鱼雷艇向“最上”号发射了 2 枚鱼雷，但没有命中。

5 点 45 分，另一艘鱼雷艇报告了“最上”号的方位，并称它正以 12 到 14 节航速向南行进。此时，美军的空中力量接替了水面舰只，继续攻击日舰。美

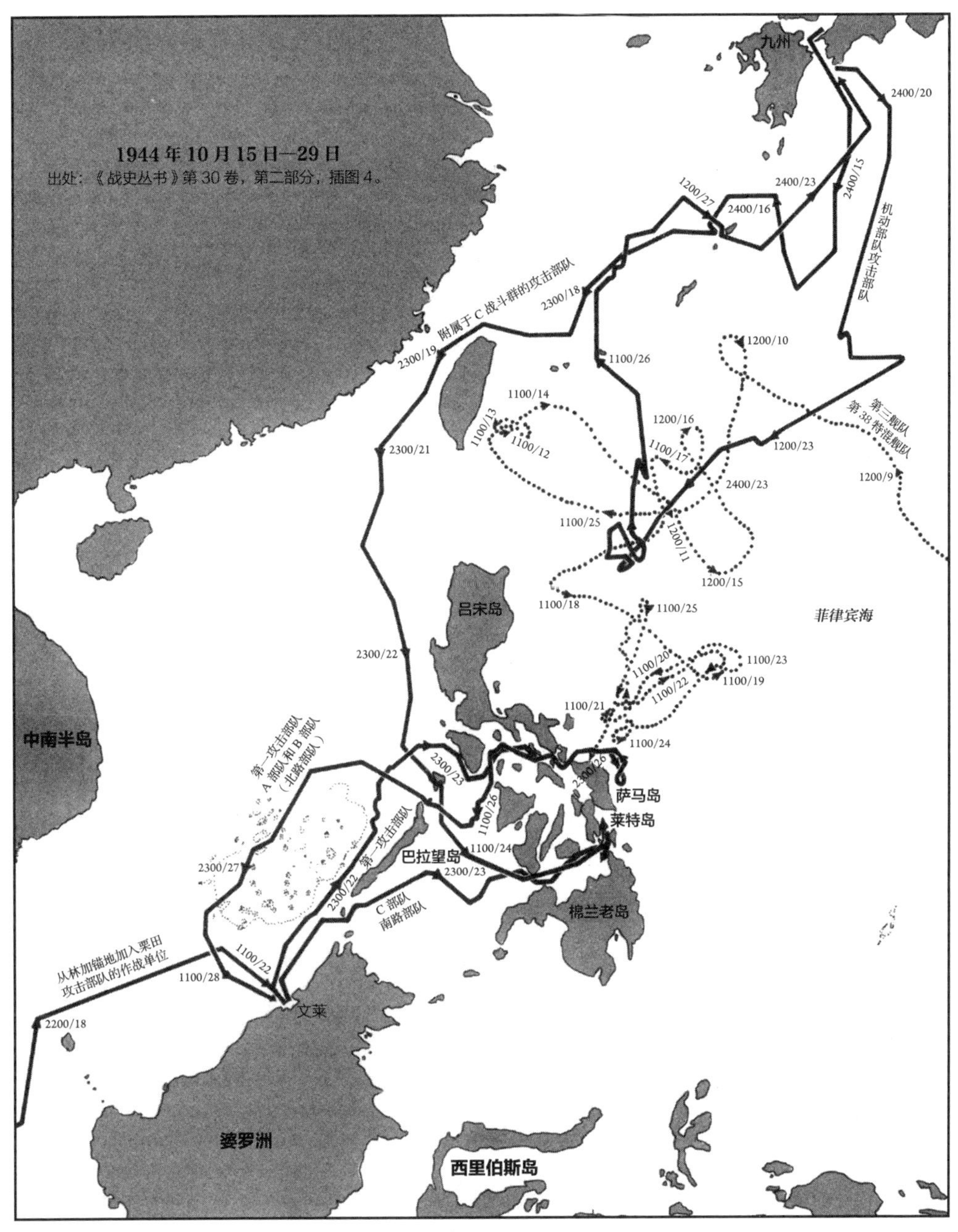

へ 莱特湾海战手绘示意图——接近和撤退，1944年10月15—29日

军飞机在追击志摩舰队时追上了“最上”号，在8点10分对其发动攻击，使它瘫死在水中。“曙”号驱逐舰带走了“最上”号的幸存者，并在11点30分将其击沉。全舰共有196人阵亡。美军巡洋舰和驱逐舰发现了正在漂流的“朝云”号。在舰首下沉的同时，它的后炮塔仍然在开炮，它最终于6点21分沉没[9]。在原先的C部队中，只有“时雨”号一艘在10月27日安全返回了基地[10]。

日军的伤亡还不止于此。志摩舰队的“阿武隈”号在10月25日早上被一条本来射向西村舰队的长程鱼雷击中。它艰难地以9节航速回到了达皮丹（Dapitan），然后企图向棉兰老岛进发，但被美军机群发现，于10月27日11点42分在内格罗斯岛附近被击沉[11]。

这样一来，日本海军钳形攻势的南钳臂已经被遏制。运输部队在10月26日让部队登陆，但美军飞机捕捉到了这支部队，击沉了轻巡洋舰“鬼怒”号和驱逐舰“浦波”号[12]。

萨马岛海战

美军和日军的海军当局都批评了栗田司令对萨马岛海战的处置。但如果我们考虑一下他的处境，这样的批评就显得不公正了。他不是一个年轻人，而且罹患疾病，他的旗舰已经被击沉，自己也落入水中，先是被转移到一艘驱逐舰上，接着又被转到“大和”号上。他已经失去了4艘重巡洋舰、强大的“武藏”号（姊妹舰为“大和”号）、1艘驱逐舰，A部队的其他多艘军舰也相继受损。他可能都没怎么睡过觉，因为他一整天都在和潜艇纠缠，然后又在没有掩护的情况下与飞机缠斗。他已经面临艰难的抉择，而现在他还必须考虑离开圣贝纳迪诺海峡，因为他预计第38特混舰队的所有或部分兵力正在等待他。他一定是拖着疲惫的身体，怀着惶恐不安的心情来看待即将到来的战斗，因为他是人。在这种情况下，或许只有战争之神——八幡①才能做得更好。

---

① 译注：八幡大菩萨，在日本的神话传说中被尊崇为弓箭之神。镇守国家，去除灾厄，保佑生产、育儿，拥有各种各样的功德。

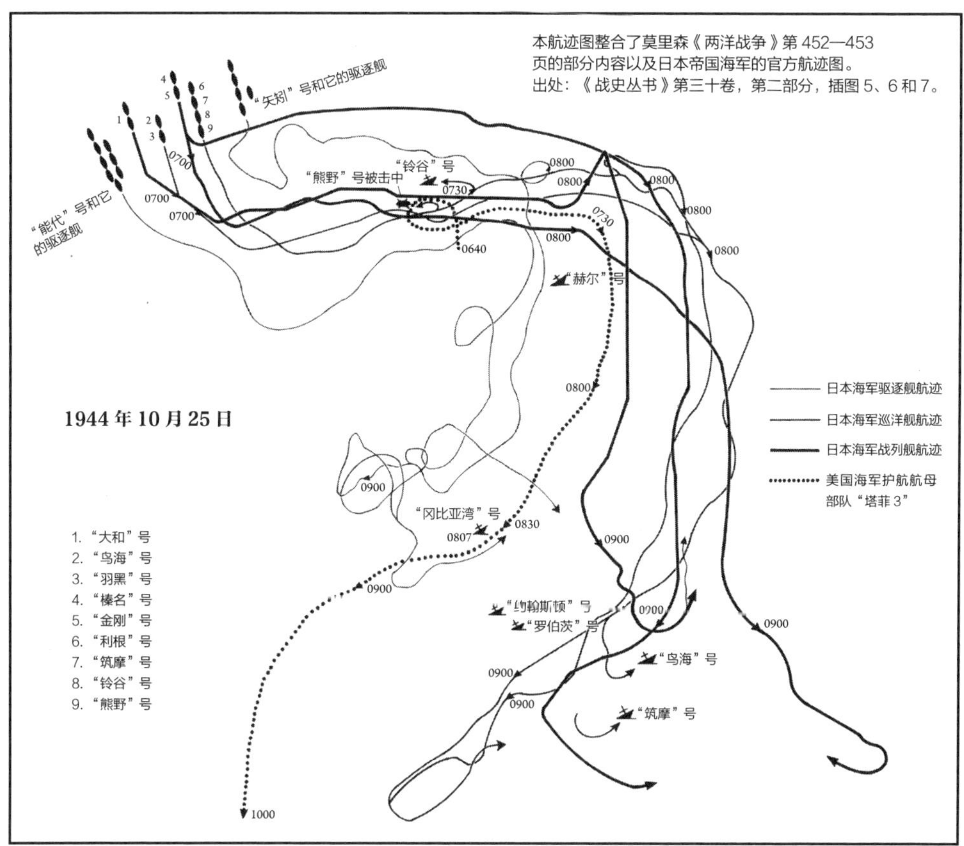

∧ 萨马岛海战，1944 年 10 月 25 日

当他的舰队驶出海峡，进入萨马岛附近海域时，他想必惊讶地发现没有美舰等他，也没有美机空袭。这里一定有陷阱，很难相信哈尔西——当时正在追逐小泽的航母部队——放任圣贝纳迪诺海峡防御空虚，而没有通知金凯德，也没有雷达或侦察机捕捉到栗田。

5 点 40 分，A 部队和 B 部队分成六个纵队转向东南。第 10 水雷战队的 4 艘驱逐舰在轻巡洋舰"矢矧"号的率领下在左边进行掩护。重巡洋舰"熊野"号、"铃谷"号、"筑摩"号和"利根"号位于掩护舰的南面，在"金刚"号和"榛名"

号的左前方。在战列舰的右前方是重巡洋舰“羽黑”号和“榛名”号。位于巡洋舰的右后方600码外是战列舰“大和”号和“长门”号。右前方是第二驱逐中队，由轻巡洋舰“能代”号率领7艘驱逐舰。

A部队的当面之敌是分成3个护航航母编队的代号为“塔菲斯”（Taffies）的第77.4特混大队。每一支“塔菲”（Taffy）沿着一条南北线负责一块30—50英里长的区域。“塔菲3号”包含护航航母“方肖湾”号、“加里宁湾”号、“冈比亚湾”号、“圣·洛”号、“白平原”号，距离正在靠近的北方部队最近，并在5点46分首度用雷达捕捉到它。一分钟后，一架侦察机上的飞行员惊奇地发现了日军。

5点49分，日军的瞭望哨在大约28000码的距离上发现了舰船的桅杆。在接下来的战斗中，能见度不好，天空阴沉沉、灰蒙蒙，偶有狂飚。随着两支敌对舰队距离拉近，栗田预计美军至少有5到7艘航母，并有一些巡洋舰和驱逐舰伴随。（在整场战斗中，由于能见度不良，他一直高估了与自己作战的敌军的实力。）5点52分，他下令全军以24节航速前进。5点53分，他让舰队左转舵攻击所能见到的舰船中领头的那艘。5点58分，他下令“前炮塔开火”。然后他命令第10水雷战队也向东转，大概是为了占据一个发射鱼雷的位置。6点03分，他命令“开始攻击”。该命令没有让舰船组成战列线，而是让每艘舰船根据自己指挥官的命令各自行动。当18英寸炮弹的爆炸开始掀起带色的海水时，惊呆的“塔菲3号”水手们被吓了一跳。（不同军舰使用不同颜色的染料，这样舰上的炮火指挥员就可以识别他所在军舰的齐射了。）当有关战况的最新消息传到金凯德的司令部时，他惊慌之余又感到生气，气的是哈尔西没跟他通过气就使圣贝纳迪诺海峡毫无防备。但他马上做出反应，到6点12分，3支“塔菲”航母编队起飞了所有可以投入作战的飞机。

接下来的战斗几乎无法进行准确的描述。尽管栗田确信自己将遭到空袭，但却没有组成环状防御队形。这是一场一般都被描述成一边倒的战斗——一支强大的舰队冲向几乎毫无防备的护航航母。这些护航航母每艘只装备了5英寸大炮，由3艘驱逐舰和同等数量的护航驱逐舰保护。但那不是事情的真相，在栗田看来更是如此。日军北路舰队继续东进，一直向一个不清楚身份的目标开火，直到6点55分才停止，然后开始慢慢向南绕弯，将“塔菲3号”包围，把它向莱特湾驱赶。当日军军舰设法缩短与美舰的距离时，它们遭到第77.4特混大队派来的大约500架飞机——携带小型炸弹的战斗机以及鱼雷机——越来越猛烈的空袭（500架相当于5艘舰队航母的舰载机数量）。在差不多4个小时的时间里，栗田一直试图在没有空中掩护的情况下抵近“吉普”航母[①]，他的舰队则遭到美军蜂拥而至的机群不停地攻击。“塔菲”航母编队的舰载机可以在莱特岛上的机场降落、加油、装弹，然后回去追击栗田舰队，这样飞机在护航航母上首次起飞后，后者就不必再起降飞机了。栗田的军舰也被迫几乎不停地散开机动，打乱队形以躲避鱼雷和炸弹攻击。糟糕的能见度使一些目标变得模糊，也使另一些目标显得更大了。而且为了搜索鱼雷的航迹，“大和”号不得不掉头八分钟，导致栗田的旗舰太靠后，使他不能准确地分析战局，也无法良好地操控舰只。栗田自始至终搞不清楚他在和什么空中力量交战，也弄不明白这些飞机从哪儿来。他不知道有没有遭遇俯冲轰炸机，当然他最担心的是哈尔西的第38特混舰队的行踪。他也知道形成钳形攻势南臂的舰船并没有到达预定位置。这场战斗成了一场近距离混战，当日军舰船开始遭到打击，其中一些开始下沉时，他舰队的其他舰只又承担了额外的重担，它们必须消灭当面的美军舰艇，击退驱逐舰和持续不断的空袭，同时设法救助受创的巡洋舰。日军并不能对“塔菲3号”发动“教科书式”的攻击。

“白平原”号遭到3次跨射[②]，要么来自“榛名”号，要么来自“金刚”号。正当北路舰队逐渐靠近美国舰队时，一场雨飑在6点07分到15分把“塔菲3号”隐蔽了起来，这就让从南面“塔菲”编队起飞的飞机又有了8分钟时间前来救援，也使“塔菲3号”编队能改变航线并拉开距离。雨飑过后，“塔菲3号”编队

① 译注：美军将孱弱的护航航母戏称为“吉普”。

② 译注：舰炮射击技术中的一个专有名词，按照炮兵的术语应该叫夹差法。主炮射击时，舰桥最顶部的射击指挥所通过观察弹着点的散落区域，不断对主炮瞄准方向进行修正。当散射区域能够覆盖目标舰船的全部或大部分时，敌舰被笼罩在己方火力范围内，就形成了跨射。追求跨射的意义在于：保持对目标的跨射，能够达到最大的命中概率。

的 3 艘驱逐舰施放了烟雾，又将护航航母部分地掩藏起来。随后美军驱逐舰发挥了自己应该发挥的作用，也做了它们的指挥官被训练做的事——“赫尔”号、“赫尔曼”号和“约翰斯顿”号冲向北路舰队。5 英寸炮弹对重巡洋舰队领头的“熊野”号几乎没造成什么破坏，但“熊野”号、“铃谷”号、“筑摩”号和“利根”号的回击也没有命中美舰。“约翰斯顿”号在 10000 码的距离上发射了 10 条鱼雷，并施放了烟雾，然后急忙退到烟雾后面。6 点 27 分，一条鱼雷击中了“熊野”号，把它的船头几乎整个儿削去，它的速度降到了 14 节，脱离了队伍向左转。大约在同一时间，“铃谷”号吃了两颗炸弹，遭到重创，航速降至 23 节，并突然左转。“筑摩”号和“利根”号继续对美舰进行攻击，同时栗田把旗舰转移到了“铃谷”号上，“筑摩”号上也采取了紧急修理措施。“约翰斯顿”号被击中 6 次，很可能是“金刚”号所为，但“约翰斯顿”号仍然漂浮在海面上，于当天早晨晚些时候又和日军打了一回。

“羽黑”号在 6 点 05 分开火，但没过多久就不得不躲避 5 架飞机的攻击，接着又得躲避 2 架飞机的袭击。这样浪费时间的规避行动正是仍然试图抵近美军航母的日军北路舰队的典型作战经历。栗田的舰船再度被“赫尔”号和“赫尔曼”号牢牢逮住。“赫尔”号在 6 点 53 分向“金刚”号实施了一轮齐射，但没有命中。“金刚”号随后向这艘驱逐舰发动攻击，屡次命中目标，使“赫尔”号只有 A 和 B 炮塔可以继续作战。“赫尔”号向“羽黑”号发射了鱼雷，无一击中目标。但在躲避鱼雷时，“羽黑”号于 7 点 51 分被一颗炮弹击中船体右舷中部，这一击导致“羽黑”号掉队原地打转。“赫尔曼”号也以“羽黑”号为目标进行攻击，同时受到近失弹的回击。“赫尔曼”号的鱼雷没有击中“羽黑”号，“羽黑”号的炮弹也没有命中“赫尔曼”号。“赫尔曼”号把剩下的鱼雷射向一艘战列舰，然后向护航航母撤退。“赫尔”号向“筑摩”号发动了短暂的攻击，随后被一场空袭赶走；但“利根”号代替“筑摩”号，对“赫尔”号造成了严重损害。在这一阶段的战斗中，“约翰斯顿”号和“塞缪尔·罗伯茨”号被击沉。尽管如此，这些驱逐舰还是尽它们最大的努力完成了任务。

对日本人来说，战斗的目标是击沉航母，然后抵达莱特湾的美军运输船所在的位置。在抵挡住飞机、驱逐舰甚至护航驱逐舰之后，北路舰队击沉了 1 艘护航航母。7 点 30 分，“冈比亚湾”号遭到了“筑摩”号的炮击。接着，它在 7 点 41 分被“羽黑”号、“能代”号和一艘驱逐舰多次击中，最终在 8 点 07 分沉没。“塔菲 3 号”编队的其他航母也遭受了不同程度（从一般到严重）的损伤。但栗田为这些区区的“吉普”航母付出了过高的代价（假如他还知道它们是护航航母的话）。“筑摩”号失去了船头，艰难地返回了基地。“羽黑”号遭到重创，“鸟海”号也多次被炮弹击中，船头可见不止一个弹孔，航速也降了下来。然后，盟军的飞机对“筑摩”和“鸟海”进行了集中攻击。“筑摩”号又被一条鱼雷击中。缓慢航行的两舰成了飞机极佳的攻击目标，遭到炸弹和鱼雷的进一步破坏。6 点 24 分，“铃谷”号被一枚近失弹擦伤。在挨了又一发近失弹的攻击后，“熊野”号于 7 点奉命穿过圣贝纳迪诺海峡到达科隆。“鸟海”号严重受损，瘫痪在海上，于是“藤波”号接走了它的幸存者，并用鱼雷将其击沉。“野分”号驱逐舰救走了“筑摩”号的船员，并将其凿沉。9 点 50 分，30 架美军飞机攻击了“铃谷”号。在 10 点，它的舰首吃了一条鱼雷，速度慢了下来，然后开始倾斜。在又吃了两发鱼雷后，它在 11 点 30 分沉没。

8 点 11 分，栗田命令：“停止战斗，随我北上，航速 20 节。”他在 9 点 55 分前一直向正北方向行进，然后于 10 点 47 分朝西南方向绕了一下，再度向莱特岛进发。他在 11 点 15 分转向西南，但到 11 点 36 分时又绕向偏北航行。他决定穿过圣贝纳迪诺海峡撤退，行动依据是接到报告称哈尔西舰队在他的东北方向——假如情况真是这样的话，栗田确实将不得不与之一战。（战后，栗田拒绝讨论他撤退的原因。）

虽然栗田在莱特湾指挥得很糟糕，但他决定撤退是明智的。他已经击沉了 1 艘护航航母、2 艘驱逐舰和 1 艘护卫驱逐舰。自离开文莱湾以来，他自己的部队已经损失了 1 艘战列舰、5 艘重巡洋舰，还有 2 艘重巡洋舰遭到重创。事实上，北路舰队的所有舰只都受过损伤。他预计在离开盟军空中力量的打击范围之前，在 10 月 26 日还要损失更多的舰只。他知道日军钳形攻势的南路舰队一定已经被消灭了。他不知道小泽身在何处，也不知道小泽有没有真的按照计划把哈尔西引向北方。

这场战斗的结果不容置疑地证明了，一支强大的水面舰队如果没有空中掩护，即便是对抗只有区区驱逐舰和护航驱逐舰掩护的“吉普”航母（有足够的飞机和飞行员能实施反击），也是必败无疑。如果要怪，就要怪把军舰弄到海上去执行这种不可能完成的任务的人，怪丰田大将和日军大本营明知道美国海军可以投入庞大的海空力量，竟然还相信日军能赢得这样一场战斗。“塔菲 3 号”航母编队的掩护舰确实凭借最大的勇气和最高超的技巧保护了“塔菲 3 号”，但实际是“塔菲 1 号和“塔菲 2 号”的空中力量牵扯了栗田大部分的精力，使他无暇优先去关心战斗队形的问题。对任何持续与飞机周旋的军舰来说，精准地操控火炮就算可以做到，也是难度很大的[13]。

恩加诺角海战

小泽中将很清楚自己的角色：把哈尔西的第 38 特混舰队从栗田那里引开。他的机动部队主力（北路舰队）有 1 艘重型航母、3 艘轻型航母、2 艘航空战列舰、3 艘轻巡洋舰和 8 艘驱逐舰。可问题是，他的两支航母分队只有 108 架飞机，并且航空战列舰“伊势”号和“日向”号没有一架飞机[14]。小泽是要被牺牲的诱饵——他自己也知道这一点。当小泽在 10 月 24 日听说栗田正在撤退时，他也开始向北撤退。然而，在 20 时左右，丰田命令小泽南下进攻。虽然小泽在 10 月 24—25 日夜间没有得到任何有关栗田的消息，他还是执行了命令。但他知道哈尔西正在北上，也知道哈尔西能给他几乎没有舰载机的航母部队带来什么。

到 10 月 25 日早晨，小泽已经把他的大部分飞机派往菲律宾的克拉克机场和土格加劳机场，让区区 30 架战斗机去承担迎击第 38 特混舰队攻击机群的任务。到 9 点 30 分，他的航母已经一架飞机都没有了。他给出击的飞机制订的计划是攻击第 38 特混舰队，然后飞往菲律宾。一些日机找到了第 38 特混舰队，进行了攻击，另一些则没有找到。最后只有少数飞机抵达菲律宾，部分原因是飞行员缺乏训练。第 38 特混舰队夜间在航母前面 10 英里处部署了一支战列舰队，在拂晓时找到了小泽的位置。

在 7 点 07 分发现美军航母舰载机接近后，“瑞鹤”号和“千岁”号轻型航母起飞了 11 架飞机进行空中战斗巡逻。小泽已经把他的机动部队一分为二。第五战队有“瑞鹤”号和“瑞凤”号轻型航母，它们由轻巡洋舰“大淀”号、“多摩”

号，驱逐舰“初月”号、“若月”号，航空战列舰“伊势”号以及驱逐舰“桑”号、“久留”号提供掩护。正好在它后面的是第六航空战队，拥有轻型航母“千岁”号和“千代”号，由轻巡洋舰“五十铃”号，航空战列舰“日向”号和驱逐舰“桐”号、“霜月”号、“杉”号和“槙”号负责掩护。

美军攻击机群也分成两组。第一组（80架飞机）飞临第五航空战队的右前方。另一组（50架）飞机沿着第五和第六战队之间的中心线飞行，然后对第六战队的右舷正横发动攻击。接着美机从四面八方对两支舰艇编队进行了攻击。“瑞鹤”号在空袭中很早就被一枚鱼雷击中，舰体逐渐左倾，导致其航速减缓，它掉队并丧失了通信能力。“伊势”号挨了两颗近失弹，“大淀”号被一颗炸弹直接命中，并挨了两枚近失弹，但几乎没遭到什么破坏。“久留”号在7点50分挨了一颗炸弹起火，在7点56分发生爆炸沉没。在第六战队里，“千岁”号受创，逐渐出现明显的左倾，航速也降了下来。第一轮空袭从7点21分一直持续到7点59分。

作为仅存的一艘参加过珍珠港偷袭的日军航母，“瑞鹤”号成了美军攻击机群的首要目标，鱼雷机和俯冲轰炸机从四面八方对它进行攻击。它用火箭炮进行了无效的还击，这些炮弹上都带有钢线（日军希望用这个钩住飞机）。随着美机攻击的进行，“瑞鹤”号被数枚炸弹直接命中，也被数条鱼雷穿透。小泽决定把旗舰换成“大淀”号。

“瑞凤”号在7点31分遭到重击，飞行甲板被命中两次。船尾挨了6发近失弹，其中一发在舰首附近爆炸，使油箱发生爆裂。“瑞凤”号发生了火灾，并开始倾斜，到7点55分时，它的航速开始下降。

第六战队没有被忽略，遭到170架飞机的袭击，包括“日向”号在内的所有舰船用主炮的猛烈炮火进行回击。“多摩”号轻巡洋舰在7点30分被鱼雷击中，开始减速。一颗炸弹击中“千岁”号左舷船尾，造成巨大破坏，其航速急剧下降。美机在7点24分从各个方向对“千代田”号发动突袭，但因为“霜月”号的配合作战，它没有中弹。由于“千岁”号瘫死在水中，“霜月”号被派去救助它。轻巡洋舰“五十铃”号则奉命协助“多摩”号。“千岁”号在8点30分沉没，有903人战死。部分舰员被“霜月”号救起，但持续不断的空袭又赶跑了“霜月”号。

小泽舰队现在的延伸距离超过35英里。最北面的舰队是“瑞鹤”号、“瑞凤”号、“伊势”号以及4艘驱逐舰。“多摩”号拖着油迹，位于该舰队和“千代田”号、“日向”号以及“霜月”号的中间，后面更远处是“伊势”号。

美军的第三波攻击规模较大，于12点05分袭来，持续了一个多小时。一部分美机集中攻击“瑞鹤”和“瑞凤”，“瑞鹤”吸引了100多架轰炸机和鱼雷机。它的舰首左舷处先吃了一枚鱼雷，之后左舷和右舷马上又吃了7枚鱼雷。与此同时，该舰被4颗炸弹直接命中，被各种近失弹擦伤。“瑞鹤”号受到的损伤太大，舰上发生了火灾，航速也慢了下来。当它开始发生严重倾斜时，舰长中濑少将①命令幸存者们聚集在扇尾。舰旗被降下，舰员们开始弃舰。13点14分，“瑞鹤”号沉没[15]。

下一个轮到的是“瑞凤”号。它从12点10分开始遭到空袭，吃了2条鱼雷、4颗炸弹（直接落在飞行甲板上）和众多近失弹，航速下降至12节，很快失去了转向能力。12点50分，它挨了更多的近失弹，航速降至6节。13点32分，“瑞凤”号遭到美机的第三波攻击，在应付了10枚近失弹后，它的劫数已到，于14点26分沉没[16]。

13点45分，哈尔西的机群集中攻击了“伊势”号，但后者挺了过来。美机还袭击了行将沉没的“瑞凤”号，对它造成了更多的破坏，也加剧了混乱。第四攻击波是规模最大的——5艘美军航母所有能投入作战的飞机都在15点10分袭来[17]。这波飞机向“伊势”投了30颗近失弹，但它仍然不愿沉没。现在该是美国军舰追击日军残兵破舰的时候了。第38特混舰队的巡洋舰和驱逐舰在15点47分用炮火和鱼雷击沉了“千代田”号（它的大部分舰员已经被“五十铃”号和“槙”号接走）。在进行了英勇但毫无胜算的抵抗后，“初月”号于19点30分被巡洋舰和驱逐舰组成的舰艇编队击沉。

当天晚些时候，“多摩”号被美军潜艇“贾劳”号击沉，但“五十铃”号和“大淀”号逃脱了。驱逐舰“秋风”号、“若月”号、“霜月”号、“槙”号、“桐”

---

① 译注：“瑞鹤”号舰长这时应为贝塚武男少将，中濑少将此时是“伊势”号航空战列舰的舰长。

号、“桑”号下和“杉”号也成功返回了日本。但日本帝国海军的航母这一武器已经不复存在[18]。

栗田从萨马岛撤退

栗田在撤退时遭到美军跟踪，护航航母的飞机对其发动了攻击。“长门”号和“利根”号被击中，但这点损伤不足以阻挡日军进一步撤退。尼米兹命令哈尔西追击栗田，为此立即分出了38.1特混大队给他。该编队起飞了147架飞机去攻击栗田的舰船，但没有给日舰造成进一步的破坏。在“筑摩”号旁的“野分”号被第34.5特混大队追上（该编队是为了追击栗田在16点01分新组建的），于10月26日0点被炮弹击沉。“早霜”号和“不知火”号被第38特混舰队追上，于10月27日在民都洛岛以南遭到轰炸；前者搁浅，后者沉没[19]。

经过这些灾难性的战斗以后，日本就再也没有舰队了。在“捷一号”作战中幸存的一部分联合舰队舰只向南开到文莱湾，随后又到了新加坡附近的林加锚地，那里有许多燃料，但弹药很少。另一部分舰只则转移到日本近海——那里有弹药却无燃料。除了叙述沉闷枯燥的关于潜艇和飞机击沉舰船的经过外，日本海军的战斗故事已经基本讲完。还剩下三场战斗——一场是民都洛附近的海战，一场是槟榔屿附近的海战，最后是“大和”号的自杀冲锋。

日军的“捷一号”作战部队从来就没有机会与敌军对抗。该部队组建的时间太晚，即便抵达了莱特岛的滩头阵地，那里也没有美军大型运输船部队。它或许可以对滩头阵地的军事设施和辅助船只造成一些破坏，但代价将非常高。美军一旦召回哈尔西所有或部分航母编队，那么剩下的日本舰船就如困兽一般。

到1944年10月，日本海军几乎被各种美军的舰船、潜艇和飞机压制，已经无法在任何作战中取胜。但日本军官所受的训练使得投降对他们来说是不可想象的。此时日本海军正在建造“神风”飞机，招募飞行员去应对和摧毁美军的下一次进攻，自杀潜艇“回天”也投入了生产。日军已经在制订这样的计划：倘若美军进攻日本本土，那么所有的日本男人、女人和孩子都将被组织起来，组成“挺身队”去对付入侵者，即便这些日本人可能只装备了锋利的竹长矛。

为夺取莱特岛发动的战役是一次“万岁冲锋”。在这次冲锋中，日本海军仅存的大部分舰只都被消灭了。然而，战争仍然将继续，直到更明智的政府官员占据政府，开始制订和谈的计划。即便日本的舰队已经满目疮痍，陆军孤悬海外，人民正在忍饥挨饿，要使“鸽派”的实力上升到足以说服从不做政治决定的天皇最终做出“圣断”结束战争，仍然需要在广岛和长崎投下原子弹来刺激日本人。

“捷一号”作战完全是愚蠢的行为。日本军官知道这一点，但考虑到他们作为日本人和海军军官接受的初始训练，他们必须服从命令。日美双方都损失了许多英勇的将士，许多优良的舰船也因为“捷一号”作战沉入海底。日本的战争标语“精神（指日本的）战胜物质”成了迅速幻灭的空想。

圣何塞进攻部队

虽然日本已经没有了舰队，但它残存的少量军舰依然分散在从幌筵岛到槟榔屿的广大海域，而且日本的领导人确信菲律宾已经失陷，日军便又努力实施了一次漫无目的的奇特突袭。大本营命令山下将军在民都洛进行反登陆突击，同时计划由步兵在军舰的配合下组成混编的炮击部队，对民都洛岛的机场实施“打了就跑”的联合攻击。日军实施炮击的舰队被命名为“侵攻部队”，由木村昌福司令坐镇重巡洋舰“足柄”号进行指挥，拥有轻巡洋舰“大淀”号，驱逐舰“霞”号、“清霜”号、“朝霜”号、“榧”号、“杉”号、“樫”号。1944 年 11 月 24 日，这支舰队从金兰湾出发，直到 11 月 26 日 15 点才被“卡特琳娜”水上飞机的飞行员在圣何塞西北约 200 英里处发现。

圣何塞的滩头阵地对来自海上的攻击毫无防备。当木村抵达滩头阵地附近时，他仍然保持着足够远的距离以免被鱼雷艇部队困住，美军则匆忙集结了飞机和舰船。在靠近圣何塞时，木村舰队遭到持续不断的空袭。20 点 01 分，“大淀”号被两颗炸弹直接命中，并被一颗近失弹擦伤，但只受了轻伤。随后“清霜”号被击中两次，受损严重，发生火灾并掉队。在挨了鱼雷艇的一枚鱼雷后，该舰于 20 点 25 分沉没。“足柄”号在 20 点 24 分被近失弹擦伤，暂时落在了主队后面。

尽管接到该海域有强大美军军舰的报告，木村舰队仍然继续前进，并炮击圣何塞及其机场达半小时。完成任务后，木村返回了金兰湾。此役日军损失了一艘崭新的驱逐舰，损耗了其他舰只——结果却是竹篮子打水一场空[20]。

最后的水面战斗

由于在缅甸吃了败仗，加上守军也分散在西南亚，日军没有足够的舰船撤离陆军，甚至连运送补给都做不到。“羽黑”号重巡洋舰将在“神风”号驱逐舰的伴随下撤走安达曼群岛的守军。1945 年 5 月 11 日，两舰被从皇家海军护航航母“沙”号上起飞的飞机发现，它们当时正向西北航行。两艘日本军舰知道自己已经被发现，便掉头向东南航行。然而，由于安达曼形势危急，两舰再度转向，继续执行它们的任务。英国东方舰队的哈罗德·沃克（Harold Walker）司令预计日军企图撤离安达曼群岛，便试图拦截他们。他带自己的主力南下，以防止被日军察觉。5 月 15 日早晨，在“羽黑”号再度调转航向后，护航航母“沙”号发现了它。不过为防不测，沃克又派出一支由 5 艘驱逐舰组成的舰队，这支包含“维纳斯”号、“韦鲁勒姆”号、“悍妇”号、“警戒”号、“索马勒兹”号的舰队在 23 点用雷达捕捉到了日舰。它们采用经常练习（但很少使用）的“星形”攻击队形对“羽黑”号发动了攻击，打了一场近距离的战斗，于 1 点 50 分在槟榔屿西南 45 英里处把涂着“红膏药”的日军巡洋舰送入海底。“索马勒兹”号受中度损伤，“神风”号则逃之夭夭[21]。

日本帝国海军的最后出击

作为战史，本书不把这场战争中的神风特攻视为海战，因为没有日军舰艇直接参与其中，破坏日军舰船和海军设施的航母突袭也没有涉及，因为这些不能被称作海战，在日本海军基地的军舰几乎没有还击，因为它们大多是半沉半浮的军舰，其他的军舰则移除了武装。但具有讽刺意味的是，日本帝国海军最后一次真正的出击竟是被用作牵制性的诱饵。强大的战列舰“大和”号以及随行舰只将进行冲锋，目的是吸引尽可能多的美军航母舰载机，这样就使日军更易于对盟国海军舰队发动大规模的神风特攻。

这最后一支舰队（代号为“天”号）的构成如下：战列舰“大和”号，轻巡洋舰“矢矧”号，驱逐舰“矶风”号、“浜风”号、“雪风”号、“朝霜”号、“霞”号、“初霜”号、“冬月”号和“凉月”号。冲绳已经在1945年4月1日遭到美军的入侵，日军大本营无可奈何地决定投入每个士兵、飞行员和舰船去驱逐敌人，日军将4月6日定为“天”号作战的发起时间。日军在本土非常缺油，所以“大和”号带的燃料只够到达冲绳。如果它抵达了冲绳，接下来的计划就是将其搁浅，用舰上的18英寸大炮支援地面的战斗。许多舰船的舰长都反对该作战，宁愿自由地在海上发动突袭——但命令就是命令。4月6日16点，日军舰船在日本德山起锚，开始了最后一次航行（对日本海军的多数官兵来说）。军校学员和患病人员在出发前都从舰上被撤走。

4月7日4点，日军舰船驶入北太平洋，位于九州东南。9点，“朝霜”号报告引擎出现故障，然后就掉队了。11点15分，日本舰队转向西南，此时组成的是环形队列：布满火炮（一些是雷达控制的，但没有炮手受过使用雷达的训练）的“大和”号位于中央，轻巡洋舰“矢矧”号在南面领头，其他7艘驱逐舰组成了一个完整的圆圈。15分钟后，“大和”号的军官们知道他们已经被发现了，因为日军发现了一架盟军的水上飞机。当时，舰队残存的所有弹射飞机都已被遣回九州。

之后不久，“天”号部队就收到了250架美机向其飞来的报告。12点20分，“大和”号用信号通知全队在它的左前方33000码处出现大批军机。就在那时，一场短暂的雨飑使能见度受到影响。当暴风雨停息后，战斗在12点32分打响。此时日舰全炮开火，甚至连“大和”号最大的主炮也开了炮。“天”号舰队在九州以南仅仅175英里的地方遭到了袭击，美军对日本海军残部的大屠杀开始了。“矢矧”号最先遭到可怕的沉重打击，一再被鱼雷、炸弹击中，并遭到多次扫射，它的引擎室里横七竖八地躺着战死的舰员。接着，“浜风”号沉入了海底。美军的数百架飞机一波又一波地对“天”号舰队实施空袭，几乎没停过。“凉月”号起火，处境艰难。“霞”号船舵失控。“矢矧”号已经无法再承受攻击，和“矶风”号一样沉没了。“大和”号先是在12点40分被几颗炸弹击中，接着又在12点50分被鱼雷命中左舷。它左舷挨了8枚鱼雷，右舷吃了2枚。到14点05分，倾斜的“大和”已经无法扶正，舰长下达了弃舰的命令。最后一条鱼雷在14点

17 分击中“大和”号，导致它倾斜 20 度。最后，该舰发生爆炸，在它上空数千英尺的地方腾起一团巨大的烟雾。“大和”号的幸存者被“霞”号接走，然后“冬月”号了结了“大和”号。在后面艰难航行的“朝霜”号也被击沉。四艘破破烂烂的幸存舰——“冬月”“凉月”“雪风”和“初霜”最终回到了佐世保。这是一场大屠杀：“大和”号有 2498 人阵亡，“矢矧”号有 446 人战死，四艘驱逐舰总共阵亡了 721 人[22]。损失了 3665 人换来的这次大规模神风突袭只出动了区区 114 架飞机，击伤了 1 艘美军航母、1 艘 1941 年前建造的战列舰和 1 艘驱逐舰。随着巨大的“大和”号战列舰被击沉，曾经令人生畏的帝国海军已经不复存在。

“捷一号”作战部队编制表

第五战队、第一游击部队主力

（栗田中将）

A 部队（北路舰队）

战列舰：“大和”号、“武藏”号、“长门”号

重巡洋舰：“爱宕”号、“高雄”号、“鸟海”号、“摩耶”号、“妙高”号、“羽黑”号

轻巡洋舰：“能代”号

驱逐舰：“岸波”号、“冲波”号、“长波”号、“朝霜”号、“秋霜”号、“浜波”号、“藤波”号、“岛风”号、“早霜”号

B 部队（北路舰队）

战列舰：“金刚”号、“榛名”号

重巡洋舰：“熊野”号、“铃谷”号、“筑摩”号、“利根”号

轻巡洋舰：“矢矧”号

驱逐舰：“野分”号、“清霜”号、“浦风”号、“雪风”号、“浜风”号、“矶风”号

C 部队（南路舰队）（西村祥治中将）

战列舰：“山城”号、“扶桑”号

重巡洋舰：“最上”号

掩护驱逐舰：“时雨”号、“满潮”号、“山云”号、“朝云”号

C 部队附属舰队（志摩清英中将）

重巡洋舰：“那智”号、“足柄”号

轻巡洋舰：“阿武隈”号

驱逐舰：“曙”号、“潮”号、“霞”号、“不知火”号、“若叶”号、“初霜”号、“初春”号

南区防御部队、运输部队（左近允尚正中将）

重巡洋舰：“青叶”号

轻巡洋舰：“鬼怒”号

驱逐舰：“浦波”号

4 艘运输驱逐舰

机动部队、攻击部队（小泽治三郎中将）

重型航空母舰：“瑞鹤”号

轻型航空母舰：“瑞凤”号、“千岁”号、“千代”号

航空战列舰：“伊势”号、“日向”号

轻巡洋舰：“大淀”号、“多摩”号、“五十铃”号

驱逐舰：“槇”号、“杉”号、“桐”号、“桑”号、“初月”号、“秋月”号、“若月”号、“霜月”号

补给部队

驱逐舰：“秋风”号

2 艘油船

6 艘护航舰

美国海军编制表（与日军“捷一号”作战相关的部队）

第三舰队：哈尔西司令（坐镇“新泽西”号战列舰），第 38 特混舰队

第 38.1 特混大队

2 艘重型航空母舰

2 艘轻型航空母舰

3 艘重巡洋舰

14 艘驱逐舰

第 38.2 特混大队

3 艘重型航空母舰

2 艘轻型航空母舰

2 艘战列舰

4 艘轻巡洋舰

18 艘驱逐舰

第 38.3 特混大队

2 艘重型航空母舰

2 艘轻型航空母舰

4 艘战列舰

2 艘轻巡洋舰

14 艘驱逐舰

第 38.4 特混大队

2 艘重型航空母舰

2 艘轻型航空母舰

1 艘重巡洋舰

1 艘轻巡洋舰

11 艘驱逐舰

战列舰队　（从第 38.2、38.3、38.4 特混大队抽调）

6 艘战列舰外加若干重巡洋舰、轻巡洋舰和掩护驱逐舰

第七舰队：护航航母编队、第 77.4 特混大队（托马斯 · 斯普拉格少将）

“塔菲 1 号”编队（第 77.4.1 小队）

6 艘护航航空母舰

3 艘驱逐舰

5 艘护航驱逐舰

“塔菲 2 号”编队（第 77.4.2 小队）

部队组成同上

“塔菲 3 号”编队（第 77.4.3 小队）

除了少一艘护航驱逐舰，其余同上

（18 艘护航航母共有 304 架战斗机、199 架鱼雷机——共 503 架飞机，与 6 艘“埃塞克斯”级航母的舰载机数量相当）

战列舰队（任务是守卫南面的苏丽高海峡，奥登多夫少将）

6 艘老式战列舰（其中 5 艘是在珍珠港打捞上来修复的）

3 艘重巡洋舰

5 艘轻巡洋舰

29 艘驱逐舰

45 艘鱼雷艇

第二十三章
战争回顾

美国一位著名的印第安战士约瑟夫酋长曾经说过：“拾起枪容易，放下枪却几乎不可能做到。”当日本在1941年12月7日捡起枪时，这项决策虽然经过激烈讨论，但考虑到当时日本国民狂热的民族主义情绪，他们最终还是很轻易地做出了开战的决定。在欧洲战场，日本的盟友已经孤立了英国，控制了欧洲的大部分地区，正在威胁开罗，并且已经把俄国人打得一直退到斯大林格勒。美国的舆论几乎均等地分成两派：不想介入二战的孤立主义者和想参加二战的干涉主义者。而且美国当时的武装部队规模还小，训练也相对不足，他们缺乏现代化的武器装备，仅有的那点武器装备也都借给了盟国。

日美关系从二十世纪初开始已经变得越来越差。美国不仅反对日本对中国发动战争，反对日本攻占法属中南半岛，还不断奉行贬损日本国格和民族尊严的政策。而且，美国人并没有把日本帝国海军放在眼里，他们普遍认为，一旦发生战争，美国太平洋舰队可以在十天内到达东京湾。

日本人是骄傲的民族，他们的武士传统让他们认为行动胜于言辞，并使他们深信自己是独一无二的，他们的国家、人民和天皇都来自高天原。神道教已经被巧妙地融入强烈的民族主义当中。日本人认为来自国家和天皇的恩惠，即便是战死也无法偿还。而且日本的工业在二战前已经生产出了不亚于甚至超过盟军的陆、海、空用武器。日本在1904—1905年彻底击败过一个“现代化”的欧洲国家——俄国，还在1931年入侵中国。而在1941年，苏联似乎要败给德国。如果日本和苏联在将来发生冲突的话，日本便需要原材料（尤其是石油）来保持军事力量。

这些原材料就蕴藏在南洋。由于荷兰在欧洲被彻底击败，英国被包围，而美国此时又全神贯注于欧洲战事，且军力贫弱、政治分裂，在这种情况下，创建“大东亚共荣圈”对日本的诱惑实在太大了。日本觊觎马来亚、缅甸尤其是荷属东印度的资源，如果能一举歼灭美国太平洋舰队，那么菲律宾群岛就不能阻挡日军南下。与此同时，如果战争久拖不决，日军还能建立一道在空中掩护下一直延伸的防卫圈。明智的军事领导人知道与美国打仗必须速战速决。而日军中的莽夫忘记了（或者不了解）美军的工业实力，只有少数人——例如山本——看清了这一现实，懂得战争必须在短期内结束，否则日本将一败涂地。

就这样，开战的决策主要是陆军和民间的极端民族主义分子做出的——而忠诚的日本海军官兵只能全力参战，希望能使战争在短期内结束。

日军只花了战前预计的一半时间就占领了他们所觊觎的土地，建立了防卫圈，并开始使用占领区的资源。南云中将的航母攻击部队能够从珍珠港一路打到斯里兰卡，在4个月时间里没有被敌人的反击击中过。于是日军逐渐患上了“胜利病”，因为日本人开始觉得自己战无不胜，所以最初的防卫圈被拓展到了陆基飞机空中掩护范围之外——这是严重的战略错误。

美国直到1941年12月6日或许都是分裂的，但在日军偷袭珍珠港后全美国上下就同仇敌忾了，然后强大的美国生产机器开始全速运转起来。日本的第一次受挫是在5月份进攻莫尔兹比港失利；随后当山本在1942年6月得到了他的“决战”机会时，他的航母舰队——初期取胜的重要法宝——被严重削弱。日军损失了训练有素的飞行员，他们的造舰计划和飞行员训练计划也是杯水车薪。日本陆军的执念——瓜达尔卡纳尔岛进一步消耗了日本海军的实力，而日军却无法像美军那样快速补充舰船。当日军在1943年2月撤离瓜岛时，战争实际上已经输了。

但要放下枪又谈何容易，考虑到日军独特的思想意识和民族自豪感，对他们来说就尤其困难——所以这场战争只能血战到底。日军即使在撤退时，也依然打得很顽强（但也很绝望）。日军一般会为守卫领土战至最后一人，只有极少数人投降。

太平洋战争一般被人们视作是航母大战，但其中只有五场海战是真正意义上的航母对决。大部分的海战都是舰对舰的战斗，许多都在晚上进行。尽管如此，双方航母的存在在孤立的特定战场上仍然发挥了重要作用。

在本书中，“海战”这个词指的是水面舰艇间的交战，排除了飞机对防御较薄弱港口的空袭，或对无防备的船队的袭击。有两场战斗难以归类，分别是1944年10月24日的锡布延海战和1944年10月26日的恩加诺角海战。

锡布延海战被视为一场战斗的原因就在于栗田的游击部队之所以没有空中掩护只是因为负责指挥菲律宾方面日军飞机的福留繁违反命令，把他所有可投入作战的飞机都用来攻击美军航母，在这种情况下，福留繁击沉了“普林斯顿”号轻型航母。而恩加诺角海战被包括进去是因为，尽管小泽的航母和护卫舰只没有飞机，他的一些舰船仍被哈尔西的军舰的炮火击沉。

从这样的分类来看，美国太平洋舰队赢了航母战斗中的2场，打平3场。但在从瓜岛到圣乔治角的舰对舰战斗中，大部分战斗都在夜间进行，日军赢了10场，美军赢了3场。在阿留申群岛，一场远距离的舰对舰战斗打成了平局。但在1943年10月7日的韦拉拉韦拉海战后，日军没有赢过一场海战，而美国海军赢了8场。

日军成为卓越的夜间斗士有多方面的原因：他们在战前接受了更高强度的夜战训练，他们有速度快、射程远的24英寸鱼雷，装备了性能更佳的照明弹，他们有观察力敏锐的瞭望哨——有时甚至比雷达更有效，他们配备了更优良的光学瞄准装备，他们在大多数情况下有较好的战术。日本在战斗中掌握的一个优势就是它在巡洋舰上保留了鱼雷，而美军巡洋舰没有配备鱼雷，这对后者是不利的。日军还充分利用了水上侦察机。

但由于日本海军不得不在所罗门群岛支援陆军，这给它造成了巨大的损失。美机白天对肖特兰进行的空袭、战斗中的损失、缺乏彻底检修而超负荷工作以及因为战斗需要而缺乏时间和装备，这些因素都逐渐降低了日军舰船的效能，并推迟装备了为对抗日益强大的美军潜艇和飞机威胁而设计的新式武器。1943年11月以后，日本海军的状况逐渐恶化。正如山本所预见的那样，日本开始被美国生产力的重压所粉碎。

很难把山本视为伟大的将军，因为他最大的贡献就是策划了对珍珠港的突袭。即使到1943年日军打赢了大部分的海战，这些战斗也大都不是在山本的直接指挥下进行的，而且当他派联合舰队出动，继而发生航母对战时，他的战术引发了灾难。在中途岛，他的联合舰队在后方距离前线太远，甚至比珊瑚海海战更甚，而他在第二场所罗门海战和圣克鲁斯海战中又重蹈覆辙。或许这是因为（也颇具讽刺意味的是）他仍然痴迷战列舰。至少在联合舰队参与的战斗中，他从未投入自己所有的兵力对数量不如日军的美国太平洋舰队进行一次联合打击。而且，当美军在瓜岛的情势危如累卵，并且亨德森机场只能从一艘残破的航母那里得到增援时，山本也从未动用联合舰队的全部兵力。在大大小小的作战中，他从未策划过一次动用所有兵力的粉碎性打击。但他比任何人都清楚，时间对他不利，他承受不起海军正在遭受的损失。

日本在整个战争期间有几个明显的弱点。在国内，虽然民族主义情绪一直高涨，但陆军、海军和财阀之间的内讧严重妨碍了战略的谋划和武器的生产。在采用新式的三菱“雷电”式战斗机前，日军的飞机和1941年12月7日使用的飞机并无二致，而当日军真正采用“雷电”时，飞行员和油料都已经捉襟见肘。日军的潜艇战适应的是舰队作战，因而战绩寒酸，而且他们的反潜战术也很糟糕。直到1943年，驱逐舰才开始摒弃扫雷和布雷装备，换装“Y”型深水炸弹投掷器，使每艘驱逐舰的深水炸弹总量增加至36个。

日本本应在美军进攻莱特岛之前就放下枪。但它因绝望反而开始不顾一切地依赖异乎寻常的作战方法：“神风”飞行员、自杀潜艇（回天）以及“傻瓜”炸弹[①]。在罗斯福总统发出要求日本无条件投降的声明后，日军制订了孤注一掷的疯狂计划：若美军进攻日本本土，就把所有男人、女人和儿童都用锋利的竹枪武装起来。

但最终，随着数百万日军部队被驱散、孤立，海军无力战斗，石油和汽油几乎告罄，更明智的建议占了上风——但这也是美国投掷原子弹摧毁广岛和长崎以后的事了。西方世界常常感到困惑的是，日本人居然如此心甘情愿地战死沙场，并将本土的国民置于死地，但在最后，他们没有做出这样的牺牲就投降了。但考虑到他们对天皇怀有独特的崇敬心理，这种矛盾也解释得通。当接到为天皇而死的命令时，他们服从了；当天皇降旨投降时，他们也服从了——反对声音之小，令西方世界感到震惊。

---

① 译注：即樱花 MXY-7 人弹，是日本于二战期间发明的自杀式飞机。这实际上是一种由人操纵进行自杀攻击用的空对地导弹，与现在的巡航导弹极为相似。战后，美国人把樱花型飞机改名叫“马鹿弹”。“马鹿”在日语中是傻瓜的意思，意指自杀行为是傻瓜白痴的行为。

注释

注释中引用的参考书目如下：

日本防卫厅防卫研修所战史室，《战史丛书》，东京，日本。

原为一，《日本驱逐舰长》(Japanese Destroyer Captain)，纽约：巴尔的摩图书公司，1961年。

联合作战专题系列，第116号；《第二次世界大战中的日本帝国海军——日本海军组织架构图示以及战争中损失或受损的战斗舰艇和非战斗船只列表》(The Imperial Japanese Navy in World War II. A graphic Presentation of the Japanese Naval Organization and List of Combatant and Non-Combatant Vessels Lost or Damaged in the War)，东京：美国陆军远东司令部，1952年。

伯恩·卡比少将（S.Woodburn Kirby），《对日战争》第五卷（The War Against Japan，5 vols），伦敦：女王陛下的文书局，1957—1969年。

沃尔特·洛德（Walter Lord），《难以置信的胜利》（Incredible Victories），纽约：哈珀与罗出版公司，1967年。

萨缪尔·莫里森，《第二次世界大战美国海军作战史》(History of United States Naval Operations in World War II，以下简称《作战史》)，15卷本，波士顿：小布朗公司，1947—1962。

史蒂芬W.罗斯基尔（Stephen W. Roskill），《海上战争，1939—1945》（The War at Sea, 1939–1945），4卷本，伦敦：女王陛下的文书局，1954—1961年。

范·奥斯滕（Van Oosten），《爪哇海战》（The Battle of the Java Sea），伦敦：伊恩·阿兰有限公司，1975年。

查尔斯·洛克伍德（Charles A. Lockwood）和汉斯·亚当森（Hans C. Adamson），《菲律宾海海战》（The Battle of Philipine Sea），纽约：克罗韦尔出版公司，1967年。

第一章

1. 有关日军大本营对美国海军力量的评估以及与美国开战可能性的评估，可参见日本防卫厅战史室编的《战史丛书》第 31 卷第 1 部分，第 18—48 页。（见有关日语资料的参考书目文章。）

2. 詹姆斯·克劳利（James B.Crowley），《新亚洲秩序：对战前日本民族主义的几点说明》（“A New Asian Order:Some notes on Prewar Japanese Nationalism”），《危机中的日本》(Japan in Crisis)，伯纳德·西尔贝曼和哈鲁廷编，普林斯顿：普林斯顿大学出版社，1974 年，第 293 页。

3.《战史丛书》第 31 卷，第一部分，第 24—33 页。

4.《战史丛书》第五卷，第 301—313 页。第五卷全卷讨论的都是攻击珍珠港的策划和实施。

5. 日本海军标准的战斗条令是一艘作为旗舰的轻巡洋舰领导一支水雷战队，战队的指挥官也在这艘轻巡洋舰上。水雷战队为了保持训练有素的状态，如果可能的话，队内的驱逐舰和作为旗舰的轻巡洋舰不作变动。一支理想的水雷战队有 4 支分队，每一支分队都下辖 4 艘驱逐舰——总共 16 艘。当然，如果情况有变的话，日本海军并不总是遵循这样的惯例，而且从 1943 年开始就很难维持这样的组队形式了。

6.《战史丛书》第五卷，第 258—260 页，363—364 页。欲知日本帝国海军所有主要舰只的细节，参见附录 A。

7.《战史丛书》第五卷第 404 页可见有关航线选择的讨论，第 266 页可找到关于航行编队的内容。

8. 所有参战潜艇的资料，见《战史丛书》第五卷，第 155—164 页和桥本以行的《沉没：日本潜艇部队的故事》(Sunk:The Story of the Japanese Submarine Fleet)，E.H.M 克尔格罗夫译，伦敦：卡塞尔，1954 年。

9. 攻击的细节见《战史丛书》第五卷，第 325—346 页。两波攻击机群的航线在第 335—340 页。

10. 美国太平洋舰队总司令旗舰，解密文件《1941 年 12 月 7 日日军空袭给舰船造成的损害》。《战史丛书》第五卷别册，地图 3 和地图 4 标明了美国舰船的位置和损害。

11. 见《战史丛书》第五卷第 350—351 页。

第二章

1. 见“涟波”号和“潮”号驱逐舰的《航行记录表》（TROMs）。

2. 对日本帝国海军来说，让一艘布雷舰而不是轻巡洋舰来担任水雷战队的旗舰并不是件不可思议的事情。

3. 见《战史丛书》第 31 卷，第一部分，第 258—271 页。

4. 有关第一次威克岛攻击的资料来自巡洋舰“龙田”号和“天龙”号的《航行记录表》和《作战报告》（AR），还有参战驱逐舰的《航行记录表》和《日本军舰作战报告》（JD204 和 JD205），第六水雷战队的《详细作战报告》（DAR，JD32），以及《战史丛书》第 31 卷，第一部分，第 128—166 页。关于取得成功的第二次威克岛攻击的准备和实施情况，见参战舰艇的缩微胶卷（JT1、JDs204 和 205）以及《战史丛书》第 31 卷，第一部分，第 172—220 页。

5. 见《战史丛书》第二十一卷，第 173—184 页。

6. “天津风”号由原为一指挥，后者获得了日军顶尖驱逐舰队长的声誉。战后，他和弗雷德·斋藤（Fred Saito）合写了一本关于他军旅生涯的书，由罗杰·皮诺（Roger Pineau）翻译，书名叫《日本海军驱逐舰长》（Japanese Destroyer Captain，以下简称《驱逐舰长》），纽约：巴兰坦图书公司，1961 年。《战史丛书》第 220—224 页与《驱逐舰长》的相关叙述有出入。

7.《战史丛书》第 21 页，第 205—206 页，轻巡洋舰“名取”号（JT1）和参战驱逐舰（JD204 和 205）的《航行记录表》和《日本军舰作战报告》。

8.《战史丛书》第二十一卷，第 214 页，轻巡洋舰“那珂”号（JT1）和参战驱逐舰（JDs204 和 205）的《航行记录表》和《日本军舰作战报告》。

9.《战史丛书》第二十一卷，第 228 页。轻巡洋舰“长良”号（JT1）和参战驱逐舰（JDs204 和 205）的《航行记录表》。萨缪尔·莫里森的《作战史》，第 3 卷，第 177 页称 12 月 11 日的布雷舰编队遭到美国潜艇“S-39”号攻击，但“神通”号的《航行记录表》没有这样的记录。它确实记录了一次 12 月 19 日不成功的潜艇攻击和飞机空袭，或许还击沉了一艘潜艇。

10.《战史丛书》，第二十一卷，第 261—268 页涉及了对林加延的进攻，见驱逐舰“长月”号的《航行记录表》（JD205）。

11.《战史丛书》第二十一卷，第 293 页，具体见“黑潮”号的《航行记录表》（JD205）。

第三章

1. 日本海军缩微胶卷记录和《战史丛书》都叙述了马来亚登陆作战。至于英国海军的相关材料，见史蒂芬 W. 罗斯基尔的《海上战争，1939—1945》，4 卷本，伦敦：女王陛下的文书局，1954—1961 年。

2. 见《战史丛书》第二十一卷，第 367—368 页。

3. “川内”号轻巡洋舰的《航行记录表》（JT1）以及参战驱逐舰的《航行记录表》（JD204 和 205）；《战史丛书》第二十一卷，第 395—406 页。

4. 见《战史丛书》第二十一卷，第 391 页。

5. 见《战史丛书》第二十一卷，第435、450—453页；《战史丛书》第二十一卷，第7航海图。

6. 见《战史丛书》第二十一卷，第434、439页。

7. 见《战史丛书》第二十一卷，第460、463、466、469—470、479页。

8. 对这次登陆战役的最佳叙述是伍德伯恩·卡比少将的《对日战争》第五卷，伦敦：女王陛下的文书局，1957—1969年。

9. 见《战史丛书》第二十一卷，第596—599页；卡比的《对日战争》第1卷，第331页高估了在兴楼参战的舰艇数量。

10. 《战史丛书》第二十一卷的第590—596页；驱逐舰“天雾”号、“初雪”号以及“白雪”号的《航行记录表》和《日本军舰作战报告》（JD204—205）。

11. 见《战史丛书》第二十一卷，第521—533页。

12. 卡比《对日战争》的第1卷在第223页给出的沉没日期是12月19日，并且认为是荷兰飞机所为。《第二次世界大战中的日本帝国海军——日本海军组织架构图示以及战争中损失或受损的战斗舰艇和非战斗船只列表》（The Imperial Japanese Navy in World War II. A graphic Presentation of the Japanese Naval Organization and List of Combatant and Non-Combatant Vessels Lost or Damaged in the War），东京：美国陆军，远东司令部，1952年，（联合作战专题系列，第116号，原文为: Joint Operational Monograph Series,No.116，接下来引用时都简称为《联合作战》，英文简称为JOMS）则将触雷列为沉没原因。《战史丛书》称原因不明。

13. 见《战史丛书》第二十一卷，第524、532、536页以及驱逐舰“狭雾”号的《航行记录表》。

14. 见范·奥斯滕，《爪哇海战》，伦敦：伊恩·阿兰有限公司，1975年，第14—16页。

15. 该部队编制表是根据《战史丛书》第二十一卷，第349页的内容列的，并与缩微胶卷保存的日本帝国海军官方记录（JT1、JDs204、205）进行过比对。日军舰队间互换过相当多的指挥任务。日军对菲律宾、暹罗、马来亚和英属婆罗洲的入侵是同时进行的，进而舰船被战术性地调动过以应对新的战况。

第四章

1. 见重巡舰将“妙高”号的《航行记录表》以及《作战报告》。莫里森和大卫·托马斯（David Thomas）在《爪哇海战》（Battle of Java Sea，伦敦：德意志，1968年）中没有提到这一事件，所以让“妙高”号从1月到2月与它所属的第五战队（Crudiv 5）一直在运转。莫里森在后一版本中发现了这一错误并在一个脚注中加以纠正。

2. 见《战史丛书》第二十三卷，第159—177页和参战舰只的缩微胶卷记录（JT1，JDs204和205）。

3. 见莫里森《作战史》第3卷，第293页和《战史丛书》第二十三卷，第211页。

4. 见《战史丛书》第二十三卷，第210—215页；参战舰船的缩微胶卷记录（JT1、JDs204和205），《爪哇海战》在第20页中称："守军的抵抗是微弱的"。

5. 见《战史丛书》第二十三卷，第210—215页及参战舰只的缩微胶卷记录（JT1、JDs204和205）

6.《战史丛书》第二十三卷，第215—266页；《爪哇海战》第23页。

7. 见《战史丛书》第二十三卷，第263页；驱逐舰"凉风"号（JD205）的《航行记录表》

8. 见《战史丛书》第二十三卷，第265页；"黑潮"号和"夏潮"号驱逐舰的《航行记录表》

9. 整理自《战史丛书》第二十三卷，第347页以及参战舰船的缩微胶卷记录（JT1、JD204和205）。

10.《战史丛书》第二十三卷，第354页给出了南云舰队的航行路线和飞行图，第349页给出了出击飞机的表格。

11.《战史丛书》第二十三卷，第353页。

12.《战史丛书》第二十三卷，第318—342页；参战舰船的缩微胶卷记录（JT1、JD204和205）；《爪哇海战》，第33—35页。

13.《爪哇海战》，第34页称"爪哇"号数次命中一艘驱逐舰，但日方记录没有提及。

14.《战史丛书》第二十三卷中包含的有关该海战的材料很有意思。在第329页上的一幅初步的航路图（毫无疑问是根据"朝潮"号和"大潮"号的报告画的）显示在大约23点17分，2艘美国驱逐舰被炮火击沉，一艘被"朝潮"号，另一艘被"大潮"号击沉。该航路图经过日本帝国海军的各个部门和上级机关评估后发布，《战史丛书》在第338页对谁向谁开火做了准确的推断。

15. 莫里森《作战史》第3卷，第329页称总共只有5艘鱼雷快艇。

16. 日本帝国海军的战斗资料来自《战史丛书》第二十三卷第338、341页的第33、34号脚注和第690页的第35号脚注，以及第337—342页的叙述正文；参战舰只的《航行记录表》和《作战报告》（JDs204和205）。

17. 见《爪哇海战》，第35页对美英澳荷盟军军舰拙劣表现的评价。

18. 原为一著作中的表格从公制转换而来。

19.《战史丛书》第二十三卷，第355—370页；参战舰只的缩微胶卷记录（JT1、JDs204和205）。

20. 日军对打拉根的占领在《战史丛书》第二十三卷，第 136—159 页。

21. 见《战史丛书》第二十三卷，第 202 页。《联合作战》称“南阿丸”并没有如《爪哇海战》第 18 页所说的那样被击沉。《战史丛书》也称荷兰“K-14”号潜艇当时在巴厘巴板港。

22. 《爪哇海战》，第 19 页将日军的 P-37 列入受伤名单；《联合作战》也称它受伤了。

23. 《爪哇海战》，第 19 页。

24. 攻占巴厘巴板和马辰的作战分别在《战史丛书》第二十三卷的第 193—210 页和第 268—318 页。

25. 卡比《对日战争》第一卷，第 417—419 页，对这场大惨败进行了生动的描述。

26. 《战史丛书》第二十三卷，第 292—318 页讲述了新加坡的陷落、邦加海峡的混乱以及日军对苏门答腊东南部的攻占。

27. 前面引用的日本帝国海军攻略荷属东印度（爪哇除外）的部队编制表都来自《战史丛书》第二十三卷别册中的图表一。该编制表迥异于西方海军历史学家编制的作战序列。范·奥斯滕做得最好，他编制的日军作战序列只和上述编制表略有不同。本章的这张表格和本书的其他部队编制表一样，都是根据《战史丛书》编制的，并与参战舰只的日本海军官方缩微胶卷记录进行过核对。下面引用的都是《战史丛书》第二十三卷：邦加锚地、克马、万鸦老—西里伯斯，第 159—177 页；肯达里—西里伯斯，第 210—215 页；安汶岛，第 224—240 页——《战史丛书》没有把“雷”号驱逐舰列入东部远程支援部队，但它的《航行记录表》（JD204）列入了；孟加锡镇—西里伯斯，第 257—267 页；巴厘—龙目，第 318—342 页；帝汶，第 359—360 页；打拉根—荷属婆罗洲，第 136—159 页；巴厘巴板—荷属婆罗洲，第 193—210 页；新加坡和邦加岛的陷落，第 292—318 页以及参战舰只的日本海军官方缩微胶卷记录（JT1，JD204 和 205）。

28. 范·奥斯滕，《爪哇海战》，第 27 页和第 108 页；莫里森《作战史》，第 273 页。

第五章

1. 范·奥斯滕，《爪哇海战》，第 29 页。

2. 范·奥斯滕，《爪哇海战》，第 63—64 页；“白云”号的《航行记录表》和《作战报告》。

3. 原为一，《驱逐舰长》，第 73 页。原为一一直都与海军高级军官意见不一致。

4. 《战史丛书》第二十三卷别册的航路图重现了爪哇海战的过程。范·奥斯滕的航迹图与目前为止出版的航迹图都截然不同，但令人惊奇的是，它与日本人重现的航迹图却大同小异。《战史丛书》第二十三卷对海战的叙述在第 448—478 页。攻击部队的叙述素材来自《爪哇海战》的第 46—55 页。

5. 第二水雷战队的《战时日志》（War Diary, 以下简称 WD）和《详细作战报告》（Dctailed Action Report，以下简称 DAR）（JD25）

6. 第四水雷战队的《战时日志》和《详细作战报告》（JD29）无法从海军历史中心获得。巡洋舰“那珂”号在战斗中的角色来自“那珂”号的《航行记录表》和《作战报告》中的航迹图以及第四水雷战队中的驱逐舰的《作战报告》和《航行记录表》中的航迹图（JD204 和 205）。

7. 莫里森称距离有 4400 码，但《战史丛书》第二十三卷的别册航迹图显示距离不止这么远。在 4400 码的距离上，双方的炮弹都有可能击中对方。

8. “朝云”号（JD204）的《航行记录表》。

9. 莫里森《作战史》第三卷——尤其是在第 351—353 页赞扬了美国第 58 驱逐舰分队勇敢的壮举（包括可能击中了“朝云”号），但范·奥斯滕和日方的记录并不支持他的说法。

10. 参见第六阶段参战舰只的《航行记录表》和《作战报告》。莫里森称来自“龙骧”号的 6 架俯冲轰炸机炸沉了“波普”号。卡比没有提到飞机，称是海战导致了沉船。

11 莫里森和范·奥斯滕简要描述了一场短暂的炮战，但并没有得到日方相关舰只记录的证实。

12.《战史丛书》第二十三卷别册的地图 7 重现了巽他海峡海战。日方的叙述可从《战史丛书》第二十三卷第 482—526 页中找到，而英荷美澳盟军一方则在范·奥斯滕《爪哇海战》的第 55—60 页。

13. 日本帝国海军所有直接或间接参加进攻爪哇作战的部队的编制表来自《战史丛书》第二十三卷第 398—399 页和所有参战舰只《航行记录表》的缩微胶卷（JDs204 和 205）。《战史丛书》的编制表忽略了轻型航母“龙骧”号，但“日本缩微胶卷索引”（Japanese Microfilm Index，包含了“龙骧”日志浓缩版，）中的 WDC100、第 100 组、项目 A–101 把它放到了西路进攻部队当中。这里给出的日本帝国海军编制表与莫里森《作战史》第三卷第 331—332 页和卡比《对日战争》第 537—538 页中的日军作战序列差异很大；莫里森和卡比做的日军编制表也各不相同。

14. 范·奥斯滕，《爪哇海战》，第 42 页。

第六章

1.《战史丛书》第三十一卷，第一部分，第 301—421 页包含了日军大本营对进攻马绍尔群岛的策划。

2.《战史丛书》第三十一卷，第一部分，第 281—282、290—291 页。

3.《战史丛书》第三十一卷，第一部分，第 92—292 页。

4. 转译自《战史丛书》第三十九卷，第一部分，第 27 页。

5.《战史丛书》第三十九卷，第一部分，第 118—120 页。

6.《战史丛书》第三十九卷，第一部分，第 110—112 页。

7. 参战护卫军舰的《航行记录表》和《作战报告》（JT1、JDs204 和 205）。奇怪的是，卡比贬低了这次袭击，认为战果寥寥，莫里森也有降低日军损失的倾向。两位享受盛名的英语历史学家的著作与日军的官方记录之间的矛盾凸显了利用后者的必要性。日方记录里的损失和伤亡远比卡比和莫里森要高，这体现了日军记录的不偏不倚和准确性。

8.《战史丛书》第三十一卷，第一部分，第 130—134 页。

9. 部队的组成是根据《战史丛书》第三十一卷第一部分第 48—49 页和参战日军舰船的官方记录写出的。

第七章

1. 部队编制表来自日本帝国海军的参战舰只记录。《战史丛书》第二十三卷第 613—622 页叙述了过程。

2. 参见“那珂”号（JT1）的《航行记录表格》。

3. 要了解南云的航迹图，见《战史丛书》第二十三卷，第 635 页（地图）。

4.《战史丛书》第二十三卷，第 643 页。就像官方记录反映的那样，日军的飞机术语在这时候发生了变化。他们保留了“战斗机”、“轰炸机”（意思是高空轰炸机）和“俯冲轰炸机”。他们把“鱼雷机”这一称呼替换成更一般化的“攻击机”，表明这种飞机既能携带鱼雷，又能挂载炸弹。

5. 卡比，《对日战争》第二卷，第 119—120 页；《战史丛书》第二十三卷第 642—644 页。

6. “多塞特郡”号的着弹图见《战史丛书》第二十三卷，第 648 页。

7.《战史丛书》别册，图表 9。

8.《战史丛书》第二十三卷，第 651 页。

9.《战史丛书》第二十三卷，第 654 页。

10. “竞技神”号的着弹图见《战史丛书》第二十三卷，第 656 页。

11. 舰队对印度北海岸袭击的航迹图见《战史丛书》第二十三卷，别册，航迹图 10。对过程的叙述见《战史丛书》第二十三卷，第 661—668 页。

12. 罗斯基尔，《海上战争》，第 28 页。

13. 部队编制表根据《战史丛书》第二十三卷第 636 页和参战舰只的日本帝国海军官方

记录缩微胶卷编制。

14. 卡比《对日战争》第二卷，附录9，第448—449页。

第八章

1.《战史丛书》第三十九卷第一部分，第238—239页。

2.《战史丛书》第三十九卷第一部分，别册，图表2给出了日本帝国海军所有部队的航迹图。

3. 美国海军的相关材料来自莫里森的《作战史》，第13—16、21—64页。

4. "菊月"号驱逐舰的《航行记录表格》。

5. 第六水雷战队《详细作战报告》（JD33）。日方又比莫里森记录了更多的战斗损失。

6.《战史丛书》第三十九卷第一部分，第239—240页。

7. 见莫里森《作战史》，第8—9页。

8.《战史丛书》第三十九卷第一部分，第244—245、269页。

9.《战史丛书》第三十九卷第一部分，别册，图表4;《战史丛书》第三十九卷第一部分，第275页。

10. "祥凤"号的着弹图在《战史丛书》第三十九卷第一部分，第275页。

11. 想了解日本帝国海军在5月8日的作战，见《战史丛书》第三十九卷第一部分，别册，图表4;《战史丛书》第三十九卷第一部分，第274—277页；日军对第17特混舰队在5月7日的作战估计在第281—282页。

12. 时间在这时候成了一个问题。日本帝国海军和第17特混舰队的航母都在横跨东经157° 30′。西边是东十区 (Time Zone-10)，东边是东十一区（Time Zone-11）。大部分的战斗都在东十区进行，文本和经过修正的《战史丛书》航迹图只用东十区的时间以避免混淆。

13.《战史丛书》第三十九卷第一部分，第267—327页，尤其是第267—268页，参战舰只和部队的日本帝国海军缩微胶卷记录，在《战史丛书》第三十九卷第一部分，第268页的莫尔兹比港进攻部队编制表中，有一处印刷上的错误，它把"朝凪"号写成了"朝风"号。两舰的《航行记录表》航迹图上放的是"朝凪"号而不是"朝风"号。莫里森《作战史》第四卷，第17页准确地识别出了"朝凪"号，并正确地加上了"卯月"号驱逐舰。与《战史丛书》第三十九卷第268页相反，"卯月"号的《航行记录表》把它放进了攻击编队中。莫里森《作战史》第四卷，第18页把"津轻"号放到了运输部队，但《战史丛书》将它认定为攻击部队的下属舰只。

14. 美国海军参战部队编制的资料根据莫里森《作战史》第四卷第18—20页的内容列出。

第九章

1.《战史丛书》第三十四卷，第 29—30 页。

2.《战史丛书》第三十四卷，第 22—23 页。

3.《战史丛书》第三十四卷，第 92—95 页。

4. 约瑟夫·罗彻福特上校（Captain Joseph J. Rochefort）破译 JN–25 密码的故事，见沃尔特·洛德（Walter Lord）：《难以置信的胜利》（Incredible Victories, 以下简称《胜利》），纽约：哈珀与罗出版公司，1967 年，第 17—42 页。密码破译常常遭到误解，它的意思不是密码破译者可以畅通无阻地解读一条信息——他或许只能理解其中 10%—15% 的内容。所以一个密码破译者不仅是一位出色的译解密码者，还应该是一名卓越的情报分析家。罗彻福特正是这个领域里的天才。

5. 莫里森《作战史》第四卷，第 81 页。

6. 要了解日本人对 K 作战的解释，见《战史丛书》第三十四卷，第 220—222、240 页。

7.《战史丛书》第三十四卷，第 249 页；“神通”号轻巡洋舰（JT1）的《航行记录表》。

8.《战史丛书》第三十四卷，第 1—647 页讲的全都是中途岛海战，缩微胶卷 JD1 也是一样。

9. 日本帝国海军的中途岛海战部队编制表在《战史丛书》第三十四卷，第 137、171、173、191—192 页。

10. 要了解南云 4 艘航母上的数量和类型，见《战史丛书》第三十四卷，第 136 页。飞机的技术资料，见第 147—160 页。

11. 日本帝国海军阿留申作战的参战部队编制表，见《战史丛书》第三十四卷，第 234—235 页。

12. 要了解美国海军中途岛海战的参战编队编制和 3 艘航母的飞机数量，见莫里森《作战史》第四卷，第 90—93 页。

13. 要了解美国海军阿留申作战的参战部队编制，见莫里森《作战史》第四卷，第 173—174 页。

第十章

1. 此处时间又成了一个问题。这里叙述战役过程时用的是“世界时区地图”，它把中途岛放在了 12 时区。这场战斗全程都用的是 12 时区（即便日军是在 11 时区）。这样做就保留了日美部队之间真正经过的时间。让情况变得更复杂的是，中途岛正好位于国际日期变更线以东，这样日军飞机便是在 6 月 5 日起飞，而美军飞机是在 6 月 4 日。

2.《战史丛书》第三十四卷，第 294—297 页。要了解战斗的各个阶段，也可参见缩微胶卷 JD1 上的 MI 作战。

3. 要了解日本官方对这次攻击的记录，见《战史丛书》第三十四卷，第 298—301 页。至于美方的版本，见莫里森，《作战史》，第 104—105 页；洛德，《胜利》，第 92—110 页。

4.《战史丛书》第三十四卷，第 281—284 页。

5.《战史丛书》第三十四卷，第 281—284 页。

6.《战史丛书》第三十四卷，第 281—284 页，来自“赤城”号保存的记录。

7. “飞龙”号在中途岛海战中的环形防御，《战史丛书》第三十四卷，第 353 页。

8. 莫里森，《作战史》第四卷，第 116—121 页。

9.《战史丛书》第三十四卷，第 282 页。

10. 日本帝国海军的记录没有提到这时候遭到一艘潜艇的攻击。航空舰队的官方记录确实提到过“加贺”号被一艘潜艇射出的 3 枚鱼雷攻击过。“战史丛书”第 34 卷，别册，航迹图 3 显示一艘美国海军的潜艇于 9 点 20 分出现在战区。

11. 莫里森《作战史》，第 111—112、112 页；莫里森的时间已经被改为“世界时区”时间。

12.“飞龙”号遭袭击沉没的相关资料取自《战史丛书》第三十四卷，第 377—389 页。《战史丛书》复制了 JD1、带有舰上人员注释的第一航空舰队战时日志材料。莫里森《作战史》第四卷，第 123 页和脚注 51，根据来自“筑摩”号舰长的证据，认定美国潜艇“鹦鹉螺”号（SS-168）在 14 点 10 分左右用 3 枚鱼雷击沉了“飞龙”号。但莫里森承认天谷指挥官质疑“鹦鹉螺”号雷击“飞龙”号——宁可说是“加贺”号。《战史丛书》第三十四卷，第 377 页记录称“一艘敌军潜艇”大约在这个时候向“加贺”号发射了 3 枚鱼雷，但无一命中。

13. 翻译自第一航空舰队的战时日志（JD1）。

14. 有关“赤城”号被击沉的资料取自《战史丛书》第三十四卷，第 372—378 页，包含第一航空舰队 1942 年 6 月战时日志的引文。

15.《战史丛书》第三十四卷，第 377 页；莫里森，《作战史》，第 126—127 页。莫里森引用了一条对天谷的采访记录，称他在水里见到了一个潜艇的潜望镜。在日本官方原始资料中没有任何他落水的证据。日本的记录称他被转移到了驱逐舰上。

16. 有关“加贺”号遭攻击沉没的资料取自《战史丛书》第三十四卷，第 376—377 页，由幸存的高级军官天谷指挥官撰写；部分资料亦取自第一航空舰队在 1942 年的战时日志。

第十一章

1. “飞龙”号发动攻击和遭到攻击的内容，来自《战史丛书》第 34 卷，第 335—367、

379—381 页，以及《第一航空舰队 1942 年 6 月的战时日志》（JD1）。

2. 关于“约克城”号的资料来自莫里森《作战史》第四卷，第 132—136、153—156 页和战史丛书脚注 1 引用的内容。

3. 山本和他的军官对未来作战的讨论导致 MI 作战的结束，这在《战史丛书》第三十四卷，第 489 页。《战史丛书》第三十四卷第 445—446 页复制了这条命令。它不同于 ONI 评论（1947 年）第 37 页引用的命令，这条命令引用的是莫里森《作战史》第四卷，第 138—139 页的脚注 72。后者的出处并不包含《战史丛书》引用的项目 4，会合点的经纬度都不一致。

4. 《战史丛书》第三十四卷，第 444—446 页。

5. 《战史丛书》第三十四卷，第 468—469 页。

6. 《战史丛书》第三十四卷，第 464—467 页讲了山本努力让自己摆脱困境和打一场“决定性”夜战的经过。

7. 《战史丛书》第三十四卷，第 473、475—477、485—492、496、499—505 页，以及参战舰只的《航行记录表》和《作战报告》（JT1，JDs204 和 205）；还来自 JD1。

8. 《战史丛书》第三十四卷，第 484 页。

9. 《战史丛书》第三十四卷，第 429 页；“谷风”号驱逐舰《航行记录表格》（JD205）。

10. “最上”号重巡洋舰《航行记录表格》。

11. 《战史丛书》第三十四卷，第 489 页。莫里森《作战史》第四卷，第 150 页称在第三次空袭中，一枚炸弹击中了“荒潮”号，炸死了已经获救的“三隈”号的大部分船员。但日本海军所有“荒潮”号和“三隈”号的官方记录中都没有提到过这一点。“荒潮”号在次日被派回去检查“三隈”号时仍然功能完备。

12. 莫里森《作战史》第四卷，第 150 页，脚注 13 引用了一位幸存者的说法，称“三隈”号上有 1000 多人丧命，这比他的正常编制人数外加获救的 240 人还要多 122 人。这位幸存者也是“荒潮”号遭轰炸这个故事的来源（见上面的脚注 11）。

13. 《战史丛书》第三十四卷，第 489 页。

14. 《战史丛书》第三十四卷，第 530 页。

15. 在一篇对丸山真男的论文《历史意识的深层》的评论中，他的观点得到过解释，该论文收入《日本的思想》丛书第四卷《日本历史观》一书中。评论者是中村新一郎，《永无休止的噩梦》，收入《日本阐释者》第八卷，第 8 号，1974 年，第 525—531 页。

16. 要了解日军对荷兰港的袭击，见《战史丛书》第三十四卷，第 279—280 页。美国海军的反应见莫里森《作战史》第四卷，第 176—177 页。

第十二章

1. 卡比，《对日战争》第二卷，第 278 页。

2.《战史丛书》第三十九卷，第 593—643 页涉及巴布亚战役。

3. “浦风”号驱逐舰的《航行记录表格》（JD205）。

4.《战史丛书》第三十九卷第一部分，第 633—639 页收入了“弥生”号驱逐舰被击沉，救助其生还者以及槻冈部队残部的内容。第 635 页有一副很好地显示槻冈部队漫游的地图。额外的细节内容来自“矶风”号驱逐舰的《航行记录表》。要了解“天龙”号的最后一次救援，见它的《航行记录表》。莫里森，《作战史》第六卷，第 40 页称所有部队都被潜艇救走，但“天龙”号的记录却反驳了这一说法。

5. 见参战舰只的《航行记录表》（JDs204 和 205）。

6. 见参战舰只的《航行记录表》和《作战报告》（JDs204 和 205）。

7. 卡比，《对日战争》，第 289 页。

8. 莫里森，《作战史》第五卷，第 12 页。

9.《战史丛书》第十三卷，第二部分，第 7 页。

10.《战史丛书》第三十九卷，第一部分，第 442 页。莫里森，《作战史》，第 18 页称船队中有 6 艘运输船；第八舰队的记录与之不相符合。莫里森也说船队在军舰沉没后被召回，但第八舰队的记录称船队在 8 个多小时前就被召回了。

11.《战史丛书》第三十九卷，第一部分，第 439—442 页。

12. 莫里森，《作战史》第五卷，第 16 页。

13.《战史丛书》第三十九卷，第一部分，第 464—465 页；第 6 巡洋舰中队的《战斗详报》，1942 年 8 月 7 日—10 日（JD15）。

14. 要了解导致美国海军萨沃岛惨败的全面分析，见乔治·卡罗尔·戴尔（George Carroll Dyer），《两栖部队前来征服：里奇蒙德·凯利·特纳上将》（The Amphibians Came to Conquer:The story of Admiral Richmond Kelly Turner），华盛顿：印刷局，1972 年，第 355—401 页。美国海军的一项仔细调查——赫伯恩调查扫除了后来大多数海军历史学家反复提出的对特纳的指控。首先发现日军舰队的澳大利亚飞行员的行为简直难以形容，既有的规定命令他尽可能长时间地让日本舰队保持在他视线范围之内，但他没有这么做，也没有打破无线电静默报告他的侦察结果。他回到米尔恩湾，喝了茶，然后才做了报告，其间已经浪费了 5 个小时。

第十三章

1. 莫里森，《作战史》第五卷，第 39 页，称是“芝加哥”号与“夕凪”号在进行战斗；

但日本海军官方的航迹图显示“夕凪”号很可能正在向“贾维斯”号开火。

2. 在撤回拉包尔途中，“外南洋部队”也担心谢尔曼和哈尔西的特混舰队在附近；见《战史丛书》第三十九卷第一部分，第 493 页。

3. 莫里森，《作战史》第五卷，第 63 页。

4. 参战舰只的《作战报告》（JT1）。

5. “鸟海”号的《作战报告》（JT1）。

6. 战斗的细节来自《战史丛书》第三十九卷，第一部分，第 477—479 页。战斗重现是根据同一卷第 478—479 页的航迹图。日本原始资料里没有给出的美国海军细节来自莫里森《作战史》第五卷，第 17—64 页。

7. “加古”号巡洋舰的作战报告。

8. P-400 作为战斗机来说飞行高度不够，但他们与地面部队的配合很出色。

9. 日本陆军经常摒弃用中队、联队等名称来命名作战单位的做法，相反他们使用的是指挥官的名字加上“队”或者“部队”。因此，这里就被称作一木部队，没有标明它的实力和规模。

10.《战史丛书》第三十九卷第一部分，第 519 页和参战驱逐舰的《航行记录表》（JD204 和 205）。

11.《战史丛书》第三十九卷第一部分，第 534 页和参战舰只的《航行记录表格》。

12. 要了解原计划实施的作战细节，见《战史丛书》第三十九卷第一部分，第 521—523 页，重占瓜岛的整个战役被命名为 KA 作战。

13.《战史丛书》第三十九卷，第一部分，第 550—552 页。

14.《战史丛书》第三十九卷，第一部分，第 552 页写了“江风”号和“布鲁”号之间交战的经过和航迹图。

第十四章

1.《战史丛书》第三十九卷，第一部分，第 564 页。

2. 原为一对“龙骧”号的作战尤其不满，他对山本的舰队总体上也持批评态度。

3.《战史丛书》第三十九卷，第一部分，第 564 页。

4. 莫里森，《作战史》第 90 页写的与这里不同。他声称“龙骧”号被 4 到 10 颗炸弹和一条鱼雷击中。

5. 原为一，《驱逐舰长》，第 106—112 页对这场战斗进行了生动地描述。《战史丛书》第三十九卷，第 564—566 页。

6.《战史丛书》第三十九卷，第一部分，第 575—576 页。

7.《战史丛书》第三十九卷，第一部分，第 586 页；“衣笠”号和“鸟海”号的作战报告（JT1）。

8. 莫里森，《作战史》，第 84 页显示“涟波”号和山本的联合舰队在一起。当时“涟波”号并不在特鲁克（JD205）。

9. 根据《战史丛书》第三十九卷，第一部分，第 542—543 页重新整理。《战史丛书》的表格错误列上了在 1942 年 8 月中旬前就解散的第 18 驱逐队。它被本表包含的第 15 驱逐队取代。这个编制表也被重新编制过，上面提到的错误根据参战舰只的日本帝国海军官方缩微胶卷记录进行了纠正。也可见第八舰队战时日志（JD8）；第五战队的战时日志（JD15）和第二水雷战队战时日志（JD26）可以找到移动路径和战斗细节。

10. 美国海军的相关资料来自莫里森的《作战史》第五卷，第 86—87 页。

11.《战史丛书》第三十九卷，第一部分，第 577—580 页。

第十五章

1. 在写作本书时，日本人还没有出版关于这一时期日本海军作战的《战史丛书》。但有一卷关于日本陆军的《战史丛书》（第十三卷）给出了一些日本帝国海军的材料。本章的主要出处是日本帝国海军的官方缩微记录。要了解驱逐舰的航行路线和损失，见参战驱逐舰的《航行记录表》（JD204 和 205）。也可见第二驱逐队的战时日志（JD26）。

2.《战史丛书》第十三卷，第二部分，第 20—22 页。

3.“夕立”号简洁地报告称，“夕立”号击沉了 2 艘敌舰。第二驱逐队《战时日志》（JD26）。

4.《战史丛书》第十三卷，第二部分，第 10、12 页。

5. 波特·埃尔默（Potter,Elmer B）和切斯特·尼米兹（Chester W.Nimitz）主编，《太平洋上的胜利：海军的抗日战争》（Triumph in the pacific:The Navy’s Struggle Against Japan，下文简称《太平洋上的胜利》），新泽西：普伦蒂斯大厅出版社，1965 年，第 28 页。

6. 美国海军的细节来自莫里森的《作战史》，第 130—138 页。

7. 参战巡洋舰和驱逐舰的《作战报告》和《航行记录表》（JT1）；《联合作战》。驱逐舰“峰云”号和“村雨”号的《航行记录表》和《作战报告》从 JD205 遗失。见第四水雷战队的作战详报（JD30）。要充分了解在决定性的瓜达尔卡纳尔岛战役中，日本海军与日本陆军的合作情况，见《战史丛书》第十三卷，第二部分，第 7—77 页；第八舰队战时日志（JD8）。

8.《战史丛书》第三十九卷，第 542 页列出了日本帝国海军实施增援作战的部队编制表。11 艘驱逐舰是“风云”“夕云”“卷云”“秋云”“时津风”“天津风”“初风”“秋风”“浦波”“敷波”和“绫波”。战斗经过见《战史丛书》第十三卷，第二部分，第 77—79 页；轻巡洋舰“龙田”号、“川内”号、“由良”号的《航行记录表》和《作战报告》（JT1）。

9. 重巡洋舰“青叶”号、“衣笠”号、“古鹰”号，以及驱逐舰（JD204）的《航行记录表》和《作战报告》。

10. 第四驱逐队的《作战详报》（JD30）；“夏云”号驱逐舰的《航行记录表》（JD205）。

11. 要了解瓜岛和埃斯佩兰斯战局中美国海军的资料，见莫里森，《作战史》第五卷，第147—171页。日本帝国海军的资料来自《战史丛书》第十三卷，第二部分，第77—78页和第五战队的《作战详报》（JD15），《作战详报》中给出了战斗的航迹图。

12. 日本帝国海军在埃斯佩兰斯海战中的作战序列来自第五战队的《作战详报》（JD15）。

13. 美国海军在埃斯佩兰斯角海战中的部队编制表来自莫里森，《作战史》第五卷，第150—151页。

第十六章

1. 美国海军的资料来自莫里森，《作战史》，第172—182页。

2.《战史丛书》第十三卷，第二部分，第82页。

3. 参与炮击的战列舰和轻巡洋舰的《作战报告》（JT1）；第二水雷战队的《作战详报》（JD26）；第四水雷战队的《作战详报》（JD30）；第四水雷战队的《战时日志》（JD31）。

4.《战史丛书》第十三卷，第二部分，第80—83页写了运输船队的故事。见参战驱逐舰的《作战报告》和《航行记录表》（JDs204和205），第四水雷战队的《战时日志》（JD31）。

5. 见参加炮击的巡洋舰的《作战报告》（JT1）和驱逐舰的《作战报告》（JD204和205）。

6. 见参加炮击的重巡洋舰的《作战报告》（JT1），参与炮击的驱逐舰的《作战报告》和《航行记录表格》（JD204和205）；第二水雷战队《战时日志》和《作战详报》（JD26）。

7. 要了解在作为二战组成部分的对日战争中完整的美国战略，见现在已经解密的秘密文件《二战中的参谋长联席会议史：对日战争》（The History of the Joint Chiefs of Staff in World War II:The War against Japan），由格雷斯 P. 海耶斯（Grace P.Hayes）海军中尉撰写，收录在华盛顿特区的美国海军历史中心的缩微胶卷上。

8. 美国总统罗斯福的引语同上，在第一卷，第271页；哈尔西的任命在第266页。

9. 要了解日本帝国陆军的陆上战斗，见《战史丛书》第十三卷，第二部分，第83—163页。

10. 第四水雷战队的《战时日志》（JD31）。

11. 第四水雷战队的《战时日志》（JD31）。

12.《战史丛书》第十三卷，第二部分，第165—169页写了战斗经过。要了解日本原始资料中没有的美国海军对战斗过程的叙述，见莫里森，《作战史》，第207—224页。

13. 207 架日军航母舰载机与拉包尔的第 11 航空舰队的 220 架飞机互相配合。

14. 日军部队编制表根据《战史丛书》第十三卷，第二部分，第 165 页列出；第二水雷战队的《战时日志》（JD26）；第四水雷战队的作战详报（JD30）。

15. 美国海军的部队编制表主要依据的是莫里森，《作战史》第五卷，第 204—206 页。

第十七章

1. 波特和尼米兹，《太平洋上的胜利》，第 28 页。

2. “长波”号和“高波”号驱逐舰的《航行记录表》。

3. 莫里森称阿部的舰船是以单列纵队实施炮击，美军舰船的存在完全出乎他的意料。然而，莫里森只给出了三张阿部编队零碎的航迹图。另一方面，原为一大佐对此持有不同意见，他参加这次战斗，并且他的书中包含了一幅简单的航迹图。他直截了当地声称阿部的炮击舰队已经预计到会有一场海战，并组成了战斗队形，将驱逐舰配置在能够最大限度发挥鱼雷优势的位置。原为一的叙述和航迹图显示日军并没有采取单列纵队。官方的航迹图虽然不清晰，但趋向于和原为一的观点吻合，并且这里对战斗经过的叙述也采用的是日本帝国海军的说法。

4. “可怕”一词在这里用得并不轻率。原为一对战斗的叙述也用了这样的说法。日本帝国海军的官方缩微胶卷记录，尤其是第八舰队的《战时日志》（JD8）和参战舰只的《航行记录表》也证明“可怕”这个词适用于描述当时的战况。这是自日德兰海战以来最大规模的水面舰只战斗。

5. 驱逐舰“时雨”“白露”和“夕暮”都被命名为“挺身攻击队”。

6. 巡洋舰“鸟海”号、“衣笠”号的《作战报告》；“五十铃”号和“摩耶”号的《航行记录表》（JT1）。（JT1 胶卷中找不到“比叡”号战列舰的记录。）

7. 现在无法提供这次战斗的日本海军官方航迹图。萨沃岛以西部分的战斗在第四水雷战队《战时日志》（JD31）的一张航迹图上。但萨沃岛以西的这些舰船航迹图在 JD29 号胶卷上，而 29 号胶卷无法利用。现在《战史丛书》还没有写过这场战斗。这场战斗的经过是从日军参战舰艇的《航行记录表》和《作战报告》中整理出来的。最好的非官方的航迹图在波特和尼米兹的《太平洋上的胜利》，第 30 页，及原为一的《驱逐舰长》，第 145 页。

8. “雾岛”号战列舰、“高雄”号巡洋舰和“长良”号巡洋舰的《作战报告》；巡洋舰“爱宕”号的《航行记录表》（JT1）、“朝云”号驱逐舰的《航行记录表》（JD204）、“五月雨”号和“照月”号的《航行记录表》（JD205）。

9.《战史丛书》第十三卷，第二部分，第 233—236 页；第二水雷战队《战时日志》（JD27）。

10. 要了解这些术语的使用，见《战史丛书》，第二部分，第 231 页。日军第一支支援部队在 8 月被派往瓜岛，一木部队的一支小分队使用了这个词。

11. 莫里森,《作战史》第五卷, 第 234 页放了改装航母“飞鹰”号和“隼鹰”号; 安德里欧·阿尔巴斯（Andrieud’Albas），《一支海军的死亡》（Death of a Navy），第 211 页，只有“飞鹰”号。《日本航母作战活动记录：舰艇记录撷粹》（Records of Activities of Japanese CVs: Extract from Various Ship’s Records, WDC160 377,Group 100,Item A–101:JT1）明确指出“飞鹰”号因引擎故障整个 11 月都在特鲁克。《战史丛书》第十三卷，第二部分，第 232 页证实了这一点。

12. 根据日本帝国海军官方的缩微胶卷记录整理。现在《战史丛书》还没有一卷写这场海战。《战史丛书》第十三卷，第二部分有部分内容涉及这场海战，但主要还是讲地面部队。

13. 这个编制是根据莫里森，《作战史》第五卷，第 231—233 页列出的。美国海军的战斗资料部分来自莫里森，《作战史》第五卷，第 235—287 页。

第十八章

1. 日本海军和陆军在这一决策上的争斗在《战史丛书》, 第二部分, 第 419 页及以后各页。

2. 第二水雷战队《战斗详报》（JD27）。

3. 日军对战斗经过的叙述见第二水雷战队《战斗详报》（JD27）和参战的 8 艘驱逐舰的《航行记录表》（JDs204 和 205）。也可参见《战史丛书》第十三卷，第二部分，第 412—414 卷。要了解美国海军这边对战斗经过的叙述，见莫里森，《作战史》第五卷，第 296—313 卷。

4. 莫里森,《作战史》第五卷称他们在升空前在水中整备了一个半小时。“亲潮”号的《航行记录表》并不支持这一说法。它的记录显示敌机在 23 点 24 分投下降落伞照明弹，这刚好发生在“明尼阿波利斯”巡洋舰被首次击中的 3 分钟前。

5.《战史丛书》第十三卷，第二部分，第 414—415 页。

6. 要了解美军潜艇击沉日军舰船的情况，见《联合作战》。

7. 有关田中舰船的作战材料来自参战舰只《航行记录表》（JDs204 和 205）;《联合作战》。

8. “开”作战的部队编制表收入《战史丛书》第十三卷，第二部分，第 565—567 页。

9.《战史丛书》第十三卷，第二部分，第 600 页。

10.《战史丛书》第二十五卷，第 199—673 页叙述了日军在阿图岛和基斯卡岛作战和美军尝试驱逐他们的经过。

11. 日方的战斗经过是根据《战史丛书》第二十五卷，第 477—502 页的航迹图以及别册，图表 6（航线图）重现的。莫里森，《作战史》第七卷，第 22—34 页给出了美国海军的航迹图和战斗经过。莫里森的航迹图和战斗经过与本书给出的“世界时区”时间不同。

12. 要了解日军舰船的弹药消耗表，见《战史丛书》第二十五卷，第 500 页。

13.《战史丛书》第二十五卷，第529—531、549—550、561—565页。

14.《战史丛书》第二十五卷，第629—646页。

第十九章

1. 要了解一位驱逐舰长对跳弹的恐惧，见原为一，《驱逐舰长》，第174—175页。参加此战的驱逐舰的《航行记录表》和《作战报告》（JDs204和205）。

2. 第四水雷战队《战时日志》（JD31）和第四水雷战队《战斗详报》（JD30）。

3.《战史丛书》第九卷，第六部分，第367—369页。

4.《战史丛书》第九卷，第六部分，第371页。

5.《联合作战》；第二水雷战队《战时日志》（JD26）。

6.《联合作战：参战驱逐舰》的《航行记录表格》（JDs204和205）。

7. “新月”号驱逐舰的《航行记录表》（JD205）。

8. 日本防卫厅的《战史丛书》系列至今仍未出版沿“槽海”海域发生的战斗。本书作者已经使用了各种日本官方记录的缩微胶卷，这在参考书目的说明文章中已经进行了解释。美国海军的资料来自莫里森，《作战史》，第六卷，第163—174页。要了解库拉湾海战，见参战驱逐舰的《航行记录表》和《作战报告》（JDs204和205）；《战史丛书》第九卷，第七部分，第30页。要了解科隆班加拉战斗，见“神通”号（JT1）及其下属的5艘驱逐舰（JDs204和205）的《航行记录表》和《作战报告》。

9. 参战巡洋舰和驱逐舰的《航行记录表》和《作战报告》（巡洋舰见JT1，驱逐舰见JDs204和205）。

10. 参战驱逐舰《航行记录表》和《作战报告》（JDs204和205）；《联合作战》；原为一，《驱逐舰长》，第187—190页。美国海军的资料来自莫里森，《作战史》第六卷，第212—220页。

第二十章

1. JD29号缩微胶卷含有第三水雷战队在这场战斗的记录，但在美国海军历史中心丢失。因此，本书根据参战驱逐舰《航行记录表》和《作战报告》（JDs204和205）重现了这场战斗；原为一，《驱逐舰长》，第195—202页。美国海军的资料来自莫里森，《作战史》第六卷，第234—236页。

2. 参战驱逐舰的《航行记录表》和《作战报告》（JDs204和205）。一个悬而未决的特殊情况是“矶风”号和“浜风”号驱逐舰的记录显示“川内”号轻巡洋舰也在该编队中，但“川内”号的《航行记录表》则把它放在了圣克鲁斯海战（JT1）中的一个编队里。要了解美国海军的资料，见莫里森，《作战史》，第 243—252 页。

3.《战史丛书》第九卷，第七部分，第 50—54 页。

4. 要了解日军大本营计划守住从吉尔伯特群岛到缅甸的防卫圈全境的详细描述，见《战史丛书》，第九卷，第七部分。

5. 来自参战巡洋舰和驱逐舰的《航行记录表》和《作战报告》（巡洋舰见 JT1，驱逐舰见 JDs204 和 205）；《战史丛书》，第九卷，第七部分，第 418—419 页；原为一，《驱逐舰长》，第 244—245 页。

6.《战史丛书》，第九卷，第七部分，第 431 页。

7. 莫里森，《作战史》，第 332 页，称“阿贺野”号被一枚鱼雷击中，但它的记录显示没有被任何鱼雷击中过。见“阿贺野”号的作战报告（JT1）和参战驱逐舰的《航行记录表》（JD205）；《联合作战》。美国海军的资料部分来源于莫里森，《作战史》第六卷，第 330—336 页。

8.“夕雾”号和“卷波”号的记录都遗失了，但“天雾”号、“卯月”号和“大波”号的记录还保存着。美国海军的资料来源于莫里森，《作战史》，第六卷，第 253—258 页。

9. 第五战队的《作战详报》（JD15）有很不清楚的日本官方航迹图的缩微胶卷。它没有显示战斗的全貌和美国舰船的部署。因此，本书参考了原为一的《驱逐舰长》第 233 页的叙述。日军的编队有部分和莫里森的航迹图（第六卷，第 311 页）不同，莫里森的航迹图也被用于确定美国舰船的部署。

第二十一章

1. 根据《联合作战》的资料做成了表格。

2.《联合作战》。

3.《战史丛书》第十二卷，第 55—56 页。

4.《联合作战》。

5.《战史丛书》第十二卷，第 493—494 页。

6.《战史丛书》第十二卷，第 496 页。有很棒的关于这次作战的日本官方的缩微胶卷记录：第 27 驱逐队《作战详报》（JD36）。

7.《战史丛书》，第十二卷，第 579 页。

8. 见《战史丛书》，第十二卷，第 587 页可了解到一个略微不同的说法。

9.《战史丛书》第十二卷，第 567—587 页。这场战斗被详细记录在一个单独的缩微胶卷内（JD1）。美国海军的资料来自莫里森的《作战史》，第八卷，第 211—321 页。《战史丛书》第十二卷，第566页给出的日军飞机数量是450架，这是加上了协同作战的陆基飞机后的数量。要了解陆基飞机的状况，见《战史丛书》第十二卷，第548—551页。要了解美方的部队编制表，见莫里森，《作战史》，第412—416页。《作战史》，第八卷，第416页把驱逐舰“长波”号放到了机动部队前卫部队，但“长波”号的记录显示它还在吴市。

第二十二章

1.《战史丛书》第三十卷，第二部分，第24页。重构这些战役的材料主要来自4个缩微胶卷，JDs1到JD4号。JD1号的最后一部分和JDs2、3和4号全都记录的是“捷一号”作战的命令和舰队的调遣（见缩微胶卷参考目录）。《战史丛书》第三十卷，第二部分，第1—498页也细致地讲述了“捷一号”作战的战斗。重现萨马岛海战也是根据《战史丛书》第三十卷的别册——图表4、5、6中包含的这些战斗的航迹图。要了解美国海军在战役中的资料，见莫里森《作战史》，第十二卷；查尔斯·洛克伍德（Charles A. Lockwood）和汉斯·亚当森（Hans C. Adamson），《菲律宾海海战》（The Battle of Philipine Sea），纽约：克罗韦尔出版公司，1967年。

2.《战史丛书》第三十卷，第二部分，第138页给出了进入莱特湾的路线；也可见JD3。

3.《战史丛书》第三十卷，第二部分，第141—146页，也可参见JD3。

4.《战史丛书》第三十卷，第二部分，第165—183页描述了这次空袭。亦可见JD2。伤亡数字是根据《战史丛书》第二部分，第197页和JD2上的数据整理的。

5.《战史丛书》第三十卷，第二部分，第261页。

6.《战史丛书》第三十卷，第二部分，第268—268页。第265页和第269页的航迹图。亦可见JD4号胶卷。

7.《战史丛书》第三十卷，第二部分，第270页。所有西村舰队舰船的记录都已经散失。对幸存舰船——“时雨”号活动的描述收于JD4号胶卷。

8.《战史丛书》第三十卷，第二部分，航迹图上的时间，第273页，文本在第274页。

9.欲了解“最上”号的故事，见《战史丛书》第三十卷，第二部分，第274—280、283页。

10.要了解关于“时雨”号更多的细节，见《战史丛书》第三十卷，第二部分，第281—282页；了解C部队的故事见第289—296页。莫里森，《作战史》第十二卷，第240页称这场战斗是最后一场严格意义上的水面战斗；但这殊荣应该属于日本重巡洋舰“羽黑”号、驱逐舰“神风”号和5艘英国皇家海军驱逐舰在槟榔屿附近发生的战斗。

11.JD3号和4号胶卷。

12.JD4号胶卷。

13. 要了解对这场战斗的完整描述，见 JDs2 号、3 号和 4 号胶卷。

14. 来自伊藤正德（Ito Masanori），《日本帝国海军的覆灭》（The End of the Imperial Japanese Navy），纽约：诺顿出版公司，1962 年，第 144 页的一张表格。

15.《战史丛书》第二部分，第 431—442 页。

16.《战史丛书》第二部分，第 433 页。

17. 日本帝国海军和美国海军对空袭次数的记录有所不同：日军列了 4 次，美军列了 6 次。

18. 要了解对这场战斗的完整描述，见 JDs1—4 号胶卷，尤其是 JD1 号胶卷。

19.《联合作战》。

20.《战史丛书》第三十卷，第二部分，第 581—595 页。该部队仅存的官方记录被收入在“杉”号驱逐舰的《航行记录表》里。到 1944 年底，大部分舰船和部队的记录由于未知的原因都不在 JD 缩微胶卷上。

21. 这场战斗发生在“大和”号执行最后一次任务之后，但把它放在这里——时间顺序之外——是因为显而易见的原因：“大和”号的沉没是日本帝国海军真正的终结。盟军方面的资料都来自于皇家海军赫瑟林顿少将 (D.H.F.Hetherington) 的谈话；罗斯基尔，《海上战争》，第二部分，第 319—320 页。

22. 对这场战斗的重构主要是参考了原为一，《驱逐舰长》，第 284—303 页。原为一当时是轻巡洋舰“矢矧”号的舰长。“大和”号战列舰最后一次任务被收入 JD4A 胶卷中。亦可见原为一，《驱逐舰长》，第 284—304 页。

附录 A

日本帝国海军主要舰船的舰名、完工日期和最终命运

1941 年 12 月 7 日，现役

战列舰（BB）

“扶桑”号（Fuso）：1915 年 11 月 8 日完工。1944 年 10 月 25 日在苏里高海峡之战中被击沉。

“榛名”号（Haruna）：1915 年 4 月 19 日完工。因无法修复于 1945 年 7 月 27 日被第 38 特混舰队半击沉在吴港外的浅滩中。

“比叡”号（Hiei）：1914 年 8 月 4 日完工。1942 年 11 月 13 日在瓜岛海战中被击沉。

“日向”号（Hyuga）：1918 年 4 月 30 日完工。后被改装成航空战列舰。

“伊势”号（Ise）：1917 年 12 月 15 日完工。后被改装成航空战列舰。

“雾岛”号（Kirishima）：1915 年 4 月 19 日完工。1942 年 11 月 15 日在瓜岛海战中被击沉。

“金刚”号（Kongo）：1913 年 8 月 16 日完工。1944 年 11 月 21 日在台湾附近被“海狮”号潜艇击沉。

“陆奥”号（Mutsu）：1921 年 10 月 24 日完工。1943 年 6 月 8 日在柱岛被非战斗导致的爆炸炸沉。

“长门”号（Nagato）：1920 年 11 月 25 日完工。1945 年 9 月 2 日投降。

“山城”号（Yamashiro）：1917 年 3 月 31 日完工。1944 年 10 月 25 日在苏里高海峡之战中被击没。

航空母舰——重型航母（CV）、轻型航母（CVL）、护航航母（CVE）

“赤城”号（Akagi,CV）：1927 年 3 月 25 日完工。1942 年 6 月 4 日在中途岛沉没。

“飞龙”号（Hiryu,CV）：1939 年 7 月 5 日完工。1942 年 6 月 5 日在中途岛沉没。

“凤翔”号（Hosho,CVL）：1922 年 12 月 27 日完工。1945 年 9 月 2 日被盟国收缴。

“加贺”号（Kaga,CV）：1928 年 3 月 31 日完工。1942 年 6 月 4 日在中途岛沉没。

“龙骧”号（Ryujo,CVL）：1933 年 5 月 9 日完工。1942 年 8 月 24 日在东所罗门海战中被击沉。

“祥凤”号（Shoho,CVL）：1939 年 1 月 15 日完工。1942 年 5 月 7 日在珊瑚海海战中沉没。

“翔鹤”号（Shokaku,CV）：1941 年 8 月 8 日完工。1944 年 6 月在菲律宾海海战中被“棘鳍”号击沉。

“苍龙”号（Soryu,CV）：1937 年 12 月 29 日完工。1942 年 6 月 4 日在中途岛被炸沉。

“大鹰”号（Taiyo,CVE）：1941 年 5 月完工。1944 年 8 月 18 日在中国南海被“石首鱼”号击沉。

“瑞凤”号（Zuiho,CVL）：1940 年 12 月 27 日完工。1944 年 10 月 25 日在恩加诺角海战中被击沉。

“瑞鹤”号 (Zuikaku,CV)：1941 年 12 月 25 日完工。1944 年 10 月 25 日在恩加诺角海战中被击沉。

重巡洋舰（CA）

“青叶”号(Aoba)：1927年9月20日完工。1945年7月28日在吴港被第38特混舰队击沉。

“足柄”号 (Ashigara)：1929 年 8 月 20 日完工。1945 年 6 月 8 日在苏门答腊岛附近被英国皇家海军潜艇“锋利”号击沉。

“爱宕”号 (Atago)：1932 年 3 月 30 日完工。1944 年 10 月 23 日在巴拉望水道被“海鲫”号击沉。

“筑摩”号 (Chikuma)：1939 年 5 月 20 日完工。1944 年 10 月 25 日在萨马岛海战中受伤，后被凿沉。

“鸟海”号 (Chokai)：1932 年 6 月 30 日完工。1944 年 10 月 25 日在萨马岛海战中受伤，后被凿沉。

“古鹰”号（Furutaka)：1926 年 3 月 31 日完工。1942 年 10 月 11 日在埃斯佩兰斯角海战中被击沉。

“羽黑”号 (Haguro)：1929 年 4 月 25 日完工。1945 年 5 月 16 日在槟榔屿附近被英国海军的驱逐舰击沉。

“加古”号（Kako）：1926 年 7 月 20 日完工。1942 年 8 月 10 日在卡维恩角附近被 S–44

号潜艇击沉。

“衣笠”号（Kinugasa）：1927年9月30日完工。1942年10月14日在瓜岛海战中被击沉。

“熊野”号（Kumano）：1937年10月31日完工。1944年11月25日在菲律宾群岛达索尔湾（Dasol Bay）被击沉。

“摩耶”号（Maya）：1932年6月30日完工。1944年10月23日在巴拉望水道被“鲦鱼”号（Dace）潜艇击沉。

“三隈”号（Mikuma）：1935年8月29日完工。1942年6月6日在中途岛海战后被击沉。

“最上”号（Mogami）：1935年7月28日完工。1944年10月25日在苏里高海峡之战后被日本帝国海军的驱逐舰击沉。

“妙高”号（Myoko）：1929年7月31日完工，1945年9月2日被移交给盟国。

“那智”号（Nachi）：1928年11月26日完工，1944年11月5日在马尼拉湾被第38特混舰队的舰载机击沉。

“铃谷”号（Suzuya）：1937年10月31日完工。1944年10月25日在萨马岛海战中被凿沉。

“高雄”号（Takao）：1932年5月31日完工。1945年9月2日被盟军收缴。

“利根”号（Tone）：1938年11月20日完工。1945年7月24日在吴港附近被飞机炸沉。

轻巡洋舰（CL）

“阿武隈”号（Abukuma）：1925年5月26日完工。1944年10月26日在内格罗斯岛附近遭到轰炸，随后沉没。

“五十铃”号（Isuzu）：1923年8月15日完工。1945年4月在弗洛勒斯海被“嘉尔”号和“加维兰”号击沉。

“神通”号（Jintsu）：1925年7月31日完工。1943年7月13日在科隆班加拉岛海战中被击沉。

“香椎”号(Kashii)：1941年7月15日完工。1945年1月12日在巴雷拉角（Cape Varela）附近被第38特混舰队击沉。

“鹿岛”号（Kashima）：1940年5月31日完工。1945年9月2日被移交给盟军。

“香取”号（Katori)：1940年4月20日完工。1945年2月17日在特鲁克海战中被击沉。

“鬼怒”号（Kinu）：1922年11月10日完工。1944年10月26日在莱特湾海战后被第77.4特混大队击沉。

“木曾”号（Kiso）：1921年5月4日完工。1944年11月13日在马尼拉附近被第38特混舰队的舰载机击沉。

“北上”号（Kitakami）：1921 年 4 月 15 日完工。1945 年 9 月 2 日被移交给盟军。

“球磨”号（Kuma）：1920 年 8 月 31 日完工。1944 年 1 月 11 日在槟榔屿附近被“扇贝”号（Tally Ho）潜艇击沉。

“长良”号（Nagara）：1922 年 4 月 21 日完工。1944 年 8 月 7 日在长崎以南被“黄花鱼”号潜艇击沉。

“那珂”号（Nagara）：1925 年 11 月 30 日完工。1944 年 2 月 17 日在特鲁克海战中被击沉。

“名取”号（Natori）：1922 年 9 月 15 日完工。1944 年 8 月 18 日在吕宋岛附近被“鲂鱼”号（Hardhead）击沉。

“大井”号（Oi）：1921 年 10 月 3 日完工。1944 年 7 月 19 日在中国南海被“三叶尾鱼”号（Flasher）击沉。

“川内”号（Sendai）：1924 年 4 月 29 日完工。1943 年 11 月 2 日在奥古斯塔皇后湾海战中击沉。

“多摩”号（Tama）：1921 年 1 月 29 日完工。1944 年 10 月 25 日在恩加诺角海战后被“贾劳”号潜艇击沉。

“龙田”号（Tatsuta）：1919 年 3 月 31 日完工。1944 年 3 月 13 日在横须贺附近被“玉筋鱼”号（Sandlance）潜艇击沉。

“天龙”号（Tenryu）：1919 年 11 月 20 日完工。1942 年 12 月 18 日在新几内亚的马当附近被“大青花鱼”号（Albacore）击沉。

“夕张”号（Yubari）：1923 年 7 月 31 日完工。1944 年 4 月 27 日在帕劳附近被“大太阳鱼”号（Bluegill）击沉。

“由良”号（Yura）：1923 年 3 月 20 日完工。1942 年 10 月 25 日在萨沃岛附近受伤，并被凿沉。

驱逐舰（DD）

“拂晓”号（Akatsuki）：1932 年 11 月 30 日完工。1942 年 11 月 13 日在瓜岛海战中被击沉。

“曙”号（Akebono）：1931 年 7 月 31 日完工。1944 年 11 月 13 日在马尼拉湾附近被第 38 特混舰队击沉。

“秋云”号（Akigumo）：1941 年 9 月 27 日完工。1944 年 4 月 11 日在三宝颜附近被“鲑鱼”号（Redfin）击沉。

“秋风”号（Akikaze）：1921 年 4 月 1 日完工。在博利瑙角（Cape Bolinao）被“橙斑马鲛”号（Pintado）击沉。

“雨雾”号（Amagiri）：1930 年 11 月 10 日完工。1944 年 4 月 23 日在婆罗洲以南被水雷炸沉。

“天津风”号（Amatsukaze）：1940 年 10 月 26 日完工。1945 年 4 月 6 日在厦门（Amoy）附近被美国陆军航空队炸沉。

“霰”号（Arare）：1939 年 4 月 15 日完工。1942 年 7 月 5 日在基斯卡岛附近被“黑鲈”号潜艇击沉。

“岚”号（Arashi）：1941 年 1 月 27 日完工。1943 年 8 月 7 日在韦拉湾海战中被击沉。

“荒潮”号（Arashio）：1937 年 12 月 20 日完工。1943 年 3 月 4 日在俾斯麦海海战中被击沉。

“有明”号（Ariake）：1935 年 3 月 25 日完工。1943 年 7 月 28 日在格罗斯特角搁浅并沉没。

“朝颜”号（Asagao）：1923 年 5 月 10 日完工。1945 年 9 月 2 日被移交给盟军。

“朝雾”号（Asagiri）：1930 年 6 月 30 日完工。1942 年 8 月 28 日在萨沃岛被美国海军陆战队的飞机炸沉。

“朝云”号（Asagumo）：1938 年 3 月 31 日完工。1944 年 10 月 25 日在苏里高海峡之战中被击沉。

“朝风”号（Asakaze）：1923 年 6 月 16 日完工。1944 年 8 月 23 日在博利瑙角（Cape Bolinao）被“座头鲸”号（Haddo）潜艇击沉。

“朝凪”号（Asanagi）：1924 年 12 月 29 日完工。1944 年 5 月 22 日在小笠原群岛（Bonins）被“鳌绿鳕”号 (Pollack) 击沉。

“朝潮”号（Asashio）：1937 年 8 月 31 日完工。1943 年 3 月 4 日在俾斯麦海海战中被击沉。

“绫波”号（Ayanami）：1930 年 4 月 30 日完工。1942 年 11 月 15 日在瓜岛附近被击沉。

“吹雪”号（Fubuki）：1928 年 8 月 10 日。1942 年 10 月 11 日在埃斯佩兰斯角海战中被击沉。

“文月”号（Fumizuki）：1926 年 7 月 3 日完工。1944 年 2 月 17 日在特鲁克沉没。

“芙蓉”号（Fuyo）：1923 年 3 月 16 日完工。1943 年 12 月 20 日在马尼拉附近被“河豚”号（Puffer）潜艇击沉。

“萩风”号（Hagikaze）：1941 年 3 月 31 日完工。1943 年 8 月 7 日在韦拉湾海战中被击沉。

“叶风”号（hakaze）：1920 年 9 月 16 日完工。1943 年 1 月 23 日在卡维恩附近被“鹤鱼”号（Guardfish）击沉。

“浜风”号（Hamakaze）：1941 年 6 月 30 日完工。1945 年 4 月 7 日在伴随“大和”号的最后一次出击中被击沉。

“春风”号（Harukaze）：1923 年 5 月 31 日完工。1945 年 9 月 2 日被移交给盟军。

“春雨”号(Harusame): 1937年8月26日完工。1944年6月8日在曼努卡万(Manokawan)附近被美国陆军航空队炸沉。

“莲”号(Hasu):1922年7月31日完工。1945年9月2日被移交给盟军。

“旗风”号(Hatakaze):1924年8月30日完工。1945年1月15日在台湾附近被第38特混舰队击沉。

“初春”号(Hatsuharu):1933年9月30日完工。1944年11月13日在马尼拉湾被第38特混舰队击沉。

“初风”号(Hatsukaze):1940年2月15日完工。1943年11月2日在奥古斯塔皇后湾海战中被击沉。

“初霜”号(Hatsushimo): 1934年9月27日完工。1945年7月30日在舞鹤市(Maizuru)附近沉没。

“初雪”号(Hatsuyuki):1929年3月30日完工。1943年7月17日在布干维尔岛附近飞机被炸沉。

“早潮”号(Hayashio):1940年8月31日完工。1942年11月24日在休恩角被美国陆军航空队炸沉。

“疾风”号(Hayate): 1925年12月21日完工。1941年12月11日被威克岛的火炮击沉。

“响”号(Hibiki):1933年3月30日完工。1945年9月2日被移交给盟军。

“帆风”号(Hokaze):1921年12月22日完工。1944年7月6日在西里伯斯海被“白鲟”号(Paddle)潜艇击沉。

“雷”号(Ikazuchi): 1932年8月15人完工。1944年4月14日在关岛附近被“鲻鱼”号击沉。

“电”号(Inazuma): 1932年11月15日完工。1944年5月14日在塔威塔威附近被“北梭鱼”号(Bonefish)击沉。

“矶风”号(Isokaze):1940年11月30日完工。1945年4月7日被第58特混舰队击伤,后在长崎以南被凿沉。

“矶波”号(Isonami): 1928年6月30日完工。1943年4月9日在万吉万吉岛(Wangiwangi)被“隆头鱼”号(Tautog)潜艇击沉。

“阳炎”号(Kagero):1939年11月6日完工。1943年5月8日在伦多瓦岛附近触雷,后被飞机炸沉。

“神风”号(Kamikaze):1922年12月28日完工。1945年9月2日被移交给盟军。

“刈萱”号(Karukaya):1923年8月20日完工。1944年5月10日在吕宋岛附近被飞机炸沉。

“霞”号（Kasumi）：1939 年 4 月 28 日完工。1945 年 4 月 7 日被第 58 特混舰队击伤，在长崎附近被凿沉。

“江风”号（Kawakaze）：1937 年 3 月 30 日完工。1943 年 8 月 6 日在韦拉湾海战中被击沉。

“菊月”号（Kikuzuki）：1926 年 11 月 20 日完工。1942 年 5 月 4 日在图拉吉被飞机炸沉。

“如月”号（Kisaragi）：1925 年 12 月 21 日完工。1941 年 12 月 11 日在威克岛被美国海军陆战队的飞机炸沉。

“吴竹”号（Kuretake）：1922 年 12 月 21 日完工。1944 年 12 月 30 日在台湾附近被“剃刀鲸”号（Razorback）潜艇击沉。

“栗”号：920 年 4 月 30 日完工。1945 年 9 月 2 日被移交给盟军。

“黑潮”号（Kuroshio）：1940 年 1 月 27 日完工。1943 年 5 月 8 日在伦多瓦岛触雷，后被飞机炸沉。

“舞风”（Maikaze）：1941 年 7 月 15 日完工。1944 年 2 月 17 日在特鲁克被舰炮击沉。

“松风”（Matsukaze）：1924 年 4 月 5 日完工。1944 年 6 月 9 日在小笠原群岛（Bonins）附近被“剑鱼”号击沉。

“满潮”号（Michishio）：1937 年 10 月 31 日完工。1944 年 10 月 25 日在苏里高海峡的战斗中沉没。

“三日月”号（Mikazuki）：1927 年 5 月 7 日完工。1943 年 7 月 28 日在格罗斯特角附近被击沉。

“水无月”号（Minazuki）：1927 年 3 月 22 日完工。1944 年 6 月 9 日在塔威塔威附近“鲻鱼”号（Harder）击沉。

“峰云”号（Minegumo）：1938 年 4 月 30 日完工。1943 年 3 月 6 日在库拉湾被击沉。

“峯风”号（Minekaze）：1920 年 5 月 29 日完工。1944 年 2 月 10 日在台湾附近被“鲱鱼”号潜艇击沉。

“望月”号（Mochizuki）：1927 年 10 月 31 日完工。1943 年 10 月 24 日在拉包尔附近被飞机击沉。

“丛云”号（Murakumo）：1929 年 5 月 10 日完工。1942 年 10 月 12 日遭到轰炸，后在萨沃岛被凿沉。

“村雨”号（Murasame）：1937 年 1 月 7 日完工。1943 年 3 月 6 日在库拉湾海战中比击沉。

“睦月”号（Mutsuki）：1926 年 3 月 26 日完工。1942 年 10 月 25 日在圣伊莎贝尔岛被美国陆军第五航空队炸沉。

“长月”号（Nagatsuki）：1927 年 4 月 30 日完工。1943 年 7 月 6 日在恶魔岛附近被击沉。

“波风”号（Namikaze）：1922 年 11 月 11 日完工。1945 年 9 月 2 日被移交给盟军。

“夏云”号（Natsugumo）：1938 年 2 月 10 日完工。1942 年 10 月 12 日在萨沃岛附近被美国海军陆战队的飞机炸沉。

“夏潮”号（Natsushio）：1939 年 8 月 31 日完工。1942 年 2 月 8 日在望加锡附近被 S–37 号潜艇击沉。

“子日”号（Nenohi）：1933 年 9 月 30 日完工。1942 年 7 月 4 日在阿加图岛附近被“梭尾螺”号（Triton）潜艇击沉。

“野风”号（Nokaze）：1922 年 3 月 31 日完工。1945 年 2 月 20 日在瓦瑞拉（Varella）附近被“海鳊”号（Pargo）击沉。

“野分”号（Nowaki）：1941 年 4 月 28 日完工。1944 年 10 月 26 日在萨马岛海战后被舰炮击沉。

“沼风”号（Numakaze）：1922 年 7 月 24 日完工。1943 年 12 月 19 日在冲绳附近被“灰鲸”号潜艇击沉。

“胧”号（Oboro）：1931 年 10 月 31 日完工。1942 年 10 月 16 日在基斯卡岛附近被美国陆军航空队炸沉。

“追风”号（Oite）：1925 年 10 月 30 日完工。1944 年 2 月 17 日在特鲁克附近被第 38 特混舰队击沉。

“冲风”号（Okikaze）：1920 年 8 月 17 日完工。1943 年 1 月 10 日在横须贺附近被“鳞鲀”号（Trigger）潜艇击沉。

“亲潮”号（Oyashio）：1940 年 8 月 20 日完工。1943 年 5 月 8 日触雷，并在伦多瓦岛附近被飞机炸沉。

“狭雾”号（Sagiri）：1931 年 1 月 31 日完工。1941 年 12 月 24 日在婆罗洲的古晋附近被荷兰皇家海军的 K–16 号潜艇击沉。

“五月雨”号（Samidare）：1937 年 1 月 29 日完工。1944 年 8 月 25 日在帕劳被“蝙蝠鱼”号（Batfish）潜艇击沉。

“早苗”号（Sanae）：1923 年 11 月 5 日完工。1943 年 11 月 18 日在巴西兰岛（Basilan Island）被“蓝鱼”号（Bluefish）潜艇击沉。

“五月”号（Satsuki）：1925 年 11 月 15 日完工。1944 年 9 月 21 日在马尼拉湾被第 38 特混舰队击沉。

“泽风”号 (Sawakaze)：1920 年 3 月 16 日完工。1945 年 9 月 2 日被移交给盟军。

“涟波”号（Sazanami）：1932 年 5 月 19 日完工。1944 年 1 月 14 日在雅浦岛东南方

向被“大青花鱼”号（Albacore）击沉。

“时雨”号（Shigure）：1936 年 9 月 7 日完工。1945 年 1 月 24 日在哥打巴鲁附近被“黑鳍白鱼”号（Blackfin）击沉。

“敷波”号 (Shikinami)：1929 年 12 月 24 日完工。1944 年 9 月 12 日在香港被“黑鲈”号（Growler）击沉。

“东云”号（Shinonome）：1928 年 7 月 25 日完工。1941 年 12 月 17 日在北婆罗洲附近被击沉。

“潮风”号（Shiokaze）：1921 年 7 月 29 日完工。1945 年被移交给盟军。

“白云”号（Shirakumo）：1928 年 7 月 28 日完工。1944 年 3 月 16 日在北海道（Hokkaido）被“隆头鱼”号 (Tautog) 击沉。

“白露”号（Shiratsuyu）：1936 年 8 月 20 日完工。1944 年 6 月 15 日在苏里高海峡东南被撞沉。

“白雪”号（Shirayuki）：1928 年 12 月 18 日完工。1943 年 3 月 3 日在俾斯麦海海战中被击沉。

“凉风”号（Suzukaze）：1937 年 8 月 31 日完工。1944 年 1 月 26 日在波纳佩岛（Ponape）被“鲣鱼”号 (Skipjack) 击沉。

“太刀风”号（Tachikaze）：1921 年 12 月 5 日完工。1944 年 2 月 17 日在特鲁克附近被第 38 特特混舰队击沉。

“谷风”号（Tanikaze）：1941 年 4 月 25 日完工。1944 年 6 月 9 日在巴西兰岛附近被“鲻鱼”号（Harder）击沉。

“时津风”号（Tokitsukaze）：1940 年 12 月 15 日完工。1943 年 3 月 3 日在俾斯麦海海战中被击沉。

“梅”号（Tsuga）：1920 年 7 月 20 日完工。1945 年 1 月 15 日在澎湖列岛（Pescadores）附近被第 38 特混舰队击沉。

“海风”号（Umikaze）：1937 年 5 月 31 日完工。1944 年 2 月 1 日在特鲁克附近被“鹤鱼”号 (Guardfish) 潜艇击沉。

“浦风”号（Urakaze）：1940 年 12 月 15 日完工。1944 年 11 月 21 日在台湾附近被“海狮”号（Sealion）击沉。

“浦波”号（Uranami）：1929 年 6 月 30 日完工。1944 年 10 月 26 日在班乃岛（Panay）附近被第 77 特混舰队击沉。

“潮”号（Ushio）：1931 年 11 月 14 日完工。1945 年 9 月 2 日被移交给盟军。

“薄云”号（Usugumo）：1928 年 7 月 26 日完工。1944 年 7 月 7 日在幌筵岛（Paramushiro）

附近被“鳐鱼”号 (Skate) 潜艇击沉。

“卯月”号（Uzuki）：1926 年 9 月 14 日完工。1944 年 12 月 12 日在宿务岛附近被鱼雷艇击沉。

“若叶”号（Wakaba）：1934 年 10 月 31 日完工。1944 年 10 月 24 日在班乃岛附近被第 38.4 特混大队击沉。

“若竹”号（Wakatake）：1922 年 9 月 30 日完工。1944 年 3 月 30 日在帕劳附近被第 38 特混舰队击沉。

“山云”号（Yamagumo）：1938 年 1 月 15 日完工。1944 年 10 月 25 日在苏里高海峡之战中被击沉。

“山风”号 (Yamakaze)：1937 年 7 月 30 日完工。1942 年 6 月 25 日在横须贺附近被“鹦鹉螺”号击沉。

“弥生”号（Yayoi）：1926 年 8 月 28 日完工。1942 年 9 月 11 日在诺曼比岛（Normanby Island）附近被美国陆军航空队和澳大利亚皇家空军炸沉。

“夕立”号（Yudachi）：1937 年 1 月 7 日完工。1942 年 11 月 13 日在瓜岛海战中被击沉。

“夕雾”号（Yugiri）：1930 年 12 月 3 日完工。1943 年 11 月 25 日在圣 · 乔治角海战中被击沉。

“夕云”号（Yugumo）：1941 年 12 月 5 日完工。1943 年 10 月 7 日在韦拉拉韦拉海战中被击沉。

“夕暮”号（Yugure）：1935 年 3 月 30 日完工。1943 年 7 月 21 日在韦拉拉韦拉海湾被美国陆军航空队炸沉。

“夕风”号（Yukaze）：1921 年 8 月 24 日完工。1945 年被移交给盟军。

“雪风”号（Yukikaze）：1940 年 1 月 20 日完工。1945 年被移交给盟军。

“夕凪”号（Yunagi）：1925 年 4 月 24 日完工。1944 年 8 月 25 日在甲多角（Cape Bojeador）附近被“大魣鱼”号（Picuda）击沉。

“夕月”号（Yuzuki）：1927 年 7 月 25 日完工。1944 年 12 月 12 日在宿务附近被飞机炸沉。

1941 年 12 月 7 日后完工

战列舰（BB）

“武藏”号（Musashi）：1942 年 8 月 5 日完工。1944 年 10 月 24 日在锡布延海战中被击沉。

“大和”号（Yamato）：1941 年 12 月 16 日完工。1945 年 4 月 7 日在长崎以南被第 58 特混舰队击沉。

被改装成航空战列舰（BB/XCV）

“日向”号(Hyuga)：1942年11月30日完工。1945年7月24日在吴港被第38特混舰队击沉。

“伊势”号（Ise)：1943年10月8日完工。1945年7月28日在吴港被第38特混舰队击沉。

航空母舰——重型航母（CV）、轻型航母（CVL）、护航航母（CVE）

“天城”号（Amagi,CV）：1944年8月10日完工。1945年7月24日在吴港倾覆。

“千岁”号（Chitose,CVL）：1944年1月1日由水上飞机母舰改装而成。1944年10月25日恩加诺角海战后在拖曳时被击沉。

“千代田”号（Chiyoda,CVL）：1943年10月31日由水上飞机母舰改装而成。1944年10月25日在恩加诺角海战中被击沉，

“冲鹰”号（Chuyo,CVE）：1942年11月25日完工。1943年12月在横须贺附近被“旗鱼”号潜艇击沉。

“飞鹰”号（Hiyo,CV）：1942年7月31日完工。1944年6月20日在雅浦岛西北被舰载机炸沉。

“隼鹰”号（Junyo,CV）：1942年5月3日完工。1945年9月2日被移交给盟军。

“海鹰”号（Kaiyo,CVE)：1943年11月完工。1945年8月15日在日本附近触雷沉没。

“葛城”号（Katsuragi,CV）：1944年10月15日完工。1945年9月2日被移交给盟军。

“龙凤”号（Ryuho,CVL）：1942年11月完工。1945年9月2日被移交给盟军。

“信浓”号（Shinano,CV）：1944年11月19日完工。1944年11月29日在东京和神户之间被“射水鱼”号（Archer fish）潜艇击沉。

“神鹰”号（Shinyo,CVL）：1943年11月15日完工。1944年11月17日在上海附近被“白鲟”号（spadefish）潜艇被击沉。

“大凤”号（Taiho,CV）：1944年3月7日完工。1944年6月19日在雅浦岛西北被“大青花鱼”号（Albacore）击沉。

“云龙”号（Unryru,CV）：1944年8月6日完工。1944年12月19日在上海附近被“鲑鱼”号击沉。

“云鹰”号（Unyo,CVE）：1942年5月31日完工。1944年12月16日在香港附近被“鲃鱼”号(Barb)潜艇击沉。

轻巡洋舰（CL）

“阿贺野”号（Agano）：1942 年 10 月 31 日完工。1944 年 2 月 16 日在特鲁克附近被“鳐鱼”号 (Skate) 击沉。

“能代”号（Noshiro）：1943 年 6 月 30 日完工。1944 年 10 月 26 日在班乃岛附近被飞机炸沉。

“大淀”号（Oyodo）：1943 年 2 月 28 日完工。1945 年 7 月 28 日在吴港第 38 特混舰队击沉。

“佐川”号（Sakawa）：1944 年 11 月 30 日完工。1945 年 9 月 2 日被移交给盟军。

“矢矧”号（Yahagi）：1943 年 12 月 29 日完工。1945 年 4 月 7 日在“大和”号的最后一次出击中被飞机炸沉。

“八十岛”号（Yasoshima）：1944 你那 9 月 25 日完工。1944 年 11 月 25 日在吕宋岛的圣克鲁斯湾（Cruz Bay）被飞机炸沉。

驱逐舰（DD，标 * 号的表示 750 吨—1200 吨之间的小型驱逐舰，这在美国海军中被称为“护航驱逐舰”。）

“秋霜”号（Akishimo）：1944 年 3 月 11 日完工。1944 年 11 月 13 日在马尼拉附近被第 38 特混舰队击沉。

“久留”号（Akizuki）：1942 年 6 月 13 日完工。1944 年 10 月 25 日被第 38 特混舰队击沉。

“朝霜”号（Asashimo）：1943 年 11 月 27 日完工。1945 年 4 月 7 日在长崎以南被第 58 特混舰队击沉。

“榎”号 *（Enoki）：1945 年 3 月 31 日完工。1945 年 6 月 26 日在日本附近触雷。

“藤波”号（Fujinami）：1943 年 7 月 31 日完工。1944 年 10 月 27 日在菲律宾怡朗市被第 38 特混舰队击沉。

“冬月”号（Fuyuzuki）：1944 年 5 月 25 日完工。1945 年 9 月 2 日被移交给盟军。

“萩”号 *(Hagi)：1945 年 3 月 1 日完工。1945 年 9 月 2 日被移交给盟军。

“浜波”号 (Hamanami)：1943 年 10 月 15 日完工。1944 年 11 月 11 日在宿务岛附近被第 38 特混舰队击沉。

“花月”号（Hanazuki）：1945 年 1 月 31 日完工。1945 年 9 月 2 日被移交给盟军。

“春月”号（Haruzuki）：1944 年 12 月 28 日完工。1945 年 9 月 2 日被移交给盟军。

“初梅”号 (Hatsuume)：1945 年 6 月 18 日完工。1945 年 6 月 26 日在舞鹤市附近被水雷炸沉。

“初樱”号 *(Hatsuzakura)：1945 年 5 月 28 日完工。1945 年 9 月 2 日被移交给盟军。

“初月”号（Hatsuzuki）：1942 年 12 月 29 日完工。1944 年 10 月 25 日在恩加诺角海

战被炮火击沉。

“早波”号（Hayanami）：1943 年 7 月 31 日完工。1944 年 6 月 7 日在西布图群岛（sibutu islands）附近被“鲻鱼”号（Harder）击沉。

“早霜”号(Hayashimo)：1944 年 2 月 20 日完工。1944 年 10 月 26 日在民都洛岛（Mindoro）附近被第 38 特混舰队击沉。

“桧”号 *（Hinoki）：1944 年 9 月 30 日完工。1945 年 1 月 5 日在马尼拉湾被炮火击沉。

“桦”号（Kaba）：1945 年 5 月 29 日完工。1945 年 9 月 2 日被移交给盟军。

“枫”号 *（Kaede）：1944 年 9 月 30 日完工。1945 年 9 月 2 日被移交给盟军。

“柿”号 *（Kaki）：1945 年 3 月 5 日完工。1945 年 9 月 2 日被移交给盟军。

“樫”号 *（Kashi）：1944 年 9 月 30 日完工。1945 年 9 月 2 日被移交给盟军。

“榧”号 *（Kaya）：1944 年 9 月 30 日完工。1945 年 9 月 2 日被移交给盟军。

“风云”号（Kazagumo）：1942 年 3 月 28 日完工。1944 年 6 月 8 日在民都洛岛附近被“鳕鱼”号（Hake）潜艇击沉。

“榉”号 *（Keyaki）：1944 年 12 月 15 日完工。1945 年 9 月 2 日被移交给盟军。

“桐”号 *（Kiri）：1944 年 8 月 14 日完工。1945 年 9 月 2 日被移交给盟军。

“岸波”号（Kishinami）：1943 年 12 月 3 日完工。1944 年 12 月 4 日在菲律宾海被“三叶尾鱼”号击沉。

“清霜”号（Kiyoshimo）：1944 年 5 月 16 日完工。1944 年 12 月 26 日在马尼拉以南被飞机和鱼雷艇击沉。

“楠”号 *（Kusunoki）：1945 年 4 月 28 日完工。1945 年 9 月 2 日被移交给盟军。

“桑”号 *（Kuwa）：1944 年 7 月 25 日完工。1944 年 12 月 3 日在莱特湾被炮火击沉。

“槇”号 *（Maki）：1944 年 8 月 10 日完工。1945 年 9 月 2 日被移交给盟军。

“卷云”号（Makigumo）：1942 年 3 月 14 日完工。1943 年 2 月 1 日在萨沃岛附近触雷。

“卷波”号（Makinami）：1942 年 8 月 18 日完工。1943 年 11 月 25 日在圣·乔治角海战中被击沉。

“松”号 *（Matsu）：1944 年 4 月 28 日完工。1944 年 8 月 4 日在父岛附近被飞机炸伤，后沉没。

“枞”号 *（Momi）：1944 年 12 月 7 日完工。1945 年 1 月 5 日在马尼拉附近被第 38 特混舰队击沉。

“桃”号 *（Momo）：1944 年 6 月 10 日完工。1944 年 12 月 15 日在博利瑙角附近被“玳瑁”号（Hawkbill）潜艇击沉。

“长波”号（Naganami）：1942 年 6 月 30 日完工。1944 年 11 月 11 日在宿务附近被第 38 特混舰队击沉。

“楢”号*（Nara）：1944 年 11 月 26 日完工。1945 年 9 月 2 日被移交给盟军。

“梨”号[①]（Nashi）：1945 年 3 月 15 日完工。1945 年 7 月 28 日在吴市附近被第 38 特混舰队击沉。

“夏月”号（Natsuzuki）：1945 年 4 月 8 日完工。1945 年 9 月 2 日被移交给盟军。

“新月”号（Niizuki）：1945 年 3 月 31 日完工。1943 年 7 月 6 日在库拉湾海战中被击沉。

“榆”号*（Nire）：1945 年 1 月 31 日完工。1945 年 9 月 2 日被移交给盟军。

“雄竹”号*（Odake）：1945 年 5 月 15 日完工。1945 年 9 月 2 日被移交给盟军。

“冲波”号（Okinami）：1943 年 12 月 10 日完工。1944 年 11 月 14 日在马尼拉附近被击沉了。

“大波”号（Onami）：1942 年 12 月 29 日完工。1943 年 11 月 25 日在圣乔治角海战中被击沉。

“樱花”号*（Sakura）：1944 年 11 月 25 日完工。1945 年 7 月 11 日在大阪港（Osaka Harbor）触雷。

“椎”号*（Shii）：1945 年 3 月 13 日完工。1945 年 9 月 2 日被移交给盟军。

“岛风”号（Shimakaze）：1943 年 3 月 31 日完工。1944 年 11 月 11 日在宿务岛附近被第 38 特混舰队击沉。

“霜月”号（Shimotsuki）：1944 年 3 月 31 日完工。1944 年 11 月 25 日在新加坡以东被“棘鳍”号号击沉。

“杉”号*（Sugi）：1944 年 8 月 25 日完工。1945 年 9 月 2 日被移交给盟军。

“堇”号*（Sumire）：1945 年 3 月 26 日完工。1945 年 9 月 2 日被移交给盟军。

“铃波”号（suzunami）：1943 年 7 月 27 日完工。1943 年 11 月 11 日在拉包尔被飞机炸沉。

“凉月”号（Suzutsuki）：1942 年 12 月 20 日完工。1945 年 9 月 2 日被移交给盟军。

“橘”号（Tachibama）：1945 年 1 月 20 日完工。1945 年 7 月 14 日在函馆港（Hakodate Harbor）被第 38 特混舰队击沉。

“高波”号（Takanami）：1942 年 8 月 31 日完工。1942 年 12 月 1 日在萨沃岛附近被

---

① 注：“梨”号驱逐舰在 1955 年被打捞起来，经过重新整修后被重命名为“若叶”号（Wakaba），并在日本海上自卫队服役。

舰炮击沉。

“竹”号（Take）：1945 年 9 月 2 日被移交给盟军。

“玉波”号（Tamanami）：1943 年 3 月 30 日完工。1944 年 7 月 7 日在马尼拉附近被“翼齿鲷”号（Mingo）潜艇击沉。

“照月”号（Teruzuki）：1942 年 8 月 31 日完工。1942 年 21 月 11 日在萨沃岛附近被鱼雷艇击沉。

“椿”号（Tsubaki）：1944 年 11 月 30 日完工。1945 年 9 月 2 日被移交给盟军。

“茑”号（Tsuta）：1945 年 2 月 8 日完工。1945 年 9 月 2 日被移交给盟军。

“梅”号（Ume）：1944 年 6 月 28 日完工。1945 年 1 月 31 日在台湾附近被美国陆军航空队炸沉。

“若月”号（Wakatsuki）：1943 年 5 月 31 日完工。1944 年 11 月 11 日在宿务附近被第 38 特混舰队击沉。

“柳”号（Yanagi）：1945 年 1 月 18 日完工。1945 年 9 月 2 日被移交给盟军。

“宵月”号（Yoizuki）：1944 年 12 月 26 日完工。1945 年 9 月 2 日被移交给盟军。

附录 A 是根据日本防卫厅战史室的富永研吾、《日本作战行动专题系列，第 116 号》（JOMS）以及 A.J. 瓦特和 B.G. 戈登所著的《日本帝国海军》(纽约：双日出版集团，1971 年）提供的信息汇编而成。本书利用了日方的原始资料和 JOMS，以防出现矛盾。而富永博士则给出了汉字“云”（日语读成 kumo、gumo）和“月”（日语读成 tsuki、zuki）的正确读法。

附录 B

日本海军舰艇的命名规则

除了四个例外，日本读者都可以通过军舰的名字来判断它们的类型。

航空母舰：用神秘的飞行物、动物或大型鸟类来命名。

战列舰：用古代的藩国名字来命名。但 4 艘战列巡洋舰——“榛名”号、“金刚”号、“雾岛”号和“比叡”号被赐予山的名字。日本海军后来不再区分战列舰和战列巡洋舰，这四艘军舰都被视作战列舰，且没有改名。

重巡洋舰：用山来命名。

轻巡洋舰：用河流来命名。

驱逐舰：被给予了天气状况的诗意解读：例如，“川风”号——“河上的风”、“时雨”——“秋天的细雨”。1944 年，日本海军试图加速驱逐舰的建造，节约日益紧张的建造材料。它开始建造 1250 吨和 750 吨的驱逐舰，并用花、果实和树木来命名。

潜艇：日语虽然是象形文字，但也可以写成表音文字——不是用字母表，而是用音节表。日本海军的潜艇有三个等级：I、RO 和 HA，分别对应 A、B、C。

附录 C

美国舰船飞机译名对照表

航空母舰

重型航空母舰

“埃塞克斯”号（Essex）

“邦克山”号（Bunker Hill）

“贝洛森林号”（Belleau Wood）

“大黄蜂”号（Hornet）

“黄蜂”号（Wasp）

“卡伯特”号（cabot）

“列克星敦”号（Lexington）

“企业”号（Enterprise）

“萨拉托加”号（Saratoga）

“约克城”号（Yorktown）

轻型航空母舰

“巴丹”号（Bataan）

“白平原”号（White Plains）

“贝洛森林”号（Belleau Wood）

“独立”号（Independence）

“方肖湾”号（Fanshaw Bay）

“冈比亚湾”号（Gambier Bay）

“加里宁湾”号（Kalinin）

“卡伯特”号（cabot）

“考彭斯”号（Cowpens）

“明尼阿波利斯”号（Minneapolis）

“蒙特雷”号（Monterey）

“普林斯顿”号（Princeton）

“圣·洛”号（St.Lo）

“圣哈辛托”号（San Jacinto)

“休斯敦”号（Houston）

战列舰

“艾奥瓦”号（Iowa）

“奥拉巴马”号（Alabama）

“北卡罗来纳”号（North Carolina）

“宾夕法尼亚”号（Pennsylvania）

“俄克拉荷马”号（Oklahoma）

“华盛顿”号（Washington）

“加利福尼亚”号（California）

“马里兰”号（Maryland）

“密西西比”号（Mississippi）

“南达科他”号（South Dakota）

“内华达”号（Nevada）

"田纳西"号（Tennessee）
"西弗吉尼亚"号（West Virginia）
"新泽西"号（New Jersey）
"亚利桑那"号（Arizona）
"印第安纳"号（Indiana）
"犹他"号（Utah）

重巡洋舰

"阿斯托利亚"号（Astoria）
"北安普顿"号（Northampton）
"波特兰"号（Portland）
"赫尔姆"号（Helm）
"旧金山"号（San Francisco，旗舰）
"昆西"号（Quincy）
"路易斯维尔"号（Louisville）
"明尼阿波利斯"号（Minneapolis）
"那什维尔"号（Nashville）
"彭萨科拉"号（Pensacola）
"切斯特"号（Chester）
"圣迭戈"号（San Diego）
"文森斯"号（Vincennes）
"新奥尔良"号（New Orleans）
"休斯敦"号（Houston）
"盐湖城"号（Salt Lake City）
"印第安纳波利斯"号（Indianapolis）
"芝加哥"号（Chicago）
"朱诺"号（Juneau）

轻巡洋舰

"博伊西"号（Boise）
"丹佛"号（Denver）
"底特律"号（Detroit）
"海伦娜"号（Helena）
"火奴鲁鲁"号（Honolulu）
"科尼"号（Cony）
"克里夫兰"号（Cleveland）
"里士满"号（Richmond）
"罗利"号（Raleigh）
"马布尔黑德"号（Marblehead）
"蒙特利埃"号（Montpelier）
"圣·路易斯"号（St.Louis CL）
"亚特兰大"号（Atlanta）

驱逐舰

"阿伦·沃德"号（Aaron Ward）
"埃勒特"号（Ellet）
"埃兹尔"号（Edsall）
"艾尔文"号（Aylwin）
"安德森"号（Anderson）
"奥邦农"号（O' Bannon）
"奥尔登"号（Alden）
"奥斯本"号（Ausburne）
"巴顿"号（Barton）
"巴格利"号（Bagley）
"巴克"号（Barker）
"保罗·琼斯"号（Paul Jones）
"鲍尔奇"号（Balch）
"贝纳姆"号（Benham）
"波普"号（Pope）
"伯雷"号（Bailey）
"博顿"号（Borton）
"布尔默"号（Bulmer）

“布坎南”号（Buchanan）
“布鲁”号（Blue）
“戴尔”号（Dale）
“戴森”号（Dyson）
“德雷顿”号（Drayton）
“邓肯”号（Duncan）
“邓拉普”号（Dunlap）
“杜威”号（Dewey）
“法拉格特”号（Farragut）
“费尔普斯”号（Phelps）
“费伦霍特”号（Farenholt）
“弗莱彻”号（Fletcher）
“格雷戈里”号（Gregory）
“格雷森”号（Grayson）
“格温”号（Gwin）
“葛瑞德利”号（Gridley）
“哈曼”号（Hammann）
“汉弗莱斯”号（Humphreys）
“赫尔”号（Hoel）
“赫尔曼”号（Heermann）
“赫尔姆”号（Helm）
“亨利”号（Henley）
“惠普尔”号（Whipple）
“吉尔默”号（Gilmer）
“贾维斯”号（Jarvis）
“金”号（King）
“卡森”号（Cassin）
“凯恩”号（Kane）
“凯斯”号（Case）
“康韦”号（Conway）
“科尔霍恩”号（Colhoun）
“科赫兰”号（Coughlan）
“科宁厄姆”号（Conyngham）
“克莱斯顿”号（Claxton）
“克雷文”号（Craven）
“库欣”号（Cushing）
“拉德纳”号（Lardner）
“拉尔夫·塔尔博特”号（RalphTalbot）
“拉菲”号（Laffey）
“拉瓦莱特”号（La Vallette）
“兰斯多沃内”号（Lansdowne）
“朗”号（Lang）
“雷德福”号（Radford）
“里德”号（Reid）
“利特尔”号（Little）
“马斯廷”号（Mustın）
“麦考尔”号（McCall）
“麦克多诺”号（Macdonough）
“麦克卡拉”号（McCalla）
“梅瑞狄斯”号（Meredith）
“蒙彼利埃”号（Montpelier）
“蒙森”号（Monssen）
“米德”号（Meade）
“莫里”号（Maury）
“莫里斯”号（Morris）
“莫纳亨”号（Monaghan）
“穆雷”号（Murray）
“帕罗特”号（Parrott）
“帕特森”号（Patterson）
“皮尔里”号（Peary）
“皮尔斯伯里”号（Pillsbury）
“珀金斯”号（Perkins）

"普勒斯顿"号（Preston）
"塞尔弗里奇"号（Selfridge）
"塞缪尔·罗伯茨"号（Samuel B.Roberts）
"史密斯"号（Smith）
"思朋斯"号 (Spence）
"斯塔克"号（Stack）
"斯坦利"号（Stanley）
"斯特朗"号（Strong）
"斯特朗"号（Strong）
"斯特瑞特"号（Sterett）
"斯图尔特"号（Stewart）
"塔尔博特"号 (Talbot）
"泰勒"号（Taylor）
"唐斯"号（Downes）
"威尔逊"号（Wilson）
"沃登"号（Worden）
"沃克"号（Walke）
"沃勒"号（Waller）
"沃特斯"号（Waters）
"希姆斯"号（Sims）
"希瓦利埃"号（Chevalier）
"肖"号（Shaw）
"休斯"号（Hughes）
"休斯敦"号（Houston）
"亚伦沃德"号（Aaron Ward）
"约翰·爱德华兹"号（John D.Edwards）
"约翰·福特"号（John D.Ford）
"詹金斯"号（Jenkins）

潜艇

"鳌绿鳕"号 (Pollack)
"白鲟"号（Paddle）
"北梭鱼"号（Bonefish）
"橙斑马鲛"号（Pintado）
"大青花鱼"号（Albacore）
"大太阳鱼"号（Bluegill）
"玳瑁"号（Hawkbill）
"法螺"号（Triton）
"飞鱼"号（Flying Fish）
"鲱鱼"号（Pogy）
"鼓鱼"号（Tamboer）
"鲑鱼"号（Redfish）
"海豹"号（Seal）
"海鳊"号（Pargo）
"海鲫"号（Darter）
"海狼"号（Seawolf）
"海马"号（Seahorse）
"海狮"号（Sealion）
"河豚"号（Puffer）
"黑鲈"号（Growler）
"黑鳍白鱼"号（Blackfin）
"棘鳍"号（Cavalla）
"剑鱼"号（Swordfish）
"鳞鲀"号（Trigger）
"石首鱼"号（Rasher）
"梭尾螺"号（Triton）
"鲦鱼"号（Dace）
"鳕鱼"号（Hake）
"鳐鱼"号 (Skate)
"鹦鹉螺"号（Nautilus）
"玉筋鱼"号（Sandlance）
"长鳍金枪鱼"号（Albacore）

“鲻鱼”号（Harder）
“座头鲸”号（Haddo）

水上飞机母舰

“儿童”号（Childs）
“苍鹭”号（Heron）
“丹吉儿”号（Tangier)
“吉利斯”号（Gillis）
“柯蒂斯”号（Curtiss）
“兰利”号（Lanley）
“威廉 B. 普勒斯敦”号
（William B. Preston）

扫雷舰

“绿鹃”号（Vireo）

飞机

“哈德逊”轰炸机（Hudson）
“水牛”式战斗机（Buffalo）
“无畏 ' 式俯冲轰炸机（Dauntless）
“拥护者”俯冲轰炸机（Vindicator）
格鲁曼“野猫”式战斗机
（Gruman Wildcat）
B–17“波音空中堡垒”轰炸机
（B–17 Boeing Flying Fortress）
P–40“寇蒂斯战鹰”战斗机
（P–40 Curtiss Warhawk）
“格鲁曼鸭子”水陆两用运输机
（Grumman Duck）
“卡特琳娜”水上飞机
（Catalina flying boat）
“翠鸟”式水上侦察机（Kingfisher）

油船

“蒂珀卡努”号（Tippecanoe）
“尼奥肖”号（Neosho）

修理船

“维斯塔尔”号（Vestal）

布雷舰

“奥加拉拉”号（Oglala）

仓库船

“西北”号（Northwestern）

运输船

“麦考莱”号（McCawley）

英国舰船译名对照表

航空母舰

“竞技神”号（Hermes）
“不挠”号（Indomitable）
“可畏”号（Formitable）
“沙”号（Shah）

战列舰

“反击”号（Repulse）
“复仇”号（Revenge）

"决心"号（Resolution）
"君权号"（Royal Sovereign）
"拉米伊"号（Ramillies）
"威尔士亲王"号（Prince of Wales）
"厌战"号（Warspite）

重巡洋舰

"埃克塞特"号（Exeter）
"多塞特郡"号（Dorsetshire）
"康沃尔"号（Cornwall）

轻巡洋舰

"达娜厄"号（Danae）
"翡翠"号（Emerald）
"进取"号（Enterprise）
"卡列登"号（Caledon）
"龙"号（Dragon）

驱逐舰

"快车号"（Express）
"悍妇"号（Virago）
"黑豹"号（Panther）
"箭"号（Arrow）
"警戒"号（Vigilant）
"猎狐"号（Foxhound）
"内皮尔"号（Napier）
"涅斯托尔"号（Nestor）
"诺曼"号（Norman）
"帕拉丁"号（Paladin）
"热刺"号（Hotspur）
"萨尼特"号（Thanet）
"狮鹫"号（Griffin）
"时运"号（Fortune）
"索马勒兹"（Saumarez）
"特内多斯"号（Tenedos）
"韦鲁勒姆"号（Verulam）
"维纳斯"号（Venus）
"要塞"号（Stronghold）
"伊莱克特拉号"（Electra）
"诱饵"号（Decoy）
"遭遇"（Encounter）
"侦察"号（Scout）
"朱庇特"号（Jupiter）

炮艇

"蝉"号（Cicada）
"知更鸟"号（Robin）

油船

"英国中士"号（British Sergeant）

小型护卫舰

"蜀葵"号（Hollyhock）

补给舰

"阿瑟尔斯坦"号（Athelstane）

飞机

"管鼻燕"式战斗机（Fulmar）
"布伦海姆"式轰炸机（Blenhcim）
"剑鱼"式攻击机（Swordfish）

荷兰舰船译名对照表

轻巡洋舰

“德鲁伊特尔”号（De Ruyter）

“海姆斯凯尔克”号（Heemskerk）

“特隆姆普”号（Tromp）

“爪哇”号（Java）

驱逐舰

“厄佛仙”号（Evertsen）

“班克尔特”号（Banckert）

“范亨特”号（Van Ghent）

“冯内斯”号（Van Nes）

“科顿艾尔”号（Kortenaer）

“皮亚特·海恩”号（Piet Hein）

“维特·维德茨”号（Witte de With）

“伊萨克·斯威尔斯”号（Isaac Sweers）

澳大利亚舰船译名对照表

重巡洋舰

“澳大利亚”号（Australia）

“堪培拉”号（Canberra）

轻巡洋舰

“珀斯”号（Perth）

“霍巴特”号（Hobart）

驱逐舰

“吸血鬼”号（Vampir）

飞机

“博福特”鱼雷攻击机（Beaufort）

新西兰舰船译名对照表

轻巡洋舰

“利安德”号（Leander）

附录 D

主要人名对照表

日本

阿部孝壮 Koso Abe

百武晴吉 Harukichi Hyakutake

草鹿龙之介 Ryunosuke Kusaka

城岛高次 Takaji Joshima

川口清健 Kiyotaka Kawaguchi

大森仙太郎 Sentaro Omori

东条英机 Hideki Tojo

丰田副武 Soemu Toyoda

福留繁 Shigeru Fukudome

高木武雄 Takeo Takagi

高桥伊望 Ibo Takahashi

古贺峰一 Mineichi Koga

广濑末人 Hirose Sueto

加来止男 Tomeo Kaku

加藤唯雄 Tadao Kato

角田觉治 Kakuji Kakuta

近藤信竹 Nobutake Kondo

井上成美 Shigeyoshi Inouye

久保九次 Kyuji Kubo

柳本柳作 Ryusaku Yanagimoto

木村昌福 Masanori Kimura

南云忠一 Chuichi Nagumo

青木泰二郎 Taijiro Aoki

秋山辉男 Teruo Akiyama

山本五十六 Isoroku Yamamoto

山口多闻 Tamon Yamaguchi

山下奉文 Tomoyuki Yamashita

天谷孝久 Takahisa Amagai

丸茂邦则 Kuninori Marumo

梶冈定道 Sadamichi Kajioka

五藤存知 Aritomo Goto

细萱戊子郎 Boshiro Hosogaya

小泽治三郎 Jisaburo Ozawa

伊崎俊二 Shunji Izaki

永野修身 Osami Nagano

宇垣缠 Matome Ugaki

原为一 Tameichi Hara

源田实 Minoru Genda

志摩清英 Kiyohide Shima

中濑泝 Noboru Nakase

美国

阿尔弗雷德·蒙哥马利 Alfred E. Montgomery
艾伦・梅里尔 Aaron S. Merrill
艾略特・巴克马斯特 Elliott Buckmaster
奥布里・菲奇 Aubrey W. Fitch
查尔斯・麦克莫里斯 Charles H. McMorris
弗兰克・弗莱彻 Frank J. Fletcher
弗兰克・沃克 Frank R. Walker
弗雷德里克・谢尔曼 Frederick C. Sherman
霍华德・波德 Howard D. Bode
卡尔顿・莱特 Carleton H. Wright
科德尔・赫尔 Cordell Hull
科林・凯利 Colin Kelly
克拉伦斯・麦克拉斯基 Clarence Mclusky
雷蒙德・斯普鲁恩斯 Raymond A. Spruance
里奇蒙德・凯利・特纳
Richmond Kelly Turner
罗伯特・戈姆利 Robert L. Ghormley
罗伯特・西奥博尔德 Robert A. Theobald
马克・米切尔 Marc Mitscher
麦克斯韦・莱斯利 Maxwell F. Leslie
诺曼・斯科特 Norman Scott
乔治・肯尼 George C. Kenney
乔治・穆雷 George D. Murray
托马斯・宾福德 Thomas H. Binford
托马斯・金凯德 Thomas C. Kinkaid
托马斯・瑞恩 Thomas J. Ryan
托马斯・斯普拉格 Thomas L. Sprague
威利斯・李 Willis A. Lee
威廉・格拉斯福德 William A. Glassford
威廉・哈尔西 William F. Halsey
沃尔登・安斯沃斯 Walden L. Ainsworth
耶西・奥登多夫 Jesse B. Oldendorf
约瑟夫・卡拉汉 Joseph W. Callahan

英国

阿奇博尔德・韦维尔 Archibald Wavell
哈罗德・沃克 Harold Walker
杰弗里・雷顿 Geoffrey Layton
约翰・克雷斯 John G. Crace
詹姆斯・萨默维尔 James Somerville

荷兰

卡雷尔・多尔曼 Karel Doorman
康拉德・赫尔弗里赫 Conrad Helfrich

参考书目说明

日语资料

日语原始档案：

战争结束时，美国政府缴获了 3 万卷手写的日本军事档案。它们多数时候几乎难以辨认，大部分都没有标明页数，后来被送到了华盛顿档案中心。在那里，这些档案得到了粗略地分类。各个部分被分开，然后根据分类标签进行排序，例如 WDC132564。这些档案随后被送到了中央情报局进行详细地审查，接着又被送到了国家档案馆，在那里又得到了进一步的整理并加入了第二个识别数字，例如 NA51467。最后它们被送到了美国海军历史中心，在萨缪尔·莫里森的指导下，被制成 260 个左右的缩微胶卷，并按照逻辑分类排序，得到分类编号（如 JD4），然后这些档案于 1958 年被送回日本防卫厅。〔缴获档案的部分经过可参见詹姆斯·威廉姆斯·莫利写的一篇文章《国家档案馆中被缴获日军档案的清单》，载于《远东季刊》，第四卷，第 3 号（1950 年 5 月），第 306—333 页〕。相关缩微胶卷的内容是本书采用的文献。

本书所用的缩微胶卷被分成 5 大类：

1. 《航行记录表》（Tabular Records of Movement，简称 TROMs）

每艘舰艇的这些日常记录（类似于普通船的航海记录）是按照英语字母表进行系统整理的。它们给出了舰船的名字、行政代号、战斗代号、每日的任务、它的航迹以及发生战斗时的战斗经过、消耗的弹药、所受的损伤、人员伤亡和对敌舰造成的损伤。（和所有海军一样，由于海战的性质关系，最后一项通常并不可靠，尤其是在夜战当中。）作者使用了从航母到驱逐舰的所有舰船的记录。

有一卷名为《战列舰和巡洋舰表格记录》的胶卷（不是以 JD+ 数字命名，而是被称为 JT1）被翻译成了英文。除了 3 艘舰艇的记录丢失外，它包含了《航行记录表》以及所有战列舰和巡洋舰的作战报告（AR）。

2.《作战报告》（Action Reports, 简称 ARs）

这些是对每艘舰艇作战行动的更详细的记录。

3. 《战时日志》（War Diaries，简称 WDs）

这些都涉及的是一支舰队，或者航母、战列舰、巡洋舰和驱逐舰的中队或分队。偶有缩微胶卷会提供某次作战中某艘舰艇的《战时日志》或《战斗详报》。“战时日志”这个名字已经描述了内容，即作战部队的日记。

4. 战斗详报（Detaild Action Reports，简称 DARs）

这些涉及的行政部门和《战时日志》所涉及的相同。“作战”（action）这个词在这里并不一定指的是“在战斗中”。《战斗详报》是对一个行政单位的活动进行更详细的记录，内容包括它的航迹图、原始命令和战斗行动。

5. 有 5 场作战行动被挑选出来做成内容更精细的缩微胶卷，它们对作战行动的叙述更细致入微，甚至还包含零碎的命令。被选出的 5 场作战行动分别为：（1）中途岛和阿留申（MI 和 AL 作战）；（2）马里亚纳海战（“阿号”作战）；（3）莱特湾岛附近的战斗（“捷一号”作战）；（4）“大和”号战列舰的最后一次出击（“天号”作战）；（5）“菊水”作战（神风特攻）。（本书没有使用最后一个胶卷。）

由于战争末期日本的混乱，以及大量文献资料在各个机构的辗转，有些文件已经不可挽回地散失了。幸运的是，如果某艘舰艇的航海表格记录遗失了，那么可以找到它所在的中队、分队或者舰队的记录，而且通过搜索，几乎所有舰艇的记录都可以被拼凑在一起。最后，这些档案通常都是用笔迹拙劣的日文写成，极难阅读。而且，《战时日志》和《战斗详报》有时候并不是按时间顺序排列的，也没有标明页码，数以万计的页帧也没有标明数字。但如果能找到的话，整个战争的历史都在那里。

除了上述日文缩微胶卷外，有一卷没有标明数字的英文胶卷：《日本缩微胶卷索引》；还有一卷编号 NRS432（用英文写成）的半原始的资料，名为《第二次世界大战中的日本帝国海军——日本海军组织架构及战争中损失或受损的战斗舰艇和非战斗船只图示》；美国陆军远东司令部总部特业参谋部军事历史室筹备了《日军作战行动专题系列第 116 号》。（这部分资料已经被出版成书，参见下文的英文作品。）它被整理成两部分：（1）关于日本帝国海军军舰以及日军非战斗船只沉没或受损方位的月报，该信息被标在地图上，每艘舰艇的名字按照时间顺序排列，注明是损失还是受损，并附有遭受损失和受损的各种原因。（2）按照字母顺序和时间顺序对上述舰艇名单进行整理后形成的表格。

260 个胶卷的剩余部分就和日本帝国海军军舰的资料无关了。

本书所使用的日本缩微胶卷档案清单

JT 1： 战列舰和巡洋舰的《航行记录表》和《作战报告》（均为英文）。

JDs 1： 到 4A 为止，包含 4 次作战行动的特殊报告（把争夺莱特岛的几场战斗算作一场）。遗憾的是，这些胶卷不是按舰队和时间顺序整合的。

JD 1(a)： 1942 年 6 月中途岛海战的作战命令和记录。

航母“赤城”“加贺”“苍龙”“飞龙”。

第十水雷战队。

“加贺”号航母6月5日的战斗详报;“飞龙”号航母5月27日—6月9日的战斗详报(原文如此）；“飞龙”号航母 5 月 27 日—6 月 6 日的战斗详报（“赤城”号未包含在内）。

第一航空舰队 5 月 27—6 月 9 日的《战斗详报》。

JD 1(b)： 1944 年 6 月的马里亚纳海战的作战命令和记录（“阿”号作战）。陆基飞机作战部队和辅助船只的记录被作者忽略。

1944 年 6 月 13—22 日的第一机动舰队战斗详报。

第 5 战队 6 月 1—30 日的战时日志；第 1 战队 6 月 1—30 日的战时日志；第 22 航空战队 6 月—30 日的战时日志；“矢矧”号轻巡洋舰的战斗详报；“千代田”号轻型航母 6 月 15—22 日的战斗详报；“千岁”号轻型航母 6 月 15—22 日的战斗详报；“翔鹤”号航母 6 月 15—20 日的战斗详报。没有为第 1、第 2、第 3 水雷战队命名的《战时日志》和《战斗详报》。第 61 水雷战队 6 月 20 日的《战斗详报》。

JD 1(c)： 恩加诺角海战。

“瑞鹤”号航母 1944 年 10 月 20—25 日的战斗详报。

“瑞凤”号轻型航母 1944 年 10 月 20—25 日的战斗详报。

机动部队 1944 年 10 月 20—25 日的战斗详报。

JD 2： 参与“捷一号”作战（莱特岛附近的战斗）的大部分（不是所有）舰艇和部队的作战命令和记录。作者忽略了陆基飞机的记录。

第 4 航空母舰分队 1944 年 10 月 20—25 日的《战斗详报》。

“伊势”号航空战列舰 10 月 20—25 日的《战斗详报》。

“日向”号航空战列舰 10 月 20—29 日《战斗详报》。

第一攻击部队 10 月 16—28 日的《战斗详报》。

“大和”号战列舰 10 月 24 日的《战斗详报》；“武藏”号战列舰 10 月 24 日的《战斗详报》；“长门”号战列舰 10 月 24 日的《战斗详报》；“榛名”号和“金刚”号战列舰 10 月 22—28 日的《战斗详报》；第 1 战队、第 7 战队、第 10 水雷战队、第 16 战队

10 月 20—29 日的《战斗详报》；第 1 战队 10 月 18—28 日的《战斗详报》；第 10 水雷战队 10 月 17—31 日的《战斗详报》；第 16 战队 10 月 17—27 日的《战斗详报》。

JD 3: 关于“捷一号”作战，有第 1 战队、第 5 战队、第 1 水雷战队、第 10 水雷战队、“瑞凤”号轻型航母、“千岁”号轻型航母、“瑞鹤”号航母、“日向”号航空战列舰、“大淀”号轻巡洋舰、“铃谷”号和那智”号重巡洋舰在 10 月 1 日—25 日的《战时日志》；“五十铃”号轻巡洋舰在 10 月 1 日—31 日的《战时日志》；“妙高”号重巡洋舰在 10 月 1 日—31 日的《战时日志》；“阿武隈”号轻巡洋舰在 10 月 1—26 日的《战时日志》；“清岛”号、“秋霜”号驱逐舰在 10 月 1 日—31 日的《战时日志》；“武藏”号战列舰 10 月 1 日—24 日的《战时日志》；“能代”号轻巡洋舰在 10 月 1 日—26 日的《战时日志》；“妙高”号在 10 月 24 日的《战斗详报》；“羽黑”号在 10 月 25 日—26 日的《战斗详报》；“利根”号重巡洋舰在 10 月 24—26 日的《战斗详报》；“摩耶”号重巡洋舰在 10 月 22 日—25 日的《战斗详报》；“铃谷”号重巡洋舰在 10 月 18 日—25 日的《战斗详报》；“爱宕”号重巡洋舰在 10 月 23 日的《战斗详报》；“青叶”号重巡洋舰在 10 月 23 日的《战斗详报》。

JD 4: “大淀”号轻巡洋舰在 10 月 20 日—28 日的《战斗详报》；“矢矧”号轻巡洋舰在 10 月 22 日—28 日的《战斗详报》；“能代”号轻巡洋舰在 10 月 23—26 日的《战斗详报》；“阿武隈”号轻巡洋舰在 10 月 24 日—26 日的《战斗详报》；“五十铃”号轻巡洋舰 10 月 20—29 日的《战斗详报》；“鬼怒”号轻巡洋舰 10 月 18 日—26 日的《战斗详报》；“浦波”号驱逐舰在 10 月 18 日—26 日的《战斗详报》；“潮”号驱逐舰的《战时日志》；“秋霜”号驱逐舰在 10 月 22 日—28 日的《战斗详报》；“时雨”号驱逐舰 10 月 23 日—27 日的《战斗详报》；“清霜”号 10 月 24 日的《战斗详报》；“潮”号 10 月 25 日的《战斗详报》；“桑”号 10 月 25 日的《战斗详报》；“霞”号 10 月 24 日—25 日的《战斗详报》；“岸波”号 10 月 24—26 日的《战斗详报》；“霜月”号 10 月 25 日的《战斗详报》；“霞”号 10 月 29 日—11 月 13 日的《战斗详报》。

JD 4A: “天号”作战和“菊水”作战（本书没有利用后者的相关档案）。“天号”作战包含“大和”号最后一次出击的作战命令和记录。

JD 7: 第 4 舰队在 1941 年 12 月—1944 年 8 月的《战时日志》（其中 1943 年 9 月时间不满）。

第 5 舰队在 1941 年 12 月—1944 年 6 月的《战时日志》。

JD 8：第 5 舰队 1944 年 11 月—1945 年 2 月 5 日的《战时日志》。

第 7 舰队 1945 年 4 月—6 月的《战时日志》。

第 8 舰队 1942 年 8 月 14 日—1943 年 3 月的《战时日志》。

第8舰队1942年9月16日—12月15日、1943年3月15日—4月20日、1943年6月30日—8月15日的《战斗详报》。

JD 15：第5战队1942年6月—11月的《战时日志》。

第6战队1942年8月7日—10日的《战斗详报》。

JD 16：第7战队1942年11月13日—14日的《战斗详报》。

JD 22：第1水雷战队1942年1月—3月、5月—11月的《战时日志》。

第1水雷战队1942年11月30日—12月7日、1943年3月23日—28日、1943年7月22日—8月1日的《战斗详报》。

JD 24：第1水雷战队1944年9月—11月的《战时日志》。

第1水雷战队1944年10月31日—11月4日的《战斗详报》。

第2水雷战队1944年12月的《战时日志》，部分遗失，部分被抢夺。

第2水雷战队1941年12月6日—1942年1月17日的《战斗详报》。

JD 25：第2水雷战队1942年1月—2月的《战时日志》。

第2水雷战队1942年1月18日—3月11日的《战斗详报》。

JD 26：第2水雷战队1942年3月—10月的《战时日志》。

第2水雷战队1942年4月19日—22日、5月20日—8月7日、8月13日—21日、9月9日—23日、10月11日—30日的《战斗详报》。

JD27：第2水雷战队1942年11月—1943年5月、1943年8月—1944年2月的《战时日志》。

第2水雷战队1942年11月3日—15日、11月29日—12月1日、12月3日—12日，1943年1月2日—3日、1月10日—11日、6月14日—19日、11月11日、12月30日，1944年1月4日的《战斗详报》。

JD 28：档案的大部分已经遗失。

第2水雷战队1944年11月—1945年4月的《战时日志》。

第2水雷战队1944年12月20日—30日、1945年4月6日—8日的《战斗详报》。

第3水雷战队1942年1月—6月的《战时日志》。

第3水雷战队12月4日—11日、1941年12月13日—21日、1942年1月20日—30日、2月9日—27日、3月3日—14日、3月20日—31日、4月1日—10日的《战斗详报》。

JD 29：美国海军历史中心里找不到。

JD 30：第4水雷战队1942年2月—6月的《战时日志》。

第4水雷战队1942年2月8日—3月10日、3月29日—4月1日、9月26日—11月9日、

12 月 12 日—18 日、10 月 20 日—30 日的《战斗详报》。

JD 31：第 4 水雷战队 1942 年 10 月—1943 年 7 月的《战时日志》。

第 4 水雷战队 10 月 31 日—11 月 3 日、1943 年 7 月 7 日—19 日的《战斗详报》。

JD 32：最初的 3 幅图复印自第 2 水雷战队 1943 年 7 月 7 日—19 日的《战斗详报》（JD24）。

第 5 水雷战队 1941 年 12 月—1942 年 3 月的《战时日志》。

第 5 水雷战队 11 月 30 日—12 月 13 日、12 月 17 日—26 日、1941 年 12 月 28 日—1942 年 1 月 12 日、1942 年 1 月 25 日—3 月 19 日的《战斗详报》。

第 6 水雷战队 1941 年 12 月的《战时日志》。

第 6 水雷战队 1941 年 12 月 8 日—13 日、21 日—23 日的《战斗详报》。

JD 33：第 6 水雷战队 1942 年 1 月—4 月的《战时日志》。

第 6 水雷战队 1942 年 1 月 5 日—31 日、1 月 25 日—27 日、2 月 1 日—15 日、2 月 19 日—22 日、2 月 20 日—3 月 17 日、4 月 23 日—5 月 12 日的《战斗详报》。

JD 34：第 6 水雷战队 1942 年 5 月 15 日—16 日、6 月 24 日—7 月 10 日的《战斗详报》。

第 10 水雷战队 1943 年 12 月—1944 年 5 月、1944 年 7 月 15 日—11 月 1 日（10 月份的较少）的《战时日志》。

第 11 水雷战队 1943 年 12 月—1945 年 7 月（1944 年 2 月和 7 月的较少）的《战时日志》。

第 11 水雷战队 3 月 4 日—4 月 1 日的《战斗详报》。

JD 35：第 2 驱逐队 1944 年 12 月—1945 年 1 月的《战斗日志》。

第 4 驱逐队（“山云”号）1943 年 12 月、1944 年 3 月—4 月、1944 年 7 月的《战时日志》。

第 4 驱逐队（“山云”号）1943 年 1 月 1 日、12 月 5 日的《战斗详报》。

第 4 驱逐队（“野分”号）1944 年 4 月、6 月、7 月的《战斗日志》。

第 4 驱逐队〔作战部队（原文如此）和“满潮”号驱逐舰〕在 1944 年 4 月、7 月的《战时日志》。

第 17 驱逐队 1944 年 9 月—12 月的《战时日志》，1945 年 2 月—5 月的《战时日志》。

第 17 驱逐队（“雪风”号驱逐舰）1944 年 8 月、1945 年 1 月的《战时日志》。

第 17 驱逐队（“浦风”号驱逐舰）1944 年 8 月的《战时日志》。

第 17 驱逐队（“浜风”号驱逐舰）1945 年 1 月的《战时日志》。

第 17 驱逐队（“矶风”号驱逐舰）1945 年 1 月的《战时日志》。

第 17 驱逐队在 1943 年 2 月 1—8 日的《战斗详报》。

第 17 驱逐队 1945 年 1 月的《战斗详报》。

JD 36：第 27 驱逐队（“时雨”号驱逐舰）1944 年 6 月—9 月的《战时日志》。

第 27 驱逐队（“时雨”号驱逐舰）6 月 8—9 日、6 月 20 日、1944 年 8 月 15—16 日、1945 年 1 月 24 日的《战斗详报》。

第 27 驱逐队（“白露”号驱逐舰）1944 年 6 月 1—15 日的《战时日志》。

第 27 驱逐队（“五月雨”号驱逐舰）1944 年 6 月 8—9 日、8 月 18—26 日的《战斗详报》。

第 20 驱逐队 1944 年 10 月—12 月的《战时日志》。

第 20 驱逐队 11 月 3—4 日的《战时日志》。

第 20 驱逐队（“秋风”号驱逐舰）1944 年 5 月—9 月的《战时日志》。

第 30 驱逐队（“秋风”号驱逐舰）1944 年 9 月 25 日的《战斗详报》。

第 30 驱逐队（“夕月”号驱逐舰）1944 年 7 月—9 月的《战时日志》。

第 30 驱逐队 1944 年 9 月 11 日的《战斗详报》。

第 30 驱逐队（“五月”号驱逐舰）1944 年 8 月 31 日—9 月的《战时日志》。

第 30 驱逐队（“五月”号驱逐舰）1944 年 9 月 21 日的《战斗详报》。

第 30 驱逐队（“卯月”号驱逐舰）1944 年 6 月—9 月的《战时日志》。

第 30 驱逐队（“卯月”号驱逐舰）1944 年 6 月 20 日的《战斗详报》。

第 30 驱逐队（“夕凪”号驱逐舰）1944 年 8 月 21—25 日的《战斗详报》。

第 9 运输部队（驱逐舰“卯月”号、“宇津”号、“桐”号）在 1944 年 12 月 9 日—13 日的《战斗详报》。

第 31 水雷战队（“岸波”号驱逐舰）1944 年 10 月的《战时日志》。

第 31 水雷战队（“冲波”号驱逐舰）1944 年 10 月 25—26 日的《战斗详报》。

JD 201：航母的《航行记录表》如此糟糕地被复制到缩微胶卷上，以至于难以辨认。

JD 204：按照字母顺序排列的驱逐舰《航行记录表》和《作战报告》（“晓”号到“霞”号）。

JD 205: 按照字母顺序排列的驱逐舰《航行记录表》和《作战报告》（“江风”号到“卯月”号）。

这里出现了明显已经无可挽回的最严重的损失。大约 33 卷驱逐舰的档案记录丢失，不仅在美国国会图书馆、国家档案馆和海军历史中心找不到，在日本防卫厅也找不到。这种损失带来了不便，但有关驱逐舰作战活动的内容仍可以在它们的水雷战队《战时日志》和《作战详报》中找到。

官方战史

日本防卫厅防卫研究所战史室（BKS）已经在编纂一部涉及战争方方面面的大型战史。整个系列被定名为《战史丛书》，包括：（1）日军大本营讨论、决策和命令的档案记录；（2）主要涉及日本帝国陆军的文献（当然日本帝国海军的一些作战活动也被记录下来）；（3）只涉及日本帝国海军的卷宗。《战史丛书》中的文献史料主要是基于美国归还日本的原始档案，但外文资料也被利用并做了脚注。该系列已经出版了大约 90 卷。每一卷都有大约 600 页，并附有部队编制、检索表和航迹图的别册。这是一部在细节上有着德国人风格的史书，书中没有偏见。任何藏有东方史料的西方图书馆都将有这套丛书。（不幸的是，美国的编目并不总是遵循日本的编号，例如，美国的编目：第四卷第二部分，它在日本就是第三十卷。）《战史丛书》特别有用的地方在于它讲述了一个更为完整的故事，且大部分战史都附有极好的大幅航迹图。

下面就是本书利用参考的几卷《战史丛书》。

标题	美国编目	日本出版商的编号
夏威夷作战	第 5 卷	第 10 卷
大本营陆军部	第 9 卷，第 6 部分	第 66 卷
	第 9 卷，第 7 部分	第 67 卷
马里亚纳海战	第 12 卷	第 12 卷
南太平洋陆军作战 · 瓜岛	第 13 卷，第 2 部分	第 28 卷
菲律宾、马来方面海军进攻作战	第 21 卷	第 24 卷
印尼、孟加拉湾方面海军挺进作战	第 23 卷	第 26 卷
东北方面海军作战	第 25 卷	第 29 卷
海军捷号作战 · 菲律宾海海战	第 30 卷，第 2 部分	第 56 卷
中部太平洋方面海军作战	第 31 卷，第 1 部分	第 38 卷
中途岛海战	第 34 卷	第 43 卷
南东方面海军作战	第 39 卷，第 1 部分	第 49 卷

除了官方的史料，本书还参考了以下日语史料。

濑名尧彦：《重巡洋舰“德鲁伊特”号的最后命运》(Junyokan D.Roiteru to sono saigo)，《世界舰船》(Ships of thee World) 丛书，1976 年，第 223 卷，石渡幸二编辑。这篇文章写的是“德鲁伊特”号重巡洋舰，里面简要地提到了“特隆姆普”号，这篇文章还包含爪哇海战。文中给出了“德鲁伊特”号被击沉的战斗阶段的航迹图。

航迹图的出处

大部分的航迹图都引自《战史丛书》的某卷或者其别册。而少数不是来自《战史丛书》及其别册的航迹图则是根据缩微胶卷上的日本航迹图照片绘制。后者并不总是显示美国海军的舰名和编队。因为唐纳德·霍格斯伯格（Donald Hoegsberg）先生已经利用缩微胶卷上的资料和莫里森的《第二次世界大战美国海军作史》为这些战斗绘制了一张混合航迹图。

英语参考书目说明

由于本书写的是日本帝国海军的战斗，并且是参考日本帝国海军的档案和日本防卫厅的多卷本战史，所以英语书籍主要被用来介绍日军所不了解的盟军的战略、盟军的编制表和战斗队形。下面的参考书目是经过挑选的。

英语第一手资料

太平洋舰队总司令发往海军部长，《日本偷袭珍珠港报告》，1941 年 12 月 7 日、1942 年 2 月 15 日解密档案。

格雷斯 P. 海耶斯海军中尉，《二战中的参谋长联席会议史：对日战争第一卷，经历了三叉戟的珍珠港》（The History of the Joint Chiefs of Staff in World War II:The War against Japan.Vol.I.,Pearl Harbor Through Trident.），参谋长联席会议历史部，1953 年解密档案。在美国海军中心（华盛顿特区华盛顿海军船坞）的一个缩微胶卷上。它包含了参谋长联席会议的官方记录和作者的出色解读分析。

美国海军部造船局，《美国海军舰船的资料》（Ships' Data, U.S.Naval Vessels）第一卷，华盛顿：政府印刷局，1945 年 4 月 15 日解密。

英语二手资料（及外语翻译作品）

巴比·丹尼尔（Barbey, Daniel E），《麦克阿瑟的两栖海军；第七两栖部队的作战行动，1943—1945》（Mac Arthur' s Amphibious Navy;Seventh Amphibious Force Operation），安纳波利斯：美国海军学院出版社，1969 年。这是一本关于战争鲜为人知一面的杰作，讲的是美国海军在突破从新几内亚、俾斯麦屏障到菲律宾的作战中所发挥的作用。

贝洛特·詹姆斯 H（Belote, James H）和威廉（William M），《海上巨人：二战期间日本和美国航母特混舰队的发展与作战》（The Titans of the Seas:the Development and Operations of Japanese and American Carrier Task Forces during World War II），纽约：哈珀与罗出版公司，1975 年。该书对美军航母、日军航母及两者的作战理论进行了对比。

小布莱尔·克雷（Blair，Clay,Jr），《沉默的胜利：美国对日潜艇战争》（the U.S. Submarine War Against Japan），费城：利平科特，1975 年。该书叙述了战争期间击沉大量日本帝国海军军舰和货船的美国海军潜艇的改进和运用。美国海军潜艇是切断日本与其新征服帝国之间联系的主要功臣。

布朗·大卫（Brown，David），《二战中的航母作战》（Carrier Operations in World War II），修订版，第一卷，《皇家海军》（The Royal Navy），安纳波利斯：美国海军学院出版社。该书准确记叙了英国航母的对日作战。

布托·罗伯特 J.C.（Butow, Robert J.C.），《日本的投降决策》（Japan’s Decision to Surrender），斯坦福：斯坦福大学出版社，1954 年。该书很好地叙述了导致日本作出投降决策的各种影响因素。

布托·罗伯特 J.C.，《东条和战争的到来》（Tojo and the Coming of the War），普林斯顿：普林斯顿大学，1961 年。该书使用日本的第一手资料进行了学术分析。

库克，查尔斯（Cook，Charles），《埃斯佩兰斯海战；瓜达尔卡纳尔岛的战略对决》（The Battle of Cape Esperance，Strategic Encounter at Guadalcanal），纽约：克洛维尔，1968 年。该书根据美国海军的资料对埃斯佩兰斯海战进行了通俗的叙述。

克罗利·詹姆斯 B（Crowley,James B.），《新亚洲秩序：对战前日本民族主义的几点说明》（“A New Asian Order:Some notes on Prewar Japanese Nationalism,”），《危机中的日本：关于大正民主的论文集》，伯纳德 S. 希尔贝曼和 H.D. 哈鲁田编，普林斯顿：普林斯顿大学出版社，1974 年。该书对导致日本参加二战的影响因素进行了卓越的分析。

乔治·卡罗尔·戴尔（George Carroll Dyer），《两栖部队征服：里奇蒙德·凯利·特纳上将的故事》（The Amphibians Came to Conquer:The story of Admiral Richmond Kelly Turner），华盛顿：政府印刷局，1972 年，第 355—401 页。

源田美津雄和奥官正武，《中途岛——宣判日本死刑的海战；日本海军的故事》（Midway，the Battle that Doomed Japan;The Japanese Navy’s Story)，安纳波利斯：海军学院出版，1955 年。该书从一位日本顶尖飞行员（渊田）的视角对中途岛海战进行了叙述，个别地方与日本海军官方的档案有所出入，但也有价值。

原为一与弗雷德·斋藤（Fred Saito）、罗杰·皮诺（Roger Pineau）合著，《日本驱逐舰长》，纽约：巴兰坦图书公司，1961 年。由日本一位顶尖的驱逐舰舰长所著。书中所渲染的氛围和对原为一战斗经历的叙述都很有价值；对日本的军方领导层，尤其是日本帝国海军的指挥多有批评。

桥本以行，《折戟沉沙：日本潜艇部队的故事》（Sunk;The Story of the Japanese Submarine

Fleet)，科雷格雷夫(E.H.M.Colegrave)，伦敦：卡塞尔，1954。虽然书中有的地方不是很可靠，但对日本帝国海军灾难性的潜艇作战有中肯批评。

美国水文局(Hydrographic Office，经海军部许可设立)，《世界标准时间表》(Standard Time Chart of the World)，第12版，1940年1月。本书所采用的时间就是依据该表。

伊藤正德，《日本帝国海军的末日》，由安德鲁·黑田(Andrew Y.Kuroda)和罗杰·皮诺翻译，纽约：诺顿，1962年。由日本战地记者所著，该书对栗田的谈话和恩加诺角海战都很有价值。但作者利用了《美国战略调查报告》(the United States Strategic Bombing Survey)和《对日本官员的审讯》(The Interrogation of Japanese Officials)，并重复了许多《美国战略调查报告》中的错误。

琼斯·弗朗西斯·克利福德(Jones,Francis Clifford)，《日本的东亚新秩序及其兴衰，1937—1945》(Japan's New Order in East Asia, its Rise and Fall, 1937—1945)，伦敦、纽约：牛津大学出版社，1954年。该书从学术的角度对"大东亚共荣圈"的建立和统治进行了描述。

卡恩·大卫(Kahn,David)，《电码译员：隐秘写作的故事》(The Codebreakder;the Story of Secret Writing)，纽约：麦克米伦出版公司，1967年。除了其他著作外，该书对美国在珍珠港事件前如何破解日军密码，以及密码破译如何让美国海军舰队航母保护中途岛抵御日本在1942年6月的入侵进行了精彩的描述。

加濑俊一，《通往"密苏里"号之途》(Journey to the Missouri)，纽黑文：耶鲁大学出版社，1950年。对日本如何及为何在二战中战败进行了公正全面的叙述，作者是日本首席外交官。

加藤正夫，《输掉的战争》(The Lost War)，纽约：阿尔弗雷德A.科诺夫出版社。该书以一个记者的视角对二战期间日本产业界、陆军和海军之间的内部斗争进行了描述。

伍德伯恩·斯坦利·卡比少将与阿蒂斯(C.T.Attis)等人合著《对日战争》。《第二次世界大战史：联合王国军事丛书》一至五卷(Volumes 1-5 of History of the Second World War:United Kingdom Military Series)。这是英国的二战官方战史。尽管该书主要写的是英国与日本帝国陆军的战争，但它却简略地提供了关于大部分日本帝国海军作战行动的准确而有价值的信息。它根据日本的第一手资料，修正了萨缪尔·莫里森和史蒂芬W.罗斯基尔的错误。这是一部研究细致的著作，地图做得非常好。

沃尔特勋爵(Lord Walter A)和汉斯C.亚当森(Hans C.Adamson)，《菲律宾海的战斗》(Battles of Philippine Sea)，纽约：克洛维尔，1967。虽然确切地说只有一场菲律宾海海战(塞班岛附近)，而且这卷书主要写的是入侵莱特岛引发的战斗，但这模糊的标题却并没有降低这本好书的质量，或许也是对入侵莱特岛所引发的战斗的最佳描述。作者利用了栗田将军发给其他参战部队和坐镇东京的丰田总司令的电文，以及丰田的回复。

沃尔特勋爵（Lord Walter A），《难以置信的胜利》（Incredible Victory），纽约：哈珀与罗出版公司，1967 年。这是一本以通俗的笔法写的书，大致准确地叙述了中途岛海战。该书对 K 号作战和破译日军密码作了长篇描述，这在别的书中是找不到的。

塞缪尔 E. 莫里森,《第二次世界大战美国海军作战史》。波士顿：利特尔与布朗出版社，1947—1962 年。（现由大西洋月刊出版社出版。）——共 15 卷。本书主要参考了以下几卷：

第三卷《太平洋上的旭日, 1931—1942 年 4 月》(The Rising Sun in the Pacific, 1931—April 1942)。

第四卷《珊瑚海、中途岛和潜艇作战, 1942 年 5 月—1942 年 8 月》(Coral Sea,Midway and Submarine Actions, May 1942–August 1942)。

第五卷《瓜达尔卡纳尔争夺战，1942 年 8 月—1943 年》(The Struggle for Guadalcanal,August 1942—1943)。

第六卷《突破俾斯麦屏障, 1942 年 7 月 22 日—1944 年 5 月 1 日》(Breaking the Bismarck Barrier,22 July 1942–1 May 1944)。

第七卷《阿留申、吉尔伯特和马绍尔群岛, 1942 年 6 月—1944 年 4 月》(Aleutians,Gilberts and Mrshalls,June 1942–April 1944）。

第八卷《新几内亚和马里亚纳群岛，1944 年 3 月—1944 年 8 月》（New Guinea and the Marianas,March 1944–August 1944）。

第十二卷《莱特岛，1944 年 6 月—1945 年 1 月》（Leyte，June 1944–January 1945）。

第十三卷《解放菲律宾：吕宋岛、民都洛岛、中米沙鄢，1944—1945 年》（The Liberation of the Philippines:Luzon, Mindanao,the Visayas,1944–1945）。

第十四卷《太平洋上的胜利，1945 年》(Victroy in the Pacific)。

第十五卷《别册和综合索引(勘误表)》〔Supplement and General Index(and errata)〕。

塞缪尔 E. 莫里森是哈佛大学教授，在二战期间被罗斯福总统任命为美国海军历史学家。他参加了 8 场海战。他的文章有时恢弘壮丽。但一再重印也带来了问题。在他的第一版书出来后，大部分图书馆和许多私人购买者都买到了。当时他基本上没办法接触到日本海军的档案，这些档案当时都在华盛顿特区乱成一堆，而莫里森的书上关于日本海军的内容有诸多错误。（这一点参见作者在序言上的注释）。虽然新版书修正了一些错误，但并没有把所有错误都修正，新版书在大多数图书馆并没有普遍替换旧版书。对错误的批评于是便取决于读者使用的是哪一版书。本书作者指出的错误都是以第一版为准， 这样做依据的前提是这样能够为那些仍在使用最初版本的图书馆和私人购买者呈现错误的修正。然而在新版中仍有许多错误遗留,因为日本海军的主要档案汇编还没有被收入到新版书当中。

在所有的版本中或许还有一点沙文主义。（海军历史局有一套用笔修改过的版本，这必须被视为最完整可靠的副本。）

虽然笔者不情愿地写了这些批评，但毫无疑问，莫里森仍然是美国海军这边二战海军历史学家的老前辈。我们应该感激他写了这部巨著。要理解二战的海军史，就必须从莫里森开始。

《两洋战争；二战中的美国海军短史》（The Two–Ocean War； A short History of the United States Navy in the Second World War），波士顿：利特尔与布朗出版社，1963 年。该书是莫里森的 15 卷战史的简短版本，同样值得品读。

路易斯·莫顿（Morton，Louis），《日本的战争决策》（Japan’s Decision for War），载于格林菲尔德（Greenfield，K.R）的《指挥决策》（Command Decision），华盛顿：陆军部军事历史主管办公室，1960 年。该书对导致日本参加二战的事件和争论进行了出色的分析，它描画了日本陆军所主导的决策。

中村真一郎，英语版《无尽的梦魇》（“The Unending Nightmare”），载于《日本解读者》（The Japan Interpreter），第八册，4 号（1972 年冬季），第 525—531 页。这是一篇对丸山真男的《历史意识的构想》（The Deep Layer of Historical Consciousness，“Rekishi ishiki no koso”）的评论文章，是他的书《历史思想集》（Rekishi shisoshu）一部分，该书被收录在《日本的思想》丛书第六卷，东京：筑摩书房，1972 年。该文对日本参加战争的深层心理原因进行了透彻的研究，丸山也被认为是日本最好的政治学者之一。

埃尔默·波特（Potter,Elmer B.）和切斯特·尼米兹（Chester W.Nimitz）编辑，《大海战；二战中的海军作战》（The Great Sea War ; The Story of Naval Action in World War II），恩格尔伍德克利夫斯，新泽西：普伦蒂斯·霍尔出版社，1965 年。该书对作者自己的《海权》（Sea Power）进行了出色的改写。

埃尔默·波特和切斯特·尼米兹编辑，《太平洋上的胜利》（Triumph in the Pacific:The Navy’s Struggle Against Japan），恩格尔伍德克利夫斯，新泽西：普伦蒂斯·霍尔出版社，1965 年，该书是这些编辑们写的一本有用的小书。

约翰·迪恩·波特（Potter,John Deane），《太平洋上的舰队司令》（Admiral of the Pacific:the Life of Yamamoto），伦敦：威廉·海因曼出版有限公司，1960 年。该书是一位英国记者写的山本五十六传记。该书利用了山本文书官的日记，给出了一些有关山本性格和决策有价值的洞见。但在其他方面有些史实写得并不准确。

克拉克·雷诺兹（Reynolds,Clark G.），《快速航母；缔造航空海军》（The Fast Carriers；the Foring of an Air Navy）。纽约：麦格劳山出版社，1968 年。到 1944 年，美国海军建造了 20 多艘快速航母，借此能够使用新型的舰队战术，对日益衰落的日本帝国的大部分地区实施强大的航母突袭。这些航母空袭连同潜艇封锁一起给日本帝国海军及其基地造成了致命的破坏，切断了日本与其帝国资源之间的联系。

史蒂芬 W. 罗斯基尔，《海上战争，1939—1945》，第一卷、第二卷、第三卷 A，第三卷 B，伦敦：女王陛下的文书局，1954—1961 年。本书参考了 4 卷中的 3 卷。该书是英国皇家海军的官方战史。在讨论美国海军在太平洋上的作战行动时，罗斯基尔似乎准确地理解了莫里森的书。

大卫·托马斯（Thomas, David A），《爪哇海战》（A Battle of the Java Sea），伦敦：德意志出版公司，1968 年。该书是一部准确的通俗历史书，但很明显没有参考荷兰的第一手档案。

约翰·托兰（Toland，John），《并不可耻；珍珠港事件后的六个月》（Not in Shame;the Six Months after Peral Harbor），纽约：兰登书屋，1961 年。该书描述了美军从珍珠港到珊瑚海的军事行动，并对此做了出色的研究。

撒迪厄斯·图勒加（Tuleja，Thaddeus V），《中途岛的高潮》（Climax at Midway），纽约：诺顿，1960 年。该书根据美国的第一手资料对这场决定性的海战进行了有根据的描述。

美国陆军远东司令部，《第二次世界大战中的日本帝国海军——日本海军组织架构图示以及战争中损失或受损的战斗舰艇和非战斗船只列表》（The Imperial Japanese Navy in World War II;A graphic Presentation of the Japanese Naval Organization and List of Combantant and Non-combatant Vessels Lost or Damaged in the War），美国陆军远东司令部总部特业参谋部军事历史室，1952 年。〔日本作战专题系列 第 116 号（JOMS）〕见缩微胶卷目录索引。

美国国会珍珠港袭击联合调查委员会，《珍珠港袭击》（Peral Harbor Attack），华盛顿：政府印刷局，1946 年。19 卷。（第 79 届会议，第一、第二次会议。1972 年美军标准出版社重印。）在委员会前的听证会。

《美国战略轰炸调查报告》（U.S.Strategic Bombing Survey）之《对日本官员的审讯》（Interrogations of Japanese Officials），华盛顿：政府印刷局，1947 年，共 2 卷。该书给出了在其他书上找不到的文献材料，但必须与原始档案进行交叉比对因为有明显的错误。例如，它对苏里高海峡之战的叙述就完全不正确。

范·奥斯滕，《爪哇海战》，伦敦：伊恩·艾伦有限公司，1975 年。该书对爪哇海战作了最好的描述，利用了荷兰和日本的第一手资料。文本不长，但 17 个附录包含了有价值的统计材料。